प्रेरणा स्रोत: गुरु जी डा. मनीष शर्मा

पूर्वजन्म प्रत्यागमन:

सिद्धान्त, अभ्यास और उपचार

एक समग्र व्यावसायिक एवं आध्यात्मिक मार्गदर्शिका

आचार्य राजेश पुरी

notionpress.com

INDIA · SINGAPORE · MALAYSIA

ISBN

Hardcase 979-8-90584-198-9
Paperback 979-8-90584-197-2

समर्पण

परम पूज्य गुरुदेव डॉ. मनीष शर्मा जी के श्रीचरणों में

सादर, श्रद्धापूर्वक एवं कृतज्ञतापूर्वक समर्पित

जीवन में कुछ व्यक्तित्व ऐसे होते हैं जो केवल मार्गदर्शक नहीं होते, बल्कि स्वयं एक जीवंत प्रकाश बन जाते हैं। उनके सान्निध्य में ज्ञान केवल पढ़ा नहीं जाता, अनुभव किया जाता है; साधना केवल की नहीं जाती, जी जाती है; और जीवन एक उच्च उद्देश्य की ओर रूपांतरित होने लगता है।

परम पूज्य गुरुदेव डॉ. मनीष शर्मा जी मेरे जीवन में ऐसे ही दिव्य प्रेरणास्रोत रहे हैं। उनकी कृपा, मार्गदर्शन और उच्च चेतना ने मेरे चिंतन, साधना और आध्यात्मिक यात्रा को गहराई से प्रभावित किया है। उन्होंने केवल ज्ञान नहीं दिया, बल्कि सत्य को खोजने की दृष्टि और स्वयं को जानने की प्रेरणा प्रदान की।

इस ग्रंथ में यदि कोई सार्थक विचार, उपयोगी अंतर्दृष्टि अथवा आध्यात्मिक सत्य अभिव्यक्त हुआ है, तो उसका वास्तविक श्रेय गुरुदेव की अनुकम्पा, प्रेरणा और आशीर्वाद को ही है। मैं स्वयं को केवल एक माध्यम मानता हूँ।

अतः यह सम्पूर्ण ग्रंथ, इसके प्रत्येक विचार, प्रत्येक अनुभव और प्रत्येक अध्याय मैं अत्यंत श्रद्धा, विनम्रता और कृतज्ञता के साथ अपने पूज्य गुरुदेव के श्रीचरणों में समर्पित करता हूँ।

ईश्वर से प्रार्थना है कि गुरुदेव की कृपा और दिव्य मार्गदर्शन सदैव हम सभी साधकों पर बना रहे तथा हम उनके द्वारा प्रदर्शित ज्ञान, विवेक और आत्म-जागरण के पथ पर निरंतर अग्रसर होते रहें।

गुरुदेव के श्रीचरणों में कोटिशः प्रणाम अनंत कृतज्ञता।

विनम्र समर्पण।

आचार्य राजेश पुरी

अनुक्रमणिका

आभार (Acknowledgements)

जिस ज्ञान की जड़ें अनंत हों, उसकी कृतज्ञता भी अनंत होती है। इस पुस्तक के चिंतन, लेखन और सृजन की यात्रा में अनेक व्यक्तियों, अनुभवों और प्रेरणाओं का योगदान रहा है। उन सभी के प्रति मैं हृदय से कृतज्ञ हूँ।

मैं उन सभी साधकों, विद्यार्थियों, जिज्ञासुओं और क्लाइंट्स का विशेष रूप से आभारी हूँ, जिनकी जीवन-यात्राओं, प्रश्नों और अनुभवों ने मुझे मानव चेतना की गहराइयों को समझने का अवसर प्रदान किया। इस पुस्तक की अनेक अंतर्दृष्टियाँ उन्हीं वास्तविक अनुभवों से प्रेरित हैं।

मैं अपने माता-पिता, परिवारजनों और प्रिय आत्मीयजनों का भी धन्यवाद करता हूँ, जिनके प्रेम, धैर्य और सहयोग ने इस कार्य को पूर्ण करने की शक्ति प्रदान की।

मैं उन सभी शिक्षकों, विद्वानों, आध्यात्मिक परंपराओं और शास्त्रीय ग्रंथों के प्रति भी कृतज्ञ हूँ, जिनसे मुझे सीखने, चिंतन करने और अपने दृष्टिकोण को व्यापक बनाने का अवसर मिला। भारतीय ऋषि-परंपरा, उपनिषद, भगवद्गीता, योग-दर्शन तथा चेतना-अन्वेषण की विविध धाराओं ने इस ग्रंथ की वैचारिक आधारभूमि को समृद्ध किया है।

मेरी कृतज्ञता उन अदृश्य दिव्य शक्तियों और आत्मिक प्रेरणाओं के प्रति भी है, जिनका संरक्षण और प्रकाश साधना-पथ पर निरंतर अनुभव होता है।

अंत में, मैं इस पुस्तक के प्रत्येक पाठक का हृदय से धन्यवाद करता हूँ। यदि यह ग्रंथ आपके जीवन में अधिक जागरूकता, आत्म-समझ, करुणा और आंतरिक संतुलन विकसित करने में सहायक हो सके, तो यही मेरे लिए सबसे बड़ा पुरस्कार होगा।

आपकी चेतना की यात्रा प्रकाश, विवेक, शांति और आत्मबोध से परिपूर्ण हो।

सप्रेम, सादर एवं कृतज्ञतापूर्वक,
आचार्य राजेश पुरी

आशीर्वचन

प्रिय पाठकों,

आध्यात्मिक मार्ग पर ज्ञान तभी सार्थक होता है जब वह अनुभव, विवेक और आत्मचिंतन से जुड़ जाए। मेरे प्रिय शिष्य आचार्य राजेश पुरी ने इसी भावना के साथ इस ग्रंथ की रचना की है।

उनके भीतर सत्य की खोज, गहन अध्ययन और आध्यात्मिक विषयों को सरल एवं सारगर्भित रूप में प्रस्तुत करने की अद्भुत प्रतिभा है। यह पुस्तक केवल पूर्वजन्म, कर्म और चेतना के रहस्यों की चर्चा नहीं करती, बल्कि पाठक को आत्म-जागरूकता, आत्मबोध और आंतरिक परिवर्तन की दिशा में प्रेरित करती है।

मेरा विश्वास है कि यह ग्रंथ अनेक जिज्ञासुओं के लिए ज्ञान, चिंतन और आत्म-अन्वेषण का उपयोगी माध्यम सिद्ध होगा।

ईश्वर से प्रार्थना है कि आचार्य राजेश पुरी अपनी साधना, लेखन और मार्गदर्शन द्वारा मानवता के कल्याण में निरंतर योगदान देते रहें।

मेरा स्नेह, आशीर्वाद और शुभकामनाएँ।

ॐ तत्सत्॥

Dr. Manish Sharma
Third Eye Awakening master
बोधि कला विशेषज्ञ
कुंडलिनी विशेषज्ञ
Founder Second Sight Foundation
New delhi

उद्देश्य, दृष्टिकोण और पाठक से संवाद

प्रिय पाठक,

आपके हाथों में केवल एक पुस्तक नहीं, बल्कि चेतना, आत्म-अन्वेषण और आंतरिक रूपांतरण की एक गहन यात्रा का आमंत्रण है।

मानव जीवन में अनेक बार ऐसे भावनात्मक पैटर्न, संबंधों की जटिलताएँ, अस्पष्ट भय, अनजाने आकर्षण और बार-बार दोहराने वाली परिस्थितियाँ दिखाई देती हैं जिनका स्पष्ट कारण वर्तमान जीवन में नहीं मिलता। इन्हीं प्रश्नों ने सदियों से मनुष्य को चेतना, कर्म और आत्मा के रहस्यों की खोज के लिए प्रेरित किया है।

पूर्वजन्म प्रत्यागमन (Past-Life Regression) इसी खोज का एक महत्वपूर्ण माध्यम है। यह ऐसा क्षेत्र है जहाँ मनोविज्ञान, अवचेतन मन, भावनात्मक उपचार और आध्यात्मिक अन्वेषण एक-दूसरे से जुड़ते दिखाई देते हैं। इस पुस्तक का उद्देश्य इन विषयों को संतुलित, विवेकपूर्ण और अनुभव-आधारित दृष्टिकोण से प्रस्तुत करना है। यह ग्रंथ किसी मत, विश्वास या विचारधारा को अंतिम सत्य के रूप में स्थापित करने का प्रयास नहीं करता। यहाँ प्रस्तुत अनुभवों, अध्ययन-प्रकरणों और सिद्धांतों का उद्देश्य पाठक को अधिक जागरूक, चिंतनशील और आत्म-अवलोकनशील बनाना है। प्रत्येक पाठक अपने अनुभव, आस्था और समझ के अनुसार इन विषयों का अध्ययन कर सकता है।

इस पुस्तक का एक प्रमुख उद्देश्य पूर्वजन्म प्रत्यागमन को अंधविश्वास, भय और अतिरंजना से अलग कर एक जिम्मेदार, नैतिक और संवेदनशील विधा के रूप में प्रस्तुत करना है। इसी कारण इसमें केवल अनुभवों का वर्णन नहीं, बल्कि सुरक्षा, नैतिकता, चिकित्सकीय उत्तरदायित्व, भावनात्मक स्थिरता और व्यावसायिक सीमाओं पर भी विस्तार से चर्चा की गई है।

यह पुस्तक उन साधकों, विद्यार्थियों और चिकित्सकों के लिए विशेष रूप से उपयोगी है जो पूर्व-जन्म प्रत्यागमन को व्यवस्थित रूप से सीखना चाहते हैं। चेतना की संरचना, अवचेतन मन, कार्मिक प्रतिरूप, उपचार प्रक्रियाएँ, सत्र-संरचना, केस स्टडीज़ तथा चिकित्सकीय प्रशिक्षण जैसे विषयों को क्रमबद्ध रूप से प्रस्तुत किया गया है। इस दृष्टि से यह पुस्तक केवल अध्ययन सामग्री नहीं, बल्कि एक समग्र मार्गदर्शिका भी है।

मेरा विश्वास है कि पूर्वजन्म प्रत्यागमन का वास्तविक उद्देश्य केवल पूर्वजन्मों को देखना नहीं, बल्कि वर्तमान जीवन को अधिक जागरूकता, करुणा और संतुलन के साथ जीना है। यदि कोई व्यक्ति अपने भय को समझ सके, अपने संबंधों को बेहतर बना सके, अपने भीतर के भावनात्मक घावों को पहचान सके और अपने जीवन में अधिक स्पष्टता ला सके, तो यही इस कार्य की वास्तविक सफलता है।

जो व्यक्ति भविष्य में प्रत्यागमन अभ्यासकर्ता (Past-Life Regression Therapist), Healer अथवा चेतना साधक के रूप में कार्य करना चाहते हैं, उनके लिए भी यह ग्रंथ एक सुदृढ़ आधार प्रदान करता है। इसका उद्देश्य केवल तकनीक सिखाना नहीं, बल्कि ऐसी संवेदनशीलता, नैतिकता और समझ विकसित करना है जिसके माध्यम से वे दूसरों के जीवन में आशा, संतुलन और सकारात्मक परिवर्तन ला सकें।

यदि इस पुस्तक को पढ़ने के बाद आप स्वयं को थोड़ा और समझ सकें, अपने जीवन के पैटर्नों को अधिक स्पष्टता से देख सकें, दूसरों के प्रति अधिक करुणामय बन सकें अथवा चेतना के रहस्यों के प्रति अधिक जागरूक हो सकें, तो इस ग्रंथ का उद्देश्य पूर्ण माना जाएगा।

चेतना की यात्रा अनंत है। प्रत्येक अनुभव एक द्वार है, प्रत्येक प्रश्न एक संभावना है और प्रत्येक जागरूकता एक नए प्रकाश का प्रारम्भ है।

इसी भावना के साथ मैं आपको इस यात्रा में आमंत्रित करता हूँ।

सप्रेम एवं शुभकामनाओं सहित,
आचार्य राजेश पुरी

लेखक परिचय

आचार्य राजेश पुरी

आचार्य राजेश पुरी भारत के उन विरले आध्यात्मिक शोधकर्ताओं, शिक्षकों और चेतना-अन्वेषकों में से हैं जिन्होंने वैदिक ज्योतिष, नक्षत्र विज्ञान, हिप्नोथेरेपी (Hypnotherapy) तथा पास्ट लाइफ रिग्रेशन (Past-Life Regression) जैसी गहन विद्याओं का दीर्घकालीन अध्ययन, साधना और व्यावहारिक अनुभव के स्तर पर समन्वय स्थापित किया है।

अपने जीवन के महत्वपूर्ण वर्षों में उन्होंने भारतीय सेना में राष्ट्रसेवा का दायित्व निभाया। सैन्य जीवन ने उन्हें अनुशासन, धैर्य, साहस, कर्तव्यनिष्ठा और मानवीय मनोविज्ञान को निकट से समझने का अवसर प्रदान किया। सेना से सेवा-निवृत्ति के पश्चात उन्होंने अपना जीवन मानव चेतना, आध्यात्मिक विज्ञान और मनो वैज्ञानिक उपचार के अध्ययन एवं प्रसार को समर्पित कर दिया। भारतीय समाज में आध्यात्मिक और गूढ़ विद्याओं के नाम पर होने वाले मानसिक, भावनात्मक तथा आर्थिक शोषण को देखकर उन्होंने इन विषयों का गहन अध्ययन करने का संकल्प लिया। उनका उद्देश्य केवल ज्ञान अर्जित करना नहीं था, बल्कि इन विधाओं के वास्तविक स्वरूप को समझना, भ्रांतियों और अंधविश्वासों से अलग करना तथा लोगों को जागरूक, विवेकपूर्ण और आत्मनिर्भर बनाना था।

आचार्य जी का मानना है कि वास्तविक आध्यात्मिकता भय, निर्भरता और चमत्कारवाद पर आधारित नहीं होती, बल्कि आत्म-जागरूकता, विवेक, करुणा और आंतरिक स्वतंत्रता की ओर ले जाती है। इसी दृष्टिकोण के साथ उन्होंने वर्षों तक चेतना, कर्म, संस्कार, अवचेतन मन, भावनात्मक उपचार और आत्म-विकास से जुड़े विषयों का अध्ययन और अभ्यास किया है।

एक अनुभवी प्रत्यागमन अभ्यास कर्ता एवं आध्यात्मिक मार्गदर्शक के रूप में उन्होंने अनेक व्यक्तियों को भावनात्मक घावों, संबंधों, भय, फोबिया, आत्मविश्वास की कमी, कार्मिक प्रतिरूपों तथा जीवन में बार-बार दोहराए जाने वाले मानसिक और भावनात्मक पैटर्नों को समझने और रूपांतरित करने में सहयोग प्रदान किया है।

उनकी कार्यशैली करुणामय, संतुलित, अनुभव-आधारित और नैतिक सिद्धांतों पर आधारित मानी जाती है। वे व्यक्ति को किसी मत या विश्वास से बाँधने के बजाय उसे स्वयं को समझने और अपने जीवन की जिम्मेदारी स्वीकार करने के लिए प्रेरित करते हैं। देश और विदेश के अनेक साधक, विद्यार्थी, शोधकर्ता तथा आध्यात्मिक जिज्ञासु उनके मार्गदर्शन, शिक्षण और उपचार-पद्धति को सम्मान की दृष्टि से देखते हैं। उनका दृढ़ विश्वास है कि मनुष्य वास्तविक रूप से तभी मुक्त हो सकता है जब वह स्वयं को, अपने कर्मों को, अपने संस्कारों को और अपनी चेतना की यात्रा को समझना प्रारम्भ करे।

आचार्य राजेश पुरी की यही साधना, अनुभव, अध्ययन और जीवन-दृष्टि इस पुस्तक के माध्यम से पाठकों तक पहुँच रही है। यह ग्रंथ केवल जानकारी प्रदान करने का प्रयास नहीं है, बल्कि आत्म-जागरूकता, कर्म-समझ, भावनात्मक उपचार और आंतरिक रूपांतरण की दिशा में एक गंभीर और सार्थक आमंत्रण है।

आचार्य राजेश पुरी
वैदिक ज्योतिष, नक्षत्र विज्ञान, हिप्नोथेरेपी एवं पास्ट लाइफ रिग्रेशन विशेषज्ञ
ग्वालियर, मध्य प्रदेश, भारत, मोबाइल: +91 9406570047
ईमेल: miracleuniverse.in@mail.com

प्रस्तावना

मनुष्य सदैव से स्वयं को जानने की यात्रा पर रहा है।

जब उसने बाहरी संसार को समझना प्रारम्भ किया, तब विज्ञान का जन्म हुआ। जब उसने अपने भीतर झाँकना प्रारम्भ किया, तब दर्शन, अध्यात्म और आत्म-अन्वेषण की परंपराएँ विकसित हुईं। और जब उसने अपने जीवन में बार-बार दोहराने वाले संबंधों, भय, संघर्षों और अनुभवों को समझने का प्रयास किया, तब उसके सामने कर्म, संस्कार और चेतना के गहरे प्रश्न उपस्थित हुए।

क्या हमारा जीवन केवल वर्तमान जन्म का परिणाम है?

क्या कुछ भावनात्मक पैटर्न, आकर्षण, भय और संबंध ऐसे भी हो सकते हैं जिनकी जड़ें हमारी सामान्य स्मृतियों से कहीं अधिक गहरी हों?

क्या चेतना केवल मस्तिष्क की गतिविधि है, अथवा उसका आयाम इससे कहीं व्यापक है?

ऐसे प्रश्नों ने हजारों वर्षों से मानव मन को आकर्षित किया है।

भारतीय दर्शन, उपनिषद, भगवद्गीता, योग और बौद्ध परंपराएँ जन्म, मृत्यु और पुनर्जन्म की अवधारणाओं पर गहन चिंतन प्रस्तुत करती हैं। दूसरी ओर आधुनिक मनोविज्ञान अवचेतन मन, भावनात्मक स्मृतियों, व्यवहारगत प्रतिरूपों और उपचार प्रक्रियाओं को समझने का प्रयास करता है। पूर्व-जन्म प्रत्यागमन एक ऐसा क्षेत्र है जहाँ ये दोनों धाराएँ एक-दूसरे के निकट आती हुई दिखाई देती हैं।

यह पुस्तक किसी मत या विश्वास को सिद्ध करने का प्रयास नहीं करती। इसका उद्देश्य पाठक को एक संतुलित, विवेकपूर्ण और जागरूक दृष्टिकोण

प्रदान करना है, जहाँ अनुभवों का सम्मान भी बना रहे और तार्किकता का संरक्षण भी।

इस ग्रंथ में चेतना, कर्म, संस्कार, भावनात्मक उपचार, पूर्वजन्म प्रत्यागमन, संबंधों, भय, जीवन-पैटर्नों तथा आत्म-विकास से जुड़े अनेक आयामों का अध्ययन प्रस्तुत किया गया है। पुस्तक में सम्मिलित अध्ययन-प्रकरणों और अनुभवों को किसी अंतिम प्रमाण के रूप में नहीं, बल्कि मानव चेतना के अध्ययन और आत्म-समझ के साधन के रूप में प्रस्तुत किया गया है।

यह पुस्तक केवल पूर्वजन्मों के बारे में नहीं है। यह मनुष्य के बारे में है। उसके भय, उसकी आशाओं, उसकी पीड़ाओं, उसके संबंधों और उसके भीतर छिपी संभावनाओं के बारे में है।

जो साधक पूर्व-जन्म प्रत्यागमन को गहराई से सीखना चाहते हैं, उनके लिए यह पुस्तक एक व्यवस्थित मार्गदर्शिका का कार्य करेगी। वहीं जो पाठक केवल स्वयं को बेहतर समझना चाहते हैं, उनके लिए यह आत्म-अवलोकन और आंतरिक विकास की एक सार्थक यात्रा बन सकती है।

मेरे जीवन की यात्रा ने मुझे यह सिखाया है कि वास्तविक परिवर्तन केवल जानकारी से नहीं आता। ज्ञान दिशा देता है, अनुभव समझ देता है, परंतु रूपांतरण तब प्रारम्भ होता है जब व्यक्ति साहसपूर्वक स्वयं को देखने के लिए तैयार होता है। भारतीय वायुसेना सेना में सेवा के वर्षों ने मुझे मानव साहस, भय, संघर्ष और धैर्य को निकट से देखने का अवसर दिया। बाद के वर्षों में ज्योतिष, नक्षत्र विज्ञान, हिप्नोथेरेपी और पास्ट लाइफ रिग्रेशन के अध्ययन एवं अभ्यास ने यह समझ और गहरी की कि मनुष्य का सबसे बड़ा संघर्ष प्रायः बाहरी संसार से नहीं, बल्कि अपने भीतर उपस्थित अन-देखे पैटर्नों से होता है।

इसी अनुभव और समझ ने इस पुस्तक को जन्म दिया।

यदि इस पुस्तक के माध्यम से कोई पाठक स्वयं को थोड़ा और समझ सके, अपने जीवन में अधिक स्पष्टता ला सके, अपने संबंधों को अधिक

जागरूकता से देख सके, या किसी अन्य व्यक्ति के जीवन में प्रकाश का माध्यम बन सके, तो यह प्रयास सार्थक होगा।

अंततः प्रत्येक व्यक्ति को अपना सत्य स्वयं खोजना होता है। कोई पुस्तक, कोई गुरु, कोई चिकित्सक और कोई अनुभव उस यात्रा को आपके स्थान पर पूर्ण नहीं कर सकता। वे केवल दिशा दिखा सकते हैं; चलना आपको स्वयं होता है।

इसी विश्वास, विनम्रता और शुभकामना के साथ यह ग्रंथ आपको समर्पित है।

आपकी चेतना की यात्रा प्रकाशमय हो।

आचार्य राजेश पुरी

गुरु-ऊर्जा, शक्तिपात और कार्मिक उपचार का महत्व

कार्मिक उपचार (Karmic Healing) केवल एक तकनीकी प्रक्रिया नहीं, बल्कि एक गहन आध्यात्मिक साधना मानी जाती है। इस पुस्तक में कर्म-पैटर्न, संस्कार, भावनात्मक छापों, पूर्वजन्म स्मृतियों और चेतना के विभिन्न आयामों की चर्चा की गई है। तथापि यह समझना आवश्यक है कि ऐसे विषय केवल बौद्धिक जानकारी तक सीमित नहीं हैं। अनेक आध्यात्मिक परंपराएँ मानती हैं कि चेतना के गहरे स्तरों पर कार्य करने के लिए उचित मार्गदर्शन, आंतरिक तैयारी और आध्यात्मिक संरक्षण आवश्यक होता है।

भारतीय गुरु-परंपरा में यह विश्वास रहा है कि साधक की आध्यात्मिक यात्रा केवल ज्ञान से नहीं, बल्कि अनुभूति, साधना और गुरु-कृपा से पूर्ण होती है। विशेष रूप से कर्म, संस्कार और सूक्ष्म चेतना से जुड़े विषयों में गुरु का मार्गदर्शन साधक को संतुलन, स्पष्टता और सुरक्षा प्रदान करता है। इसी कारण अनेक परंपराओं में शक्तिपात, दीक्षा अथवा गुरु-संरक्षण को साधना की महत्वपूर्ण आधारशिला माना गया है।

शक्तिपात का सामान्य अर्थ है साधक की चेतना को गुरु की उच्च आध्यात्मिक ऊर्जा और परंपरा से जोड़ना। परंपरागत मान्यता के अनुसार इससे साधक की आंतरिक ग्रहणशीलता बढ़ती है, साधना में स्थिरता आती है तथा आत्म-अन्वेषण की प्रक्रियाएँ अधिक संतुलित रूप से विकसित होती हैं। यह प्रक्रिया केवल किसी अनुभव को प्राप्त करने का माध्यम नहीं, बल्कि चेतना के क्रमिक परिष्कार का साधन मानी जाती है।

पूर्व-जन्म प्रत्यागमन और अन्य गहन आत्म-अन्वेषण प्रक्रियाएँ व्यक्ति के भीतर छिपी हुई स्मृतियों, भावनाओं और मनोवैज्ञानिक पैटर्नों को सतह

पर ला सकती हैं। कई बार यह अनुभव अत्यंत गहरे और भावनात्मक रूप से प्रभावशाली होते हैं। इसलिए इन प्रक्रियाओं को केवल जिज्ञासा या मनोरंजन के रूप में नहीं देखा जाना चाहिए। अनुभवी मार्गदर्शन, भावनात्मक स्थिरता और उचित तैयारी इनके लिए अत्यंत महत्वपूर्ण मानी जाती है।

अनेक साधक अनुभव करते हैं कि गुरु-संरक्षण के अंतर्गत की गई साधना उन्हें अधिक संतुलन, आत्मविश्वास और आंतरिक स्पष्टता प्रदान करती है। गुरु का कार्य केवल मार्ग दिखाना नहीं, बल्कि साधक को विवेक, संयम और आत्म-जागरूकता की दिशा में प्रेरित करना भी है। इस दृष्टि से गुरु-ऊर्जा को केवल आध्यात्मिक शक्ति नहीं, बल्कि संरक्षण, दिशा और चेतना-विकास का माध्यम माना जाता है।

यह भी समझना आवश्यक है कि किसी भी गहन आध्यात्मिक या मनोवैज्ञानिक प्रक्रिया के दौरान व्यक्ति के भीतर दबी हुई भावनाएँ, पुराने भय, असुरक्षाएँ अथवा अनसुलझे अनुभव सामने आ सकते हैं। इसलिए ऐसी प्रक्रियाओं का अभ्यास सदैव सावधानी, उत्तरदायित्व और योग्य मार्गदर्शन के साथ किया जाना चाहिए। बिना पर्याप्त तैयारी के अत्यधिक प्रयोग भावनात्मक असंतुलन या भ्रम की स्थिति उत्पन्न कर सकते हैं।

इस पुस्तक में वर्णित विभिन्न अभ्यासों, चिंतन-विधियों और कार्मिक अवधारणाओं का उद्देश्य मुख्यतः अध्ययन, आत्म-जागरूकता और चिंतन है। जहाँ किसी विशेष साधना, ऊर्जा-कार्य अथवा गहन आंतरिक प्रक्रिया की आवश्यकता हो, वहाँ योग्य गुरु, प्रशिक्षित मार्गदर्शक अथवा अनुभवी विशेषज्ञ का सहयोग लेना अधिक उचित होगा।

इस पुस्तक का दृष्टिकोण भारतीय गुरु-परंपरा पर आधारित है, जहाँ यह माना जाता है कि ज्ञान दिशा देता है, साधना अनुभव प्रदान करती है और गुरु-कृपा उस अनुभव को संतुलन तथा गहराई प्रदान करती है। यद्यपि आध्यात्मिक विकास के अनेक मार्ग हो सकते हैं, फिर भी इस परंपरा के अनुसार गुरु का संरक्षण साधना को अधिक सुरक्षित, सार्थक और संतुलित बना सकता है।

सदैव स्मरण रखें कि कोई भी पुस्तक केवल मार्ग का संकेत दे सकती है; वास्तविक यात्रा साधक को स्वयं करनी होती है। ज्ञान प्रेरणा दे सकता है, तकनीक सहायता कर सकती है, परंतु आत्मिक रूपांतरण अंततः जागरूकता, साधना, विवेक और अनुकम्पा के सम्मिलित प्रयास से ही संभव होता है।

इसी भावना के साथ यह निवेदन है कि इस पुस्तक को केवल जानकारी के रूप में न पढ़ें, बल्कि आत्म-अवलोकन, विवेक और आंतरिक विकास के साधन के रूप में ग्रहण करें।

भाग 1

चेतना, आत्मा और कर्म का दार्शनिक आधार

(The Philosophical Foundations of Consciousness, Soul and Karma)

अध्याय 01

आत्मा, चेतना और पूर्वजन्म प्रत्यागमन

(The Soul, Consciousness and Past Life Regression)

1.1 भूमिका → मानव सदैव अतीत को क्यों जानना चाहता है?

मानव सभ्यता के प्रारम्भ से ही एक प्रश्न उसकी चेतना को निरंतर आकर्षित करता रहा है मैं कौन हूँ?

यह प्रश्न केवल दार्शनिक जिज्ञासा नहीं, बल्कि मानव अस्तित्व की सबसे गहरी खोज है। विज्ञान ने ब्रह्मांड के रहस्यों को समझने का प्रयास किया, धर्म ने जीवन के उद्देश्य को स्पष्ट करने का प्रयास किया और दर्शन ने अस्तित्व के मूल स्वरूप की व्याख्या की फिर भी मनुष्य आज भी स्वयं को जानने की यात्रा पर है।

जीवन में अनेक बार व्यक्ति ऐसे अनुभवों से गुजरता है जिनका स्पष्ट कारण उसे समझ नहीं आता। कुछ भय बिना कारण बने रहते हैं, कुछ संबंध पहली भेंट में ही अत्यंत परिचित प्रतीत होते हैं, कुछ आकर्षण और विरक्ति तर्क से परे दिखाई देते हैं तथा कुछ जीवन-पैटर्न बार-बार दोहराते रहते हैं। ऐसे अनुभव मनुष्य को अपने अस्तित्व की गहराई में झाँकने के लिए प्रेरित करते हैं।

भारतीय दर्शन के अनुसार मनुष्य केवल शरीर नहीं है। शरीर उसके अस्तित्व का दृश्य पक्ष है, जबकि चेतना उसका वास्तविक आधार है। शरीर जन्म

लेता है, विकसित होता है और एक दिन समाप्त हो जाता है, परंतु चेतना की यात्रा इससे कहीं अधिक व्यापक मानी गई है।

इसी संदर्भ में आत्मा, कर्म, पुनर्जन्म और संस्कार जैसी अवधारणाएँ भारतीय चिंतन का महत्वपूर्ण आधार बनती हैं। ये अवधारणाएँ केवल धार्मिक विश्वास नहीं हैं, बल्कि जीवन, मृत्यु, नैतिकता और मानव अनुभव को समझने के प्रयास भी हैं।

पूर्वजन्म प्रत्यागमन (Past-Life Regression) इसी व्यापक खोज का एक आधुनिक आयाम माना जाता है। इसके माध्यम से व्यक्ति अपने अवचेतन मन, भावनात्मक पैटर्नों और चेतना की गहरी परतों को समझने का प्रयास करता है। यद्यपि इसके अनुभवों की व्याख्या विभिन्न दृष्टिकोणों से की जा सकती है, फिर भी यह क्षेत्र चेतना-अन्वेषण के एक रोचक माध्यम के रूप में उभरा है।

यह पुस्तक किसी विश्वास को थोपने या किसी मत को अंतिम सत्य सिद्ध करने का प्रयास नहीं करती। इसका उद्देश्य आत्मा, चेतना, कर्म, पुनर्जन्म और पूर्वजन्म प्रत्यागमन से जुड़े विषयों का संतुलित, विवेकपूर्ण और अध्ययनपरक परिचय प्रस्तुत करना है।

इस यात्रा का प्रथम चरण आत्मा और चेतना की उस अवधारणा को समझना है जिसे भारतीय दर्शन मानव अस्तित्व का मूल आधार मानता है।

1.2 आत्मा, व्यक्तित्व और चेतना का स्वरूप

मानव इतिहास में यदि किसी एक विषय पर सबसे अधिक चिंतन हुआ है, तो वह है आत्मा का स्वरूप।

मनुष्य अपने शरीर को देख सकता है, अपने विचारों का अनुभव कर सकता है और अपनी भावनाओं को महसूस कर सकता है, किंतु वह सत्ता कौन-सी है जो इन सबकी साक्षी है? भारतीय दर्शन इसी प्रश्न के उत्तर में आत्मा की अवधारणा प्रस्तुत करता है।

उपनिषदों, भगवद्गीता तथा भारतीय दार्शनिक परंपराओं के अनुसार आत्मा मनुष्य की मूल चेतन सत्ता है। वह शरीर, मन और व्यक्तित्व से परे वह तत्व है जो अनुभव करता है, जानता है और अस्तित्व को चेतना प्रदान करता है।

भगवद्गीता में आत्मा के स्वरूप का वर्णन करते हुए कहा गया है

न जायते म्रियते वा कदाचित्
नायं भूत्वा भविता वा न भूयः।
अजो नित्यः शाश्वतोऽयं पुराणो
न हन्यते हन्यमाने शरीरे॥

(भगवद्गीता 2.20)

भावार्थ ➔ आत्मा न जन्म लेती है और न मरती है। वह अजन्मा, नित्य, शाश्वत और अविनाशी है। शरीर के नष्ट हो जाने पर भी उसका विनाश नहीं होता।

भारतीय दृष्टिकोण के अनुसार मनुष्य का वास्तविक स्वरूप आत्मा है, जबकि शरीर उसकी अभिव्यक्ति का साधन है। जिस प्रकार विद्युत् ऊर्जा विभिन्न उपकरणों के माध्यम से व्यक्त होती है, उसी प्रकार चेतना शरीर, मन और इंद्रियों के माध्यम से कार्य करती है।

यहीं आत्मा, चेतना और व्यक्तित्व के बीच का अंतर समझना आवश्यक हो जाता है।

आत्मा मनुष्य की मूल सत्ता है।

चेतना आत्मा की अभिव्यक्ति का अनुभवात्मक आयाम है।

व्यक्तित्व उन विचारों, भावनाओं, संस्कारों, स्मृतियों और व्यवहारों का समुच्चय है जिनके माध्यम से व्यक्ति संसार में स्वयं को व्यक्त करता है।

व्यक्तित्व समय के साथ बदलता रहता है। बचपन, युवावस्था और वृद्धावस्था में व्यक्ति का स्वभाव, दृष्टिकोण और व्यवहार बदल सकते हैं। शिक्षा,

परिवार, समाज, अनुभव और परिस्थितियाँ भी व्यक्तित्व को प्रभावित करती हैं। परंतु इन परिवर्तनों के पीछे एक ऐसी निरंतरता का अनुभव होता है जो स्वयं को "मैं" के रूप में पहचानती है। भारतीय दर्शन उसी निरंतरता को चेतना का आयाम मानता है।

आत्मा और व्यक्तित्व के संबंध को समझाने के लिए प्राचीन ग्रंथों में अभिनेता और भूमिका का उदाहरण दिया गया है। अभिनेता अनेक भूमिकाएँ निभाता है, परंतु उसकी मूल पहचान भूमिकाओं से अलग रहती है। उसी प्रकार जीवन की परिस्थितियाँ बदलती रहती हैं, पर चेतना की मूल सत्ता बनी रहती है।

शरीर और चेतना के संबंध पर विचार करते समय एक महत्वपूर्ण प्रश्न उठता है कि क्या चेतना मस्तिष्क की उत्पत्ति है या मस्तिष्क चेतना की अभिव्यक्ति का माध्यम है?

आधुनिक विज्ञान ने मस्तिष्क की कार्यप्रणाली पर व्यापक शोध किया है किंतु चेतना का अंतिम स्वरूप आज भी एक रहस्य बना हुआ है। भारतीय दर्शन यह संभावना प्रस्तुत करता है कि मस्तिष्क चेतना को व्यक्त करने वाला उपकरण हो सकता है, जबकि चेतना स्वयं उससे अधिक व्यापक आयाम रखती है।

यही विचार आगे पुनर्जन्म, संस्कार और पूर्वजन्म प्रत्यागमन जैसे विषयों की दार्शनिक आधारभूमि तैयार करता है। यदि चेतना केवल शरीर तक सीमित नहीं है, तो उसके अनुभवों, संस्कारों और विकास की निरंतरता जैसे प्रश्न स्वाभाविक रूप से उत्पन्न होते हैं।

इसी कारण आत्मा और चेतना की समझ भारतीय दर्शन में केवल बौद्धिक ज्ञान का विषय नहीं मानी गई। इसका उद्देश्य मनुष्य को उसके वास्तविक स्वरूप की पहचान कराना है। जब व्यक्ति स्वयं को केवल शरीर या व्यक्तित्व तक सीमित नहीं मानता, तब जीवन, मृत्यु, संबंध और कर्म सभी के प्रति उसकी दृष्टि अधिक व्यापक हो जाती है।

यहीं से पुनर्जन्म और कर्म के सिद्धांतों को समझने का मार्ग प्रारम्भ होता है।

1.3 पुनर्जन्म की दार्शनिक आवश्यकता

पुनर्जन्म का सिद्धांत भारतीय दर्शन की सबसे प्राचीन और महत्वपूर्ण अवधारणाओं में से एक है। इसे केवल धार्मिक विश्वास के रूप में नहीं, बल्कि जीवन, चेतना और मानव अनुभव से जुड़े अनेक प्रश्नों की दार्शनिक व्याख्या के रूप में देखा गया है।

मानव जीवन में अनेक ऐसी भिन्नताएँ दिखाई देती हैं जिनका उत्तर केवल वर्तमान परिस्थितियों से देना सरल नहीं होता। समान परिवार, समान शिक्षा और समान वातावरण में पले-बढ़े लोगों के स्वभाव, क्षमताओं, रुचियों और जीवन-दृष्टि में भी उल्लेखनीय अंतर दिखाई देता है। कुछ लोग जन्म से ही विशेष प्रतिभा, करुणा, नेतृत्व क्षमता या आध्यात्मिक झुकाव लेकर आते प्रतीत होते हैं।

आधुनिक विज्ञान इन भिन्नताओं को आनुवंशिकता और वातावरण से जोड़कर देखता है, जबकि भारतीय दर्शन यह संभावना भी प्रस्तुत करता है कि मनुष्य का व्यक्तित्व चेतना की एक दीर्घ यात्रा का परिणाम हो सकता है।

जीवन की असमानताएँ भी चिंतन का विषय रही हैं। कोई व्यक्ति अनुकूल परिस्थितियों में जन्म लेता है, जबकि कोई संघर्ष, अभाव अथवा शारीरिक चुनौतियों के साथ जीवन प्रारम्भ करता है। भारतीय चिंतन इन भिन्नताओं को दैवी पक्षपात नहीं मानता, बल्कि कर्म और चेतना की व्यापक प्रक्रिया के संदर्भ में समझने का प्रयास करता है।

पुनर्जन्म का सिद्धांत यह नहीं कहता कि वर्तमान जीवन महत्वहीन है। इसके विपरीत, यह वर्तमान जीवन को और अधिक अर्थपूर्ण बनाता है। यदि चेतना की यात्रा निरंतर है, तो प्रत्येक विचार, प्रत्येक निर्णय और प्रत्येक कर्म का महत्व बढ़ जाता है।

भारतीय परंपरा में पुनर्जन्म का उद्देश्य व्यक्ति को अतीत में उलझाना नहीं, बल्कि वर्तमान के प्रति अधिक जागरूक और उत्तरदायी बनाना है। यह जीवन को एक व्यापक विकास-यात्रा के रूप में देखने का दृष्टिकोण प्रदान

करता है, जिसमें प्रत्येक अनुभव सीखने और चेतना के विस्तार का अवसर बन सकता है।

1.4 कर्म और चेतना की निरंतरता

भारतीय दर्शन में कर्म और पुनर्जन्म को एक-दूसरे से अलग नहीं देखा जाता। यदि पुनर्जन्म चेतना की निरंतरता की बात करता है, तो कर्म उस निरंतरता को प्रभावित करने वाले सिद्धांत को समझाने का प्रयास करता है।

सामान्यतः कर्म को केवल बाहरी कार्यों से जोड़कर देखा जाता है, परंतु भारतीय दृष्टिकोण इससे कहीं व्यापक है। विचार, भावनाएँ, इच्छाएँ, निर्णय और मानसिक प्रवृत्तियाँ भी कर्म का भाग मानी गई हैं। प्रत्येक अनुभव चेतना पर एक प्रभाव छोड़ता है और यही प्रभाव आगे चलकर संस्कारों का रूप ग्रहण कर सकता है।

योगदर्शन में संस्कारों को चेतना पर अंकित गहरी छापों के रूप में वर्णित किया गया है। ये संस्कार व्यक्ति की प्रतिक्रियाओं, पसंद-नापसंद, भय, आकर्षण और व्यवहारिक पैटर्नों को प्रभावित कर सकते हैं। कई बार व्यक्ति स्वयं नहीं समझ पाता कि वह किसी विशेष परिस्थिति में बार-बार एक जैसी प्रतिक्रिया क्यों देता है। भारतीय दर्शन के अनुसार इसके पीछे संस्कारों की भूमिका हो सकती है।

भगवद्गीता कर्म की अनिवार्यता को स्पष्ट करते हुए कहती है

न हि कश्चित्क्षणमपि
जातु तिष्ठत्यकर्मकृत्।

(भगवद्गीता 3.5)

भावार्थ ➔ कोई भी व्यक्ति एक क्षण के लिए भी कर्म किए बिना नहीं रह सकता।

कर्म का सिद्धांत भाग्यवाद का समर्थन नहीं करता। यह नहीं कहता कि मनुष्य अपने अतीत का बंदी है। भारतीय चिंतन के अनुसार अतीत व्यक्ति

को प्रभावित कर सकता है, परंतु वर्तमान में उसके पास चुनाव, जागरूकता और परिवर्तन की क्षमता सदैव बनी रहती है।

इसी कारण कर्म को दंड और पुरस्कार की व्यवस्था के रूप में नहीं, बल्कि कारण और परिणाम के एक व्यापक नियम के रूप में देखा गया है। प्रत्येक कर्म चेतना को प्रभावित करता है और चेतना का प्रत्येक परिवर्तन भविष्य की दिशा को प्रभावित कर सकता है।

कर्म की सही समझ व्यक्ति को भयभीत नहीं करती बल्कि उसे अधिक उत्तरदायी बनाती है, वह समझता है कि जीवन केवल परिस्थितियों का परिणाम नहीं है बल्कि जागरूक कर्मों के माध्यम से निरंतर निर्मित होने वाली प्रक्रिया भी है।

यहीं से चेतना की यात्रा, कर्म का सिद्धांत और पुनर्जन्म की अवधारणा एक-दूसरे से जुड़ते दिखाई देते हैं। इन्हीं आधारों पर भारतीय दर्शन जीवन को विकास, सीखने और आत्मबोध की निरंतर प्रक्रिया के रूप में देखता है।

अगले खंड में हम मृत्यु के विषय को समझेंगे, जिसे भारतीय दर्शन अंत नहीं, बल्कि चेतना की यात्रा में एक महत्वपूर्ण परिवर्तन मानता है।

1.5 मृत्यु : अंत नहीं, परिवर्तन

मृत्यु मानव जीवन की सबसे निश्चित, फिर भी सबसे रहस्यमय घटनाओं में से एक है। प्रत्येक व्यक्ति जानता है कि एक दिन शरीर का अंत होगा, फिर भी मृत्यु का विचार उसके भीतर अनेक प्रश्न, आशंकाएँ और जिज्ञासाएँ उत्पन्न करता है।

अधिकांश लोग मृत्यु को जीवन का अंत मानते हैं। शरीर के साथ अपनी पहचान जुड़ी होने के कारण मृत्यु सम्पूर्ण अस्तित्व के समाप्त हो जाने जैसी प्रतीत होती है। किंतु भारतीय दर्शन मृत्यु को अंत नहीं, बल्कि परिवर्तन के रूप में देखता है।

भगवद्गीता में श्रीकृष्ण अर्जुन से कहते हैं

वासांसि जीर्णानि यथा विहाय
नवानि गृह्णाति नरोऽपराणि।
तथा शरीराणि विहाय जीर्णान्
अन्यानि संयाति नवानि देही॥

(भगवद्गीता 2.22)

भावार्थ ➔ जैसे मनुष्य पुराने वस्त्र त्यागकर नए वस्त्र धारण करता है, उसी प्रकार देही (आत्मा) पुराने शरीर का त्याग कर नया शरीर ग्रहण करती है।

इस दृष्टिकोण का उद्देश्य मृत्यु के तथ्य को नकारना नहीं, बल्कि उसके प्रति एक व्यापक समझ विकसित करना है। भारतीय परंपरा के अनुसार जन्म और मृत्यु चेतना की यात्रा के दो चरण हैं। शरीर बदलता है, परंतु चेतना की यात्रा जारी रहती है।

मृत्यु का भय मुख्यतः उस पहचान से उत्पन्न होता है जो स्वयं को केवल शरीर तक सीमित मानती है। जब व्यक्ति चेतना की व्यापकता पर विचार करता है, तब मृत्यु का अर्थ बदलने लगता है। वह विनाश नहीं, बल्कि संक्रमण के रूप में दिखाई देने लगती है।

पूर्वजन्म प्रत्यागमन के संदर्भ में भी मृत्यु का विषय महत्वपूर्ण है। अनेक लोगों के अनुभवों में मृत्यु से जुड़े प्रतीक, भावनाएँ अथवा दृश्य उभरते हैं। इन अनुभवों की व्याख्या विभिन्न प्रकार से की जा सकती है, किंतु वे मनुष्य को जीवन और मृत्यु के संबंध पर पुनर्विचार करने के लिए प्रेरित अवश्य करते हैं।

मृत्यु का चिंतन जीवन से विमुख होने के लिए नहीं है। इसके विपरीत, जब व्यक्ति मृत्यु की अनिवार्यता को स्वीकार करता है, तब वह वर्तमान जीवन को अधिक गहराई, जागरूकता और कृतज्ञता के साथ जीना सीखता है।

1.6 पूर्वजन्म स्मृतियाँ, संस्कार और विस्मृति

यदि पुनर्जन्म की अवधारणा सत्य है, तो एक स्वाभाविक प्रश्न उठता है अधिकांश लोगों को अपने पूर्वजन्मों की स्मृतियाँ क्यों नहीं रहतीं?

यह प्रश्न सदियों से दार्शनिक और आध्यात्मिक चिंतन का विषय रहा है। भारतीय दर्शन इस विस्मृति को किसी त्रुटि के रूप में नहीं, बल्कि जीवन की एक स्वाभाविक व्यवस्था के रूप में देखता है।

वर्तमान जीवन में भी हम अपनी अनेक घटनाओं को भूल जाते हैं। बचपन के अधिकांश अनुभव हमें स्पष्ट रूप से स्मरण नहीं रहते, फिर भी उनका प्रभाव हमारे व्यक्तित्व और व्यवहार में बना रहता है। इसी प्रकार भारतीय चिंतन यह संभावना प्रस्तुत करता है कि प्रत्यक्ष स्मृतियाँ भले लुप्त हो जाएँ, किंतु संस्कार और भावनात्मक छापें चेतना के गहरे स्तरों में सुरक्षित रह सकती हैं।

योगदर्शन के अनुसार संस्कार चेतना पर अंकित सूक्ष्म प्रभाव हैं। ये प्रभाव व्यक्ति की प्रतिक्रियाओं, भय, आकर्षण, संबंधों और जीवन-पैटर्नों को प्रभावित कर सकते हैं। अनेक बार व्यक्ति किसी विशेष परिस्थिति, स्थान या व्यक्ति के प्रति ऐसी अनुभूति अनुभव करता है जिसका स्पष्ट कारण उसे ज्ञात नहीं होता।

आधुनिक मनोविज्ञान इन अनुभवों की व्याख्या अवचेतन मन, प्रारम्भिक अनुभवों और मानसिक संरचनाओं के माध्यम से करता है। दूसरी ओर भारतीय परंपरा उनमें संस्कारों की निरंतरता की संभावना भी स्वीकार करती है।

यहीं संतुलित दृष्टिकोण आवश्यक हो जाता है। प्रत्येक असामान्य अनुभव को पूर्वजन्म का प्रमाण मान लेना उचित नहीं है, और न ही बिना विचार के उसे पूर्णतः अस्वीकार करना।

पूर्वजन्म प्रत्यागमन के समर्थकों का मानना है कि विशिष्ट परिस्थितियों में व्यक्ति चेतना की गहरी परतों तक पहुँच सकता है, जहाँ प्रतीकात्मक या

स्मृति सदृश अनुभव उभर सकते हैं। किंतु इन अनुभवों का महत्व केवल उनकी ऐतिहासिक सत्यता में नहीं, बल्कि उनसे प्राप्त आत्म-समझ में निहित है।

भारतीय आध्यात्मिक परंपराएँ स्मृति से अधिक जागरूकता को महत्व देती हैं। आत्म-विकास का उद्देश्य अतीत की प्रत्येक घटना को जान लेना नहीं बल्कि उन संस्कारों और प्रवृत्तियों को समझना है जो वर्तमान जीवन को प्रभावित कर रही हैं। इसी संदर्भ में पूर्वजन्म प्रत्यागमन को चेतना की गहरी परतों के अन्वेषण का एक संभावित माध्यम माना जाता है। चाहे उनकी व्याख्या संस्कारों, अवचेतन मन या प्रतीकात्मक अनुभवों के रूप में की जाए इतना स्पष्ट है कि मानव चेतना का संसार सामान्य जागरूकता से कहीं अधिक व्यापक और रहस्यमय है।

1.7 शास्त्र और पूर्वजन्म प्रत्यागमन का सेतु

मानव चेतना को समझने का प्रयास जितना प्राचीन है, उतना ही निरंतर भी है। भारतीय शास्त्र आत्मा, कर्म, संस्कार और पुनर्जन्म के सिद्धांतों के माध्यम से चेतना की व्यापक व्याख्या प्रस्तुत करते हैं, जबकि पूर्वजन्म प्रत्यागमन (Past-Life Regression) इन विषयों को अनुभवात्मक स्तर पर समझने का एक आधुनिक माध्यम माना जाता है।

उपनिषद, भगवद्गीता, योगदर्शन तथा अन्य भारतीय दार्शनिक परंपराएँ आत्मा की निरंतरता और कर्म के सिद्धांत को स्वीकार करती हैं। इन ग्रंथों का मुख्य उद्देश्य मनुष्य को उसके वास्तविक स्वरूप का बोध कराना है। वे चेतना को शरीर से व्यापक मानते हुए जीवन को एक सतत यात्रा के रूप में देखते हैं।

दूसरी ओर, पूर्वजन्म प्रत्यागमन मुख्यतः व्यक्ति के अनुभवों, भावनात्मक स्मृतियों और अवचेतन स्तर पर कार्यरत पैटर्नों के अन्वेषण पर केंद्रित होता है। इस प्रक्रिया में व्यक्ति ऐसे अनुभवों का सामना कर सकता है जो उसे अपने वर्तमान जीवन से परे प्रतीत होते हैं।

इस दृष्टि से कहा जा सकता है कि शास्त्र सिद्धांत प्रदान करते हैं, जबकि प्रत्यागमन अनुभवात्मक अन्वेषण का अवसर प्रदान करता है।

भारतीय दर्शन में संस्कारों की अवधारणा अत्यंत महत्वपूर्ण है। योगसूत्रों के अनुसार संस्कार व्यक्ति की प्रतिक्रियाओं, आदतों और जीवन-दृष्टि को प्रभावित करते हैं। पूर्वजन्म प्रत्यागमन के समर्थकों का मानना है कि सत्रों में उभरने वाले कुछ अनुभव इन्हीं गहरे संस्कारों की अभिव्यक्तियाँ हो सकते हैं।

फिर भी एक महत्वपूर्ण सावधानी आवश्यक है। शास्त्रों में वर्णित सिद्धांतों और प्रत्यागमन में प्राप्त अनुभवों को समान स्तर पर नहीं रखा जा सकता। किसी अनुभव की अनेक संभावित व्याख्याएँ हो सकती हैं वह वास्तविक स्मृति हो सकती है, अवचेतन मन का प्रतीकात्मक चित्रण हो सकता है या किसी भावनात्मक प्रक्रिया की अभिव्यक्ति भी हो सकता है।

इसी कारण संतुलित दृष्टिकोण किसी अनुभव को तुरंत अंतिम सत्य घोषित नहीं करता। प्रत्यागमन का वास्तविक महत्व उसके ऐतिहासिक प्रमाण में नहीं, बल्कि उससे प्राप्त आत्म-समझ, जागरूकता और अंतर्दृष्टि में निहित है।

यहीं शास्त्र और प्रत्यागमन का वास्तविक संगम दिखाई देता है। दोनों का अंतिम उद्देश्य केवल जिज्ञासा को संतुष्ट करना नहीं, बल्कि व्यक्ति को स्वयं को अधिक गहराई से समझने में सहायता करना है।

1.8 पुनर्जन्म के पक्ष और विपक्ष में तर्क

पुनर्जन्म की अवधारणा हजारों वर्षों से मानव चिंतन का विषय रही है। इसके समर्थन और विरोध दोनों पक्षों में अनेक तर्क प्रस्तुत किए गए। किसी भी विषय की संतुलित समझ के लिए दोनों दृष्टिकोणों पर विचार करना आवश्यक है।

पुनर्जन्म के पक्ष में तर्क ➔ पुनर्जन्म के समर्थन में प्रस्तुत प्रमुख तर्कों में से एक जन्मजात विविधता है। समान वातावरण में पले-बढ़े लोगों के

स्वभाव, प्रतिभा, रुचियों और जीवन-दृष्टि में उल्लेखनीय अंतर दिखाई देता है। भारतीय दर्शन इन भिन्नताओं को चेतना की दीर्घ यात्रा की संभावना से भी जोड़कर देखता है।

दूसरा तर्क जीवन की असमानताओं से संबंधित है। कुछ लोग अत्यंत अनुकूल परिस्थितियों में जन्म लेते हैं, जबकि कुछ संघर्षपूर्ण परिस्थितियों में। कर्म और पुनर्जन्म का सिद्धांत इन भिन्नताओं को एक व्यापक संदर्भ में समझने का प्रयास करता है।

इतिहास में ऐसे अनेक विवरण भी मिलते हैं जिनमें कुछ बच्चों ने ऐसी स्मृतियों या घटनाओं का उल्लेख किया जिन्हें वे अपने वर्तमान जीवन से नहीं जोड़ पाते थे। यद्यपि इन घटनाओं की विभिन्न व्याख्याएँ संभव हैं, फिर भी उन्होंने पुनर्जन्म के विषय को शोध और चर्चा का विषय बनाए रखा है।

पुनर्जन्म के विरोध में तर्क ➔ पुनर्जन्म के विरोध में सबसे सामान्य तर्क स्मृति से जुड़ा है। यदि मनुष्य वास्तव में अनेक जन्मों से गुजरता है, तो उसे अपने पूर्वजन्मों की स्पष्ट स्मृतियाँ क्यों नहीं रहतीं?

आधुनिक न्यूरोसाइंस यह दर्शाती है कि स्मृति और व्यक्तित्व मस्तिष्क से गहराई से जुड़े हुए हैं। इस आधार पर कुछ वैज्ञानिक प्रश्न उठाते हैं कि यदि स्मृति मस्तिष्क पर निर्भर है, तो शरीर की मृत्यु के बाद उसकी निरंतरता कैसे संभव होगी।

मनोवैज्ञानिक दृष्टिकोण भी महत्वपूर्ण है। कुछ विशेषज्ञों का मानना है कि पूर्वजन्म-संबंधी अनुभवों की व्याख्या अवचेतन मन, कल्पनाशक्ति, सांस्कृतिक प्रभावों और प्रतीकात्मक मानसिक प्रक्रियाओं के माध्यम से की जा सकती है।

इन सभी तर्कों का उद्देश्य किसी निष्कर्ष को थोपना नहीं है। वे केवल यह संकेत करते हैं कि चेतना और अस्तित्व से जुड़े प्रश्न अत्यंत जटिल हैं तथा उनके प्रति खुला और विवेकपूर्ण दृष्टिकोण आवश्यक है।

संतुलित समझ का अर्थ है न तो बिना परीक्षण के स्वीकार करना और न ही बिना विचार के अस्वीकार करना। वास्तविक जिज्ञासा वहीं से प्रारम्भ होती है जहाँ पूर्वाग्रह समाप्त होते हैं।

1.9 पूर्वजन्म प्रत्यागमन के प्रमुख उपयोग

पूर्वजन्म प्रत्यागमन के प्रति लोगों की रुचि प्रायः अतीत को जानने की जिज्ञासा से प्रारम्भ होती है, परंतु इसका वास्तविक महत्व वर्तमान जीवन को समझने में निहित है।

मानव व्यक्तित्व का एक बड़ा भाग अवचेतन स्तर पर कार्य करता है। अनेक भय, भावनात्मक प्रतिक्रियाएँ और व्यवहारिक पैटर्न ऐसे होते हैं जिनकी जड़ें व्यक्ति की सामान्य जागरूकता से परे प्रतीत होती हैं। पूर्वजन्म प्रत्यागमन के समर्थकों का मानना है कि चेतना की गहरी परतों का अन्वेषण करके इन पैटर्नों को बेहतर ढंग से समझा जा सकता है।

कुछ लोग इस प्रक्रिया का उपयोग अकारण भय, भावनात्मक संघर्षों तथा बार-बार दोहराए जाने वाले जीवन-पैटर्नों को समझने के लिए करते हैं। कई बार व्यक्ति किसी विशेष संबंध, परिस्थिति अथवा अनुभव के प्रति अत्यधिक भावनात्मक प्रतिक्रिया देता है, जबकि उसका स्पष्ट कारण वर्तमान जीवन में दिखाई नहीं देता। ऐसे मामलों में प्रत्यागमन आत्म-अन्वेषण का एक माध्यम बन सकता है।

इस प्रक्रिया का एक महत्वपूर्ण पक्ष आत्म-जागरूकता का विकास है। अनेक लोगों के लिए इसका सबसे बड़ा लाभ किसी कथित पूर्वजन्म की कहानी नहीं, बल्कि स्वयं को अधिक गहराई से समझ पाने की क्षमता होती है।

कुछ साधक इसे आध्यात्मिक अन्वेषण का माध्यम भी मानते हैं। उनके लिए यह आत्मा, चेतना, कर्म और जीवन के व्यापक अर्थ से जुड़े प्रश्नों पर चिंतन करने का अवसर प्रदान करता है।

फिर भी यह स्मरण रखना आवश्यक है कि पूर्वजन्म प्रत्यागमन का मूल्य किसी अनुभव की ऐतिहासिक सत्यता में नहीं, बल्कि उससे प्राप्त अंतर्दृष्टि

में निहित है। यदि कोई अनुभव व्यक्ति को अधिक जागरूक, संतुलित और उत्तरदायी बनने में सहायता करता है, तो वह सार्थक हो सकता है।

अंततः पूर्वजन्म प्रत्यागमन का सबसे महत्वपूर्ण उद्देश्य अतीत को जानना नहीं, बल्कि वर्तमान जीवन को अधिक स्पष्टता, समझ और संतुलन के साथ जीना है।

1.10 उपचार वास्तव में कैसे होता है?

पूर्वजन्म प्रत्यागमन के विषय में एक सामान्य धारणा यह है कि किसी पूर्वजन्म को देख लेना ही उपचार के लिए पर्याप्त है। किंतु वास्तविकता इससे कहीं अधिक गहरी है।

उपचार केवल जानकारी प्राप्त करने से नहीं, बल्कि समझ, जागरूकता और आंतरिक परिवर्तन से प्रारम्भ होता है। अनेक लोग अपने भय, दुःख या भावनात्मक संघर्षों का कारण जानते हैं, फिर भी उनसे मुक्त नहीं हो पाते। इसका कारण यह है कि बौद्धिक समझ और वास्तविक रूपांतरण दो अलग प्रक्रियाएँ हैं।

प्रत्यागमन के दौरान यदि कोई अनुभव सामने आता है, तो उसका महत्व उस दृश्य या कथा में नहीं, बल्कि उससे उत्पन्न होने वाली अंतर्दृष्टि में होता है। व्यक्ति अपने भय, अपराधबोध, शोक, असुरक्षा अथवा संबंधों को नए दृष्टिकोण से देख सकता है। यही समझ परिवर्तन की प्रक्रिया का आधार बनती है।

कई बार उपचार तब प्रारम्भ होता है जब व्यक्ति स्वयं के प्रति अधिक करुणा, स्वीकार्यता और जागरूकता विकसित करता है। दबे हुए भावनात्मक अनुभव जब चेतना के प्रकाश में आते हैं, तब उनके प्रति व्यक्ति का संबंध बदलने लगता है।

आधुनिक मनोविज्ञान भी स्वीकार करता है कि स्थायी परिवर्तन के लिए केवल जानकारी पर्याप्त नहीं होती। अनुभव, भावनात्मक प्रसंस्करण, आत्म-जागरूकता और आंतरिक एकीकरण (Integration) आवश्यक होते हैं।

इसी कारण एक जिम्मेदार प्रत्यागमन प्रक्रिया केवल अनुभव तक सीमित नहीं रहती, बल्कि उसके अर्थ को समझने, उससे सीखने और उसे जीवन में समाहित करने पर भी बल देती है।

वास्तविक उपचार किसी कहानी में नहीं, बल्कि उस जागरूकता में निहित है जो व्यक्ति को स्वयं को अधिक स्पष्टता, ईमानदारी और करुणा के साथ देखने में सहायता करती है।

1.11 सीमाएँ, संतुलित दृष्टिकोण और आध्यात्मिकता बनाम पलायन

पूर्वजन्म प्रत्यागमन चेतना-अन्वेषण का एक रोचक माध्यम हो सकता है, किंतु इसकी सीमाओं को समझना भी उतना ही आवश्यक है।

किसी अनुभव की भावनात्मक तीव्रता उसके ऐतिहासिक रूप से सत्य होने का प्रमाण नहीं होती। मानव मन प्रतीकों, रूपकों और भावनात्मक कथाओं के माध्यम से भी स्वयं को अभिव्यक्त कर सकता है। इसलिए प्रत्यागमन में प्राप्त प्रत्येक अनुभव को शाब्दिक इतिहास मान लेना उचित नहीं है।

एक जिम्मेदार अभ्यासकर्ता किसी निष्कर्ष को थोपने के बजाय व्यक्ति को स्वयं की समझ विकसित करने में सहायता करता है। सुझाव, पूर्वधारणाएँ और व्यक्तिगत मान्यताएँ अनुभवों को प्रभावित कर सकती हैं, इसलिए निष्पक्षता और नैतिकता अत्यंत महत्वपूर्ण हैं।

यह भी समझना आवश्यक है कि जीवन की सभी समस्याओं को पूर्वजन्मों से नहीं जोड़ा जा सकता। अनेक चुनौतियाँ जैविक, मनोवैज्ञानिक, सामाजिक तथा पारिवारिक कारणों से भी उत्पन्न होती हैं।

इसी प्रकार आध्यात्मिकता का उद्देश्य जीवन से भागना नहीं, बल्कि उसे अधिक जागरूकता और स्पष्टता के साथ समझना है। जब व्यक्ति अपने भय, संघर्षों और उत्तरदायित्वों का सामना करने के बजाय प्रत्येक समस्या को केवल कर्म या पूर्वजन्मों से जोड़कर टालने लगता है, तब आध्यात्मिकता धीरे-धीरे पलायन का रूप धारण कर सकती है।

वास्तविक आध्यात्मिकता व्यक्ति को अधिक उत्तरदायी बनाती है। यदि कर्म महत्वपूर्ण हैं, तो वर्तमान कर्म भी उतने ही महत्वपूर्ण हैं। यदि आत्म-विकास संभव है, तो उसके लिए जागरूक प्रयास भी आवश्यक हैं।

सच्ची आध्यात्मिकता व्यक्ति को अपने भय, भावनाओं और व्यवहार की जिम्मेदारी स्वीकार करना सिखाती है। वह जीवन की चुनौतियों से बचने के बजाय उनका सामना करने का साहस देती है।

अंततः किसी भी आध्यात्मिक प्रक्रिया का मूल्य उसके रहस्यमय अनुभवों से नहीं, बल्कि जीवन में विकसित होने वाली करुणा, संतुलन, परिपक्वता और जागरूकता से आँका जाना चाहिए।

1.12 अध्याय का सार

इस अध्याय में आत्मा, चेतना, कर्म, पुनर्जन्म और पूर्वजन्म प्रत्यागमन से जुड़े मूलभूत प्रश्नों का परिचय प्रस्तुत किया गया।

हमने देखा कि भारतीय दर्शन के अनुसार मनुष्य केवल शरीर नहीं, बल्कि एक चेतन सत्ता है। आत्मा को नित्य और शाश्वत माना गया है, जबकि व्यक्तित्व अनुभवों, संस्कारों और परिस्थितियों से निर्मित अभिव्यक्ति है। पुनर्जन्म और कर्म के सिद्धांत जीवन को एक व्यापक चेतना-यात्रा के रूप में देखने का दृष्टिकोण प्रदान करते हैं।

मृत्यु को अंत नहीं, बल्कि परिवर्तन के रूप में समझा गया तथा संस्कारों और स्मृतियों की भूमिका पर विचार किया गया। शास्त्रीय सिद्धांतों और पूर्वजन्म प्रत्यागमन के बीच संबंध को विवेकपूर्ण दृष्टि से समझने का प्रयास किया गया।

साथ ही यह भी स्पष्ट किया गया कि पूर्वजन्म प्रत्यागमन का उद्देश्य अतीत की कथाओं का संग्रह नहीं, बल्कि वर्तमान जीवन को अधिक स्पष्टता से समझना है। किसी भी अनुभव का वास्तविक मूल्य उसकी ऐतिहासिक सत्यता से अधिक उसके द्वारा प्रदान की गई आत्म-समझ और जागरूकता में निहित है।

अंततः आत्म-विकास, उपचार और आध्यात्मिक उन्नति का आधार जागरूकता, उत्तरदायित्व, करुणा और संतुलित दृष्टिकोण है। यही दृष्टि व्यक्ति को स्वयं को समझने तथा जीवन को अधिक अर्थपूर्ण ढंग से जीने में सहायता करती है।

इसी आधारभूमि पर अगले अध्याय में अवचेतन मन, संस्कारों और स्मृति की कार्यप्रणाली का अधिक विस्तार से अध्ययन किया जाएगा।

अध्याय 02

अवचेतन मन, संस्कार और स्मृति का विज्ञान

(Subconscious Mind, Samskaras and the Science of Memory)

2.1 भूमिका → स्मृतियाँ कहाँ सुरक्षित रहती हैं?

मानव मन सदैव रहस्य और जिज्ञासा का विषय रहा है। मनुष्य अपने जीवन में असंख्य अनुभवों से गुजरता है। कुछ अनुभव समय के साथ धुंधले पड़ जाते हैं, जबकि कुछ स्मृतियाँ वर्षों बाद भी उतनी ही जीवंत बनी रहती हैं। कई बार कोई दृश्य, शब्द, गंध अथवा परिस्थिति अचानक किसी पुरानी भावना को पुनः सक्रिय कर देती है, मानो वह अनुभव अभी-अभी घटित हुआ हो।

यह तथ्य संकेत करता है कि स्मृति केवल जानकारी का संग्रह नहीं है। स्मृति भावनाओं, अनुभवों और अर्थों से भी जुड़ी होती है।

पूर्वजन्म प्रत्यागमन (Past-Life Regression) के संदर्भ में यह प्रश्न और भी महत्वपूर्ण हो जाता है कि क्या स्मृतियाँ केवल मस्तिष्क में सुरक्षित रहती हैं, अथवा चेतना के किसी गहरे स्तर पर भी उनका अस्तित्व बना रह सकता है?

भारतीय दर्शन और आधुनिक मनोविज्ञान इस प्रश्न को अलग-अलग दृष्टिकोणों से देखते हैं। यद्यपि दोनों की भाषा भिन्न है, फिर भी दोनों

यह स्वीकार करते हैं कि मनुष्य का अनुभव केवल उसकी वर्तमान सचेत जागरूकता तक सीमित नहीं है। उसके भीतर स्मृतियों, भावनाओं और संस्कारों के अनेक स्तर कार्य करते रहते हैं।

इसी अध्याय में हम मन की संरचना, संस्कारों की अवधारणा, स्मृति के विभिन्न आयामों तथा अवचेतन मन की भूमिका को समझने का प्रयास करेंगे।

2.2 मन की बहुस्तरीय संरचना

दैनिक जीवन में हम जिस मन का अनुभव करते हैं, वह वास्तव में मन का केवल एक छोटा भाग है। आधुनिक मनोविज्ञान तथा भारतीय दर्शन दोनों संकेत करते हैं कि मन बहुस्तरीय संरचना रखता है।

सामान्यतः इसे तीन स्तरों में समझा जा सकता है

चेतन मन (Conscious Mind) ➔ चेतन मन वह स्तर है जिसके माध्यम से हम वर्तमान क्षण का अनुभव करते हैं। यही भाग सोचता है, विश्लेषण करता है, निर्णय लेता है और भाषा का उपयोग करता है।

जब हम किसी समस्या का समाधान करते हैं, कोई योजना बनाते हैं या किसी से संवाद करते हैं, तब मुख्यतः चेतन मन सक्रिय होता है।

किन्तु चेतन मन की क्षमता सीमित होती है। यह एक समय में केवल सीमित जानकारी को ही धारण कर सकता है।

अवचेतन मन (Subconscious Mind) ➔ अवचेतन मन स्मृतियों, भावनाओं, आदतों, विश्वासों, शर्तबद्ध प्रतिक्रियाओं और व्यवहारगत पैटर्नों का विशाल भंडार माना जाता है।

हमारी अनेक प्रतिक्रियाएँ, भय, आकर्षण, संबंधों के प्रतिरूप तथा स्वचालित व्यवहार इसी स्तर से संचालित होते हैं। कई बार व्यक्ति बौद्धिक रूप से समझता है कि उसका भय तर्कसंगत नहीं है, फिर भी वह उससे मुक्त नहीं

हो पाता। इसका कारण यह हो सकता है कि उस भय की जड़ें अवचेतन स्तर पर सुरक्षित हों।

अचेतन मन अथवा चित्त (Unconscious Mind / Chitta) ➔ यह मन का सबसे गहरा स्तर माना जाता है। आधुनिक मनोविज्ञान इसे अचेतन कहता है, जबकि भारतीय दर्शन में चित्त की अवधारणा इसी सूक्ष्म क्षेत्र से संबंधित दिखाई देती है।

चित्त केवल विचारों का संग्रह नहीं है। यह संस्कारों, मानसिक छापों और अनुभवों का सूक्ष्म आधार माना गया है।

योग-दर्शन के अनुसार अनेक संस्कार चित्त में बीज रूप में सुरक्षित रहते हैं और अवसर मिलने पर पुनः सक्रिय हो सकते हैं।

2.3 भारतीय दर्शन में चित्त की अवधारणा

भारतीय योग-दर्शन में चित्त को अत्यंत महत्वपूर्ण स्थान दिया गया है।

पतंजलि योगसूत्र का प्रसिद्ध सूत्र है

योगश्चित्तवृत्तिनिरोधः॥

योगसूत्र 1.2

भावार्थ ➔ चित्त की वृत्तियों का निरोध ही योग है।

यहाँ चित्त का अर्थ केवल विचारों से नहीं है। इसमें स्मृतियाँ, भावनाएँ, संस्कार, कल्पनाएँ और मानसिक प्रतिक्रियाएँ भी सम्मिलित हैं। जब चित्त निरंतर बाहरी और आंतरिक उत्तेजनाओं से प्रभावित होता रहता है, तब व्यक्ति अपनी गहन चेतना को स्पष्ट रूप से नहीं देख पाता।

योग का उद्देश्य इन वृत्तियों को दबाना नहीं, बल्कि उन्हें समझना और उनके पार जाना है।

पूर्वजन्म प्रत्यागमन तथा अन्य आत्म-अन्वेषण प्रक्रियाएँ भी किसी न किसी रूप में चित्त की गहराइयों को समझने का प्रयास करती हैं।

2.4 मन, बुद्धि और आत्मा--रथ रूपक

भारतीय ज्ञान परंपरा मनुष्य की आंतरिक संरचना को समझाने के लिए अनेक प्रतीकों का उपयोग करती है। उनमें से एक प्रसिद्ध रूपक कठोपनिषद में मिलता है।

आत्मानं रथिनं विद्धि शरीरं रथमेव तु।
बुद्धिं तु सारथिं विद्धि मनः प्रग्रहमेव च॥
इन्द्रियाणि हयानाहुः विषयांस्तेषु गोचरान्।
आत्मेन्द्रियमनोयुक्तं भोक्तेत्याहुर्मनीषिणः॥

कठोपनिषद् 1.3.3-4

भावार्थ ➔ आत्मा रथी है, शरीर रथ है, बुद्धि सारथी है और मन लगाम है। इन्द्रियाँ घोड़ों के समान हैं।

यदि मन अस्थिर हो तो इन्द्रियाँ व्यक्ति को विभिन्न दिशाओं में खींच सकती हैं। परिणाम-स्वरूप व्यक्ति बार-बार अपने पुराने संस्कारों और प्रतिक्रियात्मक पैटर्नों में उलझ सकता है किन्तु जब मन संतुलित और जागरूक होता है, तब बुद्धि अधिक स्पष्ट रूप से कार्य करती है और जीवन में दिशा उत्पन्न होती है।

यही कारण है कि आत्म-अन्वेषण की अधिकांश परंपराएँ मन की समझ को अत्यंत महत्वपूर्ण मानती हैं।

2.5 संस्कार क्या हैं?

भारतीय दर्शन में संस्कारों की अवधारणा अत्यंत महत्वपूर्ण मानी गई है। संस्कारों को सामान्य स्मृतियों से अधिक गहरा माना जाता है। वे किसी अनुभव द्वारा चेतना पर छोड़ी गई सूक्ष्म मानसिक और भावनात्मक छापें हैं।

मनुष्य के जीवन में घटित प्रत्येक अनुभवसुख, दुःख, प्रेम, भय, अस्वीकृति, सुरक्षा, अपमान, सफलता अथवा असफलता मन पर प्रभाव छोड़ सकता है।

अधिकांश अनुभव समय के साथ फीके पड़ जाते हैं, किन्तु कुछ अनुभव इतने गहरे होते हैं कि उनकी छाप लंबे समय तक बनी रहती है।

इन्हीं गहरी छापों को संस्कार कहा जाता है।

संस्कार केवल घटनाओं की स्मृति नहीं होते, बल्कि उनसे जुड़ी भावनाएँ, प्रतिक्रियाएँ और अर्थ भी अपने भीतर समाहित रखते हैं। यही कारण है कि कई बार व्यक्ति किसी परिस्थिति पर अपेक्षा से अधिक तीव्र प्रतिक्रिया देता है, जबकि उसका कारण उसे स्पष्ट रूप से ज्ञात नहीं होता।

भारतीय दृष्टिकोण के अनुसार संस्कार चेतना के सूक्ष्म स्तर पर सुरक्षित रहते हैं और अवसर मिलने पर पुनः सक्रिय हो सकते हैं।

2.6 संस्कारों का निर्माण

संस्कार अचानक उत्पन्न नहीं होते। वे अनुभवों की पुनरावृत्ति तथा उनसे जुड़ी भावनात्मक तीव्रता के परिणामस्वरूप विकसित होते हैं।

जब कोई अनुभव बार-बार घटित होता है, अथवा कोई एक अनुभव अत्यंत गहन भावनात्मक प्रभाव छोड़ता है, तब उसकी छाप चित्त में अधिक गहराई से अंकित हो सकती है।

इस प्रक्रिया को निम्न प्रकार से समझा जा सकता है

अनुभव → भावना → प्रतिक्रिया → पुनरावृत्ति → संस्कार

उदाहरण के लिए यदि किसी बच्चे को बार-बार अस्वीकृति का अनुभव हो, तो धीरे-धीरे उसके भीतर यह विश्वास विकसित हो सकता है कि वह पर्याप्त योग्य नहीं है। समय के साथ यह केवल एक स्मृति नहीं रहता, बल्कि व्यक्तित्व का हिस्सा बन सकता है।

इसी प्रकार प्रेम, सुरक्षा, करुणा और स्वीकृति से जुड़े अनुभव भी सकारात्मक संस्कारों का निर्माण कर सकते हैं।

संस्कार इसलिए महत्वपूर्ण हैं क्योंकि वे व्यक्ति के वर्तमान व्यवहार, संबंधों और निर्णयों को प्रभावित कर सकते हैं, भले ही वह उनके मूल कारण को सचेत रूप से न जानता हो।

2.7 कर्म, क्लेश और कर्माशय

योग-दर्शन के अनुसार संस्कारों की जड़ें कर्म और क्लेशों से जुड़ी होती हैं।

क्लेशमूलः कर्माशयो दृष्टादृष्टजन्मवेदनीयः॥

योगसूत्र 2.12

भावार्थ ➔ कर्मों का भंडार क्लेशों से उत्पन्न होता है और उसके फल इस जन्म अथवा भविष्य में अनुभव किए जा सकते हैं।

यहाँ कर्माशय का अर्थ उन सूक्ष्म प्रभावों से है जो कर्मों और उनसे जुड़ी मानसिक अवस्थाओं के परिणामस्वरूप संचित होते रहते हैं।

अविद्या, अस्मिता, राग, द्वेष और अभिनिवेश जैसे क्लेश व्यक्ति के व्यवहार को प्रभावित करते हैं। इनसे प्रेरित कर्म पुनः नए संस्कार उत्पन्न करते हैं और संस्कार आगे चलकर व्यवहार को प्रभावित करते हैं।

इस प्रकार एक चक्र निर्मित हो जाता है

क्लेश → कर्म → संस्कार → प्रवृत्ति → पुनः कर्म

भारतीय दर्शन में आत्म-विकास का उद्देश्य इस चक्र को समझना और उससे मुक्त होना माना गया है।

2.8 भावनात्मक स्मृति और व्यवहारगत प्रतिरूप

कई बार व्यक्ति यह अनुभव करता है कि उसके जीवन में कुछ परिस्थितियाँ बार-बार दोहराई जा रही हैं।

कुछ लोग बार-बार ऐसे संबंधों में प्रवेश करते हैं जहाँ उन्हें अस्वीकृति का अनुभव होता है।

कुछ लोग सफलता के निकट पहुँचकर स्वयं ही पीछे हट जाते हैं।

कुछ लोग निरंतर अपराधबोध, असुरक्षा या परित्याग के भय से संघर्ष करते रहते हैं।

आधुनिक मनोविज्ञान इस प्रवृत्ति को कई बार पुनरावृत्ति पैटर्न अथवा पुनरावृत्ति बाध्यता के रूप में देखता है।

भारतीय दृष्टिकोण इसे संस्कारों और मानसिक प्रवृत्तियों से जोड़कर समझता है।

जब कोई भावनात्मक अनुभव पूरी तरह समझा या एकीकृत नहीं हो पाता, तो उसकी छाप व्यवहार के रूप में बार-बार प्रकट हो सकती है। इसी कारण केवल बौद्धिक समझ पर्याप्त नहीं होती। व्यक्ति को अपने भावनात्मक पैटर्नों को भी पहचानना पड़ता है।

2.9 भावनात्मक स्मृति और शरीर

आधुनिक आघात-अध्ययन (Trauma Studies) ने यह संकेत दिया है कि कुछ अनुभव केवल मानसिक स्मृति के रूप में ही नहीं, बल्कि शरीर और तंत्रिका तंत्र के स्तर पर भी प्रभाव छोड़ सकते हैं।

कभी-कभी व्यक्ति को किसी विशेष परिस्थिति में अचानक भय अनुभव होता है, जबकि उसे स्पष्ट रूप से कारण ज्ञात नहीं होता।

कुछ लोग तनावपूर्ण स्थितियों में शरीर में जकड़न, घबराहट, हृदयगति में वृद्धि अथवा श्वास में परिवर्तन अनुभव करते हैं।

ऐसी प्रतिक्रियाएँ संकेत करती हैं कि भावनात्मक अनुभव केवल विचारों तक सीमित नहीं होते। वे शरीर की जैविक प्रक्रियाओं को भी प्रभावित कर सकते हैं।

इसी कारण आधुनिक उपचार-पद्धतियों में शरीर-जागरूकता, श्वास-जागरूकता और तंत्रिका तंत्र विनियमन को महत्वपूर्ण माना जाता है।

2.10 प्रतीकात्मक स्मृतियाँ और युंग का दृष्टिकोण

अवचेतन मन सदैव प्रत्यक्ष भाषा में कार्य नहीं करता। वह अनेक बार प्रतीकों, रूपकों और कल्पनात्मक चित्रों के माध्यम से स्वयं को अभिव्यक्त करता है।

इसी कारण गहन ध्यान, स्वप्न, रचनात्मक अनुभवों अथवा प्रत्यागमन प्रक्रियाओं के दौरान प्रतीकात्मक दृश्य उभर सकते हैं।

उदाहरण के लिए

जल भावनाओं का प्रतीक हो सकता है।
अंधकार अज्ञात भय का प्रतीक हो सकता है।
कैद भावनात्मक बंधन का संकेत हो सकती है।
यात्रा आत्म-विकास का रूपक हो सकती है।

मनोवैज्ञानिक कार्ल युंग ने सामूहिक अचेतन (Collective Unconscious) और आद्यरूपों (Archetypes) की अवधारणा प्रस्तुत की।

उनके अनुसार कुछ प्रतीक मानव चेतना के गहरे स्तरों में सार्वभौमिक रूप से विद्यमान रहते हैं। यही कारण है कि विभिन्न संस्कृतियों में कई प्रतीक समान अर्थों के साथ दिखाई देते हैं।

इस दृष्टि से प्रत्यागमन के अनेक अनुभव प्रतीकात्मक और मनोवैज्ञानिक दोनों स्तरों पर महत्वपूर्ण हो सकते हैं।

2.11 क्या स्मृतियाँ केवल मस्तिष्क में रहती हैं?

स्मृति का प्रश्न आधुनिक विज्ञान और आध्यात्मिक दर्शन दोनों के लिए अत्यंत रोचक विषय रहा है।

आधुनिक तंत्रिका-विज्ञान सामान्यतः स्मृति को मस्तिष्क की जैविक प्रक्रियाओं से जोड़कर देखता है। विभिन्न शोधों से यह स्पष्ट हुआ है कि सीखना, अनुभव करना और स्मरण करना मस्तिष्क के अनेक भागों से संबंधित प्रक्रियाएँ हैं।

किन्तु चेतना-अध्ययन के क्षेत्र में कुछ प्रश्न अभी भी खुले हुए हैं

क्या चेतना केवल मस्तिष्क की गतिविधि है?

क्या स्मृति का कोई ऐसा आयाम हो सकता है जो केवल जैविक संरचनाओं तक सीमित न हो?

इन प्रश्नों के उत्तर अभी पूर्णतः स्पष्ट नहीं हैं।

भारतीय दर्शन इस विषय को भिन्न दृष्टिकोण से देखता है। उसके अनुसार चेतना शरीर और मस्तिष्क से परे एक व्यापक वास्तविकता है। चित्त, संस्कार और कर्माशय जैसी अवधारणाएँ इसी संभावना की ओर संकेत करती हैं कि अनुभवों की सूक्ष्म छापें चेतना के गहरे स्तरों पर सुरक्षित रह सकती हैं।

यहाँ यह समझना महत्वपूर्ण है कि यह एक दार्शनिक दृष्टिकोण है, जिसे आधुनिक विज्ञान ने न तो पूर्णतः सिद्ध किया है और न ही पूर्णतः अस्वीकार किया है।

इसी कारण संतुलित दृष्टिकोण यही है कि इस विषय को खुले मन और विवेकपूर्ण दृष्टि से देखा जाए।

2.12 अवचेतन मन और आत्म-अन्वेषण

यद्यपि अवचेतन मन का अधिकांश भाग हमारी प्रत्यक्ष जागरूकता से बाहर रहता है, फिर भी वह अनेक माध्यमों से स्वयं को व्यक्त करता रहता है।

स्वप्नों में उभरने वाले प्रतीक, बार-बार दोहराए जाने वाले व्यवहार, अचानक उत्पन्न होने वाली भावनात्मक प्रतिक्रियाएँ, रचनात्मक अंतर्दृष्टियाँ और गहन ध्यान-अनुभव इसी दिशा की ओर संकेत कर सकते हैं।

कई आध्यात्मिक और मनोवैज्ञानिक परंपराएँ मानती हैं कि आत्म-अन्वेषण का एक महत्वपूर्ण उद्देश्य स्वयं के उन भागों को समझना है जो सामान्यतः हमारी चेतना से ओझल रहते हैं।

जब व्यक्ति अपने भीतर कार्यरत भावनात्मक पैटर्नों, विश्वासों और संस्कारों को पहचानने लगता है, तब उसके भीतर अधिक स्वतंत्रता और स्पष्टता विकसित होने लगती है।

पूर्वजन्म प्रत्यागमन भी अनेक लोगों के लिए इसी प्रकार का एक आत्म-अन्वेषणात्मक माध्यम बन सकता है, जहाँ व्यक्ति अपने अनुभवों, भावनाओंऔर प्रतीकों के माध्यम से स्वयं को अधिक गहराई से समझने का प्रयास करता है।

2.13 जागरूकता और उपचार

उपचार केवल किसी स्मृति को पुनः देखने से नहीं होता।

कोई व्यक्ति अपने जीवन की अनेक घटनाओं को याद कर सकता है, फिर भी उसके व्यवहार में कोई परिवर्तन न आए। वहीं कोई व्यक्ति किसी एक अनुभव को गहराई से समझकर अपने जीवन में महत्वपूर्ण परिवर्तन ला सकता है।

वास्तविक उपचार तब प्रारम्भ होता है जब व्यक्ति अपने अनुभवों के प्रति जागरूक होता है।

जब वह अपने भय को पहचानता है।

जब वह अपनी भावनाओं को दबाने के बजाय उन्हें समझना सीखता है।

जब वह अपने पुराने व्यवहारगत प्रतिरूपों को देख पाता है।

जब वह स्वयं को दोष देने के बजाय स्वयं के प्रति करुणा विकसित करता है।

जागरूकता व्यक्ति को अतीत की घटनाओं से मुक्त नहीं करती, किन्तु उन घटनाओं के साथ उसके संबंध को बदल सकती है।

यही परिवर्तन आत्म-विकास और आंतरिक उपचार की दिशा में पहला कदम बनता है।

2.14 सीमाएँ और सावधानियाँ

अवचेतन मन, स्मृति और प्रत्यागमन से संबंधित विषयों का अध्ययन करते समय संतुलन और विवेक अत्यंत आवश्यक हैं।

किसी भी अनुभव की तीव्रता उसके तथ्यात्मक सत्य होने का प्रमाण नहीं होती।

कुछ अनुभव वास्तविक स्मृतियाँ हो सकते हैं।

कुछ प्रतीकात्मक हो सकते हैं और कुछ भावनात्मक रूपक हो सकते हैं।

कुछ कल्पना और अवचेतन सामग्री का मिश्रण भी हो सकते हैं।

इसी प्रकार मार्गदर्शक के सुझाव, व्यक्ति की अपेक्षाएँ तथा सांस्कृतिक विश्वास भी अनुभवों को प्रभावित कर सकते हैं।

यही कारण है कि आधुनिक प्रत्यागमन अभ्यास में तटस्थता, नैतिकता, सूचित सहमति और भावनात्मक सुरक्षा को विशेष महत्व दिया जाता है।

उद्देश्य किसी विशेष विश्वास को सिद्ध करना नहीं, बल्कि व्यक्ति के अनुभवों को समझने और उनसे सीखने में सहायता प्रदान करना है।

2.15 अध्याय का सार

इस अध्याय में हमने मन की बहुस्तरीय संरचना, अवचेतन मन, चित्त, संस्कार और स्मृति की अवधारणाओं का अध्ययन किया। भारतीय दर्शन के अनुसार संस्कार अनुभवों की सूक्ष्म छाप हैं, जो चित्त में सुरक्षित रहकर व्यक्ति के व्यवहार, भावनाओं और जीवन-दृष्टि को प्रभावित कर सकते हैं। योग-दर्शन कर्म, क्लेश और संस्कारों के पारस्परिक संबंध की व्याख्या करता है, जबकि आधुनिक मनोविज्ञान भावनात्मक स्मृति, व्यवहारगत प्रतिरूपों और अवचेतन प्रक्रियाओं पर प्रकाश डालता है।

यह भी स्पष्ट हुआ कि सभी गहरे अनुभवों को ऐतिहासिक सत्य मान लेना आवश्यक नहीं है। अनेक अनुभव प्रतीकात्मक, मनोवैज्ञानिक अथवा

भावनात्मक स्तर पर भी अर्थपूर्ण हो सकते हैं। वास्तविक उपचार किसी विशेष कथा को सिद्ध करने में नहीं, बल्कि जागरूकता, आत्म-बोध, भावनात्मक एकीकरण और आत्म-करुणा के विकास में निहित है।

मनुष्य का आंतरिक संसार अत्यंत व्यापक और जटिल है। अवचेतन मन और संस्कारों की समझ हमें यह जानने में सहायता करती है कि वर्तमान जीवन की अनेक प्रतिक्रियाएँ, भावनाएँ और व्यवहार किन गहरे कारणों से प्रभावित हो सकते हैं।

इसी समझ के आधार पर अब हम अगले अध्याय में कर्म, पुनर्जन्म और जीवन की पुनरावृत्तियों से संबंधित भारतीय दार्शनिक दृष्टिकोण का अध्ययन करेंगे।

अध्याय 03

कर्म का विज्ञान

(The Science of Karma)

3.1 कर्म की लोकप्रिय भ्रांतियाँ और वास्तविक समझ

भारतीय दर्शन में यदि किसी एक शब्द का सबसे अधिक प्रयोग हुआ है और साथ ही सबसे अधिक गलत समझा भी गया है, तो वह शब्द है कर्म।

सामान्यतः कर्म को एक सरल नैतिक सूत्र के रूप में प्रस्तुत किया जाता है "अच्छा करोगे तो अच्छा मिलेगा, बुरा करोगे तो बुरा मिलेगा।" यद्यपि इस विचार में आंशिक सत्य अवश्य है, किंतु कर्म का वास्तविक अर्थ इससे कहीं अधिक व्यापक और गहन है।

लोकप्रिय धारणाओं में कर्म को कई बार किसी अदृश्य दंड-व्यवस्था के रूप में देखा जाता है, मानो ब्रह्मांड प्रत्येक व्यक्ति के कार्यों का लेखा-जोखा रखकर उसे पुरस्कार या दंड प्रदान कर रहा हो। परिणामस्वरूप अनेक लोग कर्म को भय, अपराधबोध और भाग्यवाद से जोड़कर देखने लगते हैं। किंतु भारतीय दर्शन कर्म को इस सीमित दृष्टिकोण से नहीं देखता।

भारतीय परंपराओं के अनुसार कर्म केवल बाहरी घटनाओं का कारण नहीं है, बल्कि चेतना, अनुभव और विकास की एक सतत प्रक्रिया भी है। कर्म का संबंध केवल इस बात से नहीं है कि व्यक्ति क्या करता है, बल्कि इस बात से भी है कि वह किस भावना, इरादे और जागरूकता के साथ करता है।

यदि कर्म को केवल दंड और पुरस्कार की व्यवस्था मान लिया जाए, तो जीवन के अनेक प्रश्न अनुत्तरित रह जाते हैं। तब पीड़ा केवल सजा और सफलता केवल पुरस्कार प्रतीत होती है। जबकि भारतीय दर्शन जीवन की चुनौतियों को सीख, आत्मबोध और चेतना-विकास के अवसर के रूप में भी देखता है।

एक अन्य महत्वपूर्ण भ्रांति यह है कि कर्म और भाग्य को एक ही मान लिया जाता है। वास्तव में कर्म एक गतिशील प्रक्रिया है, जबकि भाग्य को सामान्यतः पूर्वनिर्धारित परिणाम के रूप में समझा जाता है। भारतीय दर्शन मनुष्य को पूर्णतः असहाय नहीं मानता। यदि वर्तमान जीवन केवल अतीत के कर्मों का अपरिवर्तनीय परिणाम होता, तो जागरूकता, साधना, आत्म-चिंतन और परिवर्तन का कोई महत्व न रहता।

इसी कारण शास्त्र कर्म के साथ-साथ पुरुषार्थ, विवेक और आत्म-जागृति को भी समान महत्व देते हैं। मनुष्य केवल अपने अतीत का परिणाम नहीं है; वह वर्तमान में नए चुनाव करने की क्षमता भी रखता है।

अध्याय 2 में हमने देखा कि अनुभव चेतना पर छाप छोड़ सकते हैं और संस्कारों का निर्माण कर सकते हैं। कर्म का सिद्धांत इसी प्रक्रिया को और व्यापक स्तर पर समझने का प्रयास करता है। प्रत्येक विचार, प्रत्येक भावना, प्रत्येक प्रतिक्रिया और प्रत्येक कर्म केवल एक घटना नहीं है; वह चेतना पर प्रभाव छोड़ने वाली प्रक्रिया भी है।

इस प्रकार कर्म कोई रहस्यमय दैवी दंड-व्यवस्था नहीं, बल्कि कारण और प्रभाव का एक गहन चेतनात्मक सिद्धांत है। यह केवल बाहरी परिस्थितियों को नहीं, बल्कि व्यक्ति की आंतरिक संरचना को भी प्रभावित करता है। कर्म का विज्ञान इस बात को समझने का प्रयास है कि हमारे अनुभव, हमारे संस्कार और हमारे चुनाव किस प्रकार मिलकर जीवन की दिशा को आकार देते हैं।

कर्म की इस व्यापक समझ तक पहुँचने के लिए सबसे पहले यह जानना आवश्यक है कि कर्म वास्तव में है क्या। क्या कर्म केवल बाहरी क्रिया है, अथवा विचार, भावना और इरादा भी कर्म का भाग हैं?

3.2 कर्म की वास्तविक परिभाषा

कर्म की चर्चा करते समय अधिकांश लोग बाहरी कार्यों के बारे में सोचते हैं, जैसे सहायता करना, दान देना, परिश्रम करना या किसी को हानि पहुँचाना। यद्यपि यह समझ आंशिक रूप से सही है, परंतु भारतीय दर्शन कर्म को केवल बाहरी क्रिया तक सीमित नहीं रखता।

संस्कृत में "कर्म" शब्द का मूल अर्थ है क्रिया या कार्य। दार्शनिक दृष्टि से कर्म केवल शरीर द्वारा किए गए कार्य नहीं हैं, बल्कि विचार, भावनाएँ, इच्छाएँ, इरादे और प्रतिक्रियाएँ भी कर्म की प्रक्रिया का भाग हैं।

इसी कारण भारतीय परंपरा में कर्म को मनसा, वाचा और कर्मणा अर्थात् विचार, वाणी और कार्य तीनों स्तरों पर समझा गया है।

इस दृष्टिकोण का अर्थ है कि किसी कर्म का महत्व केवल उसके बाहरी स्वरूप से नहीं, बल्कि उसके पीछे सक्रिय चेतना से भी निर्धारित होता है। दो व्यक्ति एक जैसा कार्य कर सकते हैं, किंतु उनके इरादे भिन्न होने के कारण उसके आंतरिक प्रभाव भी भिन्न हो सकते हैं।

भगवद्गीता में कहा गया है:

कर्मणो ह्यपि बोद्धव्यं बोद्धव्यं च विकर्मणः।
अकर्मणश्च बोद्धव्यं गहना कर्मणो गतिः॥

(भगवद्गीता 4.17)

भावार्थ → कर्म क्या है, विकर्म क्या है और अकर्म क्या है? इसे समझना आवश्यक है, क्योंकि कर्म की गति अत्यंत गहन है।

यह श्लोक संकेत करता है कि कर्म केवल बाहरी गतिविधि नहीं, बल्कि चेतना, इरादे और जागरूकता से भी जुड़ा हुआ है। प्रत्येक कर्म व्यक्ति के भीतर भी एक प्रभाव उत्पन्न करता है। यही प्रभाव आगे चलकर संस्कारों और प्रवृत्तियों का रूप ले सकता है।

इस प्रकार कर्म केवल वह नहीं है जो हम करते हैं; कर्म वह भी है जो हम अपने बार-बार के चुनावों के माध्यम से बनते जाते हैं।

इसी कारण कर्म को समझने के लिए कर्म, संस्कार और चित्त के संबंध को समझना आवश्यक है।

3.3 कर्म, संस्कार और चित्त का चक्र

यदि प्रत्येक कर्म चेतना को प्रभावित करता है, तो यह प्रभाव कहाँ सुरक्षित रहता है और भविष्य में हमारे जीवन को कैसे प्रभावित करता है?

भारतीय दर्शन इस प्रश्न का उत्तर संस्कार और चित्त की अवधारणाओं के माध्यम से देता है।

योगदर्शन के अनुसार चित्त वह सूक्ष्म क्षेत्र है जहाँ ये संस्कार सुरक्षित रहते हैं। जब कोई व्यक्ति कोई कर्म करता है, तो वह केवल बाहरी संसार में प्रभाव उत्पन्न नहीं करता, बल्कि अपने भीतर भी एक छाप छोड़ता है। यही छाप संस्कार बन सकती है।

वही संस्कार भविष्य में किसी विशेष प्रवृत्ति को जन्म देता है। वह प्रवृत्ति नए कर्मों को प्रेरित करती है और नए कर्म पुनः नए संस्कारों का निर्माण करते हैं।

इस प्रक्रिया को सरल रूप में इस प्रकार समझा जा सकता है

कर्म → संस्कार → प्रवृत्ति → अनुभव → पुनः कर्म

यही चक्र मानव व्यवहार की अनेक पुनरावृत्तियों को समझने की कुंजी है।

उदाहरण के लिए, यदि कोई व्यक्ति बार-बार भय के साथ प्रतिक्रिया करता है, तो भय केवल एक भावना नहीं रहता। वह धीरे-धीरे एक संस्कार का रूप ले सकता है। आगे चलकर वही संस्कार उसकी दृष्टि, निर्णयों और व्यवहार को प्रभावित करने लगता है।

इसी प्रकार करुणा, धैर्य, सेवा और प्रेम भी संस्कार बन सकते हैं। इसलिए संस्कार केवल बंधन का कारण नहीं हैं वे विकास का आधार भी बन सकते हैं।

यही कारण है कि भारतीय परंपराएँ केवल कर्म पर नहीं, बल्कि सजग कर्म पर बल देती हैं। क्योंकि प्रत्येक कर्म भविष्य के संस्कारों का बीज बन सकता है।

यदि कर्म, संस्कार और चित्त का यह चक्र जीवन को प्रभावित करता है, तो एक महत्वपूर्ण प्रश्न उठता है क्या कर्म वास्तव में दंड है, या उसका कोई व्यापक उद्देश्य भी है?

3.4 कर्म बनाम दंड

कर्म के संबंध में सबसे प्रचलित भ्रांतियों में से एक यह है कि इसे दैवी दंड-व्यवस्था के रूप में देखा जाता है। जब जीवन में कोई कठिनाई आती है, तो लोग उसे पूर्व कर्मों की सजा मान लेते हैं। इसी प्रकार सफलता को कर्म का पुरस्कार समझ लिया जाता है।

यद्यपि कर्मों के परिणाम होते हैं, परंतु भारतीय दर्शन कर्म को केवल दंड और पुरस्कार की व्यवस्था नहीं मानता।

यदि कर्म को केवल दंड-व्यवस्था माना जाए, तो जीवन की जटिलता को समझना कठिन हो जाता है। भारतीय चिंतन के अनुसार कर्म का उद्देश्य केवल परिणाम उत्पन्न करना नहीं, बल्कि अनुभवों के माध्यम से चेतना का विकास करना भी है।

उदाहरण के लिए, यदि कोई व्यक्ति निरंतर क्रोध के साथ जीवन जीता है, तो उसका परिणाम केवल बाहरी संघर्षों के रूप में नहीं दिखाई देगा। धीरे-धीरे क्रोध उसकी चेतना की प्रवृत्ति बन सकता है। इसी प्रकार करुणा और धैर्य भी व्यक्ति के भीतर स्थायी गुणों के रूप में विकसित हो सकते हैं।

इस दृष्टि से कर्म कोई बाहरी न्यायाधीश नहीं है, बल्कि कारण और प्रभाव का चेतनात्मक सिद्धांत है। हम जो सोचते हैं, जो अनुभव करते हैं और जिस प्रकार प्रतिक्रिया करते हैं, वे सब मिलकर हमारे आंतरिक संसार को आकार देते हैं।

इसी कारण भारतीय दर्शन किसी भी व्यक्ति की पीड़ा को देखकर तुरंत यह निष्कर्ष निकालने से सावधान करता है कि वह उसके कर्मों का दंड है। जीवन अनेक कारकों से निर्मित होता है और किसी भी अनुभव की पूर्ण व्याख्या केवल एक कारण से नहीं की जा सकती।

कर्म का सिद्धांत दूसरों का न्याय करने के लिए नहीं, बल्कि स्वयं को समझने के लिए है। जब कर्म को दंड के स्थान पर सीख और जागरूकता की दृष्टि से देखा जाता है, तब व्यक्ति प्रत्येक अनुभव से यह पूछना प्रारम्भ करता है "यह मुझे क्या सिखा रहा है?"

यही कर्म की परिपक्व समझ का प्रारम्भ है।

3.5 संचित, प्रारब्ध और क्रियमाण कर्म

यदि कर्म केवल वर्तमान क्षण में किए गए कार्यों तक सीमित नहीं है, तो हमारे वर्तमान जीवन और अनुभवों का संबंध अतीत से किस प्रकार है?

भारतीय दर्शन इस प्रश्न का उत्तर कर्म के तीन प्रमुख आयामों संचित, प्रारब्ध और क्रियमाण कर्म के माध्यम से देता है।

संचित कर्म ➔ संचित कर्म उन समस्त कर्मों, अनुभवों और संस्कारों का संचय है जो चेतना में सुरक्षित हैं। इसे एक विशाल बीज-भंडार की तरह समझा जा सकता है, जिसमें अनेक संभावनाएँ विद्यमान रहती हैं, किंतु सभी एक साथ सक्रिय नहीं होतीं।

प्रारब्ध कर्म ➔ संचित कर्मों का जो भाग वर्तमान जीवन में अनुभव के रूप में सक्रिय होता है, उसे प्रारब्ध कर्म कहा जाता है।

जन्म-परिस्थितियाँ, कुछ मूलभूत जीवन-अनुभव और कुछ विशेष प्रवृत्तियाँ अनेक परंपराओं में प्रारब्ध के संदर्भ में समझी जाती हैं। प्रारब्ध को उस बाण की उपमा दी गई है जो धनुष से निकल चुका है।

किन्तु प्रारब्ध परिस्थितियाँ प्रदान करता है, प्रतिक्रियाएँ नहीं।

क्रियमाण कर्म → क्रियमाण कर्म वह है जो वर्तमान क्षण में किया जा रहा है। यही वह क्षेत्र है जहाँ जागरूकता, स्वतंत्र इच्छा और उत्तरदायित्व की भूमिका प्रारम्भ होती है।

प्रत्येक विचार, निर्णय और कर्म भविष्य के संस्कारों तथा अनुभवों को प्रभावित कर सकता है। इसलिए वर्तमान केवल अतीत का परिणाम नहीं है; वह भविष्य का निर्माण भी कर रहा है।

> इन तीनों को एक साथ समझना आवश्यक है।
> संचित कर्म संभावनाओं का भंडार है।
> प्रारब्ध कर्म उन संभावनाओं का वर्तमान अनुभव है।
> क्रियमाण कर्म भविष्य की संभावनाओं का निर्माण है।

यही कारण है कि भारतीय दर्शन न तो पूर्ण भाग्यवाद को स्वीकार करता है और न ही पूर्ण स्वतंत्रता को। वह जीवन को अतीत, वर्तमान और भविष्य के बीच चलने वाले एक सतत संवाद के रूप में देखता है।

यदि प्रारब्ध परिस्थितियाँ प्रदान करता है और क्रियमाण कर्म भविष्य को प्रभावित कर सकता है, तो यह समझना आवश्यक हो जाता है कि कर्म और पुनर्जन्म का संबंध किस प्रकार स्थापित होता है।

3.6 कर्म और पुनर्जन्म का संबंध

कर्म के सिद्धांत को समझते समय एक महत्वपूर्ण प्रश्न सामने आता है यदि कर्म कारण और प्रभाव का नियम है, तो क्या उसकी प्रक्रिया केवल एक जीवन तक सीमित रहती है, अथवा चेतना अपने अनुभवों और संस्कारों को लेकर आगे भी बढ़ती है?

भारतीय दर्शन में पुनर्जन्म का सिद्धांत कर्म के सिद्धांत से गहराई से जुड़ा हुआ है। अनेक दार्शनिक परंपराएँ जीवन को एक पृथक घटना नहीं, बल्कि चेतना की एक दीर्घ यात्रा के रूप में देखती हैं।

बृहदारण्यक उपनिषद् में कहा गया है

स यथाकामो भवति तत्क्रतुर्भवति।
यत्क्रतुर्भवति तत्कर्म कुरुते।
यत्कर्म कुरुते तदभिसम्पद्यते॥

(बृहदारण्यक उपनिषद् 4.4.5)

भावार्थ ➔ मनुष्य जैसी कामना करता है, वैसा उसका संकल्प बनता है। जैसा संकल्प होता है, वैसा कर्म होता है, और जैसा कर्म होता है, वैसा ही अनुभव और परिणाम प्राप्त होता है।

यह मंत्र संकेत करता है कि कर्म की जड़ व्यक्ति की चेतना में निहित है। इच्छाएँ, संकल्प और कर्म मिलकर जीवन की दिशा को प्रभावित करते हैं।

भगवद्गीता में भी कहा गया है

यं यं वापि स्मरन्भावं
त्यजत्यन्ते कलेवरम्।
तं तमेवैति कौन्तेय
सदा तद्भावभावितः॥

श्रीमद्भगवद्गीता 8.6

भावार्थ ➔ हे कौन्तेय! मनुष्य अंत समय में जिस भाव का स्मरण करते हुए शरीर त्यागता है, वह उसी भाव को प्राप्त होता है, क्योंकि वह जीवन भर उसी भाव से प्रभावित रहा होता है।

यह श्लोक संकेत करता है कि मृत्यु के समय चेतना की अवस्था अत्यंत महत्वपूर्ण हो सकती है। यहाँ "अंतिम स्मरण" का अर्थ केवल मृत्यु के अंतिम क्षण का विचार नहीं है, बल्कि सम्पूर्ण जीवन में विकसित हुए संस्कारों, भावनात्मक प्रवृत्तियों और मानसिक अनुबंधनों का सार भी है। गीता का दृष्टिकोण यह है कि जीवन भर जिस दिशा में चेतना का विकास

होता है, वही दिशा आगे की यात्रा को प्रभावित कर सकती है। पूर्वजन्म और पुनर्जन्म संबंधी भारतीय अवधारणाओं में यह श्लोक चेतना की निरंतरता तथा संस्कारों की भूमिका को समझने का एक महत्वपूर्ण आधार प्रदान करता है।

हालाँकि यह समझना आवश्यक है कि पुनर्जन्म का सिद्धांत यह नहीं कहता कि वर्तमान जीवन की प्रत्येक घटना किसी पूर्वजन्म का प्रत्यक्ष परिणाम है। भारतीय दर्शन इस विषय को कहीं अधिक सूक्ष्मता से देखता है। वह संकेत करता है कि चेतना एक दीर्घकालिक विकास-यात्रा का भाग हो सकती है, जिसमें संस्कार, सीख और अनुभव क्रमशः परिपक्व होते जाते हैं।

अंततः इस सिद्धांत का सबसे महत्वपूर्ण संदेश यह है कि जीवन केवल वर्तमान क्षण तक सीमित नहीं है; वह चेतना के विकास की एक सतत प्रक्रिया भी हो सकता है।

3.7 कार्मिक पुनरावृत्ति और अधूरे अनुभव

मानव जीवन में कुछ अनुभव ऐसे होते हैं जो बार-बार लौटते हुए प्रतीत होते हैं। परिस्थितियाँ बदल जाती हैं, लोग बदल जाते हैं, किंतु अनुभव का मूल भाव वही बना रहता है।

कोई व्यक्ति बार-बार अस्वीकृति का अनुभव करता है, कोई समान प्रकार के संघर्षपूर्ण संबंधों में प्रवेश करता है, तो कोई बार-बार भय, अपराधबोध या असुरक्षा से जूझता रहता है।

आधुनिक मनोविज्ञान इसे पुनरावृत्ति-बाध्यता (Repetition Compulsion) के रूप में समझता है, जबकि भारतीय दर्शन इसे संस्कारों और कर्म के व्यापक संदर्भ में देखता है।

इस दृष्टिकोण के अनुसार यदि कोई अनुभव अत्यंत गहरा, भावनात्मक रूप से तीव्र या अधूरा रह जाए, तो उसकी छाप चेतना में बनी रह सकती है। वही छाप आगे चलकर समान प्रकार की परिस्थितियों और प्रतिक्रियाओं को जन्म दे सकती है।

इसी को कुछ परंपराएँ कार्मिक पुनरावृत्ति कहती हैं।

कार्मिक पुनरावृत्ति का अर्थ यह नहीं है कि कोई अदृश्य शक्ति व्यक्ति को दंड देने के लिए बार-बार वही अनुभव भेज रही है। इसके विपरीत, यह चेतना की उस प्रवृत्ति को दर्शाती है जो अधूरी सीखों और अनसुलझी भावनाओं को पुनः सामने लाती है ताकि उन्हें समझा और रूपांतरित किया जा सके।

उदाहरण के लिए, यदि किसी व्यक्ति के भीतर गहरा परित्याग-भय सक्रिय है तो वह अनजाने में ऐसे संबंधों का चयन कर सकता है जो उसी भय को पुनः सक्रिय कर दें। इसी प्रकार आत्म-मूल्य की कमी व्यक्ति को बार-बार ऐसी परिस्थितियों की ओर ले जा सकती है जहाँ उसे स्वयं को सिद्ध करने की आवश्यकता महसूस हो।

जब तक व्यक्ति इन पैटर्नों के प्रति जागरूक नहीं होता, तब तक वे स्वयं को दोहराते रह सकते हैं यही कारण है कि जागरूकता परिवर्तन का प्रथम चरण है। जिस पैटर्न को हम पहचान लेते हैं, उससे मुक्त होने की संभावना भी उत्पन्न हो जाती है।

इस प्रकार कार्मिक पुनरावृत्ति का उद्देश्य बंधन नहीं, बल्कि जागरूकता और विकास हो सकता है।

3.8 कर्म और स्वतंत्र इच्छा

कर्म के सिद्धांत पर विचार करते समय एक महत्वपूर्ण प्रश्न सामने आता है यदि हमारे जीवन पर संस्कारों और पूर्व कर्मों का प्रभाव है, तो क्या हम वास्तव में स्वतंत्र हैं?

भारतीय दर्शन इस प्रश्न का संतुलित उत्तर देता है। वह न तो पूर्ण नियतिवाद को स्वीकार करता है और न ही पूर्ण स्वतंत्रता को। उसके अनुसार मनुष्य का जीवन पूर्व कारणों से प्रभावित अवश्य हो सकता है, किंतु वह उनका पूर्णतः बंदी नहीं है।

संस्कार हमारी प्रतिक्रियाओं को प्रभावित कर सकते हैं, परंतु जागरूकता हमें प्रतिक्रिया और चुनाव के बीच का अंतर देखने की क्षमता प्रदान करती है।

उदाहरण के लिए, यदि किसी व्यक्ति के भीतर क्रोध का संस्कार सक्रिय है, तो किसी चुनौतीपूर्ण परिस्थिति में क्रोध स्वाभाविक रूप से उत्पन्न हो सकता है। किंतु जागरूकता उसे यह देखने की क्षमता देती है कि प्रतिक्रिया उत्पन्न हो रही है, परंतु उसे उसी के अनुसार कार्य करना अनिवार्य नहीं है।

यही स्वतंत्र इच्छा का आधार है।

भगवद्गीता में श्री कृष्ण अर्जुन से कहते हैं

इति ते ज्ञानमाख्यातं गुह्याद्गुह्यतरं मया।
विमृश्यैतदशेषेण यथेच्छसि तथा कुरु॥

(भगवद्गीता 18.63)

भावार्थ ➔ मैंने तुम्हें यह ज्ञान बताया। अब इस पर विचार करो और अपनी इच्छा के अनुसार निर्णय लो।

यह श्लोक स्पष्ट करता है कि ज्ञान मार्ग दिखा सकता है, किंतु अंतिम चुनाव व्यक्ति को स्वयं करना होता है।

इस प्रकार स्वतंत्र इच्छा का अर्थ पूर्ण स्वतंत्रता नहीं, बल्कि जागरूक चुनाव की क्षमता है। हम हर परिस्थिति को नियंत्रित नहीं कर सकते, परंतु उसके प्रति अपनी प्रतिक्रिया को प्रभावित अवश्य कर सकते हैं।

यही क्षमता मानव विकास और आत्म-परिवर्तन का आधार है।

3.9 क्या सब कुछ पूर्वनिर्धारित है?

कर्म और स्वतंत्र इच्छा की चर्चा के बाद एक स्वाभाविक प्रश्न उठता है क्या वास्तव में सब कुछ पहले से निर्धारित है?

यदि सब कुछ पूर्व-निर्धारित हो, तो प्रयास, साधना और आत्म-विकास का कोई अर्थ नहीं रह जाता। दूसरी ओर यदि कुछ भी पूर्वनिर्धारित न हो, तो कर्म और कारण-प्रभाव के सिद्धांत को समझना कठिन हो जाता है।

भारतीय दर्शन इन दोनों अतियों को स्वीकार नहीं करता।

संचित, प्रारब्ध और क्रियमाण कर्म की अवधारणाएँ यह संकेत करती हैं कि जीवन में कुछ परिस्थितियाँ पहले से उपस्थित हो सकती हैं, किंतु उन परिस्थितियों के भीतर व्यक्ति के चुनाव भी महत्वपूर्ण होते हैं।

प्रारब्ध परिस्थितियाँ प्रदान कर सकता है, परंतु प्रतिक्रिया नहीं।

दो व्यक्तियों को समान कठिनाई मिल सकती है, किंतु उनकी प्रतिक्रियाएँ भिन्न हो सकती हैं। एक व्यक्ति उसी अनुभव से टूट सकता है, जबकि दूसरा उससे सीखकर अधिक परिपक्व हो सकता है।

यही वह स्थान है जहाँ कर्म और स्वतंत्र इच्छा एक-दूसरे से मिलते हैं।

भारतीय दर्शन मनुष्य को परिस्थितियों का निष्क्रिय भोगी नहीं मानता। वह उसे एक सहभागी चेतना मानता है जो अपने अनुभवों को समझ सकती है, अपने संस्कारों को पहचान सकती है और अपने जीवन की दिशा को प्रभावित कर सकती है।

इसलिए कर्म का सिद्धांत भाग्यवाद नहीं, बल्कि उत्तरदायित्व का सिद्धांत है।

अतीत प्रभाव डाल सकता है, किंतु वर्तमान दिशा निर्धारित कर सकता है।

अंततः जीवन को एक खुली प्रक्रिया के रूप में समझना अधिक उचित है। कुछ परिस्थितियाँ हमारे सामने आती हैं, कुछ संस्कार हमें प्रभावित करते हैं, किंतु जागरूकता का एक ऐसा क्षेत्र सदैव उपस्थित रहता है जहाँ परिवर्तन संभव है।

यही क्षेत्र मानव स्वतंत्रता का वास्तविक आधार है।

यदि जीवन पूरी तरह पूर्वनिर्धारित नहीं है और संबंध हमारे विकास में महत्वपूर्ण भूमिका निभाते हैं, तो अगला प्रश्न यह है कि हमारे जीवन में

आने वाले लोग और संबंध कर्म की इस प्रक्रिया से किस प्रकार जुड़े हो सकते हैं।

3.10 कर्म और संबंध

मानव जीवन में संबंधों का अत्यंत महत्वपूर्ण स्थान है। माता-पिता, मित्र, जीवनसाथी, संतान और अन्य संबंधों के माध्यम से ही व्यक्ति प्रेम, सहयोग, संघर्ष, क्षमा और आत्म-विकास जैसे अनुभव प्राप्त करता है।

अक्सर यह प्रश्न उठता है कि क्यों कुछ संबंध पहली ही भेंट में अत्यंत परिचित प्रतीत होते हैं, जबकि कुछ संबंध प्रारम्भ से ही चुनौतीपूर्ण लगते हैं। भारतीय कर्म-दृष्टि इन अनुभवों को केवल संयोग नहीं मानती, बल्कि उन्हें सीख और चेतना-विकास के संभावित माध्यम के रूप में देखती है।

इस दृष्टिकोण के अनुसार संबंधों का उद्देश्य केवल सुख प्रदान करना नहीं है। अनेक बार वे व्यक्ति को उसके भीतर सक्रिय संस्कारों, अपेक्षाओं, भय और भावनात्मक पैटर्नों से परिचित कराते हैं। जो बातें व्यक्ति अकेले नहीं देख पाता, वे संबंधों के दर्पण में स्पष्ट दिखाई देने लगती हैं।

उदाहरण के लिए, यदि किसी व्यक्ति के भीतर अस्वीकृति का भय सक्रिय है, तो वह संबंधों में अत्यधिक आश्रित हो सकता है। यदि आत्म-मूल्य की भावना कमजोर है, तो वह बार-बार ऐसे संबंधों की ओर आकर्षित हो सकता है जहाँ उसे स्वयं को सिद्ध करने की आवश्यकता महसूस हो।

कुछ आध्यात्मिक परंपराएँ यह भी मानती हैं कि कुछ गहरे संबंध चेतना की अधूरी सीखों और संस्कारों से जुड़े हो सकते हैं। किंतु इसका अर्थ यह नहीं है कि प्रत्येक कठिन संबंध को कार्मिक कहकर सहन किया जाए। वास्तविक आध्यात्मिकता विवेक, आत्म-सम्मान और स्वस्थ सीमाओं को भी महत्व देती है।

कर्म-दृष्टि का उद्देश्य संबंधों में बंधन उत्पन्न करना नहीं, बल्कि समझ विकसित करना है। यह हमें यह देखने में सहायता करती है कि किसी संबंध के माध्यम से हमारे भीतर कौन-सी भावनाएँ और संस्कार सक्रिय हो रहे हैं।

अंततः संबंध केवल दो व्यक्तियों का संपर्क नहीं हैं वे आत्म-अन्वेषण और चेतना के विकास के महत्वपूर्ण साधन भी हो सकते हैं।

3.11 कर्म, जीवन-पथ और उद्देश्य

जब मनुष्य कर्म और जीवन के अनुभवों पर गंभीरता से विचार करता है, तो उसके भीतर एक प्रश्न स्वाभाविक रूप से उठता है क्या जीवन केवल घटनाओं की श्रृंखला है, अथवा इसके पीछे कोई गहरा उद्देश्य भी है?

भारतीय दर्शन सामान्यतः जीवन को चेतना की एक विकासशील यात्रा के रूप में देखता है। उपनिषदों, गीता और अनेक आध्यात्मिक परंपराओं में जीवन का अंतिम उद्देश्य आत्मबोध और चेतना-विकास माना गया है।

कर्म के संदर्भ में जीवन-पथ का अर्थ यह नहीं है कि प्रत्येक व्यक्ति के लिए कोई कठोर पूर्वनिर्धारित योजना बनी हुई है। बल्कि इसे संभावनाओं और सीखों की दिशा के रूप में समझा जा सकता है।

कुछ लोगों के जीवन में नेतृत्व की सीख प्रमुख हो सकती है, कुछ के जीवन में करुणा का विकास, कुछ के लिए आत्मविश्वास का निर्माण और कुछ के लिए क्षमा या सेवा का अभ्यास महत्वपूर्ण हो सकता है।

कई बार व्यक्ति स्वाभाविक रूप से कुछ विषयों, कार्यों या क्षेत्रों की ओर आकर्षित होता है। शिक्षा, उपचार, कला, अनुसंधान, आध्यात्मिकता या सेवा के प्रति आकर्षण उसके जीवन-पथ का संकेत हो सकता है।

यह समझना आवश्यक है कि जीवन-उद्देश्य हमेशा किसी असाधारण उपलब्धि से जुड़ा नहीं होता। अनेक बार किसी की सहायता करना, ज्ञान साझा करना, परिवार का पोषण करना, स्वयं को समझना या अधिक करुणामय बनना भी उतना ही सार्थक उद्देश्य हो सकता है।

भगवद्गीता का कर्मयोग इसी सत्य की ओर संकेत करता है कि जब व्यक्ति अपने कर्मों को जागरूकता और उत्तरदायित्व के साथ करता है, तब साधारण जीवन भी आध्यात्मिक विकास का माध्यम बन सकता है।

अंततः जीवन-पथ कोई ऐसी वस्तु नहीं है जिसे बाहर खोजा जाए। वह धीरे-धीरे अनुभवों, चुनौतियों और आत्म-अवलोकन के माध्यम से प्रकट होता है।

3.12 कर्म, धन और अभाव

धन और भौतिक संसाधनों का मानव जीवन में महत्वपूर्ण स्थान है। इसी कारण कर्म की चर्चा करते समय यह प्रश्न अक्सर पूछा जाता है कि क्या धन और अभाव भी कर्म से जुड़े हैं।

इस प्रश्न का उत्तर अत्यंत संतुलन के साथ समझना आवश्यक है।

भारतीय दर्शन जीवन की जटिलताओं को किसी एक कारण से नहीं समझता। आर्थिक स्थिति परिवार, शिक्षा, अवसर, सामाजिक परिस्थितियों, कौशल, परिश्रम और अनेक अन्य कारकों से प्रभावित होती है। इसलिए किसी व्यक्ति की आर्थिक स्थिति को केवल कर्म का परिणाम मान लेना उचित नहीं है।

फिर भी कर्म का एक मनोवैज्ञानिक पक्ष यहाँ महत्वपूर्ण हो जाता है।

अनेक बार व्यक्ति की आर्थिक स्थिति केवल बाहरी परिस्थितियों से नहीं, बल्कि उसके भीतर सक्रिय विश्वासों और मानसिक पैटर्नों से भी प्रभावित होती है। कुछ लोग सफलता के योग्य होने पर विश्वास नहीं कर पाते, कुछ के भीतर धन के प्रति भय या अपराधबोध होता है, जबकि कुछ लोग निरंतर अभाव की मानसिकता के साथ जीवन जीते हैं।

अध्याय 2 में हमने देखा कि अनुभव संस्कारों का निर्माण कर सकते हैं। यदि किसी व्यक्ति ने लंबे समय तक असुरक्षा और अभाव का वातावरण देखा है, तो उसके भीतर धन और सफलता के प्रति कुछ सीमित धारणाएँ विकसित हो सकती हैं। आगे चलकर वही धारणाएँ उसके निर्णयों और अवसरों को प्रभावित कर सकती हैं।

भारतीय परंपरा धन को न तो पूर्णतः त्याज्य मानती है और न ही जीवन का अंतिम लक्ष्य। धर्म, अर्थ, काम और मोक्ष इन चार पुरुषार्थों में "अर्थ" को भी महत्वपूर्ण स्थान दिया गया है।

कर्म-दृष्टि से देखा जाए तो धन एक साधन है। उसका वास्तविक महत्व इस बात में है कि उसका उपयोग किस चेतना, उत्तरदायित्व और संतुलन के साथ किया जाता है।

अंततः धन और अभाव का प्रश्न केवल बाहरी संसाधनों का नहीं, बल्कि आंतरिक दृष्टिकोण का भी विषय है।

3.13 योगदर्शन और कर्माशय

कर्म और संस्कारों की चर्चा के बाद एक महत्वपूर्ण प्रश्न सामने आता है--क्या हमारे कर्म केवल तत्काल प्रभाव उत्पन्न करते हैं, अथवा वे किसी गहरे स्तर पर संचित भी होते हैं?

पतंजलि योगदर्शन इस प्रश्न का उत्तर कर्माशय की अवधारणा के माध्यम से देता है।

योगसूत्र में कहा गया है

ततः तद्विपाकानुगुणानाम् एव अभिव्यक्तिः वासनानाम्॥

पतंजलि योगसूत्र 4.8

भावार्थ ➔ उन कर्मों के फल (विपाक) के अनुकूल ही संबंधित वासनाएँ और संस्कार प्रकट होते हैं।

योगदर्शन के अनुसार चेतना में संचित वासनाएँ और संस्कार सदैव सक्रिय रूप से दिखाई नहीं देते। वे उपयुक्त परिस्थितियाँ मिलने पर प्रकट होते हैं। कर्माशय में संचित कर्म और संस्कार जीवन के अनुभवों, प्रवृत्तियों और प्रतिक्रियाओं को प्रभावित करते हैं। इस प्रकार वर्तमान जीवन में दिखाई देने वाले अनेक पैटर्न चेतना में संचित गहरे संस्कारों से जुड़े हो सकते हैं।

योगदर्शन विशेष रूप से बताता है कि कर्माशय का मूल क्लेशों में निहित है। अविद्या, अस्मिता, राग, द्वेष और अभिनिवेश जैसे क्लेश व्यक्ति की

प्रतिक्रियाओं और कर्मों को प्रभावित करते हैं। इनके आधार पर किए गए कर्म चेतना में गहरी छाप छोड़ सकते हैं।

उदाहरण के लिए, यदि कोई व्यक्ति निरंतर भय के आधार पर निर्णय लेता है, तो भय केवल एक भावना नहीं रहता। वह धीरे-धीरे एक संस्कार और फिर एक गहरे मानसिक पैटर्न का रूप ले सकता है।

यद्‌यपि आधुनिक मनोविज्ञान कर्माशय शब्द का उपयोग नहीं करता, फिर भी अवचेतन पैटर्न, भावनात्मक कंडीशनिंग और दीर्घकालिक व्यवहारगत संरचनाएँ इसी तथ्य की ओर संकेत करती हैं कि पुराने अनुभव वर्तमान व्यवहार को प्रभावित कर सकते हैं।

योगदर्शन का सबसे महत्वपूर्ण संदेश यह है कि कर्माशय अपरिवर्तनीय नहीं है। जागरूकता, साधना, आत्म-अवलोकन और ध्यान के माध्यम से व्यक्ति अपने संस्कारों को पहचान सकता है और धीरे-धीरे उनके प्रभाव को रूपांतरित कर सकता है।

इस प्रकार कर्माशय की अवधारणा भय उत्पन्न करने के लिए नहीं, बल्कि यह समझाने के लिए है कि चेतना में संचित प्रभावों को देखा, समझा और बदला जा सकता है। यही योगदर्शन की व्यावहारिक और परिवर्तनकारी दृष्टि है।

3.14 कर्म और उत्तरदायित्व

कर्म के सिद्धांत को समझने का सबसे महत्वपूर्ण परिणाम यह है कि वह व्यक्ति को उत्तरदायित्व की ओर ले जाता है। यदि हमारे विचार, भावनाएँ और कर्म चेतना को प्रभावित करते हैं, तो इसका अर्थ है कि हम अपने जीवन के निर्माण में सक्रिय भागीदार हैं।

भारतीय दर्शन कर्म को भाग्यवाद का नहीं, बल्कि उत्तरदायित्व का सिद्धांत मानता है। यदि सब कुछ केवल अतीत के कर्मों से निर्धारित होता, तो साधना, शिक्षा, आत्म-विकास और जागरूकता का कोई महत्व न रह जाता। किंतु शास्त्र बार-बार यह स्पष्ट करते हैं कि वर्तमान क्षण परिवर्तन का क्षेत्र है।

संस्कार व्यक्ति को प्रभावित कर सकते हैं, परंतु वे उसे पूर्णतः नियंत्रित नहीं करते। जागरूकता व्यक्ति को यह देखने की क्षमता देती है कि उसके भीतर कौन-सी प्रतिक्रिया उत्पन्न हो रही है। इसी बिंदु पर उत्तरदायित्व का जन्म होता है।

उत्तरदायित्व का अर्थ स्वयं को दोषी ठहराना नहीं है। इसका अर्थ है अपने विचारों, प्रतिक्रियाओं और चुनावों के प्रति सजग होना। यह समझना कि परिस्थितियाँ चाहे जैसी हों, उनके प्रति हमारी प्रतिक्रिया हमारे विकास को प्रभावित करती है।

जब व्यक्ति यह पूछना प्रारम्भ करता है कि इस अनुभव से वह क्या सीख सकता है, तब वह पीड़ित मानसिकता से बाहर निकलकर आत्म-विकास की दिशा में आगे बढ़ता है।

यही कारण है कि वास्तविक आध्यात्मिकता व्यक्ति को अधिक उत्तरदायी बनाती है। वह उसे यह सिखाती है कि अतीत प्रभाव डाल सकता है, किंतु वर्तमान में जागरूकता और परिवर्तन सदैव संभव हैं।

3.15 करुणा और कर्म-दृष्टि

कर्म की परिपक्व समझ व्यक्ति को केवल स्वयं को देखने का नया दृष्टिकोण नहीं देती, बल्कि दूसरों को देखने की उसकी दृष्टि भी बदल देती है।

जब तक कर्म को केवल दंड और पुरस्कार की व्यवस्था के रूप में देखा जाता है तब तक मनुष्य दूसरों का न्याय करने लगता है। वह किसी के दुःख को उसके कर्मों का परिणाम और किसी की सफलता को उसके अच्छे कर्मों का फल मान लेता है। किंतु भारतीय दर्शन की दृष्टि इससे कहीं अधिक संवेदनशील है।

कर्म का सिद्धांत मुख्यतः आत्म-जागरूकता के लिए है, दूसरों का निर्णय करने के लिए नहीं। क्योंकि किसी भी व्यक्ति की संपूर्ण यात्रा, उसके संघर्ष, उसके संस्कार और उसकी परिस्थितियाँ बाहरी दृष्टि से पूरी तरह ज्ञात नहीं हो सकतीं।

यहीं से करुणा का जन्म होता है।

जब व्यक्ति यह समझता है कि प्रत्येक मनुष्य अपने-अपने संघर्षों, भय, सीमाओं और सीखों के साथ जीवन जी रहा है, तब उसके भीतर दूसरों के प्रति अधिक सहानुभूति विकसित होने लगती है। वह लोगों के व्यवहार के पीछे छिपी मानवीय पीड़ा और संघर्ष को भी देखने लगता है।

इसका अर्थ यह नहीं कि अनुचित व्यवहार को स्वीकार कर लिया जाए। करुणा और अनुमोदन एक ही बात नहीं हैं। करुणा का अर्थ है व्यक्ति की मानवता को देखना, भले ही उसके व्यवहार से असहमति हो।

कर्म-दृष्टि व्यक्ति को निर्णय से समझ की ओर, प्रतिक्रिया से करुणा की ओर और अहंकार से विनम्रता की ओर ले जाती है। यही उसकी सबसे सुंदर उपलब्धियों में से एक है।

3.16 कर्म का रूपांतरण

यदि कर्म और संस्कार हमारे जीवन को प्रभावित करते हैं, तो एक स्वाभाविक प्रश्न उठता है क्या उनका रूपांतरण संभव है?

भारतीय दर्शन का उत्तर है-- हाँ।

मनुष्य अपने अतीत का कैदी नहीं है। यद्‌यपि संस्कार चेतना को प्रभावित कर सकते हैं, फिर भी चेतना में स्वयं को देखने और बदलने की क्षमता विद्‌यमान है।

संस्कार बार-बार दोहराए गए अनुभवों और प्रतिक्रियाओं से निर्मित होते हैं। इसलिए जागरूकता, अभ्यास और आत्म-अवलोकन के माध्यम से उनका रूपांतरण भी संभव है।

रूपांतरण का अर्थ अतीत को मिटा देना नहीं है। इसका अर्थ है अतीत के प्रति अपनी समझ और प्रतिक्रिया को बदलना। जब व्यक्ति किसी भय, पीड़ा या सीमित विश्वास को समझना प्रारम्भ करता है, तो उसकी पकड़ धीरे-धीरे कमजोर होने लगती है।

भारतीय परंपराएँ इस परिवर्तन के लिए स्वाध्याय, ध्यान, योग, भक्ति, सेवा और आत्म-अनुशीलन जैसे साधनों का उल्लेख करती हैं। इनका उद्देश्य व्यक्ति को अपने भीतर सक्रिय अचेतन पैटर्नों के प्रति जागरूक बनाना है।

वास्तविक परिवर्तन किसी चमत्कार का परिणाम नहीं होता। वह छोटे-छोटे जागरूक चुनावों, निरंतर अभ्यास और जीवन के प्रति अधिक सजग दृष्टिकोण का परिणाम होता है।

जब व्यक्ति अपने संस्कारों को देखना सीख जाता है, तब वह उनके द्वारा संचालित होने के स्थान पर उन्हें रूपांतरित करने की दिशा में आगे बढ़ने लगता है। यही कर्म के रूपांतरण का सार है।

3.17 कर्म से मुक्ति : शास्त्रीय दृष्टि

कर्म के सिद्धांत का अंतिम प्रश्न यह है कि क्या मनुष्य कर्म के चक्र से पूर्णतः मुक्त हो सकता है?

भारतीय दर्शन का उत्तर है हाँ मुक्ति संभव है।

वास्तव में कर्म का सिद्धांत जीवन की व्याख्या करता है, जबकि मुक्ति का सिद्धांत जीवन के परम उद्देश्य की ओर संकेत करता है। उपनिषद, गीता, योग और वेदान्त सभी इस बात पर बल देते हैं कि मानव जीवन का अंतिम लक्ष्य आत्मबोध और आंतरिक स्वतंत्रता है।

भगवद्गीता में कहा गया है

यथैधांसि समिद्धोऽग्निर्भस्मसात्कुरुतेऽर्जुन।
ज्ञानाग्निः सर्वकर्माणि भस्मसात्कुरुते तथा॥

(भगवद्गीता 4.37)

भावार्थ ➔ जैसे प्रज्वलित अग्नि ईंधन को भस्म कर देती है, उसी प्रकार ज्ञान की अग्नि कर्मों के बंधनों को शिथिल कर सकती है।

यहाँ ज्ञान का अर्थ केवल जानकारी नहीं, बल्कि आत्मबोध है। जब व्यक्ति अपने वास्तविक स्वरूप को पहचानने लगता है, तब वह संस्कारों, भय और अचेतन प्रतिक्रियाओं की पकड़ से धीरे-धीरे मुक्त होने लगता है।

मुक्ति का अर्थ संसार से भागना नहीं है। इसका अर्थ है जीवन के अनुभवों के मध्य रहते हुए भी आंतरिक स्वतंत्रता विकसित करना।

योग इसे चित्तवृत्तियों के अतिक्रमण के रूप में देखता है, वेदान्त आत्मज्ञान के रूप में और भक्ति परंपरा ईश्वर-समर्पण के रूप में। मार्ग भिन्न हो सकते हैं, किंतु लक्ष्य एक ही है बंधन से स्वतंत्रता की ओर यात्रा।

अंततः कर्म से मुक्ति का अर्थ अतीत को नकारना नहीं, बल्कि उससे अपनी पहचान को मुक्त करना है। यही भारतीय दर्शन की महान घोषणा है।

3.18 अध्याय का सार

इस अध्याय में हमने कर्म को केवल दंड और पुरस्कार की लोकप्रिय धारणा से आगे बढ़कर एक व्यापक दार्शनिक, मनोवैज्ञानिक और आध्यात्मिक दृष्टिकोण से समझने का प्रयास किया।

हमने देखा कि कर्म केवल बाहरी क्रिया नहीं, बल्कि विचार, भावना, इरादा और चेतना की दिशा से भी जुड़ा है। कर्मों के प्रभाव संस्कारों के रूप में चेतना पर अंकित हो सकते हैं और भविष्य के अनुभवों को प्रभावित कर सकते हैं।

संचित, प्रारब्ध और क्रियमाण कर्म की अवधारणाओं से यह स्पष्ट हुआ कि जीवन में कुछ परिस्थितियाँ पूर्ववर्ती कारणों से उपस्थित हो सकती हैं, किन्तु जागरूक चुनाव की संभावना सदैव बनी रहती है। इसलिए भारतीय दर्शन भाग्यवाद नहीं, बल्कि उत्तरदायित्व और जागरूकता का समर्थन करता है।

पुनर्जन्म, कार्मिक पुनरावृत्ति और संबंधों की चर्चा ने संकेत दिया कि जीवन के अनेक अनुभव चेतना के गहरे प्रतिरूपों से जुड़े हो सकते हैं। साथ ही

योगदर्शन की कर्माशय अवधारणा ने यह भी बताया कि जागरूकता, साधना और आत्म-अवलोकन के माध्यम से संस्कारों का रूपांतरण संभव है।

अंततः कर्म की परिपक्व समझ व्यक्ति को करुणा, आत्म-जागरूकता, उत्तरदायित्व और आत्मबोध की दिशा में ले जाती है। कर्म का उद्देश्य भय उत्पन्न करना नहीं, बल्कि चेतना को अधिक जागरूक और स्वतंत्र बनाना है।

अब आगे की यात्रा जीवन और मृत्यु के मध्य स्थित उन रहस्यमय आयामों की ओर बढ़ती है जहाँ आत्मा, मृत्यु-अनुभव और चेतना की निरंतरता से जुड़े प्रश्न अधिक गहराई से सामने आते हैं। अगले अध्याय में हम मृत्यु के आध्यात्मिक और मनोवैज्ञानिक आयामों का अध्ययन करेंगे।

अध्याय 04

मृत्यु के बाद चेतना की यात्रा

(The Journey of Consciousness After Death)

4.1 मृत्यु का शाश्वत रहस्य

मानव जीवन का सबसे निश्चित सत्य मृत्यु है, और शायद सबसे बड़ा रहस्य भी। जन्म लेने वाला प्रत्येक प्राणी एक दिन इस संसार से विदा होता है, फिर भी मृत्यु का प्रश्न आज भी उतना ही गहन है जितना हजारों वर्ष पूर्व था।

मनुष्य ने सदैव यह जानने का प्रयास किया है कि मृत्यु के बाद क्या होता है। क्या मृत्यु जीवन का अंतिम बिंदु है, अथवा किसी नई यात्रा का प्रारम्भ? क्या चेतना शरीर के साथ समाप्त हो जाती है, या किसी रूप में अपनी निरंतरता बनाए रखती है? यही प्रश्न दर्शन, धर्म और आध्यात्मिकता की अनेक धाराओं का आधार बने हैं।

भारतीय दर्शन मृत्यु को पूर्ण समाप्ति नहीं मानता। वह इसे एक परिवर्तन, एक संक्रमण और चेतना की व्यापक यात्रा का चरण मानता है। जिस प्रकार पुराना वस्त्र त्यागकर नया वस्त्र धारण किया जाता है, उसी प्रकार आत्मा भी एक शरीर को छोड़कर आगे की यात्रा करती है।

नायमात्मा प्रवचनेन लभ्यो न मेधया न बहुना श्रुतेन।
यमेवैष वृणुते तेन लभ्यः तस्यैष आत्मा विवृणुते तनूं स्वाम्॥

कठोपनिषद् 1.2.23

भावार्थ ➔ आत्मा केवल वाद-विवाद, बुद्धि या अधिक श्रवण से प्राप्त नहीं होती। वह उसी के लिए प्रकट होती है जो उसके प्रति आंतरिक रूप से तैयार और समर्पित होता है।

मृत्यु और चेतना के रहस्य केवल बौद्धिक विश्लेषण से नहीं समझे जा सकते। भारतीय दर्शन संकेत करता है कि चेतना के कुछ आयाम प्रत्यक्ष अनुभव और आंतरिक जागरूकता से ही समझे जा सकते हैं। मृत्यु के बाद चेतना की यात्रा का विषय भी इसी श्रेणी में आता है।

मृत्यु को समझना वास्तव में जीवन को समझना है। जब मनुष्य मृत्यु की अनिवार्यता को स्वीकार करता है, तब वह जीवन को अधिक जागरूकता, करुणा और उत्तरदायित्व के साथ जीना सीखता है।

मृत्यु के विषय में चर्चा करते समय तीन प्रमुख प्रश्न सामने आते हैं। मृत्यु के क्षण में चेतना की अवस्था क्या होती है? शरीर और आत्मा का संबंध किस प्रकार समझा गया है? और यदि चेतना की यात्रा आगे बढ़ती है, तो उसका प्रारम्भिक अनुभव कैसा हो सकता है?

इन्हीं प्रश्नों की खोज इस अध्याय की आधारभूमि है।

4.2 आत्मा और शरीर का संबंध

मृत्यु के विषय में विचार करते समय सबसे मूल प्रश्न यह है कि वास्तव में मरता कौन है? क्या मृत्यु केवल शरीर की समाप्ति है, अथवा वह सत्ता भी समाप्त हो जाती है जिसे हम "मैं" के रूप में अनुभव करते हैं?

भारतीय दर्शन शरीर और आत्मा के बीच स्पष्ट भेद स्थापित करता है। उसके अनुसार शरीर परिवर्तनशील है, जबकि आत्मा चेतना का वह आधार है जो परिवर्तन से परे है। शरीर जन्म लेता है, विकसित होता है, वृद्ध होता है और अंततः नष्ट हो जाता है, किंतु आत्मा को नित्य और अविनाशी माना गया है।

श्रीमद्भगवद्गीता में भगवान श्रीकृष्ण कहते हैं

अनाशिनोऽप्रमेयस्य तस्माद्युध्यस्व भारत।
शरीरिणोऽस्य सर्वस्य कश्चित्कर्तुमिहार्हति॥
अन्तवन्त इमे देहा नित्यस्योक्ताः शरीरिणः।
अनाशिनोऽप्रमेयस्य तस्माद्युध्यस्व भारत॥

श्रीमद्भगवद्गीता 2.18

भावार्थ ➔ ये शरीर नश्वर हैं, परंतु इनमें स्थित आत्मा नित्य, अविनाशी और अप्रमेय है। इसलिए शरीर के नाश को आत्मा का नाश नहीं समझना चाहिए।

यह श्लोक आत्मा और शरीर के बीच के मूलभूत अंतर को स्पष्ट करता है। गीता के अनुसार शरीर परिवर्तनशील और नश्वर है, जबकि आत्मा शाश्वत चेतना का प्रतिनिधित्व करती है। मृत्यु के संदर्भ में यह दृष्टिकोण अत्यंत महत्वपूर्ण है, क्योंकि यह संकेत करता है कि मृत्यु चेतना का अंत नहीं, बल्कि शरीरगत अस्तित्व का परिवर्तन है। पूर्वजन्म, पुनर्जन्म और मृत्यु के बाद चेतना की यात्रा संबंधी भारतीय अवधारणाओं का दार्शनिक आधार इसी भेद पर टिका हुआ है। आत्मा को शरीर से पृथक समझने से मृत्यु का भय कम हो सकता है और जीवन को व्यापक दृष्टिकोण से देखने की प्रेरणा मिल सकती है। यही दृष्टिकोण मृत्यु को देखने की दिशा बदल देता है। यदि मनुष्य स्वयं को केवल शरीर मानता है, तो मृत्यु भय का कारण बनती है। यदि वह स्वयं को चेतना का अंश मानता है, तो मृत्यु एक परिवर्तन के रूप में दिखाई देने लगती है।

इसी आधार पर भारतीय दर्शन मृत्यु के क्षण को अंत नहीं, बल्कि चेतना की आगे बढ़ती हुई यात्रा का एक चरण मानता है।

4.3 मृत्यु के क्षण में चेतना

मृत्यु के क्षण में वास्तव में क्या होता है, यह प्रश्न सदैव मानव जिज्ञासा का विषय रहा है। यद्यपि इस विषय पर पूर्ण वैज्ञानिक सहमति उपलब्ध

नहीं है, फिर भी आध्यात्मिक परंपराएँ और अनेक अनुभवजन्य विवरण कुछ समान संकेत प्रस्तुत करते हैं।

भारतीय दर्शन के अनुसार मृत्यु वह क्षण है जब चेतना का संबंध स्थूल शरीर से धीरे-धीरे समाप्त होने लगता है। शरीर की जैविक क्रियाएँ रुक सकती हैं, किंतु चेतना की प्रक्रिया तत्काल समाप्त हो जाती है, ऐसा आवश्यक नहीं माना गया।

यदा सर्वे प्रमुच्यन्ते कामा येऽस्य हृदि श्रिताः।
अथ मर्त्योऽमृतो भवत्यत्र ब्रह्म समश्नुते॥

कठोपनिषद् 2.3.14

भावार्थ ➔ जब हृदय में स्थित सभी आसक्तियाँ और कामनाएँ समाप्त हो जाती हैं, तब नश्वर मनुष्य अमृतत्व का अनुभव करता है।

यह श्लोक मृत्यु को केवल जैविक घटना के रूप में नहीं, बल्कि चेतना की अवस्था से जोड़कर देखता है। भारतीय दर्शन में आसक्ति, भय और अधूरे आग्रह मृत्यु-अनुभव को प्रभावित करने वाले तत्व माने गए हैं।

अनेक आध्यात्मिक परंपराएँ मानती हैं कि मृत्यु के समय व्यक्ति की आंतरिक अवस्था अत्यंत महत्वपूर्ण होती है। भय, आसक्ति और भ्रम चेतना को व्याकुल कर सकते हैं, जबकि स्वीकार, शांति और समर्पण उसे स्थिरता प्रदान कर सकते हैं।

यही कारण है कि भारतीय परंपरा में जीवन भर जागरूकता, साधना और मानसिक संतुलन के विकास पर बल दिया गया है। मृत्यु को उसी प्रकार देखा जाता है जैसे एक यात्री लंबी यात्रा के बाद एक पड़ाव से दूसरे पड़ाव की ओर बढ़ता है।

4.4 सूक्ष्म देह की अवधारणा

यदि आत्मा शाश्वत है और शरीर नश्वर, तो एक महत्वपूर्ण प्रश्न उठता है कि मृत्यु के बाद चेतना की निरंतरता किस माध्यम से बनी रहती है?

भारतीय दर्शन इस प्रश्न का उत्तर सूक्ष्म देह की अवधारणा के माध्यम से देता है।

उपनिषदों, वेदांत और योगदर्शन के अनुसार मनुष्य केवल स्थूल शरीर नहीं है। उसके अस्तित्व के अनेक स्तर हैं। स्थूल शरीर भौतिक तत्वों से निर्मित है, जबकि मन, बुद्धि, चित्त, संस्कार और प्राण से संबंधित एक सूक्ष्म आयाम भी माना गया है।

इसी सूक्ष्म स्तर को सामान्यतः सूक्ष्म शरीर या सूक्ष्म देह कहा जाता है।

सूक्ष्म देह को समझने के लिए दीपक और उसके प्रकाश का उदाहरण उपयोगी है। दीपक का पात्र बदल सकता है, परंतु प्रकाश की ज्योति एक पात्र से दूसरे पात्र में स्थानांतरित हो सकती है। इसी प्रकार स्थूल शरीर नष्ट हो सकता है, किंतु चेतना और संस्कारों की निरंतरता सूक्ष्म स्तर पर बनी रह सकती है।

पूर्वजन्म और पुनर्जन्म की अवधारणा भी इसी सिद्धांत पर आधारित है। माना जाता है कि आत्मा के साथ संस्कार, प्रवृत्तियाँ और कर्मों के सूक्ष्म प्रभाव जुड़े रहते हैं, जो आगे की यात्रा में भूमिका निभाते हैं।

यह समझना आवश्यक है कि सूक्ष्म देह आधुनिक विज्ञान द्वारा प्रत्यक्ष रूप से प्रमाणित अवधारणा नहीं है। यह मुख्यतः भारतीय आध्यात्मिक परंपराओं और दार्शनिक चिंतन का विषय है। फिर भी पुनर्जन्म, कर्म और चेतना की निरंतरता को समझने में इसका महत्वपूर्ण स्थान है।

4.5 शांत और आकस्मिक मृत्यु

सभी मृत्यु-अनुभव समान नहीं होते। कुछ लोग जीवन के अंतिम क्षणों में अपेक्षाकृत शांत, स्वीकारपूर्ण और संतुलित दिखाई देते हैं, जबकि कुछ परिस्थितियों में मृत्यु अचानक, आघातपूर्ण अथवा अप्रत्याशित रूप से घटित हो सकती है।

भारतीय परंपराएँ यह मानती हैं कि मृत्यु के समय व्यक्ति की मानसिक और भावनात्मक अवस्था उसके अनुभव को प्रभावित कर सकती है।

जब व्यक्ति जीवन के प्रति संतोष, स्वीकार और आंतरिक शांति विकसित कर चुका होता है, तब मृत्यु का सामना अपेक्षाकृत सहज हो सकता है। इसके विपरीत यदि भय, तीव्र आसक्ति, क्रोध, अधूरापन या गहरे भावनात्मक संघर्ष सक्रिय हों, तो संक्रमण का अनुभव अधिक चुनौतीपूर्ण प्रतीत हो सकता है।

यही विचार योगदर्शन में वर्णित अभिनिवेश से भी जुड़ा है। अभिनिवेश जीवन और पहचान से चिपके रहने की गहरी प्रवृत्ति है। मृत्यु का भय कई बार शरीर से अधिक उस पहचान के समाप्त होने का भय होता है जिसे व्यक्ति जीवन भर "मैं" मानता रहा है।

कुछ प्रत्यागमन अनुभवों में लोगों ने अचानक हुई मृत्यु से जुड़े भय, भ्रम या अधूरेपन की अनुभूतियों का वर्णन किया है। वहीं कुछ अनुभवों में गहरी शांति, हल्कापन और मुक्त होने की भावना भी व्यक्त की गई है।

इन अनुभवों की तथ्यात्मक व्याख्या भिन्न हो सकती है, किंतु वे एक महत्वपूर्ण तथ्य की ओर संकेत करते हैं कि मृत्यु केवल जैविक घटना नहीं, बल्कि गहन भावनात्मक और चेतनात्मक अनुभव भी हो सकती है।

इसी कारण भारतीय आध्यात्मिक परंपराएँ मृत्यु की तैयारी को जीवन की तैयारी से अलग नहीं मानतीं। जो व्यक्ति जागरूकता, संतुलन और आंतरिक परिपक्वता के साथ जीवन जीता है, उसके लिए मृत्यु भी उसी यात्रा का स्वाभाविक विस्तार बन सकती है।

4.6 भय, आसक्ति और अधूरे अनुभव

मृत्यु के संदर्भ में सबसे गहरा प्रश्न यह नहीं है कि शरीर कब समाप्त होगा, बल्कि यह है कि मनुष्य मृत्यु से इतना भयभीत क्यों होता है। अनेक बार मृत्यु का भय वास्तव में मृत्यु का नहीं, बल्कि खो देने का भय होता है अपने संबंधों को खो देने का, अपनी पहचान को खो देने का, अपने सपनों और इच्छाओं को अधूरा छोड़ देने का।

भारतीय दर्शन बार-बार संकेत करता है कि दुःख का एक प्रमुख कारण आसक्ति है। जब व्यक्ति स्वयं को केवल अपने शरीर, संबंधों, भूमिकाओं अथवा उपलब्धियों तक सीमित मानने लगता है, तब उनके परिवर्तन या वियोग की संभावना भय उत्पन्न करने लगती है। मृत्यु इस भय का सबसे स्पष्ट रूप बन जाती है क्योंकि वह व्यक्ति को अनित्यता के सत्य के सामने खड़ा कर देती है।

द्वितीयाद्वै भयं भवति॥

बृहदारण्यक उपनिषद् 1.4.2

भावार्थ ➔ द्वैत की अनुभूति से भय उत्पन्न होता है।

अस्तित्वगत भय का मूल कारण केवल मृत्यु नहीं है, बल्कि अलगाव और असुरक्षा की अनुभूति है। जब व्यक्ति स्वयं को जीवन से पृथक अनुभव करता है, तब भय उत्पन्न होता है। यह सूत्र मृत्यु-भय के मनोवैज्ञानिक और आध्यात्मिक आधार को समझने में सहायता करता है।

भारतीय दर्शन यह भी संकेत करता है कि अधूरे भावनात्मक अनुभव चेतना पर गहरी छाप छोड़ सकते हैं। अनकहे शब्द, अपूर्ण संबंध, अधूरी जिम्मेदारियाँ, क्षमा न कर पाना अथवा गहरा वियोग व्यक्ति के भीतर लंबे समय तक सक्रिय रह सकते हैं। कई बार व्यक्ति वर्तमान में जीने के बजाय अतीत के अधूरे अध्यायों को भीतर ढोता रहता है।

पूर्वजन्म प्रत्यागमन के अनेक अनुभवों में भी यह देखा गया है कि मृत्यु की घटना से अधिक प्रभावशाली वह भावनात्मक अवस्था होती है जो उसके साथ जुड़ी होती है। भय, अपराधबोध, क्रोध, शोक अथवा अधूरापन जैसी भावनाएँ व्यक्ति के वर्तमान जीवन के व्यवहारिक और संबंधगत पैटर्नों में भी प्रतिध्वनित हो सकती हैं।

इसी कारण आध्यात्मिक परंपराएँ मृत्यु से बचने की नहीं, बल्कि जीवन को अधिक जागरूकता के साथ जीने की शिक्षा देती हैं। जब व्यक्ति अपने संबंधों, भावनाओं और दायित्वों के प्रति सजग होता है, तब भीतर अधूरेपन

का बोझ धीरे-धीरे कम होने लगता है। स्वीकार, करुणा और आत्म-जागरूकता ही मृत्यु-भय को समझने तथा जीवन को अधिक पूर्णता के साथ जीने का वास्तविक मार्ग हैं।

4.7 मृत्यु-समीप अनुभव (Near-Death Experiences)

आधुनिक युग में मृत्यु और चेतना के विषय पर सबसे अधिक चर्चा जिन अनुभवों ने उत्पन्न की है, उनमें मृत्यु-समीप अनुभव विशेष महत्व रखते हैं।

ये वे अनुभव हैं जिनका वर्णन कुछ व्यक्तियों ने उस समय किया जब वे चिकित्सकीय दृष्टि से मृत्यु के अत्यंत निकट थे और बाद में पुनः सामान्य जीवन में लौट आए।

विभिन्न देशों और संस्कृतियों से प्राप्त विवरणों में कुछ समान तत्व बार-बार दिखाई देते हैं। अनेक लोगों ने शरीर से पृथक होने जैसी अनुभूति, गहन शांति का अनुभव, प्रकाशमय उपस्थिति का बोध अथवा जीवन की घटनाओं के तीव्र पुनरावलोकन का वर्णन किया है।

इन अनुभवों की अंतिम वैज्ञानिक व्याख्या अभी तक सर्वसम्मति से स्थापित नहीं हो सकी है। कुछ शोधकर्ता इन्हें मस्तिष्कीय प्रक्रियाओं से जोड़ते हैं, जबकि कुछ इन्हें चेतना के गहरे आयामों की संभावित झलक के रूप में देखते हैं।

भारतीय दर्शन के संदर्भ में ऐसे अनुभवों को कभी-कभी चेतना की संक्रमण अवस्था से संबंधित संकेतों के रूप में देखा जाता है। फिर भी एक संतुलित दृष्टिकोण यही है कि इन्हें न तो अंतिम प्रमाण माना जाए और न ही बिना अध्ययन के अस्वीकार किया जाए।

इन अनुभवों का सबसे महत्वपूर्ण योगदान यह है कि उन्होंने मृत्यु और चेतना के विषय में नए प्रश्नों को जन्म दिया है तथा मानव अनुभव की सीमाओं पर पुनर्विचार करने के लिए प्रेरित किया है।

4.8 प्रारम्भिक संक्रमण अवस्था

यदि चेतना शरीर से पृथक होती है, तो उसके तुरंत बाद क्या होता है? यह प्रश्न संसार की अनेक आध्यात्मिक परंपराओं में पाया जाता है।

भारतीय दर्शन सहित अनेक रहस्यवादी परंपराएँ संकेत करती हैं कि मृत्यु और आगे की यात्रा के बीच एक प्रारम्भिक संक्रमण अवस्था हो सकती है। यह वह स्थिति है जहाँ चेतना स्थूल शरीर से मुक्त हो चुकी होती है, किंतु अभी अपने अगले चरण में पूर्ण रूप से प्रविष्ट नहीं हुई होती।

कुछ आध्यात्मिक विवरणों और प्रत्यागमन अनुभवों में इस अवस्था का वर्णन गहन शांति, हल्केपन और विश्राम की अनुभूति के रूप में किया गया है। वहीं कुछ परिस्थितियों में भ्रम, आश्चर्य अथवा अधूरेपन का अनुभव भी वर्णित किया गया है, विशेषकर तब जब मृत्यु अचानक अथवा आघातपूर्ण रही हो।

भारतीय दृष्टिकोण में इस अवस्था को चेतना के समायोजन का काल माना जाता है। जैसे कोई यात्री एक लंबी यात्रा पूर्ण करने के बाद अगले चरण पर आगे बढ़ने से पहले कुछ समय विश्राम करता है, उसी प्रकार चेतना भी एक संक्रमण प्रक्रिया से गुजर सकती है।

यह समझना महत्वपूर्ण है कि इस विषय में विभिन्न परंपराओं के दृष्टिकोण भिन्न हैं। अतः इसे अंतिम सत्य के रूप में नहीं, बल्कि चेतना की संभावित यात्रा को समझने के एक दार्शनिक और आध्यात्मिक दृष्टिकोण के रूप में देखा जाना चाहिए।

4.9 प्रत्यागमन और मृत्यु-स्मृतियाँ

पूर्वजन्म प्रत्यागमन के क्षेत्र में मृत्यु-संबंधी अनुभव सबसे अधिक प्रभावशाली और भावनात्मक रूप से तीव्र माने जाते हैं। अनेक व्यक्तियों ने ऐसे अनुभवों का वर्णन किया है जिनमें वे किसी दुर्घटना, युद्ध, बीमारी, वियोग अथवा अन्य परिस्थितियों से जुड़ी मृत्यु का अनुभव करते प्रतीत हुए।

किन्तु इन अनुभवों का महत्व केवल दृश्य में नहीं, बल्कि उससे जुड़ी भावनाओं में होता है। कई बार व्यक्ति घटना से अधिक उस भावना को अनुभव करता है जो उस घटना के साथ जुड़ी हुई थी जैसे भय, असहायता, अपराधबोध, शोक या अधूरापन।

इसी कारण अनुभवी साधक/चिकित्सक या अभ्यासकर्ता केवल कथित घटना पर ध्यान नहीं देते, बल्कि उससे जुड़े भावनात्मक पैटर्नों को समझने का प्रयास करते हैं। यदि कोई अनुभव व्यक्ति को उसके वर्तमान जीवन के भय, संबंधों या व्यवहारिक प्रवृत्तियों को समझने में सहायता करता है, तो वह आत्म-अन्वेषण का मूल्यवान माध्यम बन सकता है।

यह भी आवश्यक है कि प्रत्येक मृत्यु-स्मृति को ऐतिहासिक सत्य न माना जाए। कुछ अनुभव प्रतीकात्मक हो सकते हैं, कुछ अवचेतन मन की अभिव्यक्तियाँ हो सकते हैं और कुछ वर्तमान जीवन की भावनात्मक अवस्थाओं के रूपक भी हो सकते हैं।

अतः प्रत्यागमन का वास्तविक उद्देश्य अतीत को सिद्ध करना नहीं, बल्कि वर्तमान को समझना है। किसी अनुभव का मूल्य इस बात में नहीं कि वह इतिहास के बारे में क्या बताता है, बल्कि इस बात में है कि वह व्यक्ति को स्वयं को समझने में कितनी सहायता करता है।

इन्हीं मृत्यु-स्मृतियों और उनसे जुड़ी भावनात्मक छापों की गहन चर्चा अगले अध्याय में की जाएगी, जहाँ आघात, संस्कार और भावनात्मक इम्प्रिंट्स के संबंध को विस्तार से समझा जाएगा।

4.10 मृत्यु-जागरूकता और जीवन का मूल्य

मृत्यु का चिंतन प्रायः लोगों को भयावह प्रतीत होता है, किंतु भारतीय दर्शन इसे निराशा का नहीं, बल्कि जागरण का विषय मानता है। मृत्यु की स्मृति मनुष्य को जीवन की अनित्यता का बोध कराती है और यही बोध उसे अधिक सार्थक जीवन जीने के लिए प्रेरित कर सकता है।

मनुष्य प्रायः यह मानकर जीता है कि उसके पास बहुत समय है। इसी कारण वह अनेक महत्वपूर्ण बातों को टालता रहता है प्रेम व्यक्त करना,

क्षमा करना, संबंधों को सुधारना, आत्म-विकास करना और अपने जीवन के वास्तविक उद्देश्य को समझना। किंतु जब वह मृत्यु की अनिवार्यता को स्वीकार करना प्रारम्भ करता है, तब उसके जीवन का दृष्टिकोण बदलने लगता है।

मृत्यु-जागरूकता व्यक्ति को यह स्मरण कराती है कि प्रत्येक क्षण मूल्यवान है। जो आज है, वह सदैव नहीं रहेगा। यही समझ जीवन के प्रति कृतज्ञता उत्पन्न करती है।

बौद्ध परंपरा में भी अनित्यता के चिंतन को अत्यंत महत्वपूर्ण माना गया है। जो व्यक्ति परिवर्तनशीलता को स्वीकार कर लेता है, वह जीवन के उतार-चढ़ाव से कम विचलित होता है। वह जानता है कि सुख और दुःख दोनों ही स्थायी नहीं हैं।

इसी कारण मृत्यु की समझ जीवन के प्रति गहरी संवेदनशीलता को जन्म दे सकती है। यह व्यक्ति को भय में नहीं, बल्कि जागरूकता में जीना सिखाती है।

4.11 वास्तविक आध्यात्मिकता और मृत्यु

मृत्यु के विषय में चर्चा करते समय एक महत्वपूर्ण सावधानी आवश्यक है। आध्यात्मिकता का उद्देश्य मृत्यु के बाद की घटनाओं के प्रति जिज्ञासा बढ़ाना मात्र नहीं है। उसका वास्तविक उद्देश्य व्यक्ति को अधिक जागरूक, संतुलित और करुणामय बनाना है।

यदि कोई व्यक्ति पुनर्जन्म, आत्मा और सूक्ष्म लोकों के बारे में बहुत कुछ जानता है, किंतु उसके जीवन में करुणा, सत्यनिष्ठा और आत्म-जागरूकता का विकास नहीं हुआ, तो वह ज्ञान केवल बौद्धिक स्तर तक सीमित रह जाता है।

उपनिषदों का संदेश सदैव आंतरिक परिवर्तन पर केंद्रित रहा है। मृत्यु को समझने का अर्थ मृत्यु का स्वागत करना नहीं, बल्कि जीवन की वास्तविकता को स्वीकार करना है।

जब व्यक्ति यह समझने लगता है कि शरीर नश्वर है और समय सीमित है, तब उसके भीतर स्वाभाविक रूप से विनम्रता उत्पन्न होती है। वह दूसरों के प्रति अधिक संवेदनशील बन सकता है। उसके भीतर संग्रह की अपेक्षा सेवा की भावना विकसित हो सकती है।

यही कारण है कि भारतीय दर्शन में मृत्यु का चिंतन वैराग्य, करुणा और आत्मबोध से जुड़ा हुआ है। इसका उद्देश्य भय उत्पन्न करना नहीं, बल्कि जीवन को अधिक अर्थपूर्ण बनाना है।

4.12 जागरूकता और आंतरिक शांति

मनुष्य सामान्यतः शांति को बाहरी परिस्थितियों में खोजता है। वह सोचता है कि जब समस्याएँ समाप्त हो जाएँगी, जब परिस्थितियाँ अनुकूल हो जाएँगी या जब भय पूरी तरह समाप्त हो जाएगा, तब उसे शांति प्राप्त होगी किन्तु जीवन निरंतर परिवर्तनशील है। परिस्थितियाँ बदलती रहती हैं, संबंध बदलते हैं और शरीर भी समय के साथ परिवर्तित होता रहता है। यदि शांति केवल बाहरी परिस्थितियों पर आधारित हो, तो वह कभी स्थायी नहीं हो सकती।

भारतीय आध्यात्मिक परंपराएँ संकेत करती हैं कि वास्तविक शांति भीतर की समझ से उत्पन्न होती है। जब व्यक्ति जीवन की अनित्यता को स्वीकार करता है, तब उसका संघर्ष कम होने लगता है। वह वर्तमान क्षण को अधिक सचेत रूप से जीने लगता है।

उपनिषदों की प्रार्थना इसी आंतरिक शांति की दिशा में प्रेरित करती है

शान्तो दान्त उपरतस्तितिक्षुः समाहितो भूत्वात्मन्येवात्मानं पश्येत्॥

बृहदारण्यक उपनिषद् 4.4.23

भावार्थ ➔ जो व्यक्ति शांत, संयमी, धैर्यवान और एकाग्र होता है, वह अपने भीतर आत्मा का अनुभव कर सकता है।

मृत्यु के रहस्य को समझने का मार्ग भय नहीं, बल्कि जागरूकता और आंतरिक स्थिरता है। भारतीय परंपरा में ध्यान, आत्म-अवलोकन और अंतर्मुखता को इसी कारण महत्वपूर्ण माना गया है।

जब व्यक्ति मृत्यु के भय से ऊपर उठकर जीवन को व्यापक दृष्टि से देखना प्रारम्भ करता है, तब उसके भीतर स्वाभाविक रूप से शांति का विकास होने लगता है।

4.13 अध्याय का केंद्रीय संदेश

मृत्यु का अध्ययन हमें मृत्यु के लिए नहीं, बल्कि जीवन के लिए तैयार करता है। यह हमें स्मरण कराता है कि जीवन अनमोल है, समय सीमित है और प्रत्येक अनुभव विकास का अवसर बन सकता है।

आत्मा की अवधारणा हमें अस्तित्व के व्यापक आयाम की ओर संकेत करती है। कर्म का सिद्धांत हमें उत्तरदायित्व सिखाता है। संस्कारों की समझ हमें आत्म-अवलोकन की दिशा में ले जाती है। और जागरूकता हमें वर्तमान क्षण में अधिक सचेत रूप से जीना सिखाती है।

चाहे कोई व्यक्ति पुनर्जन्म को शाब्दिक सत्य माने या प्रतीकात्मक अवधारणा, मृत्यु का चिंतन उसे एक महत्वपूर्ण सत्य के निकट ले जा सकता है जीवन परिवर्तनशील है, इसलिए उसे जागरूकता, प्रेम और करुणा के साथ जीना चाहिए।

यही इस अध्याय का सार और इसकी सबसे महत्वपूर्ण शिक्षा है।

4.14 अध्याय का सार

इस अध्याय में हमने मृत्यु के विषय को भारतीय दर्शन, आध्यात्मिक परंपराओं और चेतना-अध्ययन के संदर्भ में समझने का प्रयास किया। हमने देखा कि भारतीय दृष्टिकोण मृत्यु को जीवन का अंत नहीं, बल्कि चेतना की यात्रा का एक संक्रमण चरण मानता है।

आत्मा और शरीर के संबंध, मृत्यु के क्षण में चेतना की संभावित अवस्था, सूक्ष्म देह की अवधारणा तथा शांत और आकस्मिक मृत्यु के मनोवैज्ञानिक आयामों पर विचार किया गया। भय, आसक्ति और अधूरे अनुभवों की भूमिका को समझते हुए यह देखा गया कि व्यक्ति की आंतरिक अवस्था उसके मृत्यु-अनुभव को प्रभावित कर सकती है।

मृत्यु-समीप अनुभवों, प्रारम्भिक संक्रमण अवस्था और प्रत्यागमन में दिखाई देने वाली मृत्यु-स्मृतियों का संतुलित अध्ययन प्रस्तुत किया गया। यह स्पष्ट किया गया कि ऐसे अनुभवों का महत्व केवल उनकी ऐतिहासिक सत्यता में नहीं, बल्कि उनके मनोवैज्ञानिक और आत्म-अन्वेषण संबंधी मूल्य में भी हो सकता है।

अंततः यह निष्कर्ष सामने आया कि मृत्यु की समझ का वास्तविक उद्देश्य भय उत्पन्न करना नहीं, बल्कि जीवन को अधिक जागरूकता, उत्तरदायित्व, करुणा और शांति के साथ जीने की प्रेरणा देना है।

अगले अध्याय में हम आघात, भावनात्मक इम्प्रिंट्स और मृत्यु-स्मृतियों के बीच संबंध का अध्ययन करेंगे तथा समझेंगे कि गहरे अनुभव किस प्रकार वर्तमान जीवन के भावनात्मक और व्यवहारिक पैटर्नों को प्रभावित कर सकते हैं।

अध्याय 05

ट्रॉमा, भय और शरीर में संचित स्मृतियाँ

(Trauma, Fear and Somatic Memories)

5.1 भूमिका : कुछ पीड़ाएँ केवल घटना नहीं होतीं

मानव जीवन में सुख और दुःख, उपलब्धि और हानि, सुरक्षा और संघर्ष साथ-साथ चलते हैं। प्रत्येक व्यक्ति अपने जीवन में कभी न कभी ऐसी परिस्थितियों का सामना करता है जो उसे भावनात्मक रूप से प्रभावित करती हैं। अधिकांश अनुभव समय के साथ स्मृति बन जाते हैं और व्यक्ति धीरे-धीरे उनसे आगे बढ़ जाता है।

किन्तु कुछ अनुभव ऐसे भी होते हैं जो घटना समाप्त हो जाने के बाद भी समाप्त नहीं होते। वे केवल अतीत की याद बनकर नहीं रहते, बल्कि व्यक्ति की भावनाओं, व्यवहार, संबंधों और कभी-कभी उसके शरीर तक में अपना प्रभाव बनाए रखते हैं। अनेक बार व्यक्ति स्वयं नहीं समझ पाता कि कुछ परिस्थितियाँ उसके भीतर इतनी तीव्र प्रतिक्रिया क्यों उत्पन्न करती हैं। कोई विशेष स्थान, कोई आवाज़, कोई संबंध अथवा कोई परिस्थिति अचानक भय, बेचैनी या असुरक्षा को सक्रिय कर सकती है।

आधुनिक मनोविज्ञान इस तथ्य को स्वीकार करता है कि कुछ अनुभव तंत्रिका तंत्र और भावनात्मक संरचना पर गहरी छाप छोड़ सकते हैं। भारतीय दर्शन भी संस्कार, चित्त और कर्माशय जैसी अवधारणाओं के माध्यम से संकेत करता है कि अनुभवों की सूक्ष्म छाप चेतना में लंबे समय तक सुरक्षित रह सकती है।

पूर्वजन्म प्रत्यागमन के क्षेत्र में भी अनेक लोगों ने ऐसे अनुभवों का वर्णन किया है जिनमें वर्तमान जीवन की कुछ समस्याएँ गहरे भावनात्मक या प्रतीकात्मक अनुभवों से जुड़ी हुई प्रतीत होती हैं। यद्यपि इन अनुभवों की व्याख्या विभिन्न दृष्टिकोणों से की जा सकती है, फिर भी वे यह संकेत अवश्य देते हैं कि मानव चेतना हमारी सामान्य समझ से कहीं अधिक जटिल है।

इस अध्याय का उद्देश्य किसी विशेष सिद्धांत को सिद्ध करना नहीं है। इसका उद्देश्य यह समझना है कि भय, ट्रॉमा, भावनात्मक छापें और शरीर की प्रतिक्रियाएँ किस प्रकार हमारे जीवन को प्रभावित कर सकती हैं। क्योंकि कई बार वास्तविक पीड़ा उस घटना में नहीं होती जो घट चुकी है, बल्कि उस प्रभाव में होती है जो उसके बाद भी हमारे भीतर जीवित रहता है।

5.2 ट्रॉमा क्या है?

सामान्यतः ट्रॉमा शब्द सुनते ही दुर्घटना, हिंसा, मृत्यु या किसी अत्यंत दुखद घटना की छवि उभरती है। किन्तु आधुनिक आघात-अध्ययन ट्रॉमा को केवल घटना नहीं मानता। उसके अनुसार ट्रॉमा इस बात से भी संबंधित है कि किसी अनुभव ने व्यक्ति के मन, शरीर और तंत्रिका तंत्र को किस प्रकार प्रभावित किया।

एक ही घटना दो व्यक्तियों पर अलग-अलग प्रभाव डाल सकती है। कोई व्यक्ति अपेक्षाकृत शीघ्र संतुलन प्राप्त कर सकता है, जबकि दूसरा व्यक्ति वर्षों तक भय, असुरक्षा या भावनात्मक संघर्ष का अनुभव कर सकता है। इसलिए ट्रॉमा को केवल बाहरी घटना से नहीं, बल्कि उसके आंतरिक प्रभाव से समझना अधिक उचित है।

जब कोई अनुभव व्यक्ति की भावनात्मक या मानसिक क्षमता से अधिक तीव्र हो जाता है, तब उसे पूर्ण रूप से संसाधित करना कठिन हो सकता है। घटना समाप्त हो जाती है, किन्तु उससे जुड़ी प्रतिक्रिया बनी रह सकती है। यही प्रतिक्रिया आगे चलकर भय, अत्यधिक सतर्कता, भावनात्मक सुन्नता,

संबंधों में कठिनाई अथवा आत्म-विघातकारी व्यवहार के रूप में प्रकट हो सकती है।

ट्रॉमा अनेक रूपों में दिखाई दे सकता है। कभी यह किसी एक बड़ी घटना से उत्पन्न होता है, तो कभी लंबे समय तक चले भय, उपेक्षा या असुरक्षित वातावरण से विकसित होता है। कुछ लोगों में इसका प्रभाव इतना गहरा हो सकता है कि वह उनकी आत्म-छवि, संबंधों और जीवन-दृष्टि तक पहुँच जाता है।

ट्रॉमा को कमजोरी के रूप में नहीं देखना चाहिए। अनेक बार यह मन और शरीर की वही सुरक्षा-प्रणाली होती है जिसने कठिन परिस्थितियों में व्यक्ति को जीवित रहने में सहायता की थी। समस्या तब उत्पन्न होती है जब खतरा समाप्त हो जाने के बाद भी वही प्रतिक्रियाएँ सक्रिय बनी रहती हैं।

यही कारण है कि ट्रॉमा को समझने के लिए केवल घटना को नहीं, बल्कि उसके प्रभाव को समझना आवश्यक है।

5.3 ट्रॉमा, तंत्रिका तंत्र और शरीर-स्मृति

मानव तंत्रिका तंत्र का मूल उद्देश्य जीवन की रक्षा करना है। वह निरंतर यह आकलन करता रहता है कि वातावरण सुरक्षित है या नहीं। अधिकांश समय यह प्रक्रिया हमारी सचेत जागरूकता के बिना ही चलती रहती है।

जब कोई परिस्थिति खतरे के रूप में अनुभव होती है, तब शरीर तत्काल सुरक्षा की अवस्था में प्रवेश कर सकता है। हृदयगति बढ़ जाती है, श्वास बदल जाती है और शरीर संभावित खतरे का सामना करने के लिए तैयार हो जाता है। यह एक स्वाभाविक जैविक प्रक्रिया है।

आधुनिक विज्ञान सामान्यतः चार प्रमुख अस्तित्व-रक्षा प्रतिक्रियाओं का वर्णन करता है संघर्ष, पलायन, स्तब्धता और अनुकूलन। कभी व्यक्ति खतरे का सामना करता है, कभी उससे दूर जाने का प्रयास करता है, कभी भीतर से जड़ हो जाता है और कभी सुरक्षा के लिए दूसरों को प्रसन्न रखने लगता है।

सामान्य परिस्थितियों में खतरा समाप्त होने के बाद शरीर पुनः संतुलन में लौट आता है। किन्तु ट्रॉमा की स्थिति में ऐसा हमेशा नहीं हो पाता। घटना समाप्त हो सकती है, परंतु तंत्रिका तंत्र उसी सतर्क अवस्था में बना रह सकता है। परिणाम-स्वरूप व्यक्ति सुरक्षित वातावरण में भी असुरक्षित अनुभव कर सकता है।

यही कारण है कि कुछ लोगों को बिना स्पष्ट कारण के घबराहट, बेचैनी या तनाव अनुभव होता है। उन्हें यह ज्ञात होता है कि वास्तविक खतरा उपस्थित नहीं है, फिर भी शरीर प्रतिक्रिया करता रहता है। यह दर्शाता है कि ट्रॉमा केवल विचारों में नहीं, बल्कि तंत्रिका तंत्र के प्रतिक्रियात्मक ढाँचों में भी सक्रिय हो सकता है।

भारतीय दर्शन इस स्थिति को संस्कारों की दृष्टि से समझता है। उसके अनुसार कुछ अनुभव चेतना पर ऐसी छाप छोड़ सकते हैं जो भविष्य की प्रतिक्रियाओं को प्रभावित करती रहती है। आधुनिक भाषा में कहा जाए तो पुराने अनुभव नए व्यवहारगत पैटर्नों का निर्माण कर सकते हैं।

इसी कारण आज अनेक विशेषज्ञ यह मानते हैं कि ट्रॉमा केवल मन में नहीं रहता। उसका प्रभाव शरीर, भावनाओं, व्यवहार और तंत्रिका तंत्र सभी पर पड़ सकता है। जब तक इन सभी स्तरों को समझा न जाए, तब तक उपचार की प्रक्रिया भी अधूरी रह सकती है।

यहीं से एक महत्वपूर्ण प्रश्न उत्पन्न होता है कि यदि भय केवल जैविक प्रतिक्रिया नहीं है, तो भारतीय दर्शन उसे किस प्रकार देखता है?

5.4 योग-दर्शन, क्लेश और अस्तित्व-भय

आधुनिक मनोविज्ञान भय को मुख्यतः एक जैविक और मनोवैज्ञानिक प्रतिक्रिया के रूप में देखता है। जब व्यक्ति किसी खतरे का अनुभव करता है, तब उसका शरीर और तंत्रिका तंत्र सुरक्षा के लिए सक्रिय हो जाते हैं। यह दृष्टिकोण भय के व्यावहारिक पक्ष को समझने में अत्यंत उपयोगी है। किन्तु भारतीय योग-दर्शन भय को केवल जैविक प्रतिक्रिया तक सीमित

नहीं मानता। वह इसे चेतना की गहरी संरचनाओं से जुड़ी अवस्था के रूप में देखता है।

भगवद्गीता भय और मानसिक अस्थिरता से मुक्त होने के लिए आंतरिक संतुलन और स्थिर बुद्धि पर बल देती है

दुःखेष्वनुद्विग्नमनाः सुखेषु विगतस्पृहः।
वीतरागभयक्रोधः स्थितधीर्मुनिरुच्यते॥

भगवद्गीता 2.56

भावार्थ ➔ जो व्यक्ति दुःख में विचलित नहीं होता, सुख में आसक्त नहीं होता तथा राग, भय और क्रोध से मुक्त रहता है, उसे स्थितप्रज्ञ या स्थिर बुद्धि वाला कहा जाता है।

यह श्लोक भय को केवल बाहरी परिस्थितियों से उत्पन्न होने वाली प्रतिक्रिया नहीं मानता, बल्कि उसे राग (आसक्ति) और क्रोध की तरह मन की एक गहरी अवस्था के रूप में देखता है। जब व्यक्ति किसी वस्तु, संबंध, पहचान या परिणाम से अत्यधिक जुड़ जाता है, तब उसके खो जाने की संभावना भय उत्पन्न करती है। इस प्रकार भय का संबंध केवल बाहरी खतरे से नहीं, बल्कि आंतरिक आसक्ति से भी होता है।

पतंजलि योगसूत्र में मानव दुःख और मानसिक अशांति के पाँच मूल कारणों का वर्णन मिलता है, जिन्हें क्लेश कहा गया है

अविद्यास्मितारागद्वेषाभिनिवेशाः क्लेशाः॥

पतंजलि योगसूत्र 2.3

भावार्थ ➔ अविद्या, अस्मिता, राग, द्वेष और अभिनिवेश ये पाँच क्लेश हैं।

योग-दर्शन के अनुसार क्लेश केवल विचार नहीं हैं, बल्कि चेतना की गहरी प्रवृत्तियाँ हैं जो व्यक्ति की प्रतिक्रियाओं, निर्णयों और अनुभवों को प्रभावित करती हैं। इनमें अभिनिवेश को विशेष महत्व दिया गया है। अभिनिवेश केवल मृत्यु का भय नहीं है। यह सुरक्षा खो देने का भय है, नियंत्रण

समाप्त हो जाने का भय है, अज्ञात का भय है और अस्तित्व मिट जाने की आशंका है।

इसी कारण कई बार व्यक्ति को कोई स्पष्ट खतरा न होते हुए भी भीतर असुरक्षा का अनुभव हो सकता है। उसका मन और तंत्रिका तंत्र निरंतर सतर्क बने रह सकते हैं। जहाँ आधुनिक विज्ञान इसे अस्तित्व-रक्षा प्रणाली के रूप में देखता है, वहीं योग-दर्शन इसे चेतना की मूल प्रवृत्तियों में से एक मानता है।

योग-दर्शन यह भी बताता है कि भय से संघर्ष करने की अपेक्षा उसे समझना अधिक महत्वपूर्ण है। जब व्यक्ति अपने भीतर सक्रिय असुरक्षा, आसक्ति और भय को देखना प्रारम्भ करता है, तब वह उनसे पूर्णतः संचालित होना बंद कर सकता है। यही जागरूकता आंतरिक स्वतंत्रता की दिशा में पहला कदम बनती है।

इस दृष्टि से भय कोई शत्रु नहीं, बल्कि आत्म-अन्वेषण का एक द्‌वार भी बन सकता है। भय हमें उन स्थानों की ओर संकेत करता है जहाँ अभी भी असुरक्षा, आसक्ति या अधूरापन विद्‌यमान है। जब इन आयामों को जागरूकता और करुणा के साथ देखा जाता है, तब भय धीरे-धीरे समझ में परिवर्तित होने लगता है और व्यक्ति अधिक संतुलित, स्थिर तथा स्वतंत्र चेतना की ओर अग्रसर होता है।

5.5 शरीर-स्मृति, संस्कार और भावनात्मक छापें

क्या शरीर केवल जैविक संरचना है, अथवा वह हमारे अनुभवों के प्रभावों को भी अपने भीतर धारण कर सकता है? यह प्रश्न आधुनिक आघात-अध्ययन और भारतीय दर्शन दोनों के लिए महत्वपूर्ण रहा है।

सामान्यतः हम स्मृति को केवल मानसिक प्रक्रिया मानते हैं। हमें लगता है कि स्मृतियाँ मस्तिष्क में सुरक्षित रहती हैं और आवश्यकता पड़ने पर पुनः स्मरण की जा सकती हैं। किन्तु आधुनिक शोध यह संकेत करते हैं कि कुछ अनुभव केवल विचारों के रूप में नहीं, बल्कि शरीर की प्रतिक्रियाओं में भी अभिव्यक्त हो सकते हैं।

कभी छाती में भारीपन अनुभव होता है। कभी गले में जकड़न उत्पन्न होती है। कभी पेट में अस्पष्ट बेचैनी बनी रहती है। कभी कंधे और गर्दन निरंतर तनावग्रस्त प्रतीत होते हैं। इसका अर्थ यह नहीं कि शरीर घटनाओं को शब्दशः संग्रहित करता है, बल्कि यह कि तंत्रिका तंत्र कुछ अनुभवों के अनुरूप विशेष प्रतिक्रियात्मक पैटर्न विकसित कर सकता है।

भारतीय दर्शन में इन्हीं गहरी छापों को संस्कार कहा गया है। जब कोई अनुभव अत्यंत तीव्र होता है अथवा बार-बार दोहराया जाता है, तब उसकी छाप चेतना में गहरी हो सकती है। यही संस्कार आगे चलकर व्यक्ति की भावनात्मक प्रतिक्रियाओं, व्यवहार और जीवन-दृष्टि को प्रभावित करते हैं।

यही कारण है कि कुछ लोग कहते हैं कि वे जानते हैं कि वे सुरक्षित हैं, फिर भी उनका शरीर भय या तनाव अनुभव करता है। यहाँ समस्या केवल विचारों की नहीं होती, बल्कि पुराने प्रतिक्रियात्मक पैटर्नों की भी हो सकती है।

कुछ आध्यात्मिक परंपराएँ यह संभावना भी व्यक्त करती हैं कि गहरी भावनात्मक छापें केवल वर्तमान जीवन तक सीमित नहीं होतीं। उनके अनुसार संस्कार चेतना की सूक्ष्म परतों में सुरक्षित रह सकते हैं। यद्‌यपि यह दृष्टिकोण सार्वभौमिक रूप से सिद्ध नहीं है, फिर भी प्रत्यागमन-अध्ययन में इसका उल्लेख मिलता है।

अंततः शरीर केवल जीवित रहने का साधन नहीं है। वह हमारे आंतरिक संसार का दर्पण भी हो सकता है। जब हम उसकी प्रतिक्रियाओं को समझना प्रारम्भ करते हैं, तब आत्म-अन्वेषण का एक नया द्‌वार खुलता है।

5.6 फोबिया और गहरे भय

भय मानव जीवन का स्वाभाविक अंग है। उचित परिस्थितियों में यही भय हमें सावधान करता है और जीवन की रक्षा में सहायक बनता है। किन्तु कभी-कभी भय अपनी स्वाभाविक सीमा से आगे बढ़ जाता है। वह वास्तविक परिस्थिति की तुलना में अत्यधिक तीव्र, निरंतर और तर्क से परे प्रतीत होने लगता है। ऐसी अवस्था को सामान्यतः फोबिया कहा जाता है।

फोबिया केवल किसी वस्तु या परिस्थिति से डरना नहीं है। यह ऐसी स्थिति है जिसमें मन, शरीर और तंत्रिका तंत्र किसी विशेष परिस्थिति को वास्तविकता से कहीं अधिक खतरनाक अनुभव करने लगते हैं। व्यक्ति स्वयं जानता है कि उसका भय अनुपातहीन है, फिर भी वह उस प्रतिक्रिया को रोक नहीं पाता।

कुछ लोगों को ऊँचाई से तीव्र भय होता है। कुछ लोगों को गहरे पानी से। कुछ लोग बंद स्थानों, आग, अंधकार अथवा उड़ान से असामान्य भय अनुभव करते हैं। अनेक बार इन भय का कोई स्पष्ट कारण दिखाई नहीं देता, फिर भी उनकी तीव्रता वास्तविक होती है।

फोबिया का एक महत्वपूर्ण पक्ष यह है कि वह केवल बौद्धिक समझ से समाप्त नहीं होता। व्यक्ति जानता है कि वह सुरक्षित है, फिर भी हृदयगति बढ़ जाती है, श्वास तीव्र हो जाती है और शरीर तनावग्रस्त हो जाता है। यह दर्शाता है कि भय केवल विचारों का विषय नहीं, बल्कि तंत्रिका तंत्र और भावनात्मक स्मृतियों से भी जुड़ा हो सकता है।

पूर्वजन्म प्रत्यागमन के क्षेत्र में कुछ साधक यह संभावना व्यक्त करते हैं कि कुछ अकारण प्रतीत होने वाले भय गहरे संस्कारों अथवा प्रतीकात्मक अनुभवों से जुड़े हो सकते हैं। किन्तु इन अनुभवों को अंतिम ऐतिहासिक सत्य के रूप में नहीं देखा जाना चाहिए। वे व्यक्ति के अवचेतन मन की प्रतीकात्मक भाषा भी हो सकते हैं।

वास्तविक उपचार तब प्रारम्भ होता है जब व्यक्ति भय से लड़ने के स्थान पर उसे समझना शुरू करता है। जब भय के पीछे छिपी असुरक्षा, स्मृति या भावनात्मक छाप को पहचाना जाता है, तब उसके प्रभाव में परिवर्तन आने लगता है।

अनेक बार भय केवल समस्या नहीं होता। वह चेतना के किसी गहरे संदेश की ओर संकेत भी कर सकता है।

5.7 पीढ़ीगत ट्रॉमा (Generational Trauma)

मानव जीवन केवल व्यक्तिगत अनुभवों का परिणाम नहीं है। हम अपने परिवार, संस्कृति और सामाजिक परिवेश से भी गहराई से प्रभावित होते हैं। कई बार कुछ भावनात्मक पैटर्न ऐसे होते हैं जिनकी जड़ें केवल हमारे व्यक्तिगत जीवन में नहीं, बल्कि पूर्ववर्ती पीढ़ियों के अनुभवों में भी खोजी जा सकती हैं।

इसी तथ्य को आधुनिक मनोविज्ञान में पीढ़ीगत अथवा अंतरपीढ़ीगत ट्रॉमा कहा जाता है।

युद्ध, विस्थापन, अत्यधिक गरीबी, सामाजिक उत्पीड़न, पारिवारिक हिंसा अथवा लंबे समय तक बनी रहने वाली असुरक्षा जैसी परिस्थितियाँ केवल एक पीढ़ी को प्रभावित नहीं करतीं। उनके प्रभाव परिवारों के माध्यम से आने वाली पीढ़ियों तक पहुँच सकते हैं।

यह प्रभाव केवल कहानियों के माध्यम से नहीं, बल्कि विश्वासों, व्यवहारों और भावनात्मक प्रतिक्रियाओं के रूप में भी प्रकट हो सकता है। एक बच्चा केवल भाषा और संस्कृति नहीं सीखता, बल्कि यह भी सीखता है कि संसार सुरक्षित है या नहीं, लोगों पर विश्वास किया जा सकता है या नहीं, और संबंधों का स्वरूप क्या है।

भारतीय परंपराएँ भी व्यक्ति को एक पृथक इकाई नहीं मानतीं। परिवार, कुल, संस्कार और सामूहिक चेतना का प्रभाव विभिन्न रूपों में स्वीकार किया गया है। यद्यपि यह विषय जटिल है और प्रत्येक समस्या को पीढ़ीगत अथवा कार्मिक कारणों से जोड़ना उचित नहीं होगा, फिर भी यह समझ उपयोगी हो सकती है कि कुछ भावनात्मक पैटर्न हमारी व्यक्तिगत कहानी से कहीं बड़े संदर्भ का भाग हो सकते हैं।

पीढ़ीगत ट्रॉमा की मुक्ति तब प्रारम्भ होती है जब व्यक्ति यह पहचानता है कि उसके कुछ भय, विश्वास और प्रतिक्रियाएँ केवल उसकी व्यक्तिगत असफलता नहीं हैं। यह समझ दोषारोपण को कम करती है और करुणा को बढ़ाती है। इसी से उपचार की प्रक्रिया का एक नया आयाम प्रारम्भ होता है।

5.8 ट्रॉमा, रोग और शरीर

मन और शरीर को लंबे समय तक अलग-अलग इकाइयों के रूप में समझा गया, किन्तु आधुनिक विज्ञान ने यह स्पष्ट किया है कि दोनों के बीच गहरा संबंध है। यद्यपि प्रत्येक रोग का कारण भावनात्मक नहीं होता, फिर भी यह स्वीकार किया जाता है कि दीर्घकालिक तनाव, भय और असुरक्षा शरीर की कार्यप्रणाली को प्रभावित कर सकते हैं।

जब व्यक्ति भय या तनाव का अनुभव करता है, तब केवल उसका मन प्रभावित नहीं होता। श्वास, हृदयगति, मांसपेशियाँ, हार्मोनल प्रणाली और प्रतिरक्षा तंत्र भी प्रभावित हो सकते हैं। यदि यह अवस्था लंबे समय तक बनी रहे, तो उसके प्रभाव शरीर में दिखाई देने लगते हैं।

इसी कारण कई लोग तनाव के समय सिरदर्द, पेट की समस्या, छाती में दबाव, थकान या शरीर में जकड़न अनुभव करते हैं। ये अनुभव वास्तविक होते हैं, भले ही उनके कारण बहुआयामी हों।

कुछ प्रत्यागमन-सत्रों में लोगों ने अपने शारीरिक लक्षणों और प्रतीकात्मक अनुभवों के बीच संबंध अनुभव किया है। किसी व्यक्ति को गले की जकड़न के साथ अभिव्यक्ति से जुड़ा अनुभव दिखाई देता है, तो किसी को छाती के भारीपन के साथ शोक या हानि से संबंधित भावनाएँ सामने आती हैं। ऐसे अनुभवों को चिकित्सकीय निदान नहीं माना जाना चाहिए, किन्तु वे व्यक्ति के आंतरिक संसार को समझने में सहायक हो सकते हैं।

समग्र दृष्टिकोण यही स्वीकार करता है कि स्वास्थ्य केवल शरीर का विषय नहीं है। उसमें जीवनशैली, आनुवंशिकता, वातावरण, मानसिक स्थिति और भावनात्मक अनुभव सभी की भूमिका हो सकती है। इसलिए वास्तविक उपचार भी अनेक स्तरों पर कार्य करता है।

5.9 प्रत्यागमन, आघात-मुक्ति और भावनात्मक प्रसंस्करण

जब कोई व्यक्ति लंबे समय तक भय, पीड़ा या भावनात्मक संघर्ष के साथ जीता है, तब केवल समस्या को समझ लेना पर्याप्त नहीं होता। कई

बार व्यक्ति जानता है कि उसके भीतर क्या चल रहा है, फिर भी उसकी प्रतिक्रियाएँ बनी रहती हैं। यहीं से भावनात्मक प्रसंस्करण और आघात-मुक्ति की प्रक्रिया महत्वपूर्ण हो जाती है।

उपचार का अर्थ केवल अतीत को याद कर लेना नहीं है। कोई व्यक्ति अपनी कठिन घटनाओं का विस्तार से वर्णन कर सकता है, फिर भी उसके भीतर पीड़ा बनी रह सकती है। इसका कारण यह है कि बौद्धिक समझ और भावनात्मक रूपांतरण दो भिन्न प्रक्रियाएँ हैं।

प्रत्यागमन-सत्रों में व्यक्ति ऐसे अनुभवों तक पहुँच सकता है जो उसके वर्तमान भावनात्मक पैटर्नों से जुड़े प्रतीत होते हैं। वे बचपन की स्मृतियाँ हो सकती हैं, प्रतीकात्मक अनुभव हो सकते हैं अथवा पूर्वजन्मीय अनुभव के रूप में सामने आ सकते हैं। महत्वपूर्ण बात उनकी ऐतिहासिक सत्यता नहीं, बल्कि उनसे जुड़ा भावनात्मक अर्थ है।

जब कोई दबा हुआ भय, शोक, अपराधबोध या असहायता सुरक्षित वातावरण में अनुभव और व्यक्त होने लगती है, तब भीतर संचित भावनात्मक आवेश धीरे-धीरे कम हो सकता है। यह प्रक्रिया कभी आँसुओं के रूप में, कभी गहन शांति के रूप में और कभी नई अंतर्दृष्टि के रूप में प्रकट होती है।

यह समझना भी आवश्यक है कि उपचार हमेशा नाटकीय नहीं होता। कई बार सबसे गहरे परिवर्तन अत्यंत शांत होते हैं। किसी पुराने भय का धीरे-धीरे कम होना, संबंधों में अधिक संतुलन आना या स्वयं के प्रति अधिक करुणा विकसित होना भी उपचार के महत्वपूर्ण संकेत हो सकते हैं।

5.10 केस उदाहरण

सैद्धांतिक चर्चा के बाद कुछ उदाहरण इस विषय को और स्पष्ट कर सकते हैं। इनका उद्देश्य किसी सिद्धांत को सिद्ध करना नहीं, बल्कि यह दिखाना है कि भावनात्मक स्मृतियाँ और व्यवहारगत पैटर्न किस प्रकार जुड़े हो सकते हैं।

एक युवा महिला को बचपन से ही गहरे पानी से तीव्र भय था। वर्तमान जीवन में ऐसा कोई अनुभव नहीं था जो इस भय की स्पष्ट व्याख्या कर

सके। एक प्रत्यागमन-सत्र में उसने स्वयं को डूबने से जुड़े एक दृश्य में अनुभव किया। सत्र के बाद उसका भय तुरंत समाप्त नहीं हुआ, किन्तु धीरे-धीरे पानी के प्रति उसकी प्रतिक्रिया में परिवर्तन आने लगा। महत्वपूर्ण बात दृश्य नहीं थी, बल्कि उससे जुड़ी असहायता की भावना को पहचानना था।

एक अन्य व्यक्ति कई वर्षों से गले में दबाव और भारीपन अनुभव कर रहा था। चिकित्सकीय परीक्षण सामान्य थे। आत्म-अन्वेषण की प्रक्रिया में उसके सामने ऐसे अनुभव उभरे जिनका संबंध स्वयं को व्यक्त न कर पाने की भावना से था। धीरे-धीरे उसने अपने विचारों और भावनाओं को अधिक स्पष्ट रूप से व्यक्त करना सीखा। समय के साथ उसके अनुभव में सकारात्मक परिवर्तन दिखाई देने लगा।

एक तीसरे व्यक्ति को बार-बार हिंसक स्वप्न आते थे और वह छोटी-छोटी बातों पर अत्यधिक क्रोधित हो जाता था। गहन आत्म-अवलोकन के दौरान उसके भीतर दबा हुआ शोक सामने आया। जैसे-जैसे उसने उस पीड़ा को स्वीकारना प्रारम्भ किया, उसके व्यवहार और स्वप्नों में परिवर्तन आने लगा।

इन उदाहरणों का उद्देश्य यह नहीं है कि प्रत्येक समस्या का कारण पूर्वजन्म या कोई छिपी स्मृति है। वे केवल यह दर्शाते हैं कि कई बार वर्तमान प्रतिक्रियाओं की जड़ें हमारी सचेत समझ से अधिक गहरी हो सकती हैं।

5.11 उपचार वास्तव में कैसे होता है?

उपचार के विषय में लोगों की अनेक धारणाएँ होती हैं। कुछ लोग मानते हैं कि कोई विशेष तकनीक या एक गहरा अनुभव अचानक जीवन की सभी समस्याओं को समाप्त कर देगा। किन्तु वास्तविक उपचार प्रायः अधिक सूक्ष्म, क्रमिक और गहरा होता है।

उपचार का अर्थ अतीत को मिटा देना नहीं है। इसका अर्थ यह भी नहीं कि भविष्य में कभी दुःख या चुनौती का सामना नहीं करना पड़ेगा। वास्तविक उपचार का अर्थ है अतीत के अनुभवों के साथ अपने संबंध को बदलना, ताकि वे वर्तमान जीवन को पहले की तरह नियंत्रित न करते रहें।

इस प्रक्रिया का पहला चरण जागरूकता है। जब व्यक्ति अपने भीतर सक्रिय भय, असुरक्षा, क्रोध और प्रतिक्रियात्मक पैटर्नों को पहचानना प्रारम्भ करता है, तभी परिवर्तन की संभावना उत्पन्न होती है।

दूसरा चरण स्वीकार्यता है। जिन भावनाओं को लगातार दबाया जाता है, वे अक्सर भीतर सक्रिय बनी रहती हैं। जब व्यक्ति अपनी पीड़ा को ईमानदारी से स्वीकार करता है, तब उपचार के लिए आवश्यक आंतरिक स्थान निर्मित होने लगता है।

तीसरा चरण भावनात्मक प्रसंस्करण है। अधूरा शोक, दबा हुआ क्रोध, अस्वीकृति की पीड़ा या असहायता का अनुभव जब सुरक्षित वातावरण में समझा और महसूस किया जाता है, तब उनका प्रभाव धीरे-धीरे कम होने लगता है।

चौथा चरण शरीर और तंत्रिका तंत्र का संतुलन है। चूँकि ट्रॉमा केवल विचारों में नहीं रहता, इसलिए उपचार भी केवल मानसिक स्तर पर पूर्ण नहीं होता। शरीर को यह अनुभव होना आवश्यक है कि वह अब सुरक्षित है।

इसी प्रक्रिया में किसी प्रकरण के साथ जिन अन्य आत्माओं का जुड़ाव होता है उनका उपचार भी अचेतन स्मृति जगत के माध्यम से होता है।

अंततः उपचार का सबसे महत्वपूर्ण भाग नया अर्थ निर्मित करना है। जब व्यक्ति स्वयं को केवल पीड़ित के रूप में नहीं, बल्कि सीखने और विकसित होने वाले मानव के रूप में देखना प्रारम्भ करता है, तब वास्तविक रूपांतरण की प्रक्रिया प्रारम्भ होती है।

उपचार कोई एक घटना नहीं, बल्कि एक यात्रा है। यह यात्रा व्यक्ति को धीरे-धीरे अधिक जागरूक, अधिक स्वतंत्र और अधिक संतुलित बनाती है।

5.12 स्थिरता, सुरक्षा और तंत्रिका तंत्र का संतुलन

उपचार की प्रत्येक गहन प्रक्रिया का आधार सुरक्षा है। जिस प्रकार बीज को अंकुरित होने के लिए उपयुक्त भूमि की आवश्यकता होती है, उसी

प्रकार आंतरिक रूपांतरण के लिए भी स्थिरता और सुरक्षा आवश्यक है। यदि व्यक्ति निरंतर भय, तनाव या असुरक्षा की अवस्था में हो, तो उसके लिए अपने भीतर के संवेदनशील अनुभवों का सामना करना कठिन हो सकता है।

सुरक्षा केवल बाहरी परिस्थितियों का विषय नहीं है। अनेक लोग सुरक्षित वातावरण में रहते हुए भी भीतर से असुरक्षित अनुभव करते हैं। वास्तविक सुरक्षा तब विकसित होती है जब मन और शरीर दोनों यह अनुभव करने लगते हैं कि वर्तमान क्षण में कोई वास्तविक खतरा उपस्थित नहीं है।

ट्रॉमा व्यक्ति को बार-बार अतीत की भावनाओं में खींच सकता है। घटना समाप्त हो चुकी होती है, किन्तु उसका प्रभाव वर्तमान में सक्रिय रहता है। ऐसी स्थिति में व्यक्ति को वर्तमान क्षण से पुनः जुड़ना सीखना होता है। जब वह स्वयं को स्मरण कराता है कि वह अभी सुरक्षित है, तब तंत्रिका तंत्र धीरे-धीरे संतुलन की ओर लौटने लगता है।

मानव तंत्रिका तंत्र केवल विचारों से नहीं, बल्कि अनुभवों से सीखता है। जब व्यक्ति बार-बार सुरक्षा, स्वीकार्यता और सहयोग का अनुभव करता है, तब उसके भीतर नए प्रतिक्रियात्मक पैटर्न विकसित होने लगते हैं। इसी कारण ध्यान, सचेत श्वास, शरीर-जागरूकता, प्रकृति के साथ समय और सहायक संबंध उपचार में महत्वपूर्ण भूमिका निभाते हैं।

योग-दर्शन भी श्वास और मन के गहरे संबंध को स्वीकार करता है।

तस्मिन् सति श्वासप्रश्वासयोर्गतिविच्छेदः प्राणायामः॥

पतंजलि योगसूत्र 2.49

भावार्थ ➔ श्वास और प्रश्वास की गति का सजग नियमन प्राणायाम है।

जब मन अशांत होता है तो श्वास प्रभावित होती है। और जब श्वास संतुलित होती है तो मन भी धीरे-धीरे स्थिर होने लगता है। इसी कारण योग परंपरा में श्वास को आंतरिक संतुलन का एक महत्वपूर्ण माध्यम माना गया है।

उपचार को बलपूर्वक नहीं किया जा सकता। उसे केवल उचित परिस्थितियाँ प्रदान की जा सकती हैं। धैर्य, सुरक्षा और निरंतर अभ्यास ही गहरे परिवर्तन का आधार बनते हैं।

5.13 आध्यात्मिक परिहार (Spiritual Bypassing) से सावधान

आध्यात्मिकता मनुष्य को अधिक जागरूक और संतुलित बनाने का माध्यम है। किन्तु कभी-कभी आध्यात्मिक विचार ही वास्तविक आत्म-कार्य से बचने का साधन बन जाते हैं। जब व्यक्ति अपनी भावनात्मक पीड़ा या मनोवैज्ञानिक संघर्षों का सामना करने के स्थान पर आध्यात्मिक अवधारणाओं के पीछे छिपने लगता है, तब इसे आध्यात्मिक परिहार कहा जाता है।

यह स्थिति अत्यंत सूक्ष्म हो सकती है। व्यक्ति कह सकता है कि सब कुछ कर्मों का परिणाम है, इसलिए कुछ बदलने की आवश्यकता नहीं। वह यह मान सकता है कि ध्यान करने से भावनाओं को समझने की आवश्यकता समाप्त हो जाती है। कभी-कभी वह अपनी पीड़ा को स्वीकारने के बजाय उसे आध्यात्मिक भाषा में ढकने का प्रयास करता है।

वास्तविक आध्यात्मिकता भावनाओं का निषेध नहीं करती। वह भय को पहचानने, दुःख को स्वीकारने और अपने घावों को समझने का साहस प्रदान करती है। जहाँ भावनात्मक ईमानदारी नहीं होती, वहाँ आत्म-विकास भी अधूरा रह जाता है।

पूर्वजन्म प्रत्यागमन के क्षेत्र में भी यही सावधानी आवश्यक है। यदि व्यक्ति वर्तमान जीवन की चुनौतियों को समझने के स्थान पर प्रत्येक समस्या का उत्तर केवल पूर्वजन्मों में खोजने लगे, तो वह वास्तविक आत्म-विकास से दूर जा सकता है। किसी भी अनुभव का उद्देश्य वर्तमान जीवन को अधिक स्पष्ट रूप से समझना होना चाहिए, न कि उससे पलायन करना।

आध्यात्मिकता दिशा प्रदान करती है, जबकि भावनात्मक कार्य गहराई प्रदान करता है। दोनों का संतुलन ही वास्तविक रूपांतरण की संभावना उत्पन्न करता है।

5.14 करुणा और आत्म-स्वीकृति

उपचार की यात्रा अंततः व्यक्ति को स्वयं के साथ एक नए संबंध की ओर ले जाती है। अनेक लोग अपने भय, आघात और भावनात्मक संघर्षों को देखकर स्वयं को दोष देने लगते हैं। वे अपनी संवेदनशीलता को कमजोरी और अपने घावों को व्यक्तिगत असफलता समझ बैठते हैं।

किन्तु वास्तविक उपचार तब प्रारम्भ होता है जब व्यक्ति स्वयं को कठोर निर्णयों की दृष्टि से नहीं, बल्कि करुणा और समझ की दृष्टि से देखना सीखता है।

आत्म-स्वीकृति का अर्थ परिवर्तन का प्रयास छोड़ देना नहीं है। इसका अर्थ है स्वयं को वैसा देखना जैसा व्यक्ति वास्तव में है अपने गुणों, सीमाओं, संघर्षों और संभावनाओं सहित।

जब व्यक्ति यह समझने लगता है कि उसकी अनेक प्रतिक्रियाएँ कभी अस्तित्व-रक्षा का साधन रही होंगी, तब आत्म-दोष धीरे-धीरे कम होने लगता है। वह स्वयं को समस्या के रूप में नहीं, बल्कि एक ऐसे मनुष्य के रूप में देखने लगता है जिसने कठिन अनुभवों का सामना किया है।

आत्म-करुणा व्यक्ति को अपनी मानवता स्वीकारने में सहायता करती है। वह स्वयं को समय देना सीखता है। अपनी सीमाओं को सम्मान देना सीखता है। और परिवर्तन की प्रक्रिया के प्रति धैर्य विकसित करता है।

भारतीय दर्शन भी यह स्मरण कराता है कि संस्कार चेतना को प्रभावित कर सकते हैं, किन्तु वे हमारी सम्पूर्ण पहचान नहीं हैं। हम केवल अपने भय, पीड़ा या अतीत नहीं हैं। हम उन सब अनुभवों के साक्षी भी हैं।

यही समझ आत्म-स्वीकृति की आधारशिला बनती है और आंतरिक स्वतंत्रता का मार्ग खोलती है।

5.15 अध्याय का सार

इस अध्याय में हमने देखा कि ट्रॉमा केवल किसी दुखद घटना का नाम नहीं है, बल्कि उस घटना के प्रति मन, शरीर और तंत्रिका तंत्र की गहरी प्रतिक्रिया भी हो सकता है। अनेक बार घटना समाप्त हो जाती है, किन्तु उसकी भावनात्मक छाप लंबे समय तक व्यक्ति के अनुभवों, संबंधों और व्यवहार को प्रभावित करती रहती है।

आधुनिक मनोविज्ञान और तंत्रिका-विज्ञान यह संकेत करते हैं कि भय, भावनात्मक स्मृतियाँ और शरीर की प्रतिक्रियाएँ परस्पर गहराई से जुड़ी हुई हैं। भारतीय दर्शन संस्कार, क्लेश और चित्त की अवधारणाओं के माध्यम से इन्हीं अनुभवों को व्यापक आध्यात्मिक संदर्भ प्रदान करता है।

फोबिया, अस्तित्व-भय, पीढ़ीगत पैटर्न और कुछ दीर्घकालिक भावनात्मक प्रतिक्रियाएँ अनेक कारणों से उत्पन्न हो सकती हैं। पूर्वजन्म प्रत्यागमन के क्षेत्र में कुछ लोग इन्हें गहरे संस्कारों अथवा प्रतीकात्मक अनुभवों से जोड़कर देखते हैं, किन्तु प्रत्येक अनुभव को विवेक, संतुलन और खुले दृष्टिकोण से समझना आवश्यक है।

उपचार का वास्तविक मार्ग जागरूकता, स्वीकार्यता, भावनात्मक प्रसंस्करण, आंतरिक सुरक्षा, आत्म-करुणा और जीवन में प्राप्त अंतर्दृष्टियों के एकीकरण से होकर गुजरता है। यही वे आधार हैं जिनके माध्यम से व्यक्ति अपने पुराने पैटर्नों को समझ सकता है और अधिक स्वतंत्र, संतुलित तथा सचेत जीवन की दिशा में आगे बढ़ सकता है।

अंततः यह स्मरण रखना आवश्यक है कि आघात हमारी कहानी का एक अध्याय हो सकता है, किन्तु हमारी सम्पूर्ण पहचान नहीं। जागरूकता, करुणा और आत्म-समझ के माध्यम से वही अनुभव, जो कभी पीड़ा का कारण थे, आंतरिक परिपक्वता और रूपांतरण का माध्यम भी बन सकते हैं।

अगले अध्याय में हम आत्मिक आत्मिक संबंध, आत्मिक अनुबंध और चेतना की परिपक्वता का अध्ययन करेंगे तथा यह समझने का प्रयास करेंगे कि क्यों कुछ संबंध हमारे जीवन पर असाधारण प्रभाव छोड़ जाते हैं।

अध्याय 06

आत्मिक संबंध, आत्मिक अनुबंध और चेतना की परिपक्वता

(Soul Relationships, Soul Contracts and the Maturation of Consciousness)

6.1 भूमिका : कुछ संबंध इतने गहरे क्यों होते हैं?

मानव जीवन मूलतः संबंधों की यात्रा है। परिवार, मित्र, गुरु, जीवनसाथी और अन्य अनेक लोग हमारे जीवन का हिस्सा बनते हैं। अधिकांश संबंध स्वाभाविक रूप से विकसित होते हैं, किन्तु कुछ संबंध ऐसे होते हैं जो हमारी चेतना पर असाधारण प्रभाव छोड़ जाते हैं।

कभी किसी व्यक्ति से पहली बार मिलते ही एक अनजानी परिचितता का अनुभव होता है। कुछ लोगों की उपस्थिति सहज विश्वास उत्पन्न करती है, जबकि कुछ के साथ जुड़ते ही तीव्र भावनाएँ जागृत होने लगती हैं। कहीं गहरा आकर्षण होता है, कहीं आत्मीयता और कहीं अकारण प्रतिरोध।

अनेक लोग अनुभव करते हैं

> "ऐसा लगता है जैसे मैं इन्हें पहले से जानता हूँ।"
> "यह संबंध केवल संयोग नहीं लगता।"
> "इस व्यक्ति ने मेरे जीवन की दिशा बदल दी है।"

ऐसे अनुभव केवल प्रेम-संबंधों तक सीमित नहीं होते। वे माता-पिता और संतान, गुरु और शिष्य, मित्रों तथा कभी-कभी विरोधियों के बीच भी दिखाई दे सकते हैं।

भारतीय दर्शन कर्म, संस्कार और पुनर्जन्म की अवधारणाओं के माध्यम से संकेत करता है कि जीवन केवल एक जन्म तक सीमित नहीं हो सकता। यदि चेतना की यात्रा निरंतर है, तो संभव है कि कुछ संबंध भी उसी यात्रा का भाग हों। यद्यपि यह विषय निश्चित निष्कर्षों की अपेक्षा चिंतन और आत्म-अन्वेषण का विषय है।

आध्यात्मिक दृष्टि से संबंधों का महत्व केवल साथ रहने में नहीं, बल्कि स्वयं को जानने में भी है। प्रेम हमारी करुणा को सामने लाता है, अस्वीकृति हमारे भय को उजागर करती है, वियोग हमारी आसक्तियों को दिखाता है और संघर्ष हमारे अहंकार को प्रकट करता है।

इस अध्याय में हम आत्मिक संबंधों, कार्मिक संबंधों, आत्मिक अनुबंधों तथा चेतना की परिपक्वता से जुड़ी अवधारणाओं का संतुलित अध्ययन करेंगे।

6.2 कार्मिक संबंध क्या हैं?

कुछ संबंध ऐसे होते हैं जो व्यक्ति के जीवन पर गहरा प्रभाव छोड़ते हैं। उनमें असामान्य आत्मीयता, तीव्र भावनात्मक प्रतिक्रिया, बार-बार दोहराते अनुभव अथवा विशेष आकर्षण दिखाई दे सकता है। आध्यात्मिक परंपराओं में ऐसे संबंधों को प्रायः कार्मिक संबंध कहा जाता है।

कार्मिक संबंध का अर्थ यह नहीं कि वह संबंध अवश्य ही सुखद या दुःखद होगा। इसका आशय यह है कि वह संबंध व्यक्ति के भीतर किसी महत्वपूर्ण सीख, संस्कार या भावनात्मक पैटर्न को सक्रिय करता है।

ऐसे संबंधों में प्रायः निम्न अनुभव देखे जा सकते हैं–

अकारण परिचितता
तीव्र भावनात्मक प्रतिक्रिया
बार-बार दोहराते संबंध-पैटर्न
गहरा आकर्षण या प्रतिरोध
लंबे समय तक बना रहने वाला प्रभाव

इन संबंधों का उद्देश्य केवल साथ रहना नहीं, बल्कि व्यक्ति को उसके भीतर छिपे पक्षों से परिचित कराना भी हो सकता है। यदि किसी के भीतर अस्वीकृति का भय है, तो वही सामने आ सकता है। यदि आत्म-मूल्य की कमी है, तो वह भी उजागर हो सकती है।

महत्वपूर्ण बात यह है कि कार्मिक संबंधों की अवधारणा भाग्यवाद का समर्थन नहीं करती। किसी संबंध से सीख प्राप्त करना और किसी अस्वस्थ संबंध में बने रहना दो अलग बातें हैं। यदि कोई संबंध सम्मान, सुरक्षा और विकास को नष्ट कर रहा हो, तो उससे दूरी बनाना भी एक महत्वपूर्ण सीख हो सकती है।

अंततः सबसे महत्वपूर्ण प्रश्न यह नहीं है कि "यह व्यक्ति मेरे जीवन में क्यों आया?", बल्कि यह है कि "यह संबंध मुझे अपने बारे में क्या सिखा रहा है?"

6.3 आत्मिक साथी (Soulmate) : मिथक और वास्तविकता

आत्मिक साथी की अवधारणा आधुनिक आध्यात्मिक साहित्य में अत्यंत लोकप्रिय है। सामान्य धारणा यह है कि संसार में एक ऐसा व्यक्ति अवश्य है जो हमें पूर्ण कर देगा। यद्यपि यह विचार आकर्षक है, किन्तु वास्तविकता अधिक व्यापक हो सकती है।

कुछ आध्यात्मिक परंपराएँ मानती हैं कि आत्मा अपनी यात्रा में अनेक आत्माओं के साथ गहरे संबंध विकसित कर सकती है। इसलिए आत्मिक साथी केवल जीवनसाथी ही नहीं, बल्कि मित्र, गुरु, शिष्य अथवा किसी महत्वपूर्ण जीवन-पाठ के रूप में भी प्रकट हो सकता है।

ऐसे संबंधों में गहरी आत्मीयता, सहज संवाद और आंतरिक विकास की संभावना दिखाई दे सकती है। किन्तु यहाँ एक महत्वपूर्ण सावधानी आवश्यक है।

तीव्र आकर्षण और आत्मिक जुड़ाव सदैव एक ही बात नहीं हैं। अकेलापन, अधूरी भावनात्मक आवश्यकताएँ, आदर्शीकरण और अवचेतन पैटर्न भी किसी व्यक्ति के प्रति अत्यधिक आकर्षण उत्पन्न कर सकते हैं।

वास्तविक आत्मिक संबंध का मूल्य उसकी भावनात्मक तीव्रता में नहीं, बल्कि उसके विकासकारी प्रभाव में निहित है। यदि कोई संबंध व्यक्ति को अधिक जागरूक, अधिक करुणामय और अधिक परिपक्व बनाता है, तो वह चेतना के विकास में सहायक हो सकता है।

वास्तविक आत्मिक साथी वह नहीं जो हमें पूर्ण करे, बल्कि वह है जो हमें अपनी आंतरिक पूर्णता को पहचानने में सहायता करे।

6.4 आघात-आधारित भावनात्मक बंधन और कार्मिक संबंध में अंतर

कई लोग किसी भी अत्यंत तीव्र संबंध को कार्मिक या आत्मिक संबंध मान लेते हैं। किन्तु प्रत्येक गहरा आकर्षण आत्मिक नहीं होता।

मनोविज्ञान में एक स्थिति का वर्णन किया जाता है जिसे आघात-आधारित भावनात्मक बंधन (Trauma Bonding) कहा जाता है। इसमें व्यक्ति प्रेम और पीड़ा, निकटता और अस्वीकृति, आशा और निराशा के चक्र में उलझ जाता है।

संबंध कभी अत्यधिक स्नेह देता है और कभी गहरी उपेक्षा। यही अस्थिरता व्यक्ति को भावनात्मक रूप से निर्भर बना सकती है। परिणामस्वरूप वह समझते हुए भी संबंध से दूर नहीं जा पाता।

इसके विपरीत स्वस्थ कार्मिक सीख व्यक्ति को अधिक जागरूक बनाती है। वह आत्म-समझ, आत्म-सम्मान और स्वस्थ सीमाओं को विकसित करती है। चुनौतियाँ वहाँ भी हो सकती हैं, किन्तु उनका परिणाम धीरे-धीरे अधिक स्पष्टता और आंतरिक स्वतंत्रता के रूप में दिखाई देता है।

आघात-आधारित बंधन में भय और निर्भरता बढ़ती है, जबकि स्वस्थ कार्मिक सीख में जागरूकता और परिपक्वता विकसित होती है।

इसलिए किसी भी संबंध को आध्यात्मिक नाम देने से पहले उसके वास्तविक प्रभाव को समझना आवश्यक है।

6.5 कार्मिक संबंधों के प्रमुख प्रकार

यदि चेतना की यात्रा बहुआयामी है, तो संबंधों के माध्यम से मिलने वाली सीखें भी विविध हो सकती हैं।

अधूरे प्रेम के संबंध ऐसे संबंध निकटता, वियोग और स्वीकार्यता की महत्वपूर्ण सीख दे सकते हैं।

अपराधबोध और जिम्मेदारी से जुड़े संबंध ➔ इनमें व्यक्ति दूसरों की समस्याओं के लिए स्वयं को अत्यधिक उत्तरदायी मानने लगता है। ऐसे अनुभव स्वस्थ जिम्मेदारी और आत्म-उपेक्षा के बीच का अंतर सिखा सकते हैं।

शक्ति और नियंत्रण से जुड़े संबंध ➔ इनमें आत्म-सम्मान, सीमाएँ और व्यक्तिगत उत्तरदायित्व की सीख प्रमुख होती है।

त्याग और बलिदान के संबंध ➔ ऐसे संबंध करुणा और आत्म-सम्मान के संतुलन को समझने का अवसर प्रदान करते हैं।

परित्याग और अस्वीकृति से जुड़े संबंध ➔ ये संबंध व्यक्ति के भीतर छिपे असुरक्षा और अस्वीकृति-भय को सामने ला सकते हैं।

गुरु और शिष्य के संबंध ➔ कुछ संबंध ज्ञान, मार्गदर्शन और चेतना-विकास के लिए प्रकट होते हैं। उनका उद्देश्य निर्भरता नहीं, बल्कि आंतरिक विकास होता है।

चुनौती देने वाले संबंध ➔ कुछ लोग हमारे जीवन में कठिन शिक्षक बनकर आते हैं। प्रारम्भ में वे विरोधी प्रतीत हो सकते हैं, किन्तु बाद में वही अनुभव हमारी परिपक्वता और जागरूकता का कारण बनते हैं।

अंततः कार्मिक संबंधों का वास्तविक महत्व इस बात में नहीं है कि वे कितने सुखद या दुःखद हैं, बल्कि इस बात में है कि वे हमें अपने बारे में क्या सिखाते हैं।

6.6 शास्त्रीय संकेत : संबंध और पुनर्जन्म

मानव संबंधों की गहराई को समझने का प्रयास केवल आधुनिक आध्यात्मिक विचारों तक सीमित नहीं है। भारतीय दर्शन में भी संस्कार, कर्म और चेतना की निरंतरता से जुड़े अनेक संकेत मिलते हैं। यद्यपि शास्त्रों में "कार्मिक संबंध" या "आत्मिक अनुबंध" जैसे आधुनिक शब्द नहीं मिलते, फिर भी उनकी मूल अवधारणाओं को समझने में शास्त्रीय दृष्टि सहायक हो सकती है।

तत्र तं बुद्धिसंयोगं लभते पौर्वदेहिकम्।

भगवद्गीता 6.43

भावार्थ ➔ वह पूर्वजन्मों से अर्जित संस्कारों और चेतना से पुनः जुड़ता है।

यह श्लोक संकेत करता है कि चेतना की यात्रा प्रत्येक जन्म में पूर्णतः शून्य से आरम्भ नहीं होती। पूर्व अनुभवों की छापें व्यक्ति की प्रवृत्तियों, रुचियों और विकास की दिशा को प्रभावित कर सकती हैं।

यदि संस्कार चेतना के साथ आगे बढ़ते हैं, तो यह संभावना भी विचारणीय हो जाती है कि कुछ संबंध हमारे भीतर पहले से विद्यमान सीखों, भय, संभावनाओं अथवा अधूरे भावनात्मक विषयों को सक्रिय करने का माध्यम बन सकते हैं।

हालाँकि विवेक आवश्यक है। प्रत्येक संबंध को पूर्वजन्म से जोड़ना उचित नहीं है। शास्त्रीय संकेतों को अंतिम प्रमाण के रूप में नहीं, बल्कि चिंतन और आत्म-अवलोकन के स्रोत के रूप में समझना अधिक संतुलित दृष्टिकोण है।

6.7 आत्मिक अनुबंध (Soul Contracts) की अवधारणा

कुछ संबंध इतने परिवर्तनकारी होते हैं कि वे यह प्रश्न उत्पन्न करते हैं–क्या उनकी उपस्थिति के पीछे कोई गहरा उद्देश्य हो सकता है?

इन्हीं प्रश्नों के आधार पर आधुनिक आध्यात्मिक चिंतन में आत्मिक अनुबंध (Soul Contracts) की अवधारणा विकसित हुई। इस दृष्टिकोण के अनुसार कुछ आत्माएँ अपने विकास और सीख की प्रक्रिया में एक-दूसरे के जीवन में महत्वपूर्ण भूमिका निभाने के लिए सहमत हो सकती हैं।

इस विचार के अनुसार कुछ संबंध केवल सुख देने के लिए नहीं आते, बल्कि प्रेम, क्षमा, आत्म-सम्मान, धैर्य, स्वतंत्रता, करुणा और स्वस्थ सीमाओं जैसी महत्वपूर्ण सीख प्रदान कर सकते हैं।

इस अवधारणा का सकारात्मक पक्ष यह है कि यह व्यक्ति को पीड़ित मानसिकता से बाहर लाकर सीखने की दिशा में प्रेरित करती है। वह केवल यह नहीं पूछता कि"यह मेरे साथ क्यों हुआ?"

बल्कि यह भी पूछता है"यह अनुभव मुझे क्या सिखाने का प्रयास कर रहा है?"

फिर भी यह समझना आवश्यक है कि आत्मिक अनुबंध भाग्यवाद नहीं है। व्यक्ति की स्वतंत्र इच्छा सदैव महत्वपूर्ण रहती है। किसी भी अपमानजनक, हिंसक या शोषणकारी संबंध को "आत्मिक अनुबंध" कहकर उचित नहीं ठहराया जा सकता।

6.8 आत्मिक समूह (Soul Groups) और जन्मों के मध्य की अवस्था

कुछ आधुनिक आध्यात्मिक परंपराएँ यह मानती हैं कि जन्म और मृत्यु के बीच चेतना ऐसी अवस्था से गुजर सकती है जहाँ उसे अपने अनुभवों का अवलोकन करने तथा आगे की यात्रा के लिए तैयारी करने का अवसर मिलता है। इसी विचार को जन्मों के मध्य की अवस्था (Between Lives State) कहा जाता है।

इन्हीं परंपराओं में आत्मिक समूह (Soul Groups) की अवधारणा भी मिलती है। इसके अनुसार कुछ आत्माएँ दीर्घकालिक विकास-यात्रा में

बार-बार एक-दूसरे के संपर्क में आ सकती हैं और विभिन्न जन्मों में माता-पिता, संतान, मित्र, जीवनसाथी, गुरु या शिष्य जैसी भूमिकाएँ निभा सकती हैं।

इस दृष्टिकोण के अनुसार बाहरी भूमिकाएँ बदल सकती हैं, किन्तु उनसे जुड़ी सीखें विभिन्न रूपों में पुनः प्रकट हो सकती हैं।

हालाँकि यह विचार सार्वभौमिक रूप से सिद्ध तथ्य नहीं माना जाता। इसे एक आध्यात्मिक संभावना के रूप में देखा जाता है। इसका सबसे मूल्यवान पक्ष यह है कि यह व्यक्ति को संबंधों के भीतर छिपी सीख और अर्थ को पहचानने की प्रेरणा देता है।

6.9 पूर्वजन्म प्रत्यागमन और आत्मिक संबंधों के उदाहरण

पूर्वजन्म प्रत्यागमन के अनुभवों में आत्मिक संबंधों और कार्मिक पैटर्नों से जुड़े अनेक विषय सामने आते हैं। इन अनुभवों को ऐतिहासिक तथ्य मानना आवश्यक नहीं है; वे प्रतीकात्मक अथवा मनोवैज्ञानिक स्तर पर भी अर्थपूर्ण हो सकते हैं।

उदाहरण 1 → वियोग का भय

एक महिला को संबंधों में निरंतर छोड़े जाने का भय रहता था। प्रत्यागमन सत्र में उसके सामने बिछड़ने और वियोग से जुड़े प्रतीकात्मक दृश्य उभरे। इससे उसे यह समझने में सहायता मिली कि उसका संघर्ष वर्तमान संबंधों से अधिक उसके भीतर सक्रिय भय से जुड़ा हुआ था।

उदाहरण 2 → अत्यधिक जिम्मेदारी

एक व्यक्ति दूसरों की समस्याओं के लिए स्वयं को उत्तरदायी मानता था। सत्र में बलिदान और अपराधबोध से जुड़े दृश्य सामने आए। परिणामस्वरूप उसे यह समझने में सहायता मिली कि सहायता करना और स्वयं को त्याग देना एक ही बात नहीं है।

उदाहरण 3 → आकर्षण और संघर्ष

कुछ संबंधों में आकर्षण और संघर्ष दोनों उपस्थित रहते हैं। ऐसे अनुभव कई बार शक्ति, नियंत्रण, असुरक्षा अथवा अधूरी अपेक्षाओं जैसे विषयों की ओर संकेत करते हैं। इससे व्यक्ति का ध्यान दूसरे को बदलने से हटकर स्वयं को समझने की दिशा में जाता है।

इन उदाहरणों का महत्व उनके तथ्यात्मक सत्य में नहीं, बल्कि उनसे उत्पन्न होने वाली जागरूकता में है।

6.10 पुरानी आत्माएँ (Old Souls) और चेतना की परिपक्वता

कुछ लोग जीवन के गहरे प्रश्नों में प्रारम्भ से ही रुचि रखते हैं। वे केवल उपलब्धियों और सामाजिक मान्यता तक सीमित नहीं रहते, बल्कि अस्तित्व, चेतना, सत्य और आत्म-विकास जैसे विषयों की ओर स्वाभाविक रूप से आकर्षित होते हैं। आध्यात्मिक परंपराओं में ऐसी प्रवृत्ति को प्रायः "पुरानी आत्मा" या "परिपक्व चेतना" कहा जाता है।

अधिक संतुलित दृष्टिकोण से देखा जाए तो यह अवधारणा जन्मों की संख्या से अधिक चेतना की परिपक्वता से संबंधित प्रतीत होती है।

परिपक्व चेतना की कुछ प्रमुख विशेषताएँ हैं आत्म-चिंतन की प्रवृत्ति, सत्य की खोज, करुणा और संवेदनशीलता, गहरे संवादों में रुचि, आंतरिक विकास की इच्छा, जीवन के व्यापक अर्थ की खोज।

ऐसे लोग बाहरी सफलता का विरोध नहीं करते, किन्तु उसे जीवन का अंतिम लक्ष्य भी नहीं मानते। वे अनुभवों को चेतना-विकास के अवसर के रूप में देखते हैं।

महत्वपूर्ण बात यह है कि परिपक्व चेतना श्रेष्ठता का प्रतीक नहीं है। वास्तविक परिपक्वता का संकेत विनम्रता, करुणा और सीखते रहने की तत्परता है।

अंततः परिपक्व चेतना का उद्देश्य संसार से दूर होना नहीं, बल्कि जीवन को अधिक जागरूकता, संतुलन और करुणा के साथ जीना है। इसी परिपक्वता के साथ कुछ विशिष्ट संबंधगत चुनौतियाँ भी जुड़ी होती हैं।

6.11 परिपक्व आत्माएँ और संबंधों की चुनौतियाँ

जितनी गहराई चेतना प्रदान करती है, उतनी ही संवेदनशीलता भी। इसी कारण परिपक्व चेतना की यात्रा सदैव सरल नहीं होती। जो व्यक्ति जीवन को केवल घटनाओं के रूप में नहीं, बल्कि उनके पीछे छिपे अर्थ की दृष्टि से देखता है, उसके लिए संबंध आत्म-विकास का माध्यम बन जाते हैं।

ऐसे लोग सामान्यतः भावनात्मक ईमानदारी, प्रामाणिकता और गहरे जुड़ाव को महत्व देते हैं। वे संबंधों में केवल साथ नहीं, बल्कि वास्तविक समझ और आत्मीयता खोजते हैं। किन्तु यही संवेदनशीलता कभी-कभी अकेलेपन, भावनात्मक थकावट अथवा समझे न जाने की अनुभूति भी उत्पन्न कर सकती है।

परिपक्व चेतना वाले लोग संबंधों को अधिक गहराई से अनुभव करते हैं। वे प्रेम को भी तीव्रता से महसूस करते हैं और वियोग को भी। इसी कारण उनके संबंध अनेक बार गहन परिवर्तन का कारण बनते हैं।

समय के साथ उन्हें एक महत्वपूर्ण सीख प्राप्त करनी होती है—करुणा और आत्म-उपेक्षा एक ही बात नहीं हैं। स्वस्थ सीमाएँ स्थापित करना स्वार्थ नहीं, बल्कि भावनात्मक परिपक्वता का संकेत है।

अंततः संबंध उनके लिए केवल साथ रहने का माध्यम नहीं रहते; वे आत्म-ज्ञान, करुणा और चेतना-विकास के दर्पण बन जाते हैं।

6.12 प्रक्षेपण और आदर्शीकरण

मानव संबंधों में हम कई बार दूसरे व्यक्ति को वैसा नहीं देखते जैसा वह वास्तव में है, बल्कि वैसा देखते हैं जैसा हमारा मन उसे देखना चाहता है।

हमारी इच्छाएँ, अपेक्षाएँ और अधूरी भावनात्मक आवश्यकताएँ संबंधों की वास्तविकता को प्रभावित करने लगती हैं।

इसी प्रक्रिया को प्रक्षेपण (Projection) कहा जाता है। उदाहरणतः यदि किसी व्यक्ति के भीतर सुरक्षा की गहरी आवश्यकता हो, तो वह किसी दूसरे व्यक्ति में असाधारण सुरक्षा अनुभव कर सकता है। यदि प्रेम की तीव्र आकांक्षा हो, तो वह किसी सामान्य संबंध को भी अत्यंत विशेष या आत्मिक संबंध मान सकता है।

प्रक्षेपण का एक रूप आदर्शीकरण (Idealization) है। इसमें व्यक्ति दूसरे को अत्यधिक ऊँचे स्थान पर स्थापित कर देता है और उसकी मानवीय सीमाओं को देख नहीं पाता। जब वास्तविकता सामने आती है, तो निराशा और मोहभंग उत्पन्न हो सकता है।

विशेष रूप से आध्यात्मिक संबंधों में यह भ्रम अधिक सूक्ष्म हो सकता है। कई बार गहरे आकर्षण को तुरंत आत्मिक या कार्मिक संबंध मान लिया जाता है, जबकि उसके पीछे प्रक्षेपण या भावनात्मक आवश्यकता भी सक्रिय हो सकती है।

परिपक्व प्रेम व्यक्ति को उसकी मानवता सहित स्वीकार करता है, न कि केवल उसकी आदर्श छवि से प्रेम करता है।

6.13 प्रेम और आसक्ति में अंतर

मानव संबंधों की सबसे महत्वपूर्ण सीखों में से एक है प्रेम और आसक्ति के बीच का अंतर समझना।

प्रेम स्वीकार्यता, सम्मान और स्वतंत्रता पर आधारित होता है। वह दूसरे व्यक्ति के विकास की कामना करता है और उसकी स्वतंत्रता का आदर करता है। प्रेम व्यक्ति को विस्तृत करता है।

इसके विपरीत आसक्ति प्रायः भय से उत्पन्न होती है–खो देने का भय, अस्वीकृति का भय, अकेलेपन का भय अथवा अधूरेपन का भय। जब व्यक्ति

अपनी सुरक्षा, पहचान या खुशी का आधार दूसरे को बना लेता है, तब संबंध आसक्ति का रूप लेने लगता है।

शास्त्रीय दृष्टि

ध्यायतो विषयान्पुंसः सङ्गस्तेषूपजायते।
सङ्गात्संजायते कामः कामात्क्रोधोऽभिजायते॥

श्रीमद्भगवद्गीता 2.62

भावार्थ ➔ विषयों के चिंतन से आसक्ति उत्पन्न होती है और आसक्ति आगे अनेक मानसिक बंधनों का कारण बनती है।

आसक्ति में नियंत्रण, निर्भरता और असुरक्षा बढ़ती है, जबकि प्रेम में विश्वास, सम्मान और आंतरिक स्वतंत्रता विकसित होती है।

वास्तविक प्रेम किसी को बाँधता नहीं; वह दोनों व्यक्तियों के विकास और विस्तार का माध्यम बनता है।

6.14 जागरूकता, सीमाएँ और उपचार

स्वस्थ संबंधों की शुरुआत स्वयं को समझने से होती है। जब व्यक्ति अपने भीतर सक्रिय भय, अपेक्षाओं और भावनात्मक पैटर्नों को पहचानना प्रारम्भ करता है, तब वह संबंधों को अधिक स्पष्टता से देखने लगता है।

जागरूकता व्यक्ति को यह समझने में सहायता करती है कि उसकी कुछ प्रतिक्रियाएँ वर्तमान परिस्थिति से अधिक पुराने अनुभवों से जुड़ी हो सकती हैं। यही समझ आत्म-जिम्मेदारी का आधार बनती है।

स्वस्थ सीमाएँ भी उतनी ही महत्वपूर्ण हैं। आध्यात्मिकता और करुणा का अर्थ यह नहीं कि व्यक्ति हर व्यवहार को स्वीकार कर ले। सीमाएँ यह स्पष्ट करती हैं कि कौन-सा व्यवहार सम्मानजनक है और कौन-सा नहीं।

उपचार का अर्थ अतीत को मिटाना नहीं, बल्कि उसे समझना और उससे सीखना है। जब व्यक्ति पुराने पैटर्नों को पहचानकर अधिक जागरूक

विकल्प चुनना प्रारम्भ करता है, तब आंतरिक स्वतंत्रता विकसित होने लगती है।

स्वस्थ संबंध व्यक्ति को सीमित नहीं करते; वे उसके आत्मविश्वास, संतुलन और विकास को पोषित करते हैं।

6.15 अध्याय का सार

इस अध्याय में आत्मिक संबंधों, कार्मिक संबंधों, आत्मिक अनुबंधों तथा चेतना की परिपक्वता से जुड़ी अवधारणाओं का अध्ययन किया गया। हमने समझा कि कुछ संबंध आत्म-जागरूकता, सीख और आंतरिक विकास के महत्वपूर्ण माध्यम बन सकते हैं। साथ ही यह भी देखा कि प्रत्येक तीव्र संबंध आत्मिक नहीं होता; कई बार आघात, भावनात्मक निर्भरता, प्रक्षेपण और आदर्शीकरण भी ऐसे अनुभव उत्पन्न कर सकते हैं।

अध्याय ने प्रेम और आसक्ति के बीच के महत्वपूर्ण अंतर को स्पष्ट किया तथा यह बताया कि परिपक्व संबंध सम्मान, स्वतंत्रता, करुणा और स्वस्थ सीमाओं पर आधारित होते हैं। अंततः संबंध केवल सुख या दुःख के स्रोत नहीं, बल्कि आत्म-ज्ञान, उपचार और चेतना-विकास के अवसर भी बन सकते हैं।

अगले अध्याय में हम पूर्वजन्म प्रत्यागमन में दिखाई देने वाले प्रमुख कार्मिक पैटर्नों और पुनरावृत्ति चक्रों का अध्ययन करेंगे।

भाग 2

चेतना की यात्रा, पुनर्जन्म और आध्यात्मिक विकास

(The Journey of Consciousness, Reincarnation and Spiritual Evolution)

अध्याय 07

पूर्वजन्म प्रत्यागमन में दिखाई देने वाले प्रमुख पैटर्न

(Common Patterns Observed in पूर्व-जन्म प्रत्यागमन)

7.1 भूमिका : अलग-अलग लोगों में समान अनुभव

मानव जीवन की एक रोचक विशेषता यह है कि प्रत्येक व्यक्ति स्वयं को अद्‌वितीय मानता है, फिर भी उसके अनेक भय, संघर्ष, इच्छाएँ और भावनात्मक प्रतिक्रियाएँ दूसरों से आश्चर्यजनक समानता रखती हैं। परिस्थितियाँ बदल जाती हैं, जीवन की कहानियाँ अलग होती हैं, पर चेतना के गहरे स्तरों पर कुछ अनुभव बार-बार दोहराते हुए प्रतीत होते हैं।

पूर्वजन्म प्रत्यागमन के क्षेत्र में भी यही तथ्य देखने को मिलता है। प्रारम्भ में ऐसा लगता है कि प्रत्येक अनुभव पूर्णतः भिन्न होगा, किन्तु अनेक सत्रों के अध्ययन से स्पष्ट होता है कि व्यक्तियों की कथाएँ भले अलग हों, उनके पीछे कार्यरत भावनात्मक विषय अक्सर समान होते हैं।

युद्ध, वियोग, अस्वीकृति, अपराधबोध, बलिदान, नियंत्रण, अभाव, अकेलापन, आध्यात्मिक खोज और अधूरे संबंध जैसे विषय बार-बार उभरते दिखाई देते हैं। समय, स्थान और पात्र बदल जाते हैं, पर उनके भीतर उपस्थित मूल भावनाएँ प्रायः समान रहती हैं।

मनोविज्ञान इसे अवचेतन पुनरावृत्ति के रूप में देखता है, जबकि भारतीय दर्शन संस्कारों और कर्मजनित प्रवृत्तियों की भाषा में इसकी व्याख्या करता है। दोनों ही दृष्टिकोण संकेत करते हैं कि मनुष्य केवल वर्तमान क्षण का परिणाम नहीं है; उसके भीतर अतीत की अनेक छापें सक्रिय हो सकती हैं।

इस अध्याय का उद्देश्य इन अनुभवों को अंतिम सत्य घोषित करना नहीं है, बल्कि उन सामान्य पैटर्नों को समझना है जो अनेक प्रत्यागमन अनुभवों में बार-बार दिखाई देते हैं। इन पैटर्नों को समझना केवल अतीत को जानने का माध्यम नहीं, बल्कि वर्तमान जीवन को अधिक स्पष्टता से देखने का अवसर भी है।

जब व्यक्ति अपने जीवन में बार-बार दोहराए जाने वाले भावनात्मक सूत्रों को पहचानना प्रारम्भ करता है, तभी परिवर्तन की वास्तविक प्रक्रिया आरम्भ होती है।

7.2 भावनात्मक पुनरावृत्ति क्या है?

मानव जीवन में कुछ अनुभव ऐसे होते हैं जो विभिन्न रूपों में बार-बार लौटते प्रतीत होते हैं। परिस्थितियाँ बदल जाती हैं, लोग बदल जाते हैं, किन्तु अनुभव का मूल भाव वही बना रहता है।

कोई व्यक्ति बार-बार अस्वीकृति का अनुभव करता है, कोई लगातार स्वयं को सिद्ध करने की आवश्यकता महसूस करता है, तो कोई हर संबंध में परित्याग के भय से जूझता है। ऐसा लगता है मानो कोई अदृश्य भावनात्मक धारा जीवन की घटनाओं को एक विशेष दिशा में ले जा रही हो इसी प्रवृत्ति को यहाँ भावनात्मक पुनरावृत्ति कहा गया है।

इसका अर्थ यह नहीं कि घटनाएँ शब्दशः दोहराई जाती हैं। पुनरावृत्ति उस मूल भावना की होती है जो विभिन्न परिस्थितियों के माध्यम से स्वयं को व्यक्त करती रहती है।

मनोविज्ञान के अनुसार अवचेतन मन अधूरे अनुभवों को दोहराने की प्रवृत्ति रखता है। भारतीय दर्शन इसे संस्कारों की सक्रियता के रूप में देखता है।

दोनों ही दृष्टिकोण यह स्वीकार करते हैं कि जब तक किसी अनुभव का भावनात्मक मूल समझा और रूपांतरित नहीं होता, तब तक उसका प्रभाव विभिन्न रूपों में प्रकट हो सकता है।

यही कारण है कि प्रत्यागमन कार्य में कहानी से अधिक महत्वपूर्ण उसका भावनात्मक सार होता है।

उपचार तब प्रारम्भ होता है जब व्यक्ति यह पहचान लेता है कि उसके जीवन में कौन-सी भावनाएँ बार-बार लौट रही हैं और वे उसके निर्णयों तथा संबंधों को किस प्रकार प्रभावित कर रही हैं।

जागरूकता ही पुनरावृत्ति के चक्र को तोड़ने की पहली सीढ़ी है।

7.3 पैटर्न 1 : अचानक और हिंसक मृत्यु

पूर्वजन्म प्रत्यागमन के अनुभवों में सबसे अधिक दिखाई देने वाले विषयों में से एक है अचानक और हिंसक मृत्यु। युद्ध, दुर्घटना, हत्या, डूबना, आग, प्राकृतिक आपदाएँ अथवा अन्य अप्रत्याशित घटनाएँ अनेक अनुभवों में उभरती हैं।

इन अनुभवों का महत्व केवल मृत्यु की घटना में नहीं, बल्कि उससे जुड़ी भावनात्मक छाप में होता है। अचानक समाप्ति का अनुभव कई बार भय, असुरक्षा, अधूरेपन या अस्तित्व-संकट जैसी भावनाओं को जन्म देता है।

वर्तमान जीवन में यह पैटर्न मृत्यु-भय, अत्यधिक सतर्कता, घबराहट, अनहोनी की आशंका या सुरक्षा के प्रति अत्यधिक चिंता के रूप में दिखाई दे सकता है। व्यक्ति बाहरी रूप से सुरक्षित होने पर भी भीतर असुरक्षित अनुभव कर सकता है।

इस पैटर्न के पीछे प्रायः कुछ गहरे विश्वास सक्रिय होते हैं

“मैं सुरक्षित नहीं हूँ।”

“जीवन पर भरोसा नहीं किया जा सकता।”

“सब कुछ कभी भी समाप्त हो सकता है।”

उपचार का उद्देश्य भय को दबाना नहीं, बल्कि उसे समझना है। जब व्यक्ति वर्तमान और अतीत के अनुभवों में अंतर पहचानना सीखता है, तब धीरे-धीरे भीतर सुरक्षा की भावना विकसित होने लगती है।

इस पैटर्न की सबसे बड़ी सीख यह है कि जीवन की अनिश्चितता भय का कारण नहीं, बल्कि जागरूकता का निमंत्रण भी हो सकती है।

7.4 पैटर्न 2 : अधूरे जीवन और अधूरे कार्य

अनेक प्रत्यागमन अनुभवों में व्यक्ति यह अनुभव करता है कि जीवन अचानक समाप्त हो गया या कोई महत्वपूर्ण कार्य अधूरा रह गया। कभी कोई संबंध पूरा नहीं हो पाया, कभी कोई स्वप्न अधूरा रह गया, तो कभी कोई महत्वपूर्ण उद्देश्य पूरा होने से पहले ही जीवन समाप्त हो गया।

इन अनुभवों के केंद्र में प्रायः अधूरेपन की भावना होती है।

वर्तमान जीवन में यह पैटर्न कई रूपों में दिखाई दे सकता है। कुछ लोग निरंतर जल्दी में रहते हैं, मानो समय कम हो। कुछ एक साथ अनेक कार्य आरम्भ करते हैं, परन्तु किसी में संतोष नहीं पाते। कुछ लोगों को यह अनुभव बना रहता है कि अभी बहुत कुछ करना बाकी है।

इसके पीछे सक्रिय भावनाएँ हो सकती हैं

“मुझे जल्दी करनी चाहिए।”

“मैंने अभी अपना कार्य पूरा नहीं किया।”

“समय समाप्त हो सकता है।”

उपचार तब प्रारम्भ होता है जब व्यक्ति वर्तमान क्षण को स्वीकारना सीखता है। हर अधूरापन वास्तव में अधूरा नहीं होता; कई बार वह केवल मन की अनुभूति होती है।

इस पैटर्न की सीख है कि जीवन केवल उपलब्धियों की सूची नहीं, बल्कि जागरूकता के साथ जी जाने वाली यात्रा भी है।

7.5 पैटर्न 3 : त्याग और बलिदान

त्याग और बलिदान का पैटर्न अनेक प्रत्यागमन अनुभवों में बार-बार दिखाई देता है। व्यक्ति स्वयं को ऐसे जीवनों में देख सकता है जहाँ उसने परिवार, समाज, धर्म या किसी उद्देश्य के लिए स्वयं को पूरी तरह समर्पित कर दिया हो।

त्याग अपने आप में समस्या नहीं है। समस्या तब उत्पन्न होती है जब व्यक्ति अपना मूल्य ही त्याग से जोड़ लेता है।

धीरे-धीरे उसके भीतर यह विश्वास विकसित हो सकता है कि

“मेरी आवश्यकताएँ महत्वपूर्ण नहीं हैं।”

“मुझे हमेशा दूसरों को पहले रखना चाहिए।”

“मेरा मूल्य मेरे त्याग में है।”

वर्तमान जीवन में यह पैटर्न लोगों को प्रसन्न रखने की प्रवृत्ति, "ना" कहने में कठिनाई, आत्म-उपेक्षा और भावनात्मक थकावट के रूप में दिखाई दे सकता है।

यह समझना आवश्यक है कि करुणा और आत्म-विस्मृति एक ही बात नहीं हैं। स्वस्थ सेवा वह है जिसमें व्यक्ति स्वयं का सम्मान बनाए रखते हुए दूसरों की सहायता करे।

इस पैटर्न की सबसे बड़ी सीख है कि प्रेम केवल देने में नहीं, बल्कि ग्रहण करने में भी है।

7.6 पैटर्न 4 : अपराधबोध और आत्म-दंड

अपराधबोध मानव मन के सबसे भारी बोझों में से एक है। प्रत्यागमन अनुभवों में यह विषय अक्सर उन घटनाओं से जुड़ा दिखाई देता है जहाँ व्यक्ति स्वयं को किसी पीड़ा, हानि या कठिन परिणाम के लिए उत्तरदायी मानता है।

समस्या तब उत्पन्न होती है जब अपराधबोध केवल किसी गलती तक सीमित न रहकर व्यक्ति की पहचान बन जाता है।

वह केवल यह नहीं सोचता कि "मुझसे गलती हुई है" बल्कि यह मानने लगता है कि "मैं ही गलत हूँ।"

वर्तमान जीवन में यह पैटर्न आत्म-आलोचना, सफलता स्वीकार न कर पाना, सुख के प्रति अपराधबोध या आत्म-विघटनकारी व्यवहार के रूप में प्रकट हो सकता है।

यहाँ उत्तरदायित्व और अपराधबोध का अंतर समझना आवश्यक है। उत्तरदायित्व विकास की ओर ले जाता है, जबकि अपराधबोध व्यक्ति को अतीत से बाँधे रखता है।

उपचार का आधार आत्म-क्षमा है। आत्म-क्षमा का अर्थ गलतियों को उचित ठहराना नहीं, बल्कि स्वयं को केवल उन्हीं के आधार पर परिभाषित करना बंद करना है।

इस पैटर्न की सीख है कि चेतना का उद्देश्य स्वयं को दंडित करना नहीं, बल्कि सीखना और विकसित होना है।

7.7 पैटर्न 5 : शक्ति और नियंत्रण

शक्ति और नियंत्रण का विषय मानव इतिहास तथा व्यक्तिगत जीवन दोनों में गहराई से उपस्थित है। कुछ लोग नियंत्रण स्थापित करने का प्रयास करते हैं, जबकि कुछ स्वयं को लगातार नियंत्रित या दबाया हुआ अनुभव करते हैं।

प्रत्यागमन अनुभवों में व्यक्ति कभी शासक, कभी सैनिक, कभी उत्पीड़ित व्यक्ति और कभी स्वतंत्रता के लिए संघर्ष करने वाले पात्र के रूप में स्वयं को देख सकता है।

गहराई से देखा जाए तो नियंत्रण की आवश्यकता प्रायः सुरक्षा की आवश्यकता से जुड़ी होती है।

व्यक्ति के भीतर कुछ ऐसे विश्वास सक्रिय हो सकते हैं कि "यदि सब कुछ मेरे नियंत्रण में रहेगा, तो मैं सुरक्षित रहूँगा दूसरों पर भरोसा नहीं किया जा सकता कमज़ोर होना खतरनाक है।"

वर्तमान जीवन में यह पैटर्न अत्यधिक नियंत्रण, पूर्णतावाद, अनिश्चितता का भय या दूसरी ओर असहायता और निर्णय लेने में कठिनाई के रूप में दिखाई दे सकता है।

आध्यात्मिक दृष्टि से वास्तविक शक्ति दूसरों पर अधिकार नहीं, बल्कि स्वयं पर अधिकार है। अपने भय, प्रतिक्रियाओं और निर्णयों को समझना ही आंतरिक शक्ति का आधार है।

इस पैटर्न की सबसे गहरी सीख है कि सुरक्षा नियंत्रण से नहीं, बल्कि आंतरिक स्थिरता और आत्म-विश्वास से उत्पन्न होती है।

7.8 पैटर्न 6 : व्रत और प्रतिज्ञाएँ

पूर्वजन्म प्रत्यागमन के अनुभवों में अनेक बार ऐसे विषय सामने आते हैं जहाँ व्यक्ति स्वयं को किसी व्रत, संकल्प या प्रतिज्ञा से बँधा हुआ अनुभव करता है। ये प्रतिज्ञाएँ ब्रह्मचर्य, तपस्या, सेवा, निर्धनता, संसार-त्याग या किसी विशेष आध्यात्मिक मार्ग से जुड़ी हो सकती हैं।

ऐसे अनुभवों का महत्व स्वयं प्रतिज्ञा में नहीं, बल्कि उसके पीछे सक्रिय विश्वासों में होता है।

कुछ सामान्य विश्वास इस प्रकार हो सकते हैं

“धन आध्यात्मिकता के मार्ग में बाधा है।”

“निकट संबंध दुःख का कारण बनते हैं।”

“मुझे केवल दूसरों के लिए जीना चाहिए।”

वर्तमान जीवन में यह पैटर्न प्रेम, सफलता, समृद्धि या आत्म-अभिव्यक्ति को पूर्ण रूप से स्वीकार करने में कठिनाई के रूप में दिखाई दे सकता है।

संकल्प विकास के लिए होते हैं, बंधन के लिए नहीं। यदि कोई पुराना विश्वास वर्तमान जीवन को सीमित कर रहा है, तो उसे नई जागरूकता के साथ पुनः देखने की आवश्यकता हो सकती है।

इस पैटर्न की सीख है कि जीवन का उद्देश्य स्वयं को सीमित करना नहीं, बल्कि विकसित करना है।

7.9 पैटर्न 7 : परित्याग और अस्वीकृति

मानव जीवन की सबसे गहरी भावनात्मक पीड़ाओं में से एक है छोड़ दिए जाने या अस्वीकार किए जाने का अनुभव।

प्रत्यागमन अनुभवों में यह विषय प्रियजनों से बिछड़ने, परिवार से अलग होने, संबंध टूटने या लंबे अकेलेपन के रूप में दिखाई दे सकता है।

इन अनुभवों के पीछे एक समान भाव सक्रिय रहता है

"मुझे छोड़ दिया जाएगा।"

"मैं पर्याप्त नहीं हूँ।"

"प्रेम स्थायी नहीं है।"

वर्तमान जीवन में यह पैटर्न अत्यधिक भावनात्मक निर्भरता, लोगों को प्रसन्न रखने की प्रवृत्ति, निरंतर आश्वासन की आवश्यकता अथवा निकट संबंधों से बचने के रूप में प्रकट हो सकता है।

व्यक्ति प्रेम चाहता है, परन्तु उसके खो जाने से भी भयभीत रहता है।

उपचार का आधार बाहरी स्वीकृति नहीं, बल्कि आत्म-स्वीकृति है। जब व्यक्ति स्वयं को स्वीकारना सीखता है, तब संबंध भय पर नहीं, बल्कि विश्वास पर आधारित होने लगते हैं।

इस पैटर्न की सबसे बड़ी सीख है कि वास्तविक सुरक्षा दूसरों को पकड़कर रखने में नहीं, बल्कि स्वयं से जुड़े रहने में है।

7.10 पैटर्न 8 : युद्ध और हिंसा

युद्ध और हिंसा से जुड़े अनुभव पूर्वजन्म प्रत्यागमन में अत्यंत सामान्य रूप से दिखाई देते हैं। व्यक्ति स्वयं को सैनिक, पीड़ित, शरणार्थी, बंदी या किसी संघर्ष का साक्षी अनुभव कर सकता है।

इन अनुभवों का केंद्र युद्ध नहीं, बल्कि उससे जुड़ी भावनात्मक छाप होती है।

ऐसे अनुभवों के पीछे प्रायः कुछ विश्वास सक्रिय दिखाई देते हैं

"संसार सुरक्षित नहीं है।"

"मुझे हर समय तैयार रहना होगा।"

"जीवन संघर्ष है।"

वर्तमान जीवन में यह पैटर्न अत्यधिक सतर्कता, बेचैनी, क्रोध, तनाव या हर परिस्थिति को संघर्ष के रूप में देखने की प्रवृत्ति के रूप में दिखाई दे सकता है।

युद्ध केवल बाहरी संघर्ष नहीं, बल्कि भीतर के भय और असुरक्षा का प्रतीक भी हो सकता है।

इस पैटर्न की सीख है कि वास्तविक विजय बाहरी संघर्षों पर नहीं, बल्कि भीतर के भय और क्रोध को समझने में है।

7.11 पैटर्न 9 : विश्वासघात और भरोसे का संकट

विश्वास किसी भी संबंध की आधारशिला है। जब विश्वास टूटता है, तो केवल संबंध ही नहीं टूटता, व्यक्ति की संसार को देखने की दृष्टि भी प्रभावित हो सकती है।

प्रत्यागमन अनुभवों में विश्वासघात मित्रों, परिवार, जीवनसाथी, सत्ता या किसी विश्वसनीय व्यक्ति द्वारा धोखा मिलने के रूप में उभर सकता है।

इसके पीछे अक्सर यह भाव सक्रिय रहता है

"किसी पर भरोसा नहीं किया जा सकता।"

"यदि मैं खुलूँगा, तो मुझे चोट पहुँचेगी।"

"सुरक्षित रहने के लिए दूरी आवश्यक है।"

वर्तमान जीवन में यह पैटर्न संदेह, भावनात्मक दूरी, लोगों पर विश्वास करने में कठिनाई या निकटता से बचने की प्रवृत्ति के रूप में दिखाई दे सकता है।

समस्या यह नहीं कि व्यक्ति सावधान हो जाता है समस्या तब होती है जब सावधानी स्थायी अविश्वास में बदल जाती है।

इस पैटर्न की सीख है कि वास्तविक विश्वास दूसरों पर नहीं, बल्कि स्वयं पर आधारित होता है। जो व्यक्ति स्वयं पर भरोसा करना सीख लेता है, वह संबंधों में अधिक संतुलित और सुरक्षित अनुभव कर सकता है।

7.12 पैटर्न 10 : सफलता का भय और दृश्यता

सामान्यतः लोग असफलता से डरते हैं, किन्तु कुछ लोग सफलता से भी भयभीत हो सकते हैं। वे आगे बढ़ना चाहते हैं, परन्तु जैसे ही अवसर सामने आता है, अनजाने में पीछे हट जाते हैं।

प्रत्यागमन अनुभवों में यह विषय सार्वजनिक अपमान, उत्पीड़न, विरोध या प्रसिद्धि के कारण उत्पन्न कठिनाइयों से जुड़ा दिखाई दे सकता है।

इसके पीछे कुछ सामान्य विश्वास सक्रिय हो सकते हैं

"दिखाई देना सुरक्षित नहीं है।"

"यदि मैं सफल हुआ, तो विरोध का सामना करना पड़ेगा।"

"छिपकर रहना अधिक सुरक्षित है।"

वर्तमान जीवन में यह पैटर्न आत्म-विघटनकारी व्यवहार, नेतृत्व से बचने, अपनी प्रतिभा को कम करके प्रस्तुत करने या अवसरों को टालने के रूप में दिखाई दे सकता है।

कई बार व्यक्ति असफलता से नहीं बल्कि अपनी क्षमता को पूर्ण रूप से जीने से डर रहा होता है।

उपचार का आधार सुरक्षित आत्म-अभिव्यक्ति है। जब व्यक्ति यह समझने लगता है कि उसका प्रकाश किसी और का प्रकाश कम नहीं करता, तब सफलता का भय धीरे-धीरे कम होने लगता है।

इस पैटर्न की सबसे गहरी सीख है कि स्वयं को छिपाना सुरक्षा नहीं है; अपनी वास्तविक क्षमता को जागरूकता के साथ अभिव्यक्त करना ही विकास का मार्ग है।

7.13 पैटर्न 11 : अभाव और संघर्ष चेतना

अभाव केवल संसाधनों की कमी नहीं है बल्कि कई बार यह चेतना की एक अवस्था बन जाता है। कुछ लोग पर्याप्त साधन, अवसर और सुरक्षा होने के बाद भी भीतर से कमी और असुरक्षा अनुभव करते रहते हैं।

प्रत्यागमन अनुभवों में यह पैटर्न अकाल, गरीबी, विस्थापन, युद्ध या जीवित रहने के लिए निरंतर संघर्ष जैसी परिस्थितियों के रूप में दिखाई दे सकता है।

इन अनुभवों के पीछे प्रायः कुछ विश्वास सक्रिय होते हैं

"पर्याप्त नहीं है।"

"मुझे हमेशा संघर्ष करना होगा।"

"यदि मैं सावधान नहीं रहा, तो सब कुछ खो दूँगा।"

वर्तमान जीवन में यह पैटर्न धन के प्रति अत्यधिक चिंता, विश्राम करने में अपराधबोध, सफलता के बाद भी असंतोष अथवा निरंतर भविष्य की चिंता के रूप में प्रकट हो सकता है। धीरे-धीरे संघर्ष व्यक्ति की परिस्थिति नहीं, उसकी पहचान बन सकता है।

इस पैटर्न की सीख है कि वास्तविक समृद्धि केवल संग्रह से नहीं, बल्कि पर्याप्तता को पहचानने की क्षमता से भी उत्पन्न होती है।

7.14 पैटर्न 12 : अकेलापन और निर्वासन

अकेलापन केवल लोगों की अनुपस्थिति नहीं है बल्कि यह उस अनुभूति का नाम है जिसमें व्यक्ति स्वयं को संसार से कटा हुआ अनुभव करता है।

प्रत्यागमन अनुभवों में यह विषय निर्वासन, बहिष्कार, कैद, परिवार से अलगाव या किसी अपरिचित स्थान पर अकेले जीवन के रूप में दिखाई दे सकता है।

इन अनुभवों के पीछे अक्सर कुछ भाव सक्रिय रहते हैं

"मैं कहीं का नहीं हूँ।"

"कोई मुझे वास्तव में नहीं समझता।"

"मैं दूसरों से अलग हूँ।"

वर्तमान जीवन में यह पैटर्न गहरे संबंध बनाने में कठिनाई, सामाजिक परिस्थितियों में असहजता अथवा भीड़ के बीच भी अकेलापन अनुभव करने के रूप में दिखाई दे सकता है।

यहाँ एक महत्वपूर्ण अंतर समझना आवश्यक है अकेलापन और एकांत समान नहीं हैं। अकेलापन पीड़ा दे सकता है, जबकि एकांत आत्म-संपर्क का अवसर बन सकता है।

इस पैटर्न की सीख है कि वास्तविक जुड़ाव का आरम्भ स्वयं से जुड़ने से होता है।

7.15 पैटर्न 13 : आध्यात्मिक जीवन और साधना

कुछ व्यक्तियों के भीतर सत्य, ध्यान, आत्म-अन्वेषण और आध्यात्मिक खोज की प्रवृत्ति बचपन से ही दिखाई देती है। वे जीवन को केवल भौतिक उपलब्धियों के माध्यम से नहीं, बल्कि उसके गहरे अर्थ के माध्यम से भी समझना चाहते हैं।

प्रत्यागमन अनुभवों में ऐसे लोग स्वयं को साधक, तपस्वी, उपचारक, गुरु या किसी आध्यात्मिक परंपरा से जुड़े रूपों में अनुभव कर सकते हैं।

उनके भीतर बार-बार कुछ प्रश्न उठते हैं

"मैं कौन हूँ?"

"जीवन का उद्देश्य क्या है?"

"चेतना का वास्तविक स्वरूप क्या है?"

यह समझना आवश्यक है कि आध्यात्मिक रुचि किसी श्रेष्ठता का प्रमाण नहीं है। वास्तविक साधना व्यक्ति को अधिक विनम्र, करुणामय और जागरूक बनाती है।

यदि आध्यात्मिकता व्यक्ति को जीवन से दूर ले जाए, तो वह संतुलित नहीं कहलाएगी। सच्ची आध्यात्मिकता जीवन से पलायन नहीं, बल्कि जीवन को अधिक जागरूकता से जीने की कला है।

इस पैटर्न की सबसे बड़ी सीख है कि बाहरी उपलब्धियों के साथ-साथ आंतरिक विकास भी मानव यात्रा का महत्वपूर्ण भाग है।

7.16 योग-दर्शन और संस्कार

पूर्वजन्म प्रत्यागमन में दिखाई देने वाले पैटर्नों को समझने के लिए भारतीय दर्शन संस्कार की अवधारणा प्रस्तुत करता है। संस्कार वे सूक्ष्म छापें हैं जो अनुभवों, भावनाओं और कर्मों के परिणामस्वरूप चेतना पर अंकित हो जाती हैं।

पतंजलि योगसूत्र कहता है

"सति मूले तद्विपाको जात्यायुर्भोगाः॥"

(योगसूत्र 2.13)

अर्थात जब तक मूल कारण विद्यमान रहता है, तब तक उसके परिणाम विभिन्न रूपों में प्रकट होते रहते हैं।

गहरा भय, प्रेम, शोक, अपराधबोध, त्याग या आध्यात्मिक अनुभव सभी चेतना पर संस्कार छोड़ सकते हैं। यही संस्कार आगे चलकर प्रवृत्तियों और पुनरावृत्त पैटर्नों के रूप में अभिव्यक्त हो सकते हैं।

योग-दर्शन का महत्वपूर्ण संदेश यह है कि संस्कार नियति नहीं हैं। उन्हें जागरूकता, आत्म-अवलोकन और साधना के माध्यम से समझा और रूपांतरित किया जा सकता है।

संस्कारों की अवधारणा हमें यह समझने में सहायता करती है कि जीवन की अनेक पुनरावृत्तियाँ केवल संयोग नहीं, बल्कि गहरे आंतरिक प्रभावों से भी जुड़ी हो सकती हैं।

7.17 पैटर्नों का उपचार

किसी पैटर्न को पहचान लेना उपचार की शुरुआत है, अंत नहीं। वास्तविक परिवर्तन तब प्रारम्भ होता है जब व्यक्ति उस पैटर्न के साथ अपने संबंध को बदलना शुरू करता है।

उपचार का अर्थ अतीत को मिटाना नहीं, बल्कि उसकी भावनात्मक पकड़ को कम करना है।

इस प्रक्रिया के कुछ प्रमुख आधार हैं जागरूकता, आत्म-अवलोकन, भावनात्मक स्वीकृति, आत्म-करुणा, ध्यान और ग्राउंडिंग, संतुलित जीवन-दृष्टि

जब व्यक्ति अपने भय, अपराधबोध, असुरक्षा या संघर्ष से लड़ना बंद करके उन्हें समझना प्रारम्भ करता है, तब रूपांतरण की प्रक्रिया आरम्भ होती है।

उपचार का उद्देश्य एक नया व्यक्तित्व बनाना नहीं, बल्कि उन सीमित विश्वासों से मुक्त होना है जो जीवन को संकुचित कर रहे हैं।

इस खंड की केंद्रीय सीख है कि व्यक्ति अपने पैटर्नों से प्रभावित हो सकता है, परन्तु उन्हें बदलने की क्षमता भी उसी के भीतर विद्यमान है। जागरूकता ही उपचार और स्वतंत्रता का प्रथम द्वार है।

7.18 आध्यात्मिक परिहार (Spiritual Bypassing) से सावधान

आध्यात्मिक ज्ञान व्यक्ति को जागरूकता और आत्म-विकास की दिशा में ले जा सकता है। किन्तु कभी-कभी वही ज्ञान वास्तविक भावनात्मक कार्य से बचने का साधन भी बन सकता है। आधुनिक मनोविज्ञान में इसे आध्यात्मिक परिहार (Spiritual Bypassing) कहा जाता है।

यह स्थिति तब उत्पन्न होती है जब व्यक्ति अपने भय, शोक, क्रोध, अपराधबोध या संबंधों की जटिलताओं का सामना करने के बजाय आध्यात्मिक विचारों के पीछे छिपने लगता है।

उदाहरण के लिए "सब कर्मों का फल है।", "सब माया है।", "मुझे दुःख नहीं होना चाहिए।"

ऐसे विचार अपने आप में गलत नहीं हैं, किन्तु यदि उनका उपयोग वास्तविक भावनाओं को दबाने के लिए किया जाए, तो वे उपचार में बाधा बन सकते हैं।

पूर्वजन्म प्रत्यागमन के क्षेत्र में भी यह प्रवृत्ति दिखाई दे सकती है। व्यक्ति अपने प्रत्येक संघर्ष का कारण केवल पूर्वजन्मों को मानने लगता है और वर्तमान जीवन की परिस्थितियों, निर्णयों तथा उत्तरदायित्वों को देखने से बच सकता है।

संतुलित दृष्टिकोण यह स्वीकार करता है कि जीवन पर अनेक स्तरों का प्रभाव होता है संस्कार, मनोवैज्ञानिक अनुभव, पारिवारिक वातावरण, सामाजिक परिस्थितियाँ और व्यक्तिगत चुनाव।

वास्तविक आध्यात्मिकता व्यक्ति को वास्तविकता से दूर नहीं ले जाती बल्कि वह उसे अधिक साहस और स्पष्टता के साथ वास्तविकता का सामना करना सिखाती है।

इस खंड की सीख है कि आध्यात्मिक समझ और भावनात्मक ईमानदारी साथ-साथ चलें, तभी वास्तविक रूपांतरण संभव है।

7.19 जागरूकता और स्वतंत्रता

इस अध्याय में वर्णित सभी पैटर्न एक महत्वपूर्ण प्रश्न की ओर संकेत करते हैं क्या मनुष्य अपने संस्कारों और पुनरावृत्तियों का दास है, या उनसे मुक्त भी हो सकता है?

योग-दर्शन का उत्तर स्पष्ट है मनुष्य केवल अपने पैटर्नों का परिणाम नहीं है। उसके भीतर जागरूकता की ऐसी क्षमता विद्यमान है जो उसे अपने पैटर्नों को देखने और उनसे ऊपर उठने की सामर्थ्य प्रदान करती है।

अक्सर व्यक्ति अपने अनुभवों को ही अपनी पहचान बना लेता है। यदि वह बार-बार अस्वीकृति का अनुभव करता है, तो स्वयं को अस्वीकृत व्यक्ति मानने लगता है। यदि भय उपस्थित है, तो स्वयं को भय ही समझ बैठता है।

किन्तु जागरूकता हमें यह देखने में सहायता करती है कि हम अपने अनुभव नहीं हैं, हम अपने भय नहीं हैं, हम अपने संस्कार नहीं हैं।, हम उनके साक्षी भी हैं।

यही साक्षी-भाव परिवर्तन का आधार है। जो प्रतिक्रिया पहले स्वचालित थी, वह अब एक विकल्प बन जाती है। जो भय पहले जीवन को नियंत्रित करता था, उसे अब समझा जा सकता है।

स्वतंत्रता का अर्थ समस्याओं का पूर्ण अभाव नहीं है। वास्तविक स्वतंत्रता का अर्थ है अतीत से प्रभावित होते हुए भी वर्तमान में जागरूकता के साथ जी पाना।

यही आंतरिक स्वतंत्रता का सार है।

7.20 अध्याय का सार

इस अध्याय में हमने पूर्वजन्म प्रत्यागमन के अनुभवों में बार-बार दिखाई देने वाले प्रमुख भावनात्मक और चेतनात्मक पैटर्नों का अध्ययन किया।

भय, अपराधबोध, त्याग, परित्याग, नियंत्रण, अभाव, अकेलापन, विश्वासघात तथा आध्यात्मिक खोज जैसे विषय विभिन्न व्यक्तियों के अनुभवों में अलग-अलग रूपों में प्रकट हो सकते हैं।

इन पैटर्नों का महत्व उनकी बाहरी कहानियों में नहीं, बल्कि उनके पीछे सक्रिय भावनात्मक मूल में है। परिस्थितियाँ बदल सकती हैं, किन्तु भय, प्रेम, असुरक्षा, शोक और आत्म-मूल्य जैसे मूल विषय बार-बार अभिव्यक्त होते दिखाई देते हैं।

योग-दर्शन संस्कारों की अवधारणा के माध्यम से यह संकेत करता है कि चेतना पर अंकित गहरी छापें जीवन की पुनरावृत्तियों को प्रभावित कर सकती हैं। साथ ही यह भी स्पष्ट करता है कि जागरूकता के माध्यम से इन संस्कारों का रूपांतरण संभव है।

अध्याय का केंद्रीय संदेश यही है कि मनुष्य अपने पैटर्नों से प्रभावित अवश्य हो सकता है, परन्तु उनसे बँधा हुआ नहीं है। जब वह अपने भीतर सक्रिय पुनरावृत्तियों को पहचानता है, तब वही अनुभव जो कभी बंधन प्रतीत होते थे, आत्म-समझ और चेतना-विकास के साधन बन सकते हैं।

पूर्वजन्म प्रत्यागमन का वास्तविक उद्देश्य अतीत की कहानियों को खोजना नहीं, बल्कि वर्तमान जीवन को अधिक स्पष्टता, संतुलन और जागरूकता के साथ समझना है। और यही समझ उपचार, रूपांतरण तथा आंतरिक स्वतंत्रता की दिशा में पहला कदम बनती है।

अध्याय 08

स्वास्थ्य, रोग और चेतना का संबंध

(Health, Illness and Consciousness)

8.1 भूमिका : हर रोग केवल शरीर से क्यों नहीं जुड़ा होता?

कई बार ऐसा देखा जाता है कि चिकित्सकीय जाँच सामान्य आती हैं, दवाएँ अस्थायी राहत देती हैं, फिर भी व्यक्ति भीतर से पूरी तरह स्वस्थ अनुभव नहीं करता। कुछ समस्याएँ बार-बार लौटती हैं, कुछ दर्दों का स्पष्ट कारण नहीं मिलता, और कुछ लोग लगातार थकान, भय, तनाव या भारीपन अनुभव करते रहते हैं।

ऐसी स्थिति में प्रश्न उठता है कि क्या हर रोग का कारण केवल शरीर में ही खोजा जा सकता है?

आधुनिक मनोविज्ञान, trauma studies, योग-दर्शन तथा कई आध्यात्मिक परंपराएँ यह संकेत करती हैं कि मन, शरीर और चेतना गहराई से जुड़े हुए हैं। हम जो सोचते हैं, महसूस करते हैं और लंबे समय तक भीतर दबाकर रखते हैं, उसका प्रभाव शरीर पर भी पड़ सकता है।

कुछ परंपराएं यह भी मानती हैं कि कुछ गहरे भावनात्मक पैटर्न और संस्कार चेतना में लंबे समय तक बने रह सकते हैं और व्यक्ति के अनुभवों को प्रभावित कर सकते हैं।

8.2 मन और शरीर का संबंध

मानव शरीर और मन अलग-अलग इकाइयाँ नहीं हैं। भावनात्मक अवस्था और शारीरिक अवस्था एक-दूसरे को निरंतर प्रभावित करती रहती हैं।

जब व्यक्ति लंबे समय तक भय, तनाव, असुरक्षा, क्रोध, भावनात्मक दमन अथवा आंतरिक संघर्ष की स्थिति में जीता है, तब शरीर भी उसकी प्रतिक्रिया देने लगता है।

इसी कारण अनेक आध्यात्मिक और मनोवैज्ञानिक परंपराएँ उपचार (Healing) को केवल शारीरिक उपचार नहीं, बल्कि मन-शरीर संतुलन की प्रक्रिया मानती हैं।

8.3 मनोदैहिक प्रभाव (Psychosomatic Effects)

"मनोदैहिक" शब्द उन स्थितियों को दर्शाता है जिनमें मनोवैज्ञानिक और भावनात्मक अवस्थाएँ शरीर की कार्यप्रणाली को प्रभावित कर सकती हैं। इसका अर्थ यह नहीं है कि बीमारी काल्पनिक है या केवल व्यक्ति की कल्पना का परिणाम है। इसका अर्थ केवल इतना है कि मन और शरीर एक-दूसरे से गहराई से जुड़े हुए हैं।

आधुनिक शोध यह संकेत करते हैं कि दीर्घकालिक तनाव, चिंता, भय तथा भावनात्मक दबाव शरीर में वास्तविक जैविक परिवर्तन उत्पन्न कर सकते हैं। तंत्रिका तंत्र, हार्मोनल प्रणाली तथा प्रतिरक्षा तंत्र (Immune System) भावनात्मक अवस्थाओं से प्रभावित हो सकते हैं।

इसी कारण कुछ लोगों में लंबे समय तक बने रहने वाले तनाव और भावनात्मक अधिभार के साथ थकान, सिरदर्द, पाचन संबंधी असुविधाएँ, मांसपेशियों में तनाव अथवा नींद से जुड़ी कठिनाइयाँ दिखाई दे सकती हैं।

मनोदैहिक दृष्टिकोण हमें यह समझने में सहायता करता है कि उपचार केवल शरीर तक सीमित नहीं हो सकता। कई बार व्यक्ति की भावनात्मक अवस्था, जीवन-परिस्थितियाँ और आंतरिक अनुभव भी उसकी समग्र स्वास्थ्य-स्थिति

को प्रभावित कर सकते हैं। इसलिए मन और शरीर को एक समग्र प्रणाली के रूप में समझना आवश्यक है।

8.4 भावनात्मक दमन और शरीर

कई लोग बचपन से ही अपनी भावनाओं को दबाना सीख लेते हैं। उन्हें सिखाया जाता है कि रोना कमजोरी है, क्रोध व्यक्त करना अनुचित है, भय दिखाना गलत है या अपनी आवश्यकताओं को व्यक्त करना स्वार्थ है। परिणामस्वरूप वे अपनी वास्तविक भावनाओं को भीतर ही भीतर रोकना प्रारम्भ कर देते हैं।

जब भावनाएँ लंबे समय तक दबाई जाती हैं, तो वे आवश्यक रूप से समाप्त नहीं हो जातीं। अनेक बार उनका प्रभाव तनाव, बेचैनी या आंतरिक दबाव के रूप में बना रह सकता है। कुछ लोग छाती में भारीपन, गले में कसाव, पेट में बेचैनी, सिरदर्द या शरीर में जकड़न जैसी अनुभूतियों का अनुभव करते हैं।

यह आवश्यक नहीं है कि प्रत्येक शारीरिक लक्षण का कारण भावनात्मक ही हो, और न ही किसी शारीरिक समस्या को केवल भावनात्मक कारणों से समझा जाना चाहिए। फिर भी भावनात्मक दमन शरीर की कार्यप्रणाली और तनाव-प्रतिक्रिया को प्रभावित कर सकता है।

उपचार की प्रक्रिया में व्यक्ति को अपनी भावनाओं से संघर्ष करना नहीं, बल्कि उन्हें सुरक्षित और जागरूक रूप से पहचानना सीखना होता है। जब भावनाओं को स्वीकार करने और स्वस्थ ढंग से व्यक्त करने की क्षमता विकसित होती है, तब मन और शरीर दोनों अधिक संतुलन का अनुभव कर सकते हैं।

8.5 आघात (Trauma), भय और तंत्रिका तंत्र (Nervous System)

जब तंत्रिका तंत्र लंबे समय तक अस्तित्व-रक्षा की अवस्था (Survival Mode) में रहता है, तब शरीर निरंतर सतर्कता की स्थिति में बना रह सकता है।

ऐसी अवस्था में व्यक्ति शीघ्र थक सकता है, अत्यधिक सतर्कता का अनुभव कर सकता है, नींद में व्यवधान महसूस कर सकता है तथा चिड़चिड़ापन या चिंता की स्थिति में रह सकता है।

Trauma Studies यह संकेत करती हैं कि अनसुलझा तनाव और भावनात्मक अभिभूतता (Emotional Overwhelm) शरीर की संतुलन बनाए रखने की क्षमता को प्रभावित कर सकते हैं।

कई बार शरीर उन भावनाओं और अनुभवों को अभिव्यक्त करता है, जिन्हें मन शब्दों में व्यक्त नहीं कर पाता।

8.6 शास्त्रीय दृष्टि : रोग, दुःख और संस्कार

योग-दर्शन रोग को केवल शारीरिक विकार नहीं, बल्कि असंतुलन और दुःख की अभिव्यक्ति के रूप में भी देखता है।

> **परिणाम ताप संस्कार दुःखैर्गुणवृत्तिविरोधाच्च दुःखमेव सर्वं विवेकिनः॥**
>
> **पतंजलि योगसूत्र 2.15**

भावार्थ ➔ विवेकशील व्यक्ति देखता है कि अनुभव, ताप और संस्कार दुःख का कारण बन सकते हैं।

यह श्लोक संकेत करता है कि व्यक्ति के भीतर संचित संस्कार, तनाव और आंतरिक संघर्ष उसके अनुभवों को प्रभावित कर सकते हैं।

8.7 शरीर एक स्मृति-क्षेत्र

कुछ आधुनिक Trauma Studies तथा दैहिक दृष्टिकोण (Somatic Approaches) यह सुझाव देते हैं कि शरीर केवल जैविक संरचना नहीं है, बल्कि अनुभवों की प्रतिक्रियाओं को भी धारण कर सकता है। विशेष रूप से तीव्र तनाव, भय या आघात से जुड़े अनुभव तंत्रिका तंत्र और शरीर की प्रतिक्रियाओं पर दीर्घकालिक प्रभाव छोड़ सकते हैं।

इसी कारण कुछ परिस्थितियों में व्यक्ति बिना किसी स्पष्ट खतरे के भी शारीरिक प्रतिक्रिया अनुभव कर सकता है। गले में कसाव, छाती में भारीपन, पेट में बेचैनी, हृदयगति का बढ़ना या शरीर में तनाव जैसी प्रतिक्रियाएँ कभी-कभी शरीर की सीखी हुई सुरक्षा-प्रतिक्रियाओं का भाग हो सकती हैं।

शारीरिक-अनुभूति दृष्टिकोण के अनुसार शरीर केवल वर्तमान परिस्थितियों पर ही प्रतिक्रिया नहीं देता, बल्कि पूर्व अनुभवों से निर्मित प्रतिक्रियात्मक पैटर्नों को भी अभिव्यक्त कर सकता है। कई बार व्यक्ति बौद्धिक रूप से सुरक्षित होने का अनुभव करता है, फिर भी उसका शरीर सतर्कता या तनाव की अवस्था में बना रह सकता है।

इसी कारण आधुनिक उपचार-पद्धतियों में शरीर-जागरूकता, सचेत श्वास, ग्राउंडिंग तथा तंत्रिका तंत्र के संतुलन पर विशेष बल दिया जाता है। जब शरीर सुरक्षा का अनुभव करना सीखता है, तब कई तनाव-आधारित प्रतिक्रियाएँ धीरे-धीरे कम होने लगती हैं।

8.8 पूर्वजन्मीय पैटर्न और प्रतीकात्मक शारीरिक अनुभव

पूर्वजन्म प्रत्यागमन (Past-Life Regression) के कुछ अनुभवों में व्यक्ति अपनी शारीरिक संवेदनाओं और भावनात्मक विषयों के बीच प्रतीकात्मक संबंध अनुभव करता है। इन अनुभवों में शरीर की अनुभूतियाँ कई बार किसी गहरे भावनात्मक विषय को अभिव्यक्त करती हुई प्रतीत होती हैं।

उदाहरणस्वरूप, कुछ लोग गले की संवेदनाओं को अभिव्यक्ति या अपनी बात न कह पाने के विषयों से जोड़ते हैं। कुछ लोग छाती के भारीपन को शोक, वियोग अथवा भावनात्मक हानि से संबंधित अनुभवों के साथ देखते हैं, जबकि पेट की बेचैनी को भय, असुरक्षा या अस्तित्व-संबंधी चिंताओं के प्रतीक के रूप में अनुभव कर सकते हैं।

प्रत्यागमन सत्र में ऐसे संबंध कई बार प्रतीकात्मक स्मृतियों, भावनात्मक छवियों अथवा आंतरिक अनुभवों के साथ उभरते दिखाई देते हैं। महत्वपूर्ण

बात यह है कि इन संबंधों को किसी निश्चित चिकित्सकीय तथ्य या सार्वभौमिक नियम के रूप में नहीं देखा जाना चाहिए।

इनका मूल्य मुख्यतः प्रतीकात्मक और आत्म-अन्वेषणात्मक है। वे व्यक्ति को अपने भीतर सक्रिय भावनात्मक विषयों, विश्वासों और अनुभवों को समझने में सहायता कर सकते हैं। इस दृष्टि से प्रत्यागमन का उद्देश्य रोग का निदान करना नहीं, बल्कि अनुभवों और भावनात्मक पैटर्नों के संभावित अर्थों का अन्वेषण करना है।

8.9 क्या प्रत्येक रोग कर्म का परिणाम है?

यह अत्यंत महत्वपूर्ण प्रश्न है।

कुछ लोग प्रत्येक बीमारी को पूर्वजन्म के दंड के रूप में देखने लगते हैं। ऐसी सोच व्यक्ति के भीतर अपराधबोध, लज्जा तथा असहायता की भावना बढ़ा सकती है।

वास्तविकता इससे कहीं अधिक जटिल है। बीमारियों के अनेक कारण हो सकते हैं आनुवंशिक कारक, संक्रमण, पोषण, जीवनशैली, पर्यावरण, तनाव, आघात, भावनात्मक कारक।

भारतीय दर्शन में कर्म की अवधारणा अत्यंत सूक्ष्म और बहुआयामी मानी गई है। किसी भी व्यक्ति की बीमारी के संबंध में निश्चित आध्यात्मिक निष्कर्ष देना उचित नहीं है।

कई बार पीड़ा दंड नहीं, बल्कि मानवीय संवेदनशीलता और सीमाओं का स्वाभाविक भाग भी हो सकती है इसी कारण करुणा और संवेदनशीलता अत्यंत आवश्यक हैं।

8.10 PLR और शारीरिक लक्षण

कुछ प्रत्यागमन अभ्यासकर्ता यह अवलोकन करते हैं कि भावनात्मक विमोचन (Emotional Release) के पश्चात कुछ लोग अपने भीतर हल्कापन अनुभव करते हैं।

उदाहरण स्वरूप ➔ शरीर में तनाव कम होना, भय-आधारित प्रतिक्रियाओं में कमी आना, भावनात्मक स्पष्टता का अनुभव होना, विश्राम और शांति का अनुभव होना दिखाई देता है।

कुछ लोग प्रतीकात्मक स्मृतियों के साथ गहन भावनात्मक प्रसंस्करण का अनुभव करते हैं, जिसके परिणामस्वरूप उनके भीतर तनाव-प्रतिक्रिया कम हो सकती है।

किन्तु यह समझना अत्यंत आवश्यक है किपूर्व-जन्म प्रत्यागमन कोई चिकित्सकीय उपचार नहीं है। गंभीर शारीरिक अथवा मानसिक स्वास्थ्य संबंधी स्थितियों में योग्य चिकित्सकों और मानसिक स्वास्थ्य विशेषज्ञों की सहायता लेना अनिवार्य है।

8.11 केस उदाहरण

उदाहरण 1 ➔ गले का भारीपन और अभिव्यक्ति

एक महिला कई वर्षों से गले में भारीपन और कसाव का अनुभव कर रही थी। चिकित्सकीय जाँचों में कोई स्पष्ट कारण नहीं मिला। प्रत्यागमन सत्र के दौरान उसके भीतर स्वयं को व्यक्त न कर पाने और भावनाओं को दबाकर रखने से जुड़े प्रतीकात्मक दृश्य उभरे। इन अनुभवों पर कार्य करने तथा आत्म-अभिव्यक्ति विकसित करने के बाद उसने अपने भीतर अधिक हल्कापन और भावनात्मक स्पष्टता अनुभव की।

उदाहरण 2 ➔ भय और अस्तित्व-सुरक्षा

एक युवक लंबे समय से अकारण चिंता और असुरक्षा का अनुभव कर रहा था। प्रत्यागमन कार्य के दौरान अभाव, संघर्ष और अस्तित्व-रक्षा से जुड़े प्रतीकात्मक विषय सामने आए। जागरूकता, ग्राउंडिंग और भावनात्मक प्रसंस्करण के अभ्यासों के साथ उसने धीरे-धीरे अपने भय-आधारित पैटर्नों में कमी और अधिक आंतरिक स्थिरता का अनुभव किया।

इन उदाहरणों का उद्देश्य किसी चिकित्सकीय निष्कर्ष को सिद्ध करना नहीं है। इनका उद्देश्य केवल यह दिखाना है कि कुछ व्यक्तियों के लिए प्रतीकात्मक

अनुभव और भावनात्मक जागरूकता आत्म-समझ तथा उपचार की प्रक्रिया में सहायक हो सकते हैं।

8.12 चिकित्सा और उपचार (Healing) : विरोध नहीं, सहयोग

उपचार और आधुनिक चिकित्सा एक-दूसरे के विरोधी नहीं हैं।

चिकित्सकीय उपचार शरीर की देखभाल करता है, जबकि भावनात्मक और आध्यात्मिक उपचार व्यक्ति को अपने भीतर कार्यरत पैटर्नों को समझने में सहायता कर सकता है।

दोनों का संतुलित समन्वय एक अधिक समग्र दृष्टिकोण प्रदान कर सकता है।

संतुलित आध्यात्मिकता कभी भी चिकित्सकीय उत्तरदायित्व (का विरोध नहीं करती।

8.13 शरीर शत्रु नहीं, संदेशवाहक

अनेक लोग अपने शरीर को केवल लक्षणों और समस्याओं के माध्यम से देखते हैं। दर्द, थकान, तनाव या असुविधा उत्पन्न होते ही वे शरीर को एक बाधा के रूप में अनुभव करने लगते हैं। किन्तु कई बार शरीर केवल समस्या का स्रोत नहीं, बल्कि एक महत्वपूर्ण संदेशवाहक भी हो सकता है।

तनाव, भावनात्मक अधिभार, अपूर्ण आवश्यकताएँ, विश्राम की कमी अथवा आंतरिक असंतुलन अनेक बार शरीर के माध्यम से संकेतित होते हैं। थकान यह संकेत दे सकती है कि शरीर और मन को विश्राम की आवश्यकता है। लगातार तनाव यह दर्शा सकता है कि व्यक्ति लंबे समय से दबाव की स्थिति में जी रहा है। इसी प्रकार कुछ शारीरिक प्रतिक्रियाएँ व्यक्ति का ध्यान उन भावनात्मक या जीवनगत क्षेत्रों की ओर आकर्षित कर सकती हैं जिनकी उपेक्षा की जा रही है।

इसका अर्थ यह नहीं है कि प्रत्येक शारीरिक लक्षण का कोई प्रतीकात्मक अर्थ अवश्य होगा या चिकित्सकीय जाँचों की आवश्यकता नहीं है। बल्कि

इसका आशय यह है कि शरीर की संवेदनाओं को केवल दबाने के बजाय उन्हें समझने का प्रयास भी उपयोगी हो सकता है।

जब व्यक्ति अपने शरीर को विरोधी नहीं, बल्कि सहयोगी के रूप में देखना प्रारम्भ करता है, तब आत्म-जागरूकता भी विकसित होने लगती है। कई बार शरीर हमें वही बताने का प्रयास कर रहा होता है जिसे हमारा सचेत मन अभी तक पूरी तरह सुन नहीं पाया है।

8.14 उपचार (Healing) की प्रक्रिया

उपचार का अर्थ केवल लक्षणों का समाप्त हो जाना नहीं है। वास्तविक Healing एक व्यापक प्रक्रिया है, जिसमें शरीर, मन, भावनाएँ और जीवन-शैली सभी की भूमिका होती है।

कई बार व्यक्ति किसी समस्या से तत्काल मुक्ति चाहता है, किन्तु आंतरिक परिवर्तन प्रायः धीरे-धीरे विकसित होता है। उपचार का आरम्भ जागरूकता से होता है यह समझने से कि हमारे अनुभवों, भावनाओं, प्रतिक्रियाओं और जीवन-शैली के बीच क्या संबंध है।

इस प्रक्रिया में भावनात्मक जागरूकता, आत्म-देखभाल, स्वस्थ सीमाएँ, तंत्रिका तंत्र का संतुलन, आत्म-करुणा और संतुलित जीवनशैली महत्वपूर्ण भूमिका निभाते हैं। उपचार का उद्देश्य केवल कठिन अनुभवों को समाप्त करना नहीं, बल्कि उनके साथ एक अधिक स्वस्थ और जागरूक संबंध विकसित करना है।

जैसे-जैसे व्यक्ति स्वयं को अधिक स्वीकारना और समझना सीखता है, वैसे-वैसे उसके भीतर सुरक्षा, स्थिरता और संतुलन की भावना विकसित होने लगती है। यही आंतरिक परिवर्तन उपचार की वास्तविक नींव है।

उपचार कोई एक घटना नहीं, बल्कि जागरूकता, स्वीकार्यता और संतुलन की ओर बढ़ने वाली सतत प्रक्रिया है।

8.15 योग और संतुलित जीवन

भारतीय दर्शन में स्वास्थ्य को केवल रोग की अनुपस्थिति नहीं, बल्कि जीवन के विभिन्न आयामों के संतुलन के रूप में देखा गया है। योग का उद्देश्य केवल शारीरिक अभ्यास नहीं, बल्कि शरीर, मन और जीवनशैली के बीच सामंजस्य स्थापित करना है।

युक्ताहारविहारस्य युक्तचेष्टस्य कर्मसु।
युक्तस्वप्नावबोधस्य योगो भवति दुःखहा॥

भगवद्गीता 6.17

भावार्थ ➔ जो व्यक्ति आहार, व्यवहार, कर्म, निद्रा और जागरण में संतुलन रखता है, उसका जीवन दुःख को कम करने वाला बनता है।

यह श्लोक संकेत करता है कि स्वास्थ्य केवल उपचार से नहीं, बल्कि संतुलित जीवन-पद्धति से भी जुड़ा हुआ है। अत्यधिक परिश्रम, अनियमित दिनचर्या, अपर्याप्त विश्राम तथा निरंतर तनाव शरीर और मन दोनों के संतुलन को प्रभावित कर सकते हैं।

योग-दृष्टि हमें स्मरण कराती है कि दीर्घकालिक स्वास्थ्य का आधार संतुलन है। जब व्यक्ति अपने दैनिक जीवन में संयम, जागरूकता और संतुलन विकसित करता है, तब शरीर और मन दोनों अधिक सामंजस्यपूर्ण ढंग से कार्य करने लगते हैं।

8.16 श्वास, ध्यान और तंत्रिका तंत्र

आधुनिक शोध तथा पारंपरिक योग-पद्धतियाँ दोनों इस बात की ओर संकेत करती हैं कि श्वास और तंत्रिका तंत्र के बीच गहरा संबंध है। व्यक्ति की भावनात्मक अवस्था उसके श्वसन-पैटर्न को प्रभावित कर सकती है, और सचेत श्वास भावनात्मक संतुलन को सहारा दे सकती है।

जब व्यक्ति भय, तनाव या चिंता की अवस्था में होता है, तब श्वास प्रायः तेज और उथली हो जाती है। इसके विपरीत, धीमी और सजग श्वास शरीर को सुरक्षा और स्थिरता का संकेत देने में सहायक हो सकती है।

ध्यान, श्वास-जागरूकता, ग्राउंडिंग तथा शरीर-जागरूकता जैसे अभ्यास व्यक्ति को वर्तमान क्षण से पुनः जुड़ने में सहायता कर सकते हैं। नियमित अभ्यास से कुछ लोगों को तनाव में कमी, भावनात्मक स्पष्टता और आंतरिक शांति का अनुभव हो सकता है।

यद्यपि ये अभ्यास चिकित्सकीय उपचार का विकल्प नहीं हैं, फिर भी वे समग्र स्वास्थ्य और भावनात्मक संतुलन के लिए सहायक साधन बन सकते हैं। जब शरीर अधिक सुरक्षित अनुभव करता है, तब तंत्रिका तंत्र भी धीरे-धीरे संतुलन और स्थिरता की दिशा में लौटने लगता है।

8.17 करुणा और आत्म-देखभाल

उपचार की प्रक्रिया में आत्म-देखभाल केवल एक अतिरिक्त सुविधा नहीं, बल्कि एक महत्वपूर्ण आवश्यकता है। अनेक लोग दूसरों की आवश्यकताओं का ध्यान रखते हुए स्वयं की शारीरिक, भावनात्मक और मानसिक आवश्यकताओं की उपेक्षा करने लगते हैं। समय के साथ यह असंतुलन थकावट, तनाव और आंतरिक असंतोष का कारण बन सकता है।

आत्म-देखभाल का अर्थ केवल विश्राम करना नहीं है। इसमें पर्याप्त नींद, संतुलित आहार, स्वस्थ सीमाएँ, भावनात्मक अभिव्यक्ति, सार्थक संबंध और स्वयं के प्रति सम्मानपूर्ण दृष्टिकोण भी सम्मिलित हैं।

इसी प्रकार आत्म-करुणा का अर्थ अपनी कठिनाइयों को स्वीकार करना और स्वयं के साथ उसी संवेदनशीलता से व्यवहार करना है, जिसकी अपेक्षा हम किसी प्रिय व्यक्ति के लिए करते हैं। यह आत्म-दया नहीं, बल्कि आत्म-समझ का भाव है।

जब व्यक्ति स्वयं के प्रति अधिक करुणामय बनता है, तब वह अपने संघर्षों को कठोर आलोचना के बजाय जागरूकता और स्वीकार्यता के साथ देख पाता है। यही दृष्टिकोण उपचार की प्रक्रिया को अधिक संतुलित और स्थायी बना सकता है।

8.18 आध्यात्मिक परिहार (Spiritual Bypassing) से सावधान

आध्यात्मिक विचार और साधनाएँ व्यक्ति को आत्म-समझ तथा आंतरिक विकास की दिशा में ले जा सकती हैं। किन्तु कभी-कभी इन्हीं विचारों का उपयोग वास्तविक भावनात्मक या जीवनगत समस्याओं से बचने के लिए भी किया जा सकता है। आधुनिक मनोविज्ञान में इस प्रवृत्ति को आध्यात्मिक परिहार (Spiritual Bypassing) कहा जाता है।

यह स्थिति तब उत्पन्न हो सकती है जब व्यक्ति अपने भय, शोक, क्रोध, आघात या संबंधों की कठिनाइयों का सामना करने के बजाय केवल आध्यात्मिक व्याख्याओं का सहारा लेने लगे। उदाहरण के लिए, हर समस्या को केवल कर्म, पूर्वजन्म या आध्यात्मिक कारणों से जोड़ देना कई बार वास्तविक आत्म-अवलोकन की प्रक्रिया को सीमित कर सकता है।

पूर्वजन्म प्रत्यागमन के संदर्भ में भी संतुलित दृष्टिकोण आवश्यक है। किसी अनुभव को प्रतीकात्मक या आध्यात्मिक दृष्टि से समझना उपयोगी हो सकता है, किन्तु इससे वर्तमान जीवन की जिम्मेदारियाँ, भावनात्मक कार्य और व्यावहारिक वास्तविकताएँ समाप्त नहीं हो जातीं।

वास्तविक आध्यात्मिकता व्यक्ति को जीवन से दूर नहीं ले जाती, बल्कि उसे अधिक स्पष्टता, ईमानदारी और जागरूकता के साथ जीवन का सामना करना सिखाती है। इसलिए उपचार और आत्म-विकास की प्रक्रिया में आध्यात्मिक समझ तथा भावनात्मक ईमानदारी दोनों का संतुलन आवश्यक है।

8.19 चेतना और आंतरिक संतुलन

जब व्यक्ति केवल लक्षणों से संघर्ष करना छोड़कर अपने भीतर कार्यरत पैटर्नों को समझना प्रारम्भ करता है, तब जागरूकता विकसित होने लगती है।

यह जागरूकता व्यक्ति को अपने शरीर से जुड़ने, अपनी भावनाओं को समझने, तनाव को पहचानने और जीवन में संतुलन स्थापित करने में सहायता कर सकती है।

8.20 अध्याय का सार

इस अध्याय में हमने स्वास्थ्य, रोग और चेतना के बीच संबंध को विभिन्न दृष्टिकोणों से समझने का प्रयास किया। आधुनिक मनोविज्ञान, Trauma Studies, योग-दर्शन तथा कुछ आध्यात्मिक परंपराएँ इस बात की ओर संकेत करती हैं कि मन, शरीर और भावनात्मक अनुभव एक-दूसरे से गहराई से जुड़े हुए हैं।

यह समझा गया कि तनाव, भावनात्मक दमन, आघात तथा तंत्रिका तंत्र का असंतुलन व्यक्ति के समग्र स्वास्थ्य को प्रभावित कर सकते हैं। साथ ही यह भी स्पष्ट किया गया कि शरीर को केवल लक्षणों के स्रोत के रूप में नहीं, बल्कि आत्म-जागरूकता के एक महत्वपूर्ण माध्यम के रूप में भी देखा जा सकता है।

पूर्वजन्म प्रत्यागमन के संदर्भ में कुछ प्रतीकात्मक अनुभवों और शारीरिक संवेदनाओं के बीच संभावित संबंधों की चर्चा की गई, किन्तु यह भी रेखांकित किया गया कि इन्हें चिकित्सकीय तथ्य या निश्चित कारण-परिणाम संबंध के रूप में नहीं देखा जाना चाहिए। प्रत्येक रोग को कार्मिक दंड मानना भी संतुलित दृष्टिकोण नहीं है।

अध्याय का एक महत्वपूर्ण संदेश यह है कि उपचार केवल लक्षणों को समाप्त करने की प्रक्रिया नहीं, बल्कि जागरूकता, आत्म-करुणा, संतुलित जीवनशैली, भावनात्मक प्रसंस्करण तथा आंतरिक संतुलन विकसित करने की यात्रा है। आधुनिक चिकित्सा और आध्यात्मिक समझ एक-दूसरे के विरोधी नहीं, बल्कि समग्र स्वास्थ्य की दिशा में परस्पर पूरक हो सकते हैं।

अंततः स्वास्थ्य केवल शरीर की अवस्था नहीं, बल्कि शरीर, मन और चेतना के बीच सामंजस्य का अनुभव भी है। जब व्यक्ति स्वयं को अधिक जागरूकता, करुणा और संतुलन के साथ समझना प्रारम्भ करता है, तब उपचार की प्रक्रिया भी अधिक गहरी और अर्थपूर्ण बन सकती है।

अगले अध्याय में हम मृत्यु और अगले जन्म के मध्य की चेतना-अवस्था (Between Lifetimes State) का अध्ययन करेंगे तथा यह समझने का प्रयास करेंगे कि विभिन्न आध्यात्मिक परंपराएँ और प्रत्यागमन अनुभव इस विषय को किस प्रकार देखती हैं।

अध्याय 09

मृत्यु और पुनर्जन्म के मध्य चेतना की अवस्था

(Between Lifetimes State)

9.1 भूमिका

यह अध्याय मृत्यु के क्षण या प्रारंभिक संक्रमण अवस्था का विवरण नहीं है। उन विषयों को पूर्व अध्यायों में समझाया जा चुका है।

यह अध्याय उस चेतना-अवस्था का विवेचन करता है, जिसका वर्णन कुछ आध्यात्मिक परंपराओं, मृत्यु-समीप अनुभवों, पूर्वजन्म प्रत्यागमन (PLR) तथा जन्मों के मध्य प्रत्यागमन अनुभवों में "दो जन्मों के बीच की अवस्था" के रूप में किया गया है।

यह विषय अत्यंत सूक्ष्म, रहस्यमय और व्यक्ति-निष्ठ है। इसलिए इसे अंतिम वस्तुनिष्ठ प्रमाणके रूप में नहीं, बल्कि चेतना-अध्ययन और आध्यात्मिक चिंतन के क्षेत्र के रूप में समझना अधिक संतुलित दृष्टिकोण है।

9.2 मृत्यु के बाद क्या?

मानव चेतना से जुड़ा सबसे प्राचीन प्रश्नों में से एक है कि "मृत्यु के बाद क्या होता है?"

यह प्रश्न केवल दार्शनिक नहीं, बल्कि अत्यंत व्यक्तिगत भी है। प्रत्येक मनुष्य किसी न किसी स्तर पर मृत्यु, अस्तित्व और चेतना की निरंतरता को समझना चाहता है।

भारतीय दर्शन, तिब्बती परंपरा, सूफी चिंतन तथा अनेक आध्यात्मिक धाराएँ यह संकेत करती हैं कि मृत्यु अंतिम समाप्ति नहीं, बल्कि एक संक्रमण हो सकती है।

कुछ प्रत्यागमन अनुभव तथा मृत्यु-समीप अनुभवों (NDEs) के वर्णनों में लोग ऐसी चेतन अवस्थाओं का अनुभव बताते हैं, जिन्हें वे "जन्मों के मध्य की अवस्था" (Between Lifetimes State) के रूप में समझते हैं।

9.3 संक्रमण के बाद की चेतना

अनेक आध्यात्मिक परंपराएँ यह मानती हैं कि मृत्यु के प्रारम्भिक संक्रमण के पश्चात चेतना एक ऐसी अवस्था में प्रवेश कर सकती है, जहाँ शारीरिक सीमाएँ और पीड़ा पीछे छूट जाती हैं। कुछ अनुभवों में समय का बोध परिवर्तित प्रतीत होता है और चेतना स्वयं को अधिक स्पष्टता से अनुभव करती है।

मृत्यु-समीप अनुभवों तथा कुछ प्रत्यागमन विवरणों में इस अवस्था को गहन शांति, विश्राम, परिचितता और आंतरिक सहजता के रूप में वर्णित किया गया है। अनेक लोगों ने इसे ऐसा अनुभव बताया है मानो वे किसी लंबे और कठिन मार्ग के बाद विश्राम की स्थिति में पहुँचे हों।

यद्यपि इन अनुभवों की अंतिम प्रकृति अभी भी रहस्य का विषय है, फिर भी वे यह संकेत अवश्य करते हैं कि चेतना का अनुभव केवल भौतिक शरीर तक सीमित नहीं माना गया है।

9.4 शास्त्रीय संकेत : आत्मा और चेतना

एष सर्वेषु भूतेषु गूढोऽत्मा न प्रकाशते।
दृश्यते त्वग्रया बुद्ध्या सूक्ष्मया सूक्ष्मदर्शिभिः॥

कठोपनिषद् 1.3.12

भावार्थ ➔ यह आत्मा सभी प्राणियों में गुप्त रूप से स्थित है, किन्तु सामान्यतः दिखाई नहीं देती। सूक्ष्म और एकाग्र बुद्धि वाले साधक ही उसका अनुभव कर पाते हैं।

मृत्यु और पुनर्जन्म के मध्य चेतना की अवस्था का प्रत्यक्ष वर्णन शास्त्रों में बहुत कम मिलता है, किन्तु आत्मा के सूक्ष्म स्वरूप पर पर्याप्त चर्चा मिलती है। कठोपनिषद् का यह मंत्र संकेत करता है कि आत्मा सामान्य इन्द्रिय-बोध का विषय नहीं है। वह चेतना का ऐसा सूक्ष्म आयाम है जिसे केवल गहन आत्म-अवलोकन और अंतर्दृष्टि द्वारा समझा जा सकता है। इसी कारण मृत्यु के बाद चेतना की अवस्था से जुड़े प्रश्न आज भी दार्शनिक और आध्यात्मिक अन्वेषण का विषय बने हुए हैं। यह श्लोक व्यक्ति को बाह्य घटनाओं के बजाय चेतना के आंतरिक आयामों की ओर देखने के लिए प्रेरित करता है।

9.5 जीवन समीक्षा: दंड नहीं, समझ

जन्मों के मध्य की अवस्था का अनुभव एक अत्यंत महत्वपूर्ण वर्णन है- **Life Review** यानि जीवन समीक्षा

कुछ लोगों के अनुसार इस अवस्था में व्यक्ति अपने जीवन को पुनः देखता है, अपने कर्मों के प्रभाव को महसूस करता है, संबंधों को समझता है

अनसुलझी भावनाओं को पहचानता है।

महत्वपूर्ण बात यह है कि अनेक वर्णनों में यह अनुभव दंड जैसा नहीं, बल्कि जागरूकता, समझ और आत्म-बोध की प्रक्रिया जैसा प्रतीत होता है।

कई लोग अनुभव करते हैं उन्होंने दूसरों को कैसा महसूस कराया, कहाँ भय ने निर्णयों को प्रभावित किया, कहाँ प्रेम और करुणा अनुपस्थित रहे, कहाँ उन्होंने स्वयं को खो दिया यह प्रक्रिया कई परंपराओं में आत्मिक समझ और चेतना-विकास से जुड़ी मानी जाती है।

कई आध्यात्मिक परंपराएँ यह संकेत करती हैं कि जीवन की वास्तविक समीक्षा बाहरी उपलब्धियों की नहीं, बल्कि चेतना की गुणवत्ता की होती है। व्यक्ति ने कितना धन अर्जित किया, कितना सम्मान पाया अथवा कितनी सफलताएँ प्राप्त कीं, यह उतना महत्वपूर्ण नहीं माना जाता जितना यह कि

उसने कितना प्रेम किया, कितनी करुणा विकसित की और अपने तथा दूसरों के प्रति कितना जागरूक रहा।

9.6 शास्त्रीय आधार : कर्म और चेतना

योनिमन्ये प्रपद्यन्ते शरीरत्वाय देहिनः।
स्थाणुमन्येऽनुसंयन्ति यथाकर्म यथाश्रुतम्॥

कठोपनिषद् 2.2.7

भावार्थ ➔ जीवात्माएँ अपने कर्मों और चेतना की अवस्था के अनुसार विभिन्न योनियों को प्राप्त होती हैं; कुछ अन्य अवस्थाओं की ओर भी अग्रसर होती हैं।

कठोपनिषद् का यह मंत्र संकेत करता है कि मृत्यु के बाद चेतना की यात्रा केवल एक यांत्रिक प्रक्रिया नहीं मानी गई है। भारतीय दर्शन के अनुसार कर्म, संस्कार, चेतना की परिपक्वता और जीवन में अर्जित आंतरिक विकास आगे की यात्रा को प्रभावित कर सकते हैं। यद्यपि इन प्रक्रियाओं का प्रत्यक्ष वैज्ञानिक सत्यापन संभव नहीं है, फिर भी यह श्लोक इस बात की ओर संकेत करता है कि जीवन केवल भौतिक अस्तित्व तक सीमित नहीं माना गया। अध्याय के संदर्भ में यह श्लोक मृत्यु और पुनर्जन्म के मध्य चेतना की संभावित निरंतरता तथा कर्म की भूमिका को समझने का दार्शनिक आधार प्रदान करता है।

9.7 प्रकाश, मार्गदर्शन और शांत उपस्थिति

कुछ मृत्यु-समीप अनुभवों तथा प्रत्यागमन अनुभवों में लोग प्रकाश, गहरी शांति, प्रेमपूर्ण स्वीकृति और मार्गदर्शन जैसी अनुभूतियों का वर्णन करते हैं। कई लोगों के लिए ये अनुभव अत्यंत वास्तविक और रूपांतरणकारी प्रतीत होते हैं।

इनकी व्याख्या विभिन्न प्रकार से की जाती है। कुछ लोग इन्हें चेतना के उच्चतर आयामों से जोड़ते हैं, जबकि अन्य इन्हें अवचेतन मन की

प्रतीकात्मक अभिव्यक्तियाँ मानते हैं। कुछ साधक इन्हें गुरु-चेतना या मार्गदर्शक उपस्थिति के रूप में भी अनुभव करते हैं।

संतुलित दृष्टिकोण यह स्वीकार करता है कि ऐसे अनुभव व्यक्ति के लिए गहरा अर्थ रख सकते हैं, भले ही उनकी अंतिम प्रकृति अभी भी रहस्य का विषय बनी हुई हो।

9.8 आत्मिक समूह (Soul Groups) और आत्मिक संबंध

कुछ आध्यात्मिक परंपराएँ यह मानती हैं कि कुछ आत्माएँ बार-बार एक-दूसरे के साथ अनुभव साझा करती हैं। इस अवधारणा को कभी-कभी आत्मिक समूह कहा जाता है।

इस दृष्टिकोण के अनुसार कुछ संबंध सीख, क्षमा, विकास और उपचार के अवसर प्रदान करने के लिए जीवन में बार-बार प्रकट हो सकते हैं। इसी कारण कुछ लोगों के साथ पहली भेंट में भी गहरी परिचितता का अनुभव हो सकता है।

यद्यपि यह विचार अनेक आध्यात्मिक परंपराओं में पाया जाता है, फिर भी इसे अंतिम तथ्य के बजाय एक संभावित आध्यात्मिक दृष्टिकोण के रूप में देखना अधिक संतुलित है।

9.9 अगले जन्म की तैयारी

कुछ अंतरजन्मीय अनुभव में यह वर्णन मिलता है कि चेतना अपने पिछले जीवन के अनुभवों, अधूरे पैटर्नों और महत्वपूर्ण सीखों का अवलोकन करती है। इस प्रक्रिया को कभी-कभी अगले चरण की तैयारी के रूप में देखा जाता है।

कुछ अनुभवों में यह भी संकेत मिलता है कि परिवार, प्रमुख संबंध या जीवन-पाठ जैसी परिस्थितियाँ आत्मिक स्तर पर समझी या स्वीकार की जा सकती हैं। हालाँकि इन अवधारणाओं को वस्तुनिष्ठ तथ्य के रूप में नहीं, बल्कि आध्यात्मिक व्याख्या के रूप में समझना अधिक उचित है।

इन वर्णनों का केंद्रीय विषय यह है कि चेतना सीखने, समझने और विकास की दिशा में अग्रसर रहती है।

9.10 आत्मिक अनुबंधों (Soul Contracts) का पुनर्निर्धारण

कुछ आध्यात्मिक दृष्टिकोण यह प्रस्तावित करते हैं कि जन्मों के मध्य की अवस्था में पुराने अनुभवों और संबंधों का पुनर्मूल्यांकन हो सकता है। इसी संदर्भ में आत्मिक अनुबंध की अवधारणा प्रस्तुत की जाती है।

इनके अनुसार कुछ संबंध और परिस्थितियाँ दंड के लिए नहीं, बल्कि सीख, संतुलन, क्षमा और चेतना-विकास के अवसर प्रदान करने के लिए चुनी जा सकती हैं। कुछ अनुभवों में यह भी वर्णन मिलता है कि पुराने आत्मिक समझौते पूर्ण होकर नई सीखों के लिए नए संकल्पों का आधार बन सकते हैं।

यह अवधारणा आध्यात्मिक चिंतन का विषय है और इसे विवेकपूर्ण खुलापन के साथ देखना उचित है।

9.11 अंतरजन्मीय अवस्था का उद्देश्य

अनेक आध्यात्मिक वर्णनों के अनुसार जन्मों के मध्य की अवस्था का उद्देश्य केवल विश्राम नहीं, बल्कि समझ और एकीकरण भी हो सकता है। इसे ऐसी अवस्था के रूप में देखा जाता है जहाँ चेतना अपने अनुभवों को व्यापक दृष्टि से समझने का प्रयास करती है।

इस प्रक्रिया में जीवन की समीक्षा, भावनात्मक अनुभवों का समेकन, करुणा का विकास तथा आगे की यात्रा के लिए तैयारी जैसे विषय प्रमुख रूप से दिखाई देते हैं। इसी कारण कुछ लेखक और साधक इसे चेतना के विकास की एक शिक्षण-अवस्था (School of Consciousness) के रूप में भी वर्णित करते हैं।

यद्यपि इन अवधारणाओं की अंतिम सत्यता सिद्ध नहीं है, फिर भी वे जीवन, मृत्यु और चेतना के प्रति अधिक व्यापक दृष्टिकोण विकसित करने में सहायक हो सकती हैं।

9.12 प्रतीकात्मक अनुभवों की संभावना

यह समझना अत्यंत आवश्यक है कि जन्मों के मध्य की अवस्था से संबंधित अनुभव सदैव शाब्दिक वास्तविकता ही हों, यह आवश्यक नहीं है।

कुछ अनुभव प्रतीकात्मक, आदि-रूपात्मक, अवचेतन कथानक, भावनात्मक रूपक भी हो सकते हैं।

उदाहरण स्वरूप

प्रकाश→ जागरूकता

मार्गदर्शक→ आंतरिक प्रज्ञा

यात्रा→ रूपांतरण

द्वार→ संक्रमण या परिवर्तन का चरण

इसी कारण ऐसे अनुभवों की जिम्मेदार, संतुलित और विवेकपूर्ण व्याख्या अत्यंत आवश्यक है।

9.13 मृत्यु और भय से मुक्ति

जब व्यक्ति चेतना को केवल शरीर तक सीमित नहीं मानता, तब मृत्यु के प्रति उसका दृष्टिकोण धीरे-धीरे बदल सकता है।

इसका अर्थ यह नहीं कि मृत्यु का भय पूरी तरह समाप्त हो जाए, बल्कि व्यक्ति उसके साथ अधिक जागरूकता और स्वीकार्यता के साथ रहना सीख सकता है।

कुछ लोगों के लिए यह समझ जीवन को अधिक सार्थक, उद्देश्यपूर्ण और करुणामय बना देती है। मृत्यु का चिंतन तब भय का स्रोत न होकर जीवन को गहराई से समझने का माध्यम बन सकता है।

9.14 ध्यान और आंतरिक निस्तब्धता

अनेक आध्यात्मिक अनुभवों में गहरी शांति और आंतरिक मौन का उल्लेख मिलता है। ध्यान, सजग जागरूकता तथा आत्म-निरीक्षण व्यक्ति को अपने भीतर उपस्थित स्थिरता से जुड़ने में सहायता कर सकते हैं।

यदा विनियतं चित्तमात्मन्येवावतिष्ठते।
निःस्पृहः सर्वकामेभ्यो युक्त इत्युच्यते तदा॥

श्रीमद्भगवद्गीता 6.18

भावार्थ ➔ जब संयमित चित्त आत्मा में स्थित हो जाता है और व्यक्ति सभी कामनाओं से निस्पृह हो जाता है, तब उसे योगयुक्त कहा जाता है।

ध्यान का उद्देश्य केवल विश्राम नहीं, बल्कि मन को स्थिर और अंतर्मुख बनाना है। जब चित्त बाहरी आकर्षणों से हटकर भीतर स्थित होने लगता है, तब आंतरिक शांति और निस्तब्धता का अनुभव संभव होता है। यही अवस्था गहन आत्म-अवलोकन और चेतना की सूक्ष्म अनुभूति का आधार बनती है।

9.15 वर्तमान जीवन का महत्व

यदि चेतना की यात्रा वास्तव में व्यापक है, तो वर्तमान जीवन भी उतना ही महत्वपूर्ण है।

यहीं जागरूकता, करुणा, उत्तरदायित्व, क्षमा, उपचार तथा भावनात्मक विकास विकसित होते हैं। आध्यात्मिकता का उद्देश्य भविष्य के किसी जन्म या किसी सूक्ष्म अवस्था में खो जाना नहीं, बल्कि वर्तमान जीवन को अधिक समझदारी और संतुलन के साथ जीना है।

वर्तमान क्षण ही वह स्थान है जहाँ सीख, परिवर्तन और आत्म-विकास संभव होते हैं।

9.16 आध्यात्मिक पलायनवाद (Spiritual Escapism) से सावधान

जन्मों के मध्य की अवस्थाओं और आत्मा से संबंधित अवधारणाएँ अत्यंत आकर्षक हो सकती हैं। किन्तु कभी-कभी व्यक्ति इन विचारों में इतना उलझ जाता है कि वर्तमान जीवन की जिम्मेदारियों से दूर होने लगता है।

उदाहरण स्वरूप

"यह संसार महत्वपूर्ण नहीं है।"

"सब कुछ केवल आत्मा की यात्रा है।"

"मुझे व्यावहारिक जीवन की आवश्यकता नहीं है।"

ऐसी सोच असंतुलन उत्पन्न कर सकती है। वास्तविक आध्यात्मिकता व्यक्ति को जीवन से दूर नहीं ले जाती, बल्कि उसे अधिक जागरूकता, उत्तरदायित्व और करुणा के साथ जीवन जीने की प्रेरणा देती है।

नियतं कुरु कर्म त्वं कर्म ज्यायो ह्यकर्मणः।
शरीरयात्रापि च ते न प्रसिद्ध्येदकर्मणः॥

श्रीमद्भगवद्गीता 3.8

भावार्थ ➔ अपने कर्तव्यरूप कर्म का पालन करो, क्योंकि कर्म न करने की अपेक्षा कर्म करना श्रेष्ठ है। कर्म का त्याग कर देने से तो शरीर का निर्वाह भी संभव नहीं है।

यह श्लोक स्मरण कराता है कि आध्यात्मिकता का उद्देश्य संसार और उत्तरदायित्वों से भागना नहीं, बल्कि उन्हें अधिक जागरूकता और संतुलन के साथ निभाना है। वास्तविक आध्यात्मिक विकास जीवन से पलायन नहीं, बल्कि जीवन के प्रति गहरी सहभागिता और उत्तरदायित्व को प्रोत्साहित करता है।

9.17 अभ्यासकर्ता और साधक हेतु सावधानियाँ

जन्मों के मध्य की अवस्थाओं का अन्वेषण अत्यंत संवेदनशील कार्य है। इसलिए इस विषय में संतुलन, विवेक और भावनात्मक तैयारी आवश्यक है।

कुछ महत्वपूर्ण सावधानियाँ

अनुभवों को अंतिम सत्य या निर्विवाद तथ्य घोषित न किया जाए।

क्लाइंट की भावनात्मक तैयारी और स्थिरता को प्राथमिकता दी जाए।

प्रत्येक अनुभव के बाद ग्राउंडिंग और एकीकरण सुनिश्चित किया जाए।

उद्देश्य केवल जिज्ञासा नहीं, बल्कि जागरूकता, आत्म-समझ और उपचार होना चाहिए।

अभ्यासकर्ता का कार्य किसी विशेष अनुभव को सिद्ध करना नहीं, बल्कि एक सुरक्षित, सहायक और जागरूक वातावरण उपलब्ध कराना है, जिसमें व्यक्ति अपने अनुभवों को संतुलित रूप से समझ सके।

9.18 अध्याय का सार

इस अध्याय से स्पष्ट होता है कि अनेक आध्यात्मिक परंपराएँ मृत्यु को अंतिम समाप्ति नहीं, बल्कि चेतना के एक संक्रमण के रूप में देखती हैं।

जन्मों के मध्य की अवस्थाओं, मृत्यु-समीप अनुभवों तथा प्रत्यागमन अनुभवों से संबंधित वर्णन चेतना-अध्ययन का एक रोचक और गहन क्षेत्र प्रस्तुत करते हैं। तथापि इन्हें अंतिम वस्तुनिष्ठ प्रमाण के रूप में नहीं, बल्कि अनुभवात्मक और आध्यात्मिक अन्वेषण के क्षेत्र के रूप में समझना अधिक संतुलित दृष्टिकोण है।

इन अवधारणाओं का वास्तविक महत्व भविष्य के जन्मों की जिज्ञासा में नहीं, बल्कि वर्तमान जीवन में अधिक जागरूकता, करुणा, उत्तरदायित्व और आत्म-समझ विकसित करने में निहित है।

अगले अध्याय में पूर्वजन्म प्रत्यागमन (Past-Life Regression) और आध्यात्मिक जागरण के संबंध को विस्तार से समझाया जाएगा।

अध्याय 10

पूर्वजन्म प्रत्यागमन और आत्मिक जागरण

(Past-Life Regression and Spiritual Awakening)

10.1 भूमिका आत्मिक जागरण

आत्मिक जागरण कोई चमत्कारिक उपलब्धि या विशेष पहचान नहीं है। यह चेतना में धीरे-धीरे आने वाली स्पष्टता, जागरूकता, करुणा और आंतरिक परिवर्तन की प्रक्रिया है।

पूर्वजन्म प्रत्यागमन (PLR) कुछ लोगों के लिए उपचार का माध्यम बन सकता है, और कुछ के लिए यह स्वयं को गहराई से समझने का द्वार भी खोल सकता है। परंतु यह समझना आवश्यक है कि हर प्रत्यागमन अनुभव स्वतः "आत्मिक जागरण" नहीं होता।

वास्तविक जागरूकता व्यक्ति को अधिक स्थिर, संतुलित और जिम्मेदार बनाती है वास्तविकता से दूर नहीं।

10.2 उपचार से आध्यात्मिक जागरण तक

बहुत से लोग पूर्वजन्म प्रत्यागमन की ओर प्रारम्भ में किसी समस्या के कारण आकर्षित होते हैं।

अकारण भय, संबंधों से उत्पन्न पीड़ा, भावनात्मक भ्रम, चिंता तथा जीवन में बार-बार दोहराए जाने वाले पैटर्न उन्हें उपचार की खोज की ओर ले जाते हैं।

किन्तु अनेक बार इस यात्रा के दौरान व्यक्ति केवल भावनात्मक राहत ही प्राप्त नहीं करता, बल्कि स्वयं को अधिक गहराई से समझना भी प्रारम्भ कर देता है।

जब व्यक्ति अपने पैटर्नों को देखना प्रारम्भ करता है, अपने भय को पहचानता है, अपनी प्रतिक्रियाओं का अवलोकन करता है और अपने भीतर कार्यरत मानसिक प्रोग्रामिंग को समझने लगता है, तब आंतरिक जागरण की प्रक्रिया प्रारम्भ हो सकती है।

10.3 आत्मिक जागरण क्या है?

आत्मिक जागरण का अर्थ यह नहीं कि व्यक्ति संसार छोड़ दे, सामान्य जीवन से कट जाए या किसी रहस्यमयी "विशेष अवस्था" में पहुँच जाए।

बल्कि इसका अर्थ है जीवन को अधिक जागरूकता, स्पष्टता और उत्तरदायित्व के साथ जीना।

जागरण के सामान्य संकेतों में जीवन को अधिक गहराई से देखने की क्षमता, प्रतिक्रियात्मकता में कमी, भय की पकड़ का धीरे-धीरे ढीला होना, करुणा का विस्तार, आंतरिक स्थिरता का विकास तथा स्वयं को केवल भूमिकाओं और पहचानों तक सीमित न मानना सम्मिलित हो सकते हैं।

10.4 आत्म-जागरूकता की शुरुआत

जागरण सामान्यतः तब प्रारम्भ होता है, जब व्यक्ति पहली बार स्वयं का सचेत रूप से अवलोकन करना शुरू करता है।

वह अपने भय, भावनात्मक प्रतिक्रियाओं, आसक्ति के पैटर्नों, अवचेतन आदतों तथा आंतरिक संघर्षों को देखना प्रारम्भ करता है।

धीरे-धीरे व्यक्ति यह समझने लगता है कि वह केवल अपने विचारों या भावनाओं तक सीमित नहीं है।

प्रत्यागमन कार्य कई बार इस जागरूकता को और अधिक गहरा कर सकता है, क्योंकि इसके माध्यम से व्यक्ति अपने भीतर छिपे हुए भावनात्मक पैटर्नों को अधिक स्पष्टता के साथ देखना और समझना प्रारम्भ कर देता है।

10.5 शास्त्रीय संकेत : स्मृति और जागरण

येषां त्वन्तगतं पापं जनानां पुण्यकर्मणाम्।
ते द्वन्द्वमोहनिर्मुक्ता भजन्ते मां दृढव्रताः॥

श्रीमद्भगवद्गीता 7.28

भावार्थ ➔ जिन लोगों के चित्त की अशुद्धियाँ क्षीण हो गई हैं और जो द्वंद्व तथा मोह से मुक्त हो गए हैं, वे दृढ़ निष्ठा के साथ सत्य की ओर अग्रसर होते हैं।

आत्मिक जागरण केवल असाधारण अनुभवों का नाम नहीं है। यह चेतना की ऐसी परिपक्वता है जिसमें व्यक्ति धीरे-धीरे भ्रम, अज्ञान और मानसिक अनुबंधनों से मुक्त होने लगता है। गीता का यह श्लोक संकेत करता है कि जागरण का आधार आंतरिक शुद्धि, विवेक और चेतना की स्पष्टता है।

कुछ प्रत्यागमन अनुभव में भी व्यक्ति ऐसा अनुभव कर सकता है मानो वह कोई नया ज्ञान प्राप्त नहीं कर रहा, बल्कि स्वयं के बारे में किसी गहरी समझ को पुनः पहचान रहा है। यद्यपि ऐसे अनुभवों की व्याख्या व्यक्ति-विशेष के अनुसार भिन्न हो सकती है, फिर भी वे आत्म-जागरूकता को गहरा करने का अवसर प्रदान कर सकते हैं।

10.6 भय से स्वतंत्रता

मानव जीवन का एक बड़ा भाग विभिन्न प्रकार के भयों द्वारा संचालित होता है अस्वीकृति का भय, असफलता का भय, हानि का भय, मृत्यु का भय तथा एकाकीपन का भय।

जब व्यक्ति इन भयों को जागरूकता के साथ देखना प्रारम्भ करता है, तब उनमें धीरे-धीरे परिवर्तन आने लगता है।

जागरण का अर्थ भय का पूर्णतः समाप्त हो जाना नहीं है, बल्कि भय के द्वारा नियंत्रित न होना है।

कुछ प्रत्यागमन अनुभव लोगों को यह अनुभव करा सकते हैं कि चेतना केवल शरीर तक सीमित नहीं है। ऐसे अनुभवों के परिणामस्वरूप मृत्यु-भय तथा असुरक्षा की पकड़ कुछ लोगों में धीरे-धीरे कम हो सकती है।

10.7 आत्म-स्वीकृति और उपचार

कई लोग जीवन भर स्वयं से संघर्ष करते रहते हैं। वे स्वयं को दोष देते हैं, अपनी भावनाओं को दबाते हैं, तुलना में जीते हैं तथा लज्जा, हीन-भावना या आत्म-निंदा का बोझ ढोते रहते हैं।

प्रत्यागमन और आत्म-जागरूकता पर आधारित कार्य व्यक्ति को अपने भीतर के आहत पक्षों को देखने और समझने में सहायता कर सकते हैं।

जब व्यक्ति स्वयं को करुणा और स्वीकार्यता के साथ देखना प्रारम्भ करता है, तब आत्म-स्वीकृति विकसित होने लगती है।

यही वास्तविक उपचार की दिशा है।

10.8 पहचान का विस्तार : "मैं कौन हूँ?"

PLR के बाद कुछ लोगों में यह अनुभव उभर सकता है

"मैं केवल यह शरीर नहीं हूँ।"

"मैं केवल यह नाम नहीं हूँ।"

"मैं केवल यह सामाजिक भूमिका नहीं हूँ।"

भारतीय दर्शन में आत्म-अन्वेषण का मूल प्रश्न भी यही रहा है "मैं कौन हूँ?" जब व्यक्ति स्वयं को केवल शरीर, विचारों, भावनाओं अथवा सामाजिक भूमिकाओं तक सीमित मानना छोड़ देता है, तब उसके भीतर चेतना के व्यापक आयामों को समझने की संभावना विकसित होने लगती है।

यह अनुभव यदि संतुलित रूप से समझा जाए, तो व्यक्ति में करुणा, विनम्रता, सजगता और आंतरिक स्थिरता बढ़ सकती है।

महत्वपूर्ण बात यह है कि यह बोध अहंकार को बढ़ाने के लिए नहीं, बल्कि उसे नरम करने के लिए होना चाहिए।

10.9 आध्यात्मिक परिहार (Spiritual Bypassing) से सावधान

कई बार आध्यात्मिकता का उपयोग वास्तविक भावनात्मक कार्य से बचने के लिए भी किया जाता है। इस प्रवृत्ति को आध्यात्मिक परिहार कहा जा सकता है।

उदाहरण

"सब कुछ माया है।"

"मुझे भावनाओं की आवश्यकता नहीं है।"

"मैं आध्यात्मिक रूप से विकसित हूँ।"

"मुझे थेरेपी या उपचार की आवश्यकता नहीं है।"

ऐसी सोच व्यक्ति को वास्तविक उपचार और आत्म-विकास से दूर ले जा सकती है। वास्तविक जागरण व्यक्ति को अधिक मानवीय, संवेदनशील और भावनात्मक रूप से जागरूक बनाता है उससे अलग या कटे हुए नहीं।

10.10 आध्यात्मिक अहंकार

आध्यात्मिक यात्रा में एक सूक्ष्म खतरा आध्यात्मिक अहंकार भी है।

जब व्यक्ति स्वयं को दूसरों से अधिक विकसित, विशेष चुना हुआ अथवा आध्यात्मिक रूप से श्रेष्ठ मानने लगता है, तब जागरूकता के स्थान पर एक नया अहंकार विकसित हो सकता है।

आध्यात्मिक अहंकार के संकेत ➔ लगातार श्रेष्ठता की भावना, दूसरों को कम जागरूक समझना, हर बात की रहस्यवादी व्याख्या करना, आलोचना स्वीकार न कर पाना तथा दूसरों में निर्भरता उत्पन्न करना इसके सामान्य संकेत होते हैं।

वास्तविक आध्यात्मिक परिपक्वता ➔ वास्तविक आध्यात्मिक परिपक्वता विनम्रता, संतुलन, करुणा, जिम्मेदारी तथा स्थिर और व्यावहारिक व्यवहार को विकसित करती है।

10.11 ध्यान और चेतना

ध्यान (Meditation) केवल विश्राम की तकनीक नहीं है। यह स्वयं को देखने और समझने की प्रक्रिया है।

जब व्यक्ति शांत होकर बैठना सीखता है, तब वह पहली बार अपने भीतर चल रही गतिविधियों का अवलोकन कर पाता है। विचार, भय, इच्छाएँ, प्रतिक्रियाएँ तथा आसक्ति के पैटर्न धीरे-धीरे अधिक स्पष्ट होने लगते हैं।

तदा द्रष्टुः स्वरूपेऽवस्थानम्॥

पतंजलि योगसूत्र 1.3

भावार्थ ➔ तब द्रष्टा (चेतन साक्षी) अपने वास्तविक स्वरूप में स्थित हो जाता है।

योग-दर्शन के अनुसार सामान्यतः व्यक्ति अपने विचारों, भावनाओं, स्मृतियों और मानसिक प्रतिक्रियाओं के साथ तादात्म्य स्थापित कर लेता है। परिणामस्वरूप वह स्वयं को उन्हीं के माध्यम से देखने लगता है। ध्यान की प्रक्रिया व्यक्ति को इन मानसिक गतिविधियों का साक्षी बनने में सहायता करती है। जब जागरूकता गहरी होने लगती है, तब व्यक्ति यह अनुभव कर सकता है कि वह केवल अपने विचारों या भावनाओं तक सीमित नहीं है। इसी अवस्था को योगसूत्र "द्रष्टा का अपने स्वरूप में स्थित होना" कहता है।

10.12 संबंध और जागरण

आत्मिक जागरण केवल ध्यान या आंतरिक अनुभवों तक सीमित नहीं रहता उसका प्रभाव व्यक्ति के संबंधों में भी दिखाई देने लगता है।

जैसे-जैसे आत्म-जागरूकता बढ़ती है, व्यक्ति अपने संबंधों में अधिक ईमानदारी, स्पष्टता और भावनात्मक उत्तरदायित्व विकसित करने लगता है। वह दूसरों को नियंत्रित करने या उनसे मान्यता प्राप्त करने की आवश्यकता को अधिक स्पष्टता से पहचान पाता है।

जागरण का एक महत्वपूर्ण संकेत स्वस्थ सीमाएँ स्थापित करने की क्षमता भी है। व्यक्ति सीखता है कि करुणा और आत्म-सम्मान एक-दूसरे के विरोधी नहीं हैं।

महत्वपूर्ण प्रश्न हैं

क्या व्यक्ति सत्य बोल सकता है?

क्या वह स्वस्थ सीमाएँ बना सकता है?

क्या वह अपने व्यवहार की जिम्मेदारी ले सकता है?

क्या वह संबंधों में सम्मान और करुणा बनाए रख सकता है?

यही गुण संबंधों में परिपक्वता और वास्तविक आंतरिक विकास के संकेत माने जा सकते हैं।

10.13 पीड़ा का महत्व

अनेक आध्यात्मिक परंपराएँ यह संकेत करती हैं कि पीड़ा कई बार व्यक्ति को अपने भीतर झाँकने और आत्म-अन्वेषण की ओर प्रेरित करती है।

जब बाहरी पहचानें, धारणाएँ या सहारे टूटने लगते हैं, तब व्यक्ति पहली बार स्वयं को अधिक गहराई से देखना और समझना प्रारम्भ कर सकता है।

कई बार मनुष्य की सबसे बड़ी पीड़ा बाहरी परिस्थितियों से नहीं, बल्कि स्वयं के बारे में बनी हुई सीमित धारणाओं से उत्पन्न होती है। जब जागरूकता इन धारणाओं पर प्रकाश डालती है, तब वही पीड़ा आत्म-समझ और आंतरिक रूपांतरण का माध्यम बन सकती है।

किन्तु पीड़ा का महिमा मंडन करना उचित नहीं है।

उपचार का उद्देश्य अनावश्यक पीड़ा को बढ़ाना नहीं, बल्कि जागरूकता, समझ और आंतरिक संतुलन का विकास करना है।

10.14 वर्तमान जीवन का महत्व

आध्यात्मिक अनुभवों और आंतरिक जागरूकता का वास्तविक मूल्य तभी है, जब उनका प्रभाव दैनिक जीवन में दिखाई दे।

परिवार, स्वास्थ्य, कार्य, आर्थिक उत्तरदायित्व तथा सामाजिक जीवन मानव अनुभव के महत्वपूर्ण अंग हैं। यदि आध्यात्मिकता व्यक्ति को इन क्षेत्रों से दूर ले जाने लगे, तो संतुलन भंग हो सकता है।

वास्तविक जागरण व्यक्ति को जीवन से विमुख नहीं करता, बल्कि उसे अधिक जागरूकता के साथ जीवन में सहभागी बनाता है। वह अपने स्वास्थ्य की देखभाल करता है, संबंधों को महत्व देता है, अपने कार्य को जिम्मेदारी से निभाता है और जीवन की व्यावहारिक आवश्यकताओं की उपेक्षा नहीं करता।

आध्यात्मिक विकास का सबसे विश्वसनीय प्रमाण असाधारण अनुभव नहीं, बल्कि दैनिक जीवन में दिखाई देने वाला संतुलन और परिपक्वता है।

10.15 कर्म-बोध और उत्तरदायित्व

आत्मिक जागरण का अर्थ कर्म से भागना नहीं, बल्कि अपने चुनावों और उनके परिणामों के प्रति अधिक जागरूक होना है।

जब व्यक्ति अपने भीतर कार्यरत पैटर्नों, प्रतिक्रियाओं और प्रवृत्तियों को समझना प्रारम्भ करता है, तब वह दूसरों को दोष देने के बजाय स्वयं की भूमिका को भी देखने लगता है। यही कर्म-बोध का प्रारम्भिक रूप है।

इस दृष्टि से कर्म केवल भाग्य या दंड की अवधारणा नहीं, बल्कि सीख, विकास और उत्तरदायित्व का अवसर है। व्यक्ति यह समझने लगता है कि उसके विचार, निर्णय और कर्म उसके अनुभवों को प्रभावित करते हैं।

जागरण व्यक्ति को पीड़ित मानसिकता से बाहर लाकर सजग चुनाव की दिशा में ले जाता है। वह प्रतिक्रियाओं के स्थान पर समझ, दोषारोपण के स्थान पर उत्तरदायित्व तथा अचेतनता के स्थान पर जागरूकता को विकसित करने लगता है।

10.16 जागरूकता और स्वतंत्रता

आत्मिक जागरण का एक महत्वपूर्ण परिणाम आंतरिक स्वतंत्रता का विकास है। यह स्वतंत्रता बाहरी परिस्थितियों से नहीं, बल्कि व्यक्ति की अपनी प्रतिक्रियाओं और अवचेतन पैटर्नों से संबंधित होती है।

सामान्यतः मनुष्य अनेक भावनात्मक उद्दीपकों, भय, असुरक्षाओं और पुरानी प्रतिक्रियाओं द्वारा संचालित होता है। कोई घटना, शब्द या परिस्थिति तुरंत क्रोध, भय, दुख अथवा रक्षात्मक प्रतिक्रिया उत्पन्न कर सकती है।

जैसे-जैसे जागरूकता बढ़ती है, व्यक्ति अपने Triggers को पहचानना सीखता है। वह प्रत्येक परिस्थिति पर तुरंत प्रतिक्रिया देने के बजाय उसे देखने, समझने और अधिक सजगता से उत्तर देने में सक्षम होने लगता है।

इसका अर्थ यह नहीं कि भावनाएँ समाप्त हो जाती हैं, बल्कि व्यक्ति उनके द्वारा पूर्णतः नियंत्रित होना छोड़ देता है। प्रतिक्रियात्मकता धीरे-धीरे कम होने लगती है और उसके स्थान पर सजगता विकसित होने लगती है।

यही बढ़ती हुई आंतरिक स्वतंत्रता आध्यात्मिक परिपक्वता की एक महत्वपूर्ण पहचान है।

10.17 आत्मिक जागरण और सरलता

वास्तविक आत्मिक जागरण व्यक्ति को अधिक जटिल नहीं, बल्कि अधिक सरल बना सकता है।

जैसे-जैसे व्यक्ति स्वयं को सिद्ध करने, दूसरों से तुलना करने और बाहरी मान्यता प्राप्त करने की आवश्यकता से मुक्त होने लगता है, उसके भीतर सहजता और संतुलन विकसित होने लगता है।

आध्यात्मिक परिपक्वता का एक महत्वपूर्ण संकेत विनम्रता है। व्यक्ति स्वयं को विशेष, श्रेष्ठ या दूसरों से अधिक विकसित सिद्ध करने की आवश्यकता कम अनुभव करता है। इसके स्थान पर वह सीखने, समझने और विकसित होने के प्रति खुला बना रहता है।

ऐसा व्यक्ति अधिक प्रामाणिक होने लगता है। उसके शब्द, विचार और व्यवहार में सामंजस्य दिखाई देने लगता है। वह दिखावे के बजाय सत्यता को महत्व देता है।

धीरे-धीरे जीवन में सहजता बढ़ने लगती है। अनावश्यक संघर्ष, तुलना और अहंकार की पकड़ कम होती है तथा व्यक्ति अधिक शांत, संतुलित और स्वाभाविक ढंग से जीवन जीने लगता है।

यही सरलता, विनम्रता और प्रामाणिकता आत्मिक जागरण की गहरी अभिव्यक्तियों में से एक मानी जा सकती हैं।

10.18 शास्त्र और आत्म-उद्धार

उत्तिष्ठत जाग्रत प्राप्य वरान्निबोधत।
क्षुरस्य धारा निशिता दुरत्यया दुर्गं पथस्तत्कवयो वदन्ति॥

कठोपनिषद् 1.3.14

भावार्थ → उठो, जागो और श्रेष्ठ ज्ञानीजनों के पास जाकर ज्ञान प्राप्त करो। यह मार्ग उस्तरे की धार के समान सूक्ष्म और कठिन है, ऐसा मनीषी कहते हैं।

यह मंत्र आध्यात्मिक जागरण के लिए सक्रिय प्रयास, विवेक और मार्गदर्शन के महत्व को दर्शाता है। चेतना का विकास केवल जानकारी प्राप्त करने से नहीं, बल्कि जागरूकता और आत्म-अन्वेषण से होता है। शास्त्र और गुरु मार्ग दिखा सकते हैं, किन्तु वास्तविक जागरण का कार्य व्यक्ति को स्वयं करना होता है।

10.19 अभ्यासकर्ता और साधक हेतु सावधानियाँ

PLR को "तत्काल आत्मबोध का साधन" की तरह प्रस्तुत नहीं करना चाहिए।

महत्वपूर्ण सावधानियाँ

जागरण का दावा करने से बचें।

अनुभवों को सामान्य जीवन से जोड़ना आवश्यक है।

ग्राउंडिंग और एकीकरण महत्वपूर्ण हैं।

जिज्ञासा की अपेक्षा उपचार और आत्म-समझ को प्राथमिकता दें।

अभ्यासकर्ता का कार्य किसी निष्कर्ष को सिद्ध करना नहीं, बल्कि एक सुरक्षित, सहायक और जागरूक वातावरण उपलब्ध कराना है।

10.20 अध्याय का सार

इस अध्याय से स्पष्ट होता है कि उपचार और जागरण कई बार एक-दूसरे से जुड़े हो सकते हैं।

पूर्व-जन्म प्रत्यागमन कुछ लोगों के लिए स्वयं को गहराई से समझने और अवचेतन पैटर्नों को देखने का माध्यम बन सकता है। जब जागरूकता बढ़ती है, तब व्यक्ति भय, आसक्ति और प्रतिक्रियात्मक जीवन से धीरे-धीरे बाहर आने लगता है।

वास्तविक आध्यात्मिक जागरण व्यक्ति को अधिक स्थिर, करुणामय और उत्तरदायी बनाता है। यह पलायन नहीं, बल्कि अधिक सजग जीवन की दिशा है।

अंततः आत्मिक जागरण किसी विशेष पहचान को प्राप्त करना नहीं, बल्कि स्वयं को अधिक सत्यता, करुणा और जागरूकता के साथ पहचानना है।

अध्याय 11

पूर्वजन्म प्रत्यागमन और जीवन का उद्देश्य

(Past-Life Regression and Life Purpose)

11.1 भूमिका

मनुष्य के जीवन में एक समय ऐसा आता है जब वह स्वयं से पूछता है

"मैं यहाँ क्यों हूँ?"

यह प्रश्न केवल सफलता, धन या पहचान से संबंधित नहीं है, बल्कि जीवन के अर्थ, दिशा और उद्देश्य से जुड़ा हुआ है।

कुछ लोग इस प्रश्न का उत्तर आध्यात्मिक साधना, आत्म-अन्वेषण या जीवन-अनुभवों के माध्यम से खोजते हैं। पूर्व-जन्म प्रत्यागमन (PLR) के क्षेत्र में भी अनेक लोग केवल जिज्ञासा के कारण नहीं, बल्कि अपने जीवन के गहरे उद्देश्य को समझने की इच्छा से आते हैं।

यद्यपि जीवन-उद्देश्य को अंतिम रूप से सिद्ध नहीं किया जा सकता, फिर भी अनेक आध्यात्मिक परंपराएँ तथा कुछ प्रत्यागमन अनुभव यह संकेत करते हैं कि जीवन केवल घटनाओं का क्रम नहीं, बल्कि सीख, विकास और चेतना के विस्तार की यात्रा भी हो सकता है।

इस अध्याय में हम जीवन-उद्देश्य, कर्म, आत्मिक विकास तथा PLR के संदर्भ में इन विषयों को संतुलित दृष्टिकोण से समझेंगे।

11.2 जीवन-उद्देश्य का प्रश्न

जीवन-उद्देश्य का प्रश्न मानव चेतना के सबसे प्राचीन प्रश्नों में से एक है।

अनेक लोग जीवन में किसी न किसी समय यह अनुभव करते हैं कि बाहरी उपलब्धियाँ प्राप्त होने के बाद भी भीतर कोई खोज शेष है। तब प्रश्न उठता है

"मेरे जीवन का वास्तविक उद्देश्य क्या है?"

कुछ लोग इसे करियर, संबंधों या उपलब्धियों में खोजते हैं, जबकि कुछ इसे आत्म-विकास, सेवा, करुणा और चेतना के विस्तार से जोड़कर देखते हैं।

आध्यात्मिक परंपराएँ यह संकेत करती हैं कि जीवन का उद्देश्य केवल कुछ प्राप्त करना नहीं, बल्कि कुछ सीखना, समझना और विकसित करना भी हो सकता है।

पूर्वजन्म प्रत्यागमन के संदर्भ में भी कुछ लोग अनुभव करते हैं कि उनके जीवन में बार-बार उभरने वाले विषय, चुनौतियाँ या आकर्षण किसी गहरे अर्थ की ओर संकेत करते हैं।

यद्यपि इन अनुभवों को अंतिम प्रमाण नहीं माना जा सकता, फिर भी वे व्यक्ति को अपने जीवन को अधिक जागरूकता और गहराई से देखने की प्रेरणा दे सकते हैं।

11.3 क्या प्रत्येक आत्मा किसी उद्देश्य के साथ आती है?

अनेक आध्यात्मिक परंपराएँ यह मानती हैं कि जीवन केवल संयोग नहीं है। उनके अनुसार प्रत्येक आत्मा कुछ विशेष अनुभवों, सीखों और विकास की संभावनाओं के साथ जीवन में प्रवेश कर सकती है।

इस दृष्टिकोण के अनुसार जीवन का उद्देश्य कोई एक निश्चित पेशा, उपलब्धि या भूमिका नहीं, बल्कि चेतना का विकास हो सकता है। विभिन्न परिस्थितियाँ, संबंध और चुनौतियाँ इसी विकास-यात्रा का भाग मानी जाती हैं।

कुछ प्रत्यागमन अनुभव में भी लोग यह अनुभव करते हैं कि उनके जीवन में उपस्थित कुछ प्रमुख विषय किसी गहरे आत्मिक उद्देश्य से जुड़े प्रतीत होते हैं। तथापि इन्हें अंतिम सत्य नहीं, बल्कि एक संभावित आध्यात्मिक दृष्टिकोण के रूप में ही देखा जाना चाहिए।

11.4 कर्म, सीख और आत्मिक विकास

भारतीय दर्शन में कर्म को केवल दंड और पुरस्कार की व्यवस्था के रूप में नहीं देखा गया है। इसे सीख, अनुभव और विकास की प्रक्रिया के रूप में भी समझा गया है।

जीवन में आने वाली अनेक परिस्थितियाँ व्यक्ति को स्वयं को समझने, अपने पैटर्नों को पहचानने और अधिक परिपक्व बनने का अवसर प्रदान कर सकती हैं। कई बार कठिन अनुभव भी आंतरिक विकास का माध्यम बन जाते हैं।

कुछ आध्यात्मिक दृष्टिकोण यह संकेत करते हैं कि आत्मा विभिन्न जन्मों के माध्यम से जागरूकता, करुणा, उत्तरदायित्व और संतुलन जैसे गुणों का विकास करती है। इसी कारण जीवन को केवल घटनाओं की श्रृंखला नहीं, बल्कि सीख की यात्रा के रूप में भी देखा जाता है।

11.5 शास्त्रीय संकेत : स्वधर्म और जीवन-पथ

श्रेयान्स्वधर्मो विगुणः परधर्मात्स्वनुष्ठितात्।
स्वधर्मे निधनं श्रेयः परधर्मो भयावहः॥

भगवद्गीता 3.35

भावार्थ ➔ दूसरे के श्रेष्ठ प्रतीत होने वाले मार्ग का अनुसरण करने की अपेक्षा अपने स्वभाव के अनुरूप मार्ग पर चलना अधिक कल्याणकारी है।

भारतीय दर्शन में स्वधर्म का अर्थ केवल सामाजिक कर्तव्य नहीं, बल्कि व्यक्ति की आंतरिक प्रकृति, प्रवृत्तियों और जीवन-पथ से भी जुड़ा हुआ है।

जब व्यक्ति अपने वास्तविक स्वभाव के अनुरूप जीवन जीता है, तब उसके भीतर अधिक संतुलन, अर्थबोध और संतोष विकसित हो सकता है। जीवन-उद्देश्य की खोज भी कई बार इसी आंतरिक दिशा को पहचानने की प्रक्रिया बन जाती है।

11.6 प्रतिभाएँ, रुचियाँ और आंतरिक आह्वान

प्रत्येक व्यक्ति में कुछ स्वाभाविक प्रतिभाएँ, रुचियाँ और आकर्षण दिखाई देते हैं। कुछ लोग बचपन से ही किसी विशेष क्षेत्र की ओर सहज रूप से आकर्षित होते हैं, जबकि कुछ में विशिष्ट क्षमताएँ सहज रूप से विकसित होती हैं।

आध्यात्मिक दृष्टिकोण कभी-कभी इन्हें आत्मा की यात्रा से जुड़े संकेतों के रूप में देखता है। वहीं मनोवैज्ञानिक दृष्टिकोण इन्हें व्यक्तित्व, वातावरण और अनुभवों का परिणाम मानता है।

चाहे उनकी व्याख्या किसी भी प्रकार की जाए, व्यक्ति की गहरी रुचियाँ और प्राकृतिक क्षमताएँ उसके जीवन-पथ को समझने में महत्वपूर्ण संकेत प्रदान कर सकती हैं।

कई बार जीवन-उद्देश्य किसी असाधारण कार्य में नहीं, बल्कि अपनी स्वाभाविक क्षमताओं को जागरूकता और उत्तरदायित्व के साथ अभिव्यक्त करने में निहित होता है।

11.7 बार-बार दोहराने वाले जीवन-पैटर्न

कुछ लोगों के जीवन में समान प्रकार की परिस्थितियाँ बार-बार दिखाई देती हैं। उदाहरणस्वरूप संबंधों में एक जैसे संघर्ष, बार-बार असफलता का भय, आत्म-मूल्य से जुड़ी चुनौतियाँ अथवा समान भावनात्मक प्रतिक्रियाएँ।

ऐसे दोहराने वाले पैटर्न व्यक्ति को यह संकेत दे सकते हैं कि उसके भीतर कोई महत्वपूर्ण सीख या अनसुलझा विषय अभी भी सक्रिय है।

पूर्व-जन्म प्रत्यागमन के कुछ अनुभवों में भी लोग ऐसे पैटर्नों को व्यापक आत्मिक विषयों के संदर्भ में समझने का प्रयास करते हैं। यद्यपि इन व्याख्याओं को अंतिम सत्य नहीं माना जा सकता, फिर भी वे आत्म-जागरूकता को बढ़ाने में सहायक हो सकती हैं।

जब व्यक्ति अपने दोहराने वाले पैटर्नों को पहचानना प्रारम्भ करता है, तब उसके भीतर अधिक जागरूक चुनाव करने और जीवन में परिवर्तन लाने की संभावना विकसित होने लगती है।

11.8 आत्मा का आह्वान और आंतरिक मार्गदर्शन

कुछ लोग जीवन में एक ऐसी आंतरिक पुकार का अनुभव करते हैं, जो उन्हें किसी विशेष दिशा, कार्य या उद्देश्य की ओर आकर्षित करती है। यह पुकार प्रायः बाहरी दबावों से नहीं, बल्कि भीतर से उत्पन्न होने वाली प्रेरणा के रूप में अनुभव होती है।

कई बार यह सेवा, शिक्षण, उपचार, सृजनात्मक अभिव्यक्ति या किसी विशेष क्षेत्र में योगदान देने की इच्छा के रूप में प्रकट हो सकती है।

आध्यात्मिक परंपराएँ इसे आत्मा की आंतरिक दिशा के रूप में देखती हैं। वहीं मनोवैज्ञानिक दृष्टिकोण इसे व्यक्ति के गहरे मूल्यों, रुचियों और अर्थबोध से जोड़कर समझता है।

जीवन-उद्देश्य की खोज में इस आंतरिक मार्गदर्शन को सुनना सहायक हो सकता है, बशर्ते उसे विवेक, संतुलन और व्यावहारिकता के साथ समझा जाए।

11.9 उद्देश्य बनाम उपलब्धि

जीवन-उद्देश्य और उपलब्धि सदैव एक ही बात नहीं होते।

समाज प्रायः सफलता को धन, पद, प्रसिद्धि या बाहरी उपलब्धियों से जोड़कर देखता है। किन्तु अनेक लोग बड़ी उपलब्धियाँ प्राप्त करने के बाद भी भीतर रिक्तता का अनुभव करते हैं।

इसके विपरीत कुछ लोग साधारण जीवन जीते हुए भी गहरे संतोष और अर्थबोध का अनुभव करते हैं।

आध्यात्मिक दृष्टिकोण यह संकेत करता है कि जीवन का उद्देश्य केवल कुछ प्राप्त करना नहीं, बल्कि कुछ बनना भी है। करुणा, जागरूकता, सत्यनिष्ठा, प्रेम और आत्म-विकास जैसी आंतरिक उपलब्धियाँ भी उतनी ही महत्वपूर्ण हो सकती हैं। इसी कारण जीवन-उद्देश्य को केवल बाहरी सफलता के आधार पर नहीं आँका जा सकता।

11.10 सेवा, करुणा और चेतना का विस्तार

अनेक आध्यात्मिक परंपराएँ यह मानती हैं कि चेतना का विकास केवल व्यक्तिगत लाभ तक सीमित नहीं रहता। जैसे-जैसे व्यक्ति अधिक जागरूक होता है, उसके भीतर दूसरों के प्रति संवेदनशीलता और करुणा भी विकसित होने लगती है।

सेवा का अर्थ केवल सामाजिक कार्य नहीं है। यह परिवार, संबंधों, कार्यस्थल और दैनिक जीवन में भी प्रकट हो सकती है। किसी के जीवन में सकारात्मक योगदान देना भी सेवा का एक रूप है।

कई आध्यात्मिक दृष्टिकोणों के अनुसार जीवन-उद्देश्य का एक महत्वपूर्ण पक्ष स्वयं के विकास के साथ-साथ सामूहिक कल्याण में योगदान देना भी हो सकता है।

जब करुणा और जागरूकता साथ विकसित होती हैं, तब व्यक्ति का जीवन केवल व्यक्तिगत उपलब्धियों तक सीमित नहीं रहता, बल्कि व्यापक अर्थ ग्रहण करने लगता है।

11.11 जीवन-उद्देश्य की खोज में सामान्य भ्रांतियाँ

जीवन-उद्देश्य के विषय में अनेक भ्रांतियाँ प्रचलित हैं।

कुछ लोग मानते हैं कि प्रत्येक व्यक्ति के लिए केवल एक ही निश्चित उद्देश्य होता है, जिसे खोज लेना आवश्यक है। कुछ लोग किसी विशेष अनुभव, संकेत या रहस्यवादी घटना की प्रतीक्षा करते रहते हैं।

वास्तविकता में जीवन-उद्देश्य कई बार धीरे-धीरे विकसित होने वाली प्रक्रिया हो सकता है। यह समय के साथ अधिक स्पष्ट होता है और जीवन के विभिन्न चरणों में नए रूप भी ले सकता है।

एक अन्य भ्रांति यह है कि जीवन-उद्देश्य सदैव किसी असाधारण उपलब्धि से जुड़ा होगा। जबकि कई लोगों के लिए उद्देश्य प्रेमपूर्ण संबंधों, सेवा, रचनात्मक कार्य, आत्म-विकास या संतुलित जीवन में भी प्रकट हो सकता है।

संतुलित दृष्टिकोण यह स्वीकार करता है कि जीवन-उद्देश्य कोई रहस्यमयी पुरस्कार नहीं, बल्कि जागरूकता के साथ जी जाने वाली एक सतत प्रक्रिया भी हो सकता है।

11.12 प्रत्यागमन अनुभव एवं जीवन के उद्देश्य से जुड़ी अंतर्दृष्टियाँ

कुछ पूर्व जन्म प्रत्यागमन अनुभव में लोग अपने जीवन के बारे में नई अंतर्दृष्टियाँ प्राप्त करने का अनुभव करते हैं। वे अपने दोहराने वाले पैटर्नों, संबंधों, प्रतिभाओं या चुनौतियों को एक व्यापक दृष्टिकोण से देखना प्रारम्भ कर सकते हैं।

कई बार ऐसे अनुभव व्यक्ति को यह समझने में सहायता करते हैं कि उसके जीवन में कौन-से विषय बार-बार उभर रहे हैं और उनसे क्या सीख ली जा सकती है।

फिर भी यह समझना आवश्यक है कि प्रत्यागमन से प्राप्त अंतर्दृष्टियों को अंतिम सत्य नहीं माना जाना चाहिए। उनका वास्तविक मूल्य इस बात में है कि वे व्यक्ति को अधिक आत्म-जागरूक, उत्तरदायी और सजग बनने में कितनी सहायता करती हैं।

11.13 वर्तमान जीवन का महत्व

यदि जीवन का कोई व्यापक उद्देश्य है, तो उसकी अभिव्यक्ति वर्तमान जीवन में ही होती है।

परिवार, संबंध, स्वास्थ्य, कार्य, जिम्मेदारियाँ और दैनिक अनुभव ही वे क्षेत्र हैं जहाँ व्यक्ति अपने सीखों और जागरूकता को व्यवहार में उतारता है।

आध्यात्मिकता का उद्देश्य वर्तमान जीवन से दूर जाना नहीं, बल्कि उसे अधिक समझ, संतुलन और जागरूकता के साथ जीना है।

जीवन-उद्देश्य की वास्तविक परीक्षा विचारों में नहीं, बल्कि दैनिक जीवन के चुनावों और व्यवहार में दिखाई देती है।

11.14 आध्यात्मिक परिहार (Spiritual Bypassing) से सावधान

कभी-कभी लोग जीवन-उद्देश्य और आत्मा से जुड़ी अवधारणाओं का उपयोग वास्तविक समस्याओं से बचने के लिए करने लगते हैं।

उदाहरण स्वरूप

"सब कुछ पहले से तय है।"

"मुझे कोई प्रयास करने की आवश्यकता नहीं है।"

"यह केवल कर्म का परिणाम है।"

ऐसी सोच व्यक्ति को निष्क्रियता और उत्तरदायित्व से दूर ले जा सकती है।

वास्तविक आध्यात्मिक समझ व्यक्ति को जीवन से भागना नहीं सिखाती, बल्कि उसे अधिक जागरूकता, उत्तरदायित्व और संतुलन के साथ जीने की प्रेरणा देती है।

11.15 अभ्यासकर्ता और साधक हेतु सावधानियाँ

जीवन-उद्देश्य से संबंधित विषय अत्यंत व्यक्तिगत और संवेदनशील हो सकते हैं। इसलिए प्रत्यागमन कार्य के दौरान संतुलन और विवेक आवश्यक है।

कुछ महत्वपूर्ण सावधानियाँ

किसी विशेष उद्देश्य को अंतिम सत्य के रूप में घोषित न किया जाए।

क्लाइंट पर किसी आध्यात्मिक निष्कर्ष को आरोपित न किया जाए।

अनुभवों की प्रतीकात्मक व्याख्या की संभावना को स्वीकार किया जाए।

उद्देश्य की खोज को वर्तमान जीवन की जिम्मेदारियों से जोड़ा जाए।

जिज्ञासा से अधिक आत्म-जागरूकता और विकास को महत्व दिया जाए।

अभ्यासकर्ता का कार्य किसी उद्देश्य को निर्धारित करना नहीं, बल्कि व्यक्ति को स्वयं की समझ विकसित करने में सहायता देना है।

11.16 अध्याय का सार

इस अध्याय में जीवन-उद्देश्य को कर्म, आत्मिक विकास और आत्म-जागरूकता के संदर्भ में समझा गया। अनेक आध्यात्मिक परंपराएँ यह संकेत करती हैं कि जीवन केवल घटनाओं का क्रम नहीं, बल्कि सीख और चेतना-विकास की यात्रा भी हो सकता है।

पूर्व-जन्म प्रत्यागमन के कुछ अनुभव व्यक्ति को अपने जीवन-पैटर्नों और संभावित उद्देश्यों के बारे में नई अंतर्दृष्टियाँ प्रदान कर सकते हैं, किन्तु इन्हें अंतिम प्रमाण नहीं माना जाना चाहिए।

अंततः जीवन-उद्देश्य की खोज का वास्तविक महत्व वर्तमान जीवन को अधिक जागरूकता, करुणा, उत्तरदायित्व और संतुलन के साथ जीने में निहित है।

अगले अध्याय में हम भावनात्मक पैटर्न, उद्दीपक कारक और पुनरावृत्ति चक्र पर विस्तृत चर्चा करेंगे

अध्याय 12

भावनात्मक पैटर्न, उद्दीपक कारक और पुनरावृत्ति चक्र

(Emotional Patterns, Triggers and Repetition Cycles)

12.1 भूमिका : क्या जीवन में कुछ घटनाएँ बार-बार दोहरती हैं?

कई लोग अनुभव करते हैं कि उनके जीवन में कुछ परिस्थितियाँ बार-बार लौटती रहती हैं। किसी के जीवन में समान प्रकार के संबंध बार-बार टूटते हैं, किसी को बार-बार अस्वीकृति का अनुभव होता है, तो कोई बार-बार भय, अपराधबोध या असुरक्षा से जूझता रहता है।

ऐसी स्थितियों में प्रश्न उठता है कि क्या यह केवल संयोग है, या इसके पीछे कोई गहरा भावनात्मक पैटर्न कार्य कर रहा होता है?

आधुनिक मनोविज्ञान, व्यवहार-विज्ञान तथा विभिन्न आध्यात्मिक परंपराएँ यह संकेत करती हैं कि व्यक्ति के भीतर उपस्थित अवचेतन धारणाएँ, संस्कार और भावनात्मक प्रतिक्रियाएँ उसके जीवन-अनुभवों को प्रभावित कर सकती हैं।

पूर्व-जन्म प्रत्यागमन के क्षेत्र में भी कुछ अभ्यासकर्ता यह अवलोकन करते हैं कि कुछ दोहराने वाले जीवन-पैटर्न व्यक्ति की गहरी भावनात्मक स्मृतियों और विश्वासों से जुड़े प्रतीत हो सकते हैं।

12.2 भावनात्मक पैटर्न क्या हैं?

भावनात्मक पैटर्न वे प्रतिक्रियात्मक ढाँचे हैं जो व्यक्ति बार-बार समान परिस्थितियों में प्रदर्शित करता है।

उदाहरण स्वरूप ➔ आलोचना मिलते ही अत्यधिक आहत हो जाना, अस्वीकृति के भय से संबंधों से बचना, बार-बार स्वयं को दोष देना, अत्यधिक नियंत्रण रखने का प्रयास करना, दूसरों को प्रसन्न करने की प्रवृत्ति

समय के साथ ये प्रतिक्रियाएँ स्वचालित बन सकती हैं और व्यक्ति को यह भी ज्ञात नहीं रहता कि वह एक निश्चित भावनात्मक पैटर्न के अनुसार जीवन जी रहा है।

12.3 अवचेतन मन और दोहराव की प्रवृत्ति

मानव अवचेतन मन परिचित अनुभवों की ओर आकर्षित होने की प्रवृत्ति रखता है, चाहे वे अनुभव सुखद हों या पीड़ादायक।

कई बार व्यक्ति अनजाने में उन्हीं परिस्थितियों, संबंधों और निर्णयों की ओर बढ़ता है जो उसके पुराने भावनात्मक अनुभवों से मेल खाते हैं।

इसी कारण कुछ लोग जीवन में बार-बार समान संघर्षों का सामना करते दिखाई देते हैं।

जब तक पैटर्न की पहचान नहीं होती, तब तक उसका दोहराव जारी रह सकता है।

12.4 उद्दीपक कारक: छोटी घटनाएँ, बड़ी प्रतिक्रियाएँ

कभी-कभी कोई साधारण घटना व्यक्ति के भीतर अत्यधिक भावनात्मक प्रतिक्रिया उत्पन्न कर देती है।

उदाहरण के लिए

किसी का उत्तर न देना, आलोचना, उपेक्षा, असहमति या किसी विशेष परिस्थिति का सामना करना।

ऐसी घटनाएँ स्वयं उतनी बड़ी नहीं होतीं, जितनी बड़ी प्रतिक्रिया व्यक्ति के भीतर उत्पन्न हो जाती है।

इन्हें उद्दीपक कारक (Triggers) कहा जाता है।

अक्सर उद्दीपक कारक वर्तमान घटना से कम और उससे जुड़ी पुरानी भावनात्मक स्मृतियों से अधिक संबंधित होता है।

इसलिए दो व्यक्ति एक ही परिस्थिति में बिल्कुल भिन्न प्रतिक्रिया दे सकते हैं।

12.5 बचपन, संस्कार और भावनात्मक प्रतिक्रियाएँ

मानव व्यक्तित्व केवल वर्तमान क्षण में निर्मित नहीं होता। बचपन के अनुभव, पारिवारिक वातावरण, सामाजिक प्रभाव तथा जीवन के प्रारम्भिक भावनात्मक अनुभव व्यक्ति की प्रतिक्रिया-प्रणाली को गहराई से प्रभावित करते हैं।

यदि किसी बच्चे ने बार-बार आलोचना, अस्वीकृति, उपेक्षा अथवा असुरक्षा का अनुभव किया हो, तो वह बड़े होकर भी समान परिस्थितियों के प्रति अधिक संवेदनशील हो सकता है। कई बार वर्तमान जीवन की कोई साधारण घटना भी अतीत की अप्रसन्न भावनाओं को सक्रिय कर देती है।

भारतीय दर्शन इन गहरे प्रभावों को संस्कारों के रूप में देखता है। संस्कार केवल स्मृतियाँ नहीं होते, बल्कि वे मन की ऐसी प्रवृत्तियाँ बन सकते हैं जो व्यक्ति के विचारों, भावनाओं और व्यवहार को प्रभावित करती रहती हैं।

इसी कारण दो व्यक्ति एक जैसी परिस्थिति का सामना करते हुए भी अलग-अलग प्रतिक्रिया दे सकते हैं। बाहरी घटना समान हो सकती है, किन्तु उसके प्रति आंतरिक प्रतिक्रिया व्यक्ति के संस्कारों और अनुभवों के अनुसार भिन्न होती है।

12.6 शास्त्रीय संकेत : संस्कार और वृत्तियाँ

भारतीय मनोविज्ञान में संस्कारों और वृत्तियों की अवधारणा अत्यंत महत्वपूर्ण मानी गई है। योग-दर्शन के अनुसार मन में संचित प्रभाव समय-समय पर पुनः सक्रिय होकर विचारों, भावनाओं और व्यवहार को प्रभावित कर सकते हैं।

वृत्तिसारूप्यमितरत्र॥

पतंजलि योगसूत्र 1.4

भावार्थ ➔ अन्य अवस्थाओं में द्रष्टा (चेतना) चित्त की वृत्तियों के साथ तादात्म्य स्थापित कर लेता है।

जब व्यक्ति अपनी भावनाओं, विचारों और प्रतिक्रियाओं के साथ पूर्णतः जुड़ जाता है, तब वह बार-बार उन्हीं मानसिक और भावनात्मक पैटर्नों को दोहराने लगता है। जागरूकता के अभाव में यही वृत्तियाँ पुनरावृत्ति चक्र और उद्दीपक प्रतिक्रियाओं का कारण बनती हैं। आत्म-अवलोकन व्यक्ति को इन पैटर्नों को पहचानने में सहायता करता है।

जब जागरूकता बढ़ती है, तब व्यक्ति इन पैटर्नों को पहचानना और उनसे मुक्त होने की दिशा में कार्य करना प्रारम्भ कर सकता है।

12.7 पुनरावृत्ति चक्र: वही अनुभव बार-बार क्यों आते हैं?

कई लोग यह अनुभव करते हैं कि जीवन में परिस्थितियाँ बदल जाती हैं, किन्तु संघर्ष का स्वरूप वही बना रहता है।

संबंध बदलते हैं, परन्तु पीड़ा समान रहती है। कार्यक्षेत्र बदलता है, किन्तु असफलता का भय वैसा ही बना रहता है। मित्र बदलते हैं, परन्तु अस्वीकृति की अनुभूति पुनः सामने आ जाती है।

इसे कभी-कभी पुनरावृत्ति चक्र कहा जाता है।

आधुनिक मनोविज्ञान के अनुसार व्यक्ति अनजाने में उन परिस्थितियों की ओर आकर्षित हो सकता है जो उसके पुराने भावनात्मक अनुभवों से मेल खाती हैं। ऐसा नहीं कि वह पीड़ा चाहता है, बल्कि उसका अवचेतन मन परिचित अनुभवों की ओर लौटने की प्रवृत्ति रख सकता है।

कुछ प्रत्यागमन अनुभव में भी लोग ऐसे दोहराने वाले विषयों का उल्लेख करते हैं जो विभिन्न जीवन-अनुभवों में समान रूप से उपस्थित प्रतीत होते हैं। यद्यपि इन अनुभवों की व्याख्या भिन्न-भिन्न हो सकती है, फिर भी वे व्यक्ति को अपने जीवन में बार-बार सक्रिय होने वाले पैटर्नों को देखने का अवसर प्रदान कर सकते हैं।

जागरूकता का विकास इसी चक्र को पहचानने से प्रारम्भ होता है।

12.8 संबंधों में दोहराने वाले पैटर्न

मानवीय संबंध भावनात्मक पैटर्नों के सबसे स्पष्ट दर्पणों में से एक हैं।

कई लोग बार-बार समान प्रकार के संबंधों की ओर आकर्षित होते हैं। कुछ लोग ऐसे लोगों को चुनते हैं जो उन्हें पर्याप्त महत्व नहीं देते, कुछ बार-बार नियंत्रित करने वाले संबंधों में प्रवेश करते हैं, जबकि कुछ लोगों को लगातार त्याग या अस्वीकृति का अनुभव होता रहता है।

अनेक बार समस्या केवल दूसरे व्यक्ति में नहीं होती, बल्कि संबंधों में सक्रिय होने वाले अवचेतन पैटर्नों में भी होती है।

जब कोई संबंध हमारे भीतर उपस्थित किसी पुराने घाव, भय या आवश्यकता को स्पर्श करता है, तब भावनात्मक प्रतिक्रियाएँ तीव्र हो सकती हैं। यही कारण है कि संबंध आत्म-जागरूकता के लिए एक महत्वपूर्ण माध्यम बन सकते हैं।

पूर्व-जन्म प्रत्यागमन के कुछ अभ्यासकर्ता यह अवलोकन करते हैं कि संबंधों में दोहराने वाले भावनात्मक विषय कभी-कभी प्रतीकात्मक रूप से गहरे संस्कारों अथवा अधूरे भावनात्मक अनुभवों की ओर संकेत करते हुए दिखाई

दे सकते हैं। किन्तु ऐसे अनुभवों को अंतिम निष्कर्ष के रूप में नहीं, बल्कि आत्म-समझ के एक संभावित माध्यम के रूप में देखना अधिक संतुलित दृष्टिकोण है।

जब व्यक्ति अपने संबंधों में बार-बार सक्रिय होने वाले पैटर्नों को पहचानना प्रारम्भ करता है, तब परिवर्तन और भावनात्मक परिपक्वता की वास्तविक प्रक्रिया भी प्रारम्भ हो सकती है।

12.9 आत्म-छवि और भावनात्मक व्यवहार

व्यक्ति स्वयं को किस दृष्टि से देखता है, इसका उसके भावनात्मक जीवन पर गहरा प्रभाव पड़ता है। आत्म-छवि केवल बाहरी पहचान नहीं है; यह उन विश्वासों का समूह है जो व्यक्ति अपने बारे में धारण किए रहता है।

यदि कोई व्यक्ति भीतर ही भीतर स्वयं को अयोग्य, असुरक्षित, अप्रेमनीय या महत्वहीन मानता है, तो उसकी भावनात्मक प्रतिक्रियाएँ भी उसी अनुरूप विकसित हो सकती हैं। इसके विपरीत, स्वस्थ आत्म-स्वीकृति व्यक्ति को अधिक संतुलित और स्थिर बनाती है।

कई बार व्यक्ति को यह ज्ञात भी नहीं होता कि उसके निर्णय, संबंध और प्रतिक्रियाएँ उसकी गहरी आत्म-छवि से प्रभावित हो रही हैं। वह बाहरी परिस्थितियों को कारण मानता है, जबकि वास्तविक प्रभाव उसके भीतर सक्रिय धारणाओं का हो सकता है।

इसी कारण आत्म-जागरूकता का एक महत्वपूर्ण भाग यह समझना भी है कि हम स्वयं को किस प्रकार देखते हैं और यह दृष्टिकोण हमारे जीवन-अनुभवों को किस प्रकार प्रभावित करता है।

12.10 प्रत्यागमन अनुभव में उभरने वाले भावनात्मक विषय

कुछ प्रत्यागमन अनुभव के दौरान व्यक्ति के सामने ऐसे भावनात्मक विषय उभर सकते हैं जो उसके वर्तमान जीवन के संघर्षों से जुड़े हुए प्रतीत होते हैं।

उदाहरण स्वरूप → अस्वीकृति, परित्याग, अपराधबोध, विश्वासघात, असुरक्षा, नियंत्रण की आवश्यकता। कई बार व्यक्ति अनुभव करता है कि वर्तमान जीवन में बार-बार सक्रिय होने वाली भावनाएँ किसी गहरे और पुराने भावनात्मक विषय से जुड़ी हुई हैं। प्रत्यागमन कार्य इन विषयों को प्रतीकात्मक रूप से सामने लाने का माध्यम बन सकता है।

यह आवश्यक नहीं है कि प्रत्येक अनुभव ऐतिहासिक रूप से सत्य ही हो। अनेक बार उनका महत्व इस बात में होता है कि वे व्यक्ति के भीतर सक्रिय भावनात्मक संरचनाओं को समझने में सहायता करते हैं।

इस प्रकार प्रत्यागमन का मूल्य केवल स्मृतियों की खोज में नहीं, बल्कि आत्म-समझ और भावनात्मक जागरूकता में भी निहित हो सकता है।

12.11 जागरूकता : पैटर्न तोड़ने का प्रथम चरण

किसी भी भावनात्मक पैटर्न को बदलने की प्रक्रिया उसकी पहचान से प्रारम्भ होती है।

जब तक व्यक्ति यह नहीं देख पाता कि वह बार-बार किस प्रकार सोचता, महसूस करता और प्रतिक्रिया देता है, तब तक परिवर्तन कठिन बना रहता है। परन्तु जैसे ही जागरूकता विकसित होती है, एक नया विकल्प उपलब्ध होने लगता है।

व्यक्ति धीरे-धीरे समझने लगता है कि वह अपनी प्रतिक्रियाएँ नहीं है। वह अपने भय नहीं है। वह अपने पुराने संस्कारों और पैटर्नों से भी बड़ा है।

यही समझ परिवर्तन की दिशा में पहला कदम है।

जागरूकता तत्काल परिवर्तन की गारंटी नहीं देती, किन्तु वह परिवर्तन का द्वार अवश्य खोलती है। जिस पैटर्न को स्पष्ट रूप से देखा जा सकता है, उससे मुक्त होने की संभावना भी उत्पन्न हो जाती है।

12.12 भावनात्मक विमोचन और एकीकरण

भावनात्मक पैटर्नों की पहचान के बाद अगला महत्वपूर्ण चरण है उनका स्वस्थ प्रसंस्करण और एकीकरण।

कई बार वर्षों से दबे हुए भय, दुःख, क्रोध या शोक को स्वीकार करना ही उपचार की दिशा में एक महत्वपूर्ण कदम होता है। जब व्यक्ति अपनी भावनाओं से संघर्ष करना छोड़कर उन्हें जागरूकता और करुणा के साथ देखना प्रारम्भ करता है, तब आंतरिक परिवर्तन संभव होने लगता है।

भावनात्मक विमोचन का अर्थ केवल तीव्र भावनात्मक अभिव्यक्ति नहीं है। कई बार वास्तविक Healing अत्यंत शांत, क्रमिक और सूक्ष्म प्रक्रिया होती है, जिसमें व्यक्ति धीरे-धीरे स्वयं को अधिक समझने और स्वीकार करने लगता है।

एकीकरण का अर्थ है कि प्राप्त अंतर्दृष्टियों को दैनिक जीवन में उतारा जाए। यदि कोई व्यक्ति अपने पैटर्नों को पहचान ले, परन्तु व्यवहार में कोई परिवर्तन न लाए, तो समझ अधूरी रह सकती है।

वास्तविक परिवर्तन तब होता है जब जागरूकता, भावनात्मक समझ और जीवन में नए चुनाव एक साथ कार्य करने लगते हैं।

12.13 वर्तमान जीवन में नए चुनावों का महत्व

जब व्यक्ति अपने भावनात्मक पैटर्नों को पहचानना प्रारम्भ करता है, तब उसके सामने एक महत्वपूर्ण प्रश्न उपस्थित होता है क्या वह पुराने ढंग से जीता रहेगा, या नए चुनावों का साहस करेगा?

अतीत चाहे कितना भी प्रभावशाली क्यों न रहा हो, वर्तमान क्षण सदैव एक नई संभावना लेकर आता है। जागरूकता व्यक्ति को यह समझने में सहायता करती है कि वह केवल अपने पुराने अनुभवों, प्रतिक्रियाओं या संस्कारों का परिणाम नहीं है। उसके भीतर परिवर्तन और विकास की क्षमता भी विद्यमान है।

कई बार जीवन में वास्तविक परिवर्तन किसी बड़े निर्णय से नहीं, बल्कि छोटे-छोटे सजग चुनावों से प्रारम्भ होता है जहाँ पहले भय था वहाँ विश्वास चुनना, जहाँ प्रतिक्रिया थी वहाँ धैर्य चुनना, जहाँ आत्म-आलोचना थी वहाँ आत्म-करुणा चुनना।

यही नए चुनाव धीरे-धीरे पुराने चक्रों की शक्ति को कम करते हैं। जब व्यक्ति बार-बार जागरूकता के साथ जीवन को चुनता है, तब उसके भीतर एक नई दिशा और नई संभावना का जन्म होने लगता है।

12.14 आध्यात्मिक परिहार और दोषारोपण से सावधान

भावनात्मक पैटर्नों को समझने की यात्रा में दो अतियाँ विशेष रूप से दिखाई देती हैं। पहली हर समस्या के लिए स्वयं को दोषी ठहराना, और दूसरी हर परिस्थिति का कारण बाहरी शक्तियों, कर्म या पूर्वजन्मों को मान लेना।

दोनों ही दृष्टिकोण संतुलन से दूर ले जा सकते हैं।

कुछ लोग अपने प्रत्येक संघर्ष को कार्मिक दंड समझकर अपराधबोध में डूब जाते हैं। वहीं कुछ लोग अपने व्यवहार और चुनावों की जिम्मेदारी लेने के बजाय सब कुछ पूर्वजन्मीय कारणों पर छोड़ देते हैं।

वास्तविक आत्म-जागरूकता इन दोनों अतियों से परे होती है। वह व्यक्ति को करुणा के साथ स्वयं को देखने और ईमानदारी के साथ अपनी भूमिका को स्वीकार करने की प्रेरणा देती है।

आध्यात्मिक समझ का उद्देश्य उत्तरदायित्व से बचना नहीं, बल्कि उसे अधिक परिपक्वता के साथ निभाना है। इसी प्रकार आत्म-समझ का उद्देश्य स्वयं को दोषी ठहराना नहीं, बल्कि स्वयं को अधिक स्पष्टता और करुणा से समझना है।

12.15 अभ्यासकर्ता और साधक हेतु सावधानियाँ

भावनात्मक पैटर्नों, उद्दीपक कारक और पुनरावृत्ति चक्र का अन्वेषण संवेदनशील कार्य है। इसलिए इस प्रक्रिया में विवेक, धैर्य और संतुलन अत्यंत आवश्यक हैं।

यह उचित नहीं है कि प्रत्येक जीवन-समस्या को किसी एक कारण से जोड़ दिया जाए या प्रत्येक भावनात्मक प्रतिक्रिया को पूर्वजन्मीय स्मृति का परिणाम घोषित कर दिया जाए। मानवीय अनुभव बहुआयामी होता है और उसके पीछे अनेक मनोवैज्ञानिक, सामाजिक तथा व्यक्तिगत कारक कार्य कर सकते हैं।

अभ्यासकर्ता का दायित्व किसी निष्कर्ष को सिद्ध करना नहीं, बल्कि व्यक्ति को सुरक्षित वातावरण प्रदान करना है, जहाँ वह अपने अनुभवों को बिना भय, दबाव या पूर्वाग्रह के समझ सके।

इसी प्रकार साधक के लिए भी आवश्यक है कि वह जिज्ञासा से अधिक आत्म-जागरूकता को महत्व दे। उद्देश्य किसी असाधारण कथा की खोज नहीं, बल्कि अपने जीवन में अधिक स्पष्टता, संतुलन और भावनात्मक परिपक्वता विकसित करना होना चाहिए।

12.16 अध्याय का सार

इस अध्याय में हमने देखा कि भावनात्मक पैटर्न, उद्दीपक कारक और पुनरावृत्ति चक्र किस प्रकार व्यक्ति के अनुभवों, संबंधों और जीवन-निर्णयों को प्रभावित कर सकते हैं। अवचेतन संस्कार, आत्म-छवि तथा अनसुलझे भावनात्मक विषय कई बार समान परिस्थितियों को बार-बार आकर्षित करते प्रतीत होते हैं।

जागरूकता इन पैटर्नों को पहचानने का प्रथम चरण है। जब व्यक्ति अपनी प्रतिक्रियाओं को समझना प्रारम्भ करता है, तब उसके भीतर नए चुनावों और आंतरिक परिवर्तन की संभावना विकसित होने लगती है।

वास्तविक उपचार अतीत में उलझे रहने से नहीं, बल्कि जागरूकता, करुणा और उत्तरदायित्व के साथ वर्तमान जीवन को जीने से उत्पन्न होता है। यही प्रक्रिया व्यक्ति को पुराने चक्रों से मुक्त होकर अधिक संतुलित, स्वतंत्र और सचेत जीवन की ओर ले जा सकती है।

अध्याय 13

अकारण भय, घबराहट और अस्तित्वगत भय

(Phobias, Panic and Survival Fear)

13.1 भूमिका : जब भय का कोई स्पष्ट कारण दिखाई नहीं देता

भय मानव जीवन का एक स्वाभाविक भाग है। यह हमें संभावित खतरों से सावधान करता है और सुरक्षा की दिशा में कार्य करने के लिए प्रेरित करता है। किन्तु कुछ लोगों के जीवन में ऐसे भय भी दिखाई देते हैं जिनका कोई स्पष्ट कारण समझ में नहीं आता।

कभी यह भय किसी विशेष परिस्थिति, वस्तु या स्थान से जुड़ा होता है, तो कभी यह बिना किसी स्पष्ट कारण के घबराहट, असुरक्षा या संकट की अनुभूति के रूप में प्रकट होता है। अनेक बार व्यक्ति स्वयं भी समझ नहीं पाता कि उसकी प्रतिक्रिया परिस्थिति की तुलना में इतनी तीव्र क्यों है।

आधुनिक मनोविज्ञान, आघात-विज्ञान (Trauma Studies) तथा प्रत्यागमन अनुभव सभी इस संभावना की ओर संकेत करते हैं कि कुछ भय गहरे भावनात्मक अनुभवों और स्मृतियों से जुड़े हो सकते हैं। इस अध्याय में हम अकारण भय), घबराहट और अस्तित्वगत भय को संतुलित एवं बहु-आयामी दृष्टिकोण से समझने का प्रयास करेंगे।

13.2 सामान्य भय और फोबिया में अंतर

सामान्य भय किसी वास्तविक या संभावित खतरे के प्रति स्वाभाविक प्रतिक्रिया है। यह व्यक्ति की सुरक्षा के लिए आवश्यक भी है।

फोबिया तब कहा जाता है जब किसी वस्तु, परिस्थिति या अनुभव के प्रति भय अत्यधिक तीव्र हो जाए और व्यक्ति के दैनिक जीवन को प्रभावित करने लगे। कई बार व्यक्ति जानता है कि उसका भय तर्कसंगत नहीं है, फिर भी वह उससे मुक्त नहीं हो पाता।

फोबिया केवल मानसिक अनुभव नहीं होता इसका प्रभाव शरीर, भावनाओं और व्यवहार पर भी पड़ सकता है। इसी कारण इसे केवल इच्छाशक्ति से नियंत्रित कर पाना सदैव संभव नहीं होता।

13.3 अस्तित्वगत भय: अस्तित्व-रक्षा की मूल प्रवृत्ति

मानव तंत्रिका तंत्र में सुरक्षा और अस्तित्व-रक्षा की एक स्वाभाविक व्यवस्था होती है। जब कोई खतरा अनुभव होता है, तब शरीर तत्काल स्वयं को सुरक्षित रखने के लिए सक्रिय हो जाता है। किन्तु कभी-कभी यह सुरक्षा-तंत्र

वास्तविक खतरे के अभाव में भी सक्रिय बना रह सकता है। ऐसी स्थिति में व्यक्ति निरंतर सतर्कता, असुरक्षा या अज्ञात भय का अनुभव कर सकता है। उसे ऐसा लग सकता है कि कुछ अनिष्ट होने वाला है, जबकि बाहरी परिस्थितियाँ सामान्य होती हैं।

आधुनिक आघात-विज्ञान इसे तंत्रिकातंत्र की दीर्घकालिक जीवन-रक्षा प्रतिक्रिया से जोड़कर देखती हैं। यही अवस्था आगे चलकर तीव्र घबराहट और अत्यधिक सतर्क रहने की प्रवृत्ति तथा गहरे अस्तित्वगत भय का आधार बन सकती है।

13.4 तंत्रिका तंत्र और भय की प्रतिक्रिया

भय केवल एक मानसिक अनुभव नहीं है यह शरीर और तंत्रिका तंत्र की भी प्रतिक्रिया है। जब व्यक्ति किसी खतरे का अनुभव करता है, तब शरीर

तत्काल सतर्क हो जाता है। हृदयगति बढ़ सकती है, श्वास तीव्र हो सकती है और मांसपेशियाँ तनावग्रस्त हो सकती हैं।

यह प्रतिक्रिया स्वाभाविक रूप से सुरक्षा के लिए विकसित हुई है। किन्तु जब तंत्रिका तंत्र लंबे समय तक तनाव, आघात या असुरक्षा की अवस्था में रहता है, तब वह साधारण परिस्थितियों को भी खतरे के रूप में अनुभव करने लग सकता है।

इसी कारण कुछ लोग वास्तविक खतरे के अभाव में भी अत्यधिक सतर्कता, बेचैनी या भय का अनुभव करते रहते हैं। भय को समझने के लिए केवल विचारों को नहीं, बल्कि शरीर और तंत्रिका तंत्र की प्रतिक्रियाओं को भी समझना आवश्यक है।

13.5 शास्त्रीय संकेत : भय, आसक्ति और मन

द्वितीयाद्वै भयं भवति।

बृहदारण्यक उपनिषद् 1.4.2

भावार्थ ➔ जहाँ द्वैत और अलगाव का अनुभव होता है, वहीं भय उत्पन्न होता है।

भारतीय दर्शन भय को केवल बाहरी परिस्थितियों का परिणाम नहीं मानता, बल्कि उसे मन की अवस्थाओं और आसक्तियों से भी जोड़कर देखता है। जब व्यक्ति स्वयं को सीमित, असुरक्षित या अलग अनुभव करता है, तब भय की संभावना बढ़ जाती है।

यह दृष्टिकोण भय को नकारता नहीं, बल्कि उसके गहरे मनोवैज्ञानिक और चेतनात्मक आयामों को समझने का प्रयास करता है।

13.6 अकारण भय और गहरी भावनात्मक स्मृतियाँ

कुछ भय ऐसे होते हैं जिनका स्पष्ट कारण व्यक्ति को ज्ञात नहीं होता। वह जानता है कि परिस्थिति सुरक्षित है, फिर भी भीतर भय उत्पन्न हो जाता है।

आधुनिक मनोविज्ञान ऐसे अनुभवों को कभी-कभी गहरी भावनात्मक स्मृतियों, अवचेतन संस्कारण (Conditioning) अथवा पूर्व आघातों से जोड़कर देखता है। व्यक्ति वर्तमान घटना पर प्रतिक्रिया देता हुआ प्रतीत होता है, किन्तु उसके भीतर कोई पुराना भावनात्मक विषय सक्रिय हो सकता है।

प्रत्यागमन अनुभव में भी कुछ लोग ऐसे प्रतीकात्मक अनुभवों का वर्णन करते हैं जो उनके वर्तमान भय से संबंधित प्रतीत होते हैं। यद्यपि इन अनुभवों की अंतिम प्रकृति निश्चित रूप से नहीं कही जा सकती, फिर भी वे व्यक्ति को अपने भावनात्मक संसार को समझने का एक अवसर प्रदान कर सकते हैं।

13.7 तीव्र घबराहट (Panic) : जब शरीर खतरा अनुभव करता है

तीव्र घबराहट केवल भय की तीव्रता नहीं है बल्कि यह वह अवस्था है जिसमें शरीर स्वयं को तत्काल खतरे में अनुभव करने लगता है।

ऐसे समय व्यक्ति को तीव्र धड़कन, श्वास लेने में कठिनाई, चक्कर, कंपन, घबराहट अथवा नियंत्रण खो देने का भय अनुभव हो सकता है। कई बार उसे लगता है कि कोई गंभीर घटना घटने वाली है, जबकि वास्तविकता में ऐसा नहीं होता।

तीव्र घबराहट की अवस्था व्यक्ति के लिए अत्यंत वास्तविक होती है। इसलिए इसे कमजोरी या कल्पना मानना उचित नहीं है।

समझ, भावनात्मक सहयोग, तंत्रिका तंत्र का संतुलन तथा उपयुक्त सहायता व्यक्ति को धीरे-धीरे इस अनुभव के साथ अधिक सुरक्षित ढंग से कार्य करने में सहायता कर सकते हैं।

13.8 प्रत्यागमन अनुभव में उभरने वाले भय-आधारित विषय

कुछ प्रत्यागमन अनुभव के दौरान ऐसे विषय उभर सकते हैं जो भय, असुरक्षा या अस्तित्व-संबंधी चिंताओं से जुड़े प्रतीत होते हैं।

उदाहरणस्वरूप कुछ लोग डूबने, गिरने, बंद स्थानों, परित्याग, संघर्ष या मृत्यु से संबंधित प्रतीकात्मक अनुभवों का वर्णन करते हैं। कई बार ये अनुभव वर्तमान जीवन में उपस्थित भय और प्रतिक्रियाओं के साथ किसी प्रकार का संबंध रखते हुए दिखाई देते हैं।

महत्वपूर्ण बात यह है कि इन अनुभवों को अंतिम ऐतिहासिक सत्य मानना आवश्यक नहीं है। उनका मूल्य इस बात में हो सकता है कि वे व्यक्ति को अपने भावनात्मक पैटर्नों और आंतरिक अनुभवों को समझने में सहायता करते हैं।

संतुलित दृष्टिकोण अनुभव की सत्यता से अधिक उसके मनोवैज्ञानिक और भावनात्मक महत्व को समझने पर बल देता है।

13.9 मृत्यु-स्मृतियाँ, आघात और प्रतीकात्मक संबंध

कुछ प्रत्यागमन अभ्यासकर्ता यह अवलोकन करते हैं कि कुछ व्यक्तियों के भय-आधारित अनुभव प्रतीकात्मक रूप से मृत्यु, हानि, संघर्ष अथवा गहरे आघात के विषयों से जुड़े हुए प्रतीत हो सकते हैं।

कई बार व्यक्ति किसी विशेष भय को किसी प्रतीकात्मक कथा, दृश्य या अनुभव के माध्यम से समझने लगता है। यह प्रक्रिया उसके भीतर उपस्थित भावनाओं को पहचानने और व्यक्त करने में सहायक हो सकती है।

फिर भी यह समझना आवश्यक है कि प्रत्येक भय का कारण किसी मृत्यु-स्मृति या पूर्वजन्मीय अनुभव को नहीं माना जा सकता। भय के पीछे मनोवैज्ञानिक, जैविक, सामाजिक तथा जीवन-अनुभवों से जुड़े अनेक कारण हो सकते हैं।

इसी कारण जिम्मेदार प्रत्यागमन कार्य किसी निश्चित निष्कर्ष पर पहुँचने के बजाय जागरूकता, भावनात्मक समझ और संतुलित व्याख्या को प्राथमिकता देता है।

13.10 सुरक्षा-बोध का पुनर्निर्माण

भय और तीव्र घबराहट से जुड़ी अनेक कठिनाइयों के मूल में सुरक्षा-बोध का कमजोर हो जाना पाया जाता है। जब व्यक्ति लंबे समय तक तनाव, आघात या असुरक्षा का अनुभव करता है, तब उसका तंत्रिका तंत्र संसार को अपेक्षाकृत अधिक खतरनाक दृष्टि से देखने लग सकता है।

उपचार की प्रक्रिया केवल भय को समाप्त करने का प्रयास नहीं है, बल्कि भीतर सुरक्षा, स्थिरता और विश्वास की भावना को पुनः विकसित करने की यात्रा भी है।

यह सुरक्षा-बोध धीरे-धीरे विकसित होता है स्वस्थ संबंधों, आत्म-जागरूकता, भावनात्मक समर्थन, ग्राउंडिंग अभ्यासों तथा संतुलित जीवनशैली के माध्यम से। जब व्यक्ति स्वयं को अधिक सुरक्षित अनुभव करने लगता है, तब भय की पकड़ भी धीरे-धीरे कम होने लगती है।

13.11 उपचार, संतुलन एवं एकीकरण

भय-आधारित पैटर्नों के साथ कार्य करने में केवल अंतर्दृष्टि पर्याप्त नहीं होती। व्यक्ति को अपने अनुभवों को समझने के साथ-साथ उन्हें जीवन में एकीकृत भी करना होता है।

उपचार का अर्थ भय का पूर्ण अभाव नहीं, बल्कि उसके साथ अधिक संतुलित संबंध विकसित करना है। जब व्यक्ति अपनी प्रतिक्रियाओं को समझता है, अपने शरीर के संकेतों को पहचानता है और भावनाओं को स्वस्थ रूप से व्यक्त करना सीखता है, तब आंतरिक संतुलन विकसित होने लगता है।

कई बार वास्तविक उपचार अत्यंत शांत और क्रमिक प्रक्रिया होती है। यह किसी एक अनुभव से नहीं, बल्कि निरंतर जागरूकता, धैर्य और आत्म-करुणा से विकसित होता है।

13.12 आध्यात्मिक व्याख्याओं की सीमाएँ

फोबिया, तीव्र घबराहट अथवा अकारण भय को केवल कर्म, पूर्वजन्म या आध्यात्मिक कारणों से जोड़ देना उचित नहीं है।

भय के पीछे मनोवैज्ञानिक, जैविक, सामाजिक और जीवन-अनुभवों से जुड़े अनेक कारण कार्य कर सकते हैं। किसी भी अनुभव की एकमात्र व्याख्या प्रस्तुत करना व्यक्ति को भ्रमित कर सकता है और आवश्यक सहायता प्राप्त करने से भी दूर कर सकता है।

प्रत्यागमन अनुभव कुछ लोगों को अपने भय को समझने का एक प्रतीकात्मक ढाँचा प्रदान कर सकते हैं, किन्तु उन्हें अंतिम और निर्विवाद सत्य मानना आवश्यक नहीं है।

संतुलित दृष्टिकोण आध्यात्मिक संभावनाओं के प्रति खुलापन बनाए रखते हुए वैज्ञानिक, मनोवैज्ञानिक और व्यावहारिक समझ को भी समान महत्व देता है।

13.13 अभ्यासकर्ता और साधक हेतु सावधानियाँ

भय, तीव्र घबराहट और अस्तित्वगत भय से संबंधित कार्य अत्यंत संवेदनशील हो सकता है। इसलिए इस क्षेत्र में सावधानी, धैर्य और उत्तरदायित्व आवश्यक हैं।

किसी भी भय को तत्काल पूर्वजन्मीय स्मृति घोषित करना उचित नहीं है। इसी प्रकार क्लाइंट को भय-आधारित निष्कर्षों या नाटकीय व्याख्याओं की ओर प्रेरित करना भी जिम्मेदार अभ्यास नहीं माना जा सकता।

अभ्यासकर्ता का कार्य व्यक्ति को सुरक्षित वातावरण उपलब्ध कराना, उसकी भावनात्मक स्थिरता का ध्यान रखना तथा अनुभवों को संतुलित रूप से समझने में सहायता करना है।

साधक के लिए भी आवश्यक है कि वह जिज्ञासा से अधिक आत्म-समझ और भावनात्मक संतुलन को महत्व दे। वास्तविक प्रगति भय को बढ़ाने

में नहीं, बल्कि जागरूकता और आंतरिक स्थिरता को विकसित करने में है।

13.14 अध्याय का सार

इस अध्याय में हमने देखा कि भय, फोबिया और तीव्र घबराहट केवल मानसिक अनुभव नहीं हैं, बल्कि वे शरीर, तंत्रिका तंत्र और भावनात्मक स्मृतियों से भी जुड़े हो सकते हैं। कुछ भय स्पष्ट कारणों से उत्पन्न होते हैं, जबकि कुछ के पीछे गहरे और अनदेखे भावनात्मक विषय कार्यरत हो सकते हैं।

प्रत्यागमन अनुभव कभी-कभी इन विषयों को प्रतीकात्मक रूप में सामने ला सकते हैं, किन्तु उनकी व्याख्या संतुलन और विवेक के साथ की जानी चाहिए। भय को समझने और उससे मुक्त होने की प्रक्रिया सुरक्षा-बोध, आत्म-जागरूकता, भावनात्मक संतुलन और क्रमिक उपचार से जुड़ी हुई है।

वास्तविक उपचार भय के विरुद्ध संघर्ष नहीं, बल्कि स्वयं के भीतर सुरक्षा, स्थिरता और विश्वास को पुनः खोजने की प्रक्रिया है।

भाग 3

पूर्वजन्म प्रत्यागमन : सिद्धान्त, प्रक्रिया और उपचार

(Past Life Regression: Theory, Process and Healing)

अध्याय 14

पूर्व-जन्म प्रत्यागमन क्या है?

(What is Past-Life Regression?)

14.1 भूमिका : प्रत्यागमन की अवधारणा

मानव मन सदैव अपनी स्मृतियों, अनुभवों और चेतना की गहराइयों को समझने का प्रयास करता रहा है। कई बार व्यक्ति अपने जीवन में ऐसे भय, भावनात्मक प्रतिक्रियाएँ, संबंध-पैटर्न या आंतरिक संघर्ष अनुभव करता है, जिनका स्पष्ट कारण उसे वर्तमान जीवन में दिखाई नहीं देता।

इसी संदर्भ में प्रत्यागमन की अवधारणा सामने आती है। सामान्य अर्थ में प्रत्यागमन का तात्पर्य चेतना को अतीत के अनुभवों, स्मृतियों या भावनात्मक स्रोतों की ओर ले जाकर उनके प्रभावों को समझने के प्रयास से है।

मनोविज्ञान में प्रत्यागमन का उपयोग कभी-कभी प्रारम्भिक जीवन-अनुभवों की खोज के लिए किया जाता है, जबकि पूर्व-जन्म प्रत्यागमन (PLR) इस संभावना का अन्वेषण करता है कि कुछ अनुभव, प्रतीकात्मक स्मृतियाँ अथवा भावनात्मक विषय व्यक्ति को पूर्वजन्मीय प्रतीत होने वाले अनुभवों तक ले जा सकते हैं।

PLR का उद्देश्य केवल जिज्ञासा को संतुष्ट करना नहीं है। अनेक लोग इसे आत्म-अन्वेषण, भावनात्मक समझ, जीवन-पैटर्नों की पहचान तथा चेतना के गहन आयामों को समझने के एक माध्यम के रूप में देखते हैं।

यह समझना आवश्यक है कि पूर्व-जन्म प्रत्यागमन का क्षेत्र अभी भी अनुभवात्मक और अन्वेषणात्मक है। इसलिए इसे पूर्ण वैज्ञानिक प्रमाण या अंतिम सत्य के रूप में नहीं, बल्कि चेतना-अध्ययन के एक रोचक क्षेत्र के रूप में देखना अधिक संतुलित दृष्टिकोण है।

14.2 पूर्व-जन्म प्रत्यागमन क्या है?

पूर्व-जन्म प्रत्यागमन (Past-Life Regression - PLR) एक ऐसी प्रक्रिया है, जिसमें व्यक्ति को विश्राम, केंद्रित जागरूकता अथवा परिवर्तित चेतना-अवस्था के माध्यम से उन अनुभवों, भावनाओं, प्रतीकों और स्मृतियों तक पहुँचने का अवसर दिया जाता है, जो सामान्य जाग्रत अवस्था में सहज रूप से उपलब्ध नहीं होते।

इस दृष्टिकोण के अनुसार आत्मा प्रत्येक जीवन के अनुभवों, संस्कारों, भावनात्मक छापों और अधूरे सीखों को एक सूक्ष्म स्मृति-भंडार के रूप में संचित रखती है। इसे एक प्रतीकात्मक उदाहरण द्वारा समझा जा सकता है कि जैसे किसी संग्रहण उपकरण (Storage Device) में विभिन्न स्तरों का डेटा सुरक्षित रहता है, उसी प्रकार आत्मा चेतना की यात्रा के दौरान अनेक जन्मों के अनुभवों और संस्कारों को अपने भीतर संजोए रख सकती है।

प्रत्यागमन की प्रक्रिया में आत्मा शरीर से बाहर जाकर किसी पूर्वजन्म की यात्रा नहीं करती, बल्कि व्यक्ति की चेतना उन गहरे अवचेतन और अति-अवचेतन स्मृति-स्तरों तक पहुँचने लगती है जहाँ यह संचित जानकारी विद्यमान हो सकती है। परिणामस्वरूप व्यक्ति को दृश्य, भावनाएँ, प्रतीकात्मक कथानक, शारीरिक संवेदनाएँ या जीवन-परिस्थितियों से संबंधित अनुभव प्राप्त हो सकते हैं।

इस दृष्टि से प्रत्यागमन को चेतना में सुरक्षित सूचनाओं (Stored Consciousness Data) तक पहुँचने की प्रक्रिया माना जा सकता है। उपचारात्मक कार्य (Healing) के दौरान व्यक्ति केवल स्मृतियों का

अवलोकन ही नहीं करता, बल्कि उनसे जुड़े भावनात्मक आवेश, अधूरे अनुभवों और संस्कारों के साथ भी कार्य करता है। इसके परिणामस्वरूप अवचेतन स्तर पर परिवर्तन, भावनात्मक एकीकरण और आंतरिक उपचार की प्रक्रिया आरम्भ हो सकती है। और आत्मा का स्मृति भंडार अचेतन स्मृति जगत से जुड़ा हुआ है जहां उससे संबंधित अन्य आत्माओं के स्मृति भंडार का भी उपचार सम्भव है

हालाँकि यह समझ मुख्यतः आध्यात्मिक और अनुभवजन्य दृष्टिकोण पर आधारित है। विभिन्न मनोवैज्ञानिक और वैज्ञानिक दृष्टिकोण इन अनुभवों की भिन्न व्याख्याएँ प्रस्तुत करते हैं। इसलिए प्रत्यागमन के दौरान प्राप्त अनुभवों को खुलेपन, विवेक और आत्म-अवलोकन के साथ समझना अधिक उपयुक्त माना जाता है।

14.3 प्रत्यागमन और स्मृति का प्रश्न

पूर्व-जन्म प्रत्यागमन के संदर्भ में सबसे महत्वपूर्ण प्रश्नों में से एक है कि व्यक्ति जो अनुभव करता है, उसकी प्रकृति क्या है?

कुछ लोग प्रत्यागमन के दौरान उभरने वाली छवियों, भावनाओं और कथानकों को वास्तविक पूर्वजन्मीय स्मृतियाँ मानते हैं। वहीं कुछ मनोवैज्ञानिक दृष्टिकोण इन्हें अवचेतन मन, कल्पनाशीलता, प्रतीकात्मक अभिव्यक्ति अथवा भावनात्मक प्रसंस्करण के रूप में देखते हैं।

स्मृति स्वयं एक जटिल विषय है। आधुनिक मनोविज्ञान यह स्वीकार करता है कि स्मृतियाँ केवल घटनाओं का यांत्रिक संग्रह नहीं होतीं; वे भावनाओं, धारणाओं और अनुभवों से भी प्रभावित होती हैं।

इसी कारण प्रत्यागमन में उभरने वाले अनुभवों को पूर्ण निश्चितता के साथ किसी एक श्रेणी में रखना सरल नहीं है। अधिक संतुलित दृष्टिकोण यह है कि अनुभव की ऐतिहासिक सत्यता से अधिक उसके मनोवैज्ञानिक, भावनात्मक और आत्म-अन्वेषणात्मक महत्व को समझा जाए।

14.4 शास्त्रीय संकेत : संस्कार, स्मृति और चेतना

भारतीय दर्शन में संस्कार (Sanskar) की अवधारणा अत्यंत महत्वपूर्ण मानी गई है। संस्कार उन सूक्ष्म प्रभावों, प्रवृत्तियों और छापों को कहा गया है, जो अनुभवों के माध्यम से चेतना में अंकित हो जाते हैं।

अनुभूतविषयासम्प्रमोषः स्मृतिः॥

पतंजलि योगसूत्र 1.11

भावार्थ → पूर्व में अनुभूत विषय का न मिटना या सुरक्षित रहना ही स्मृति है।

योग-दर्शन के अनुसार स्मृति केवल अतीत की जानकारी नहीं है, बल्कि अनुभवों की वह छाप है जो चेतना में सुरक्षित रहती है। यही स्मृतियाँ और उनसे निर्मित संस्कार व्यक्ति की प्रतिक्रियाओं, धारणाओं और व्यवहार को प्रभावित कर सकते हैं।

इसी कारण अनेक आध्यात्मिक परंपराएँ मानती हैं कि चेतना केवल वर्तमान जीवन की घटनाओं तक सीमित नहीं हो सकती।

14.5 सम्मोहन और प्रत्यागमन में अंतर

पूर्व-जन्म प्रत्यागमन और सम्मोहन (Hypnosis) को अक्सर एक ही समझ लिया जाता है, जबकि दोनों पूर्णतः समान नहीं हैं।

सम्मोहन (Hypnosis) एक ऐसी अवस्था है, जिसमें व्यक्ति की एकाग्रता बढ़ जाती है और बाहरी विचलनों की तुलना में आंतरिक अनुभवों पर ध्यान अधिक केंद्रित हो जाता है।

प्रत्यागमन एक अन्वेषणात्मक प्रक्रिया है, जिसका उद्देश्य व्यक्ति को उसकी स्मृतियों, भावनात्मक स्रोतों अथवा प्रतीकात्मक अनुभवों की ओर ले जाना होता है।

दूसरे शब्दों में सम्मोहन एक अवस्था (State) हो सकती है, जबकि प्रत्यागमन उस अवस्था का उपयोग करके किया जाने वाला अन्वेषण है।

महत्वपूर्ण बात यह है कि प्रत्यागमन के लिए गहरी सम्मोहन सदैव आवश्यक नहीं होती। कुछ लोग हल्के विश्राम और केंद्रित जागरूकता की अवस्था में भी सार्थक अनुभव प्राप्त कर सकते हैं।

इस प्रकार सम्मोहन को एक उपकरण और प्रत्यागमन को एक प्रक्रिया के रूप में समझा जा सकता है।

14.6 प्रत्यागमन सत्र में क्या होता है?

एक सामान्य प्रत्यागमन सत्र प्रायः विश्राम, आंतरिक जागरूकता और भावनात्मक अन्वेषण की क्रमिक प्रक्रिया के रूप में संचालित होता है।

सत्र के दौरान व्यक्ति को शांत और सुरक्षित वातावरण में अपने अनुभवों का अवलोकन करने के लिए प्रोत्साहित किया जाता है। कई बार वह किसी भावना, शारीरिक अनुभूति, स्मृति, प्रतीकात्मक छवि या कथानक के माध्यम से अपने भीतर कार्यरत पैटर्नों को देखने लगता है।

कुछ लोगों को स्पष्ट दृश्य अनुभव होते हैं, जबकि कुछ केवल भावनात्मक या संवेदनात्मक स्तर पर अनुभव करते हैं। दोनों ही प्रकार के अनुभव समान रूप से महत्वपूर्ण हो सकते हैं।

प्रत्यागमन सत्र का उद्देश्य किसी विशेष कहानी को सिद्ध करना नहीं, बल्कि व्यक्ति को अपने अनुभवों का जागरूकता के साथ अवलोकन करने और उनसे उत्पन्न अंतर्दृष्टियों को समझने में सहायता करना है।

एक संतुलित दृष्टिकोण में सत्र का केंद्र अनुभव की प्रामाणिकता से अधिक व्यक्ति की आत्म-समझ, भावनात्मक स्पष्टता और जागरूकता पर रहता है।

14.7 लोग PLR क्यों करवाते हैं?

लोग विभिन्न कारणों से पूर्व-जन्म प्रत्यागमन की ओर आकर्षित होते हैं। कुछ व्यक्ति अपने जीवन में बार-बार दोहराने वाले भावनात्मक पैटर्नों को समझना चाहते हैं, जबकि कुछ अकारण भय, संबंधों की जटिलताओं या जीवन के गहरे प्रश्नों के उत्तर खोजने की इच्छा रखते हैं।

कुछ सामान्य कारण ➔ अकारण भय, संबंधों में बार-बार आने वाली समान समस्याएँ, जीवन के उद्देश्य की खोज, आध्यात्मिक जिज्ञासा, भावनात्मक उपचार, मृत्यु और चेतना से जुड़े प्रश्न है।

हालाँकि प्रत्येक व्यक्ति का उद्देश्य अलग हो सकता है। कुछ लोग केवल जिज्ञासा से आते हैं, जबकि कुछ आत्म-समझ और आंतरिक परिवर्तन की खोज में इस प्रक्रिया का अनुभव करना चाहते हैं।

14.8 प्रत्यागमन अनुभव की संभावित व्याख्याएँ

प्रत्यागमन के दौरान प्राप्त अनुभवों की व्याख्या विभिन्न दृष्टिकोणों से की जाती है। वर्तमान समय तक ऐसा कोई सार्वभौमिक निष्कर्ष उपलब्ध नहीं है जिसे सभी विद्वान और शोधकर्ता समान रूप से स्वीकार करते हों।

कुछ लोग इन अनुभवों को चेतना की निरंतरता और पूर्वजन्मीय स्मृतियों का संकेत मानते हैं। उनके अनुसार विशेष परिस्थितियों में चेतना पूर्व अनुभवों से संबंधित स्मृतियों या प्रभावों तक पहुँच सकती है।

दूसरा दृष्टिकोण इन्हें अवचेतन मन की प्रतीकात्मक अभिव्यक्ति के रूप में देखता है। इस दृष्टि से उभरने वाली छवियाँ, कथानक और भावनाएँ व्यक्ति के भीतर सक्रिय मनोवैज्ञानिक प्रक्रियाओं, संघर्षों और भावनात्मक विषयों का प्रतिनिधित्व कर सकती हैं।

कुछ शोधकर्ता इन्हें कल्पनाशील चेतना, गहन भावनात्मक प्रसंस्करण अथवा परिवर्तित चेतना-अवस्थाओं से भी जोड़कर देखते हैं।

संतुलित दृष्टिकोण यह स्वीकार करता है कि अनुभव की अंतिम प्रकृति चाहे जो भी हो, उसका महत्व इस बात में निहित हो सकता है कि वह व्यक्ति को स्वयं को समझने, अपने भावनात्मक पैटर्नों को पहचानने और जीवन को अधिक स्पष्टता से देखने में कितनी सहायता प्रदान करता है।

14.9 प्रतीकात्मक और शाब्दिक अनुभव

प्रत्यागमन में प्राप्त प्रत्येक अनुभव को शाब्दिक ऐतिहासिक घटना मानना आवश्यक नहीं है। चेतना कई बार प्रतीकों, रूपकों और भावनात्मक छवियों के माध्यम से भी स्वयं को अभिव्यक्त करती है।

उदाहरण स्वरूप

अंधकार→ भ्रम, भय या अनिश्चितता

प्रकाश→ समझ, जागरूकता या स्पष्टता

बंधन→ सीमित विश्वास अथवा भावनात्मक अवरोध

इसी प्रकार कुछ अनुभव शाब्दिक प्रतीत हो सकते हैं, जबकि कुछ स्पष्ट रूप से प्रतीकात्मक स्वरूप धारण कर सकते हैं। इसलिए किसी भी अनुभव की व्याख्या करते समय खुलापन, विवेक और धैर्य आवश्यक हैं।

महत्वपूर्ण यह नहीं कि अनुभव को तुरंत किसी निश्चित श्रेणी में रखा जाए, बल्कि यह समझा जाए कि वह व्यक्ति के वर्तमान जीवन और आंतरिक संसार के बारे में क्या संकेत प्रदान कर रहा है।

14.11 सामान्य भ्रांतियाँ

पूर्व-जन्म प्रत्यागमन के संबंध में अनेक भ्रांतियाँ प्रचलित हैं।

एक सामान्य धारणा यह है कि प्रत्यागमन के दौरान प्राप्त प्रत्येक अनुभव अनिवार्य रूप से वास्तविक पूर्वजन्मीय स्मृति ही होता है। जबकि अनुभवों की प्रकृति अधिक जटिल हो सकती है और उनमें प्रतीकात्मक, मनोवैज्ञानिक तथा भावनात्मक तत्व भी सम्मिलित हो सकते हैं।

दूसरी भ्रांति यह है कि PLR सभी समस्याओं का त्वरित समाधान प्रदान कर सकता है। वास्तव में आत्म-समझ और भावनात्मक उपचार प्रायः एक क्रमिक प्रक्रिया होती है, जिसमें जागरूकता, आत्म-चिंतन और जीवन में व्यावहारिक परिवर्तन भी आवश्यक होते हैं।

कुछ लोग यह भी मानते हैं कि यह प्रक्रिया केवल विशेष आध्यात्मिक क्षमता वाले व्यक्तियों के लिए है, जबकि अनुभव की गहराई व्यक्ति की जागरूकता, खुलापन और तैयारी पर अधिक निर्भर करती है।

14.12 PLR के संबंध में संतुलित दृष्टिकोण

पूर्व-जन्म प्रत्यागमन के विषय में दो अतिवादी दृष्टिकोण प्रायः देखने को मिलते हैं। एक पक्ष प्रत्येक अनुभव को अंतिम सत्य और पूर्वजन्म का निर्विवाद प्रमाण मान लेता है, जबकि दूसरा पक्ष बिना किसी अन्वेषण के सभी अनुभवों को पूर्णतः अस्वीकार कर देता है।

संतुलित दृष्टिकोण इन दोनों अतियों से बचने का प्रयास करता है।

इस दृष्टि से प्रत्यागमन अनुभव को खुले मन और विवेकपूर्ण दृष्टि के साथ देखा जाता है। अनुभव चाहे शाब्दिक हों, प्रतीकात्मक हों या मनोवैज्ञानिक स्तर पर अर्थपूर्ण हों, उनका मूल्य इस बात में निहित है कि वे व्यक्ति को स्वयं को समझने में कितनी सहायता प्रदान करते हैं।

महत्वपूर्ण यह नहीं कि प्रत्येक अनुभव को सिद्ध किया जाए, बल्कि यह कि उससे प्राप्त अंतर्दृष्टि व्यक्ति के जीवन, संबंधों, भावनात्मक विकास और आत्म-जागरूकता में किस प्रकार योगदान देती है।

वास्तविक परिपक्वता न अंधविश्वास में है और न पूर्ण निषेध में, बल्कि जागरूक, संतुलित और जिम्मेदार अन्वेषण में है।

14.13 अध्याय का सार

इस अध्याय में हमने समझा कि पूर्व-जन्म प्रत्यागमन चेतना-अन्वेषण की एक ऐसी प्रक्रिया है, जिसके माध्यम से व्यक्ति भावनात्मक पैटर्नों,

प्रतीकात्मक अनुभवों और आत्म-समझ के गहरे आयामों का अन्वेषण कर सकता है।

प्रत्यागमन अनुभव की विभिन्न संभावित व्याख्याएँ हो सकती हैं। कुछ लोग उन्हें पूर्वजन्मीय स्मृतियों के रूप में देखते हैं, जबकि अन्य उन्हें अवचेतन मन की प्रतीकात्मक अभिव्यक्ति मानते हैं। इसलिए अनुभवों के प्रति खुलापन और विवेक दोनों आवश्यक हैं।

PLR की अपनी संभावनाएँ और सीमाएँ हैं। इसका उद्देश्य किसी विश्वास को सिद्ध करना नहीं, बल्कि जागरूकता, आत्म-अवलोकन और आंतरिक समझ को विकसित करना है। संतुलित दृष्टिकोण यही है कि अनुभवों को सम्मानपूर्वक देखा जाए, किन्तु उन्हें अंतिम और निर्विवाद सत्य मानने की जल्दबाज़ी न की जाए।

अगले अध्याय में हम सम्मोहन, सम्मोहित अवस्था और प्रत्यागमन अवस्था को समझेंगे तथा यह जानेंगे कि चेतना की परिवर्तित अवस्थाएँ इस प्रक्रिया में किस प्रकार भूमिका निभाती हैं।

अध्याय 15

सम्मोहन, सम्मोहित अवस्था और प्रत्यागमन अवस्था

(Hypnosis, Trance and Regression States)

15.1 भूमिका : परिवर्तित चेतना-अवस्थाओं को समझना

मानव चेतना केवल जागृत अवस्था तक सीमित नहीं है। दैनिक जीवन में भी व्यक्ति अनेक प्रकार की चेतन-अवस्थाओं का अनुभव करता है। कभी वह पूर्ण रूप से बाहरी संसार में केंद्रित होता है, तो कभी अपने विचारों, कल्पनाओं या आंतरिक अनुभवों में डूब जाता है।

ध्यान, गहन प्रार्थना, रचनात्मक तल्लीनता, स्वप्न तथा सम्मोहन जैसी अवस्थाएँ चेतना के विभिन्न आयामों की ओर संकेत करती हैं।

पूर्व-जन्म प्रत्यागमन के संदर्भ में सम्मोहन, सम्मोहित अवस्था और प्रत्यागमन अवस्था को समझना महत्वपूर्ण है, क्योंकि ये वे अवस्थाएँ हैं जिनमें व्यक्ति अपने भीतर के अनुभवों, भावनाओं और स्मृतियों के प्रति अधिक संवेदनशील हो सकता है।

यह समझना आवश्यक है कि परिवर्तित चेतना-अवस्थाएँ कोई असामान्य या रहस्यमयी घटना नहीं हैं, बल्कि मानवीय अनुभव का स्वाभाविक भाग हैं।

15.2 सम्मोहित अवस्था (Trance) क्या है?

सम्मोहित अवस्था एक ऐसी अवस्था है जिसमें व्यक्ति का ध्यान किसी विशेष अनुभव, विचार, भावना या आंतरिक प्रक्रिया पर अधिक केंद्रित हो जाता है, जबकि बाहरी संसार की ओर उसका ध्यान अपेक्षाकृत कम हो सकता है।

इस अवस्था में व्यक्ति सामान्यतः जागरूक रहता है, किन्तु उसकी चेतना का केंद्र बाहर से भीतर की ओर स्थानांतरित होने लगता है।

सम्मोहित अवस्था का अर्थ बेहोशी, नियंत्रण खो देना या अचेत हो जाना नहीं है। अधिकांश स्थितियों में व्यक्ति अपने आसपास की घटनाओं से परिचित रहता है और आवश्यकता पड़ने पर तुरंत सामान्य जागरूकता में लौट सकता है।

इसे एक ऐसी अवस्था के रूप में समझा जा सकता है जिसमें आंतरिक अनुभव अधिक स्पष्ट और सजीव प्रतीत होने लगते हैं।

15.3 क्या सम्मोहित अवस्था एक स्वाभाविक मानवीय अवस्था है?

सम्मोहित अवस्था को प्रायः किसी असाधारण, रहस्यमयी या केवल विशेष परिस्थितियों में होने वाली अवस्था के रूप में देखा जाता है। किन्तु वास्तव में यह मानवीय चेतना की एक स्वाभाविक क्षमता है, जिसका अनुभव अधिकांश लोग अपने दैनिक जीवन में विभिन्न स्तरों पर करते हैं।

उदाहरण के लिए, जब कोई व्यक्ति किसी पुस्तक, संगीत, फिल्म या रचनात्मक कार्य में इतना तल्लीन हो जाता है कि कुछ समय के लिए आसपास की गतिविधियों का ध्यान कम हो जाता है, तब वह हल्की सम्मोहित अवस्था -सदृश अवस्था का अनुभव कर सकता है। इसी प्रकार लंबी यात्रा के दौरान विचारों में खो जाना, गहन प्रार्थना में डूब जाना या किसी कार्य पर पूर्ण एकाग्रता विकसित होना भी आंतरिक रूप से केंद्रित चेतना के उदाहरण हैं।

ऐसी अवस्थाओं में व्यक्ति सामान्यतः अचेत नहीं होता, बल्कि उसका ध्यान बाहरी संसार की अपेक्षा किसी विशिष्ट अनुभव या आंतरिक प्रक्रिया पर अधिक केंद्रित हो जाता है। इसलिए सम्मोहित अवस्था को असामान्य घटना के रूप में नहीं, बल्कि चेतना की स्वाभाविक और सामान्य अभिव्यक्ति के रूप में समझना अधिक उपयुक्त है।

यही स्वाभाविक क्षमता सम्मोहन, ध्यान और प्रत्यागमन जैसी प्रक्रियाओं में भी विभिन्न रूपों में दिखाई दे सकती है, जहाँ व्यक्ति अपने आंतरिक अनुभवों के प्रति अपेक्षाकृत अधिक सजग और संवेदनशील हो जाता है।

15.4 शास्त्रीय संकेत : ध्यान, एकाग्रता और अंतर्मुख चेतना

भारतीय योग परंपरा में मन को बाहरी विषयों से हटाकर भीतर की ओर ले जाने की प्रक्रिया को अत्यंत महत्वपूर्ण माना गया है। ध्यान, धारणा और समाधि जैसी अवस्थाएँ इस बात का संकेत देती हैं कि चेतना अपनी सामान्य जागृत अवस्था से अधिक सूक्ष्म और केंद्रित रूप धारण कर सकती है।

देशबन्धश्चित्तस्य धारणा ॥

पतंजलि योगसूत्र 3.1

भावार्थ ➔ चित्त को किसी एक स्थान, विषय या बिंदु पर स्थिर करना धारणा है।

यह सूत्र संकेत करता है कि जब मन की बिखरी हुई ऊर्जा एक दिशा में केंद्रित होने लगती है, तब आंतरिक अनुभव अधिक स्पष्ट हो सकते हैं। योग-दर्शन में यह प्रक्रिया आत्म-अवलोकन और चेतना की गहन समझ की दिशा में एक महत्वपूर्ण चरण मानी गई है।

सम्मोहन, सम्मोहित अवस्था अथवा प्रत्यागमन अवस्था की प्रकृति योग की धारणा या ध्यान से पूर्णतः समान नहीं है, किन्तु सभी में एक समान तत्व अवश्य दिखाई देता है बाहरी संसार की अपेक्षा आंतरिक अनुभवों पर बढ़ी हुई जागरूकता।

15.5 सम्मोहन क्या है?

सम्मोहन एक ऐसी अवस्था है जिसमें व्यक्ति का ध्यान अधिक केंद्रित और ग्रहणशील हो जाता है। इस अवस्था में बाहरी विचलन अपेक्षाकृत कम महत्वपूर्ण प्रतीत हो सकते हैं और व्यक्ति अपने विचारों, भावनाओं, स्मृतियों तथा कल्पनाओं का अधिक स्पष्ट अनुभव कर सकता है।

लोकप्रिय धारणाओं के विपरीत, सम्मोहन कोई जादुई प्रक्रिया नहीं है और न ही इसमें व्यक्ति अपनी इच्छा-शक्ति खो देता है। अधिकांश लोगों में यह एक सहयोगात्मक प्रक्रिया होती है, जिसमें व्यक्ति की जागरूक भागीदारी बनी रहती है।

आधुनिक मनोविज्ञान सामान्यतः सम्मोहन को एक परिवर्तित चेतना-अवस्था अथवा गहन एकाग्रता की स्थिति के रूप में देखता है।

पूर्व-जन्म प्रत्यागमन में सम्मोहन का उपयोग कई अभ्यासकर्ताओं द्वारा व्यक्ति को विश्राम और आंतरिक अनुभवों के प्रति अधिक संवेदनशील बनाने के लिए किया जाता है, यद्यपि प्रत्यागमन के लिए सम्मोहन सदैव आवश्यक नहीं होती।

15.6 सम्मोहन के बारे में प्रचलित भ्रांतियाँ

सम्मोहन के संबंध में अनेक मिथक और भ्रांतियाँ प्रचलित हैं, जिनके कारण लोग इसे लेकर अनावश्यक भय या अवास्तविक अपेक्षाएँ विकसित कर लेते हैं।

एक सामान्य भ्रांति यह है कि सम्मोहन में व्यक्ति पूरी तरह अभ्यासकर्ता के नियंत्रण में चला जाता है। वास्तव में अधिकांश परिस्थितियों में व्यक्ति अपनी जागरूकता, नैतिक निर्णय-क्षमता और इच्छा-शक्ति बनाए रखता है।

दूसरी भ्रांति यह है कि सम्मोहन केवल कमजोर इच्छाशक्ति वाले लोगों पर ही कार्य करती है। जबकि शोध यह संकेत करते हैं कि एकाग्रता और

सहयोग की क्षमता रखने वाले अनेक लोग सम्मोहित अवस्था का अनुभव कर सकते हैं।

कुछ लोग यह भी मानते हैं कि सम्मोहन के दौरान व्यक्ति हर बात सत्य रूप में याद करने लगता है। वास्तव में स्मृति एक जटिल प्रक्रिया है और सम्मोहन स्मृतियों की पूर्ण ऐतिहासिक सटीकता की गारंटी नहीं देती।

इसी कारण सम्मोहन को रहस्यमयी शक्ति के रूप में नहीं, बल्कि चेतना-अन्वेषण की एक संभावित विधि के रूप में समझना अधिक उचित है।

15.7 सम्मोहन और नींद में अंतर

कई लोग सम्मोहन को नींद के समान समझ लेते हैं, जबकि दोनों अवस्थाएँ भिन्न हैं।

नींद में व्यक्ति की जागरूकता बाहरी संसार से काफी हद तक कट जाती है और चेतन नियंत्रण कम हो जाता है। इसके विपरीत सम्मोहन में व्यक्ति सामान्यतः जागरूक रहता है तथा निर्देशों, प्रश्नों और अपने अनुभवों के प्रति प्रतिक्रिया देने में सक्षम होता है।

सम्मोहन के दौरान व्यक्ति कई बार गहरे विश्राम का अनुभव करता है, जिसके कारण यह नींद जैसी प्रतीत हो सकती है। किन्तु वास्तव में वह एक ऐसी अवस्था होती है जिसमें ध्यान भीतर की ओर केंद्रित रहता है और अनुभवों का अवलोकन अपेक्षाकृत स्पष्ट रूप से किया जा सकता है।

इसी कारण अनेक अभ्यासकर्ता सम्मोहन को "सोना नहीं, बल्कि केंद्रित जागरूकता की अवस्था" के रूप में वर्णित करते हैं। इसमें शरीर विश्राम का अनुभव कर सकता है, जबकि मन एक विशिष्ट प्रकार की सजगता बनाए रखता है।

15.8 सम्मोहन और ध्यान में अंतर

सम्मोहन और ध्यान दोनों ही आंतरिक अनुभवों की ओर ले जाने वाली प्रक्रियाएँ हैं, किन्तु उनके उद्देश्य और पद्धति में कुछ महत्वपूर्ण अंतर होते हैं।

ध्यान का मुख्य उद्देश्य जागरूकता, साक्षीभाव और आंतरिक स्पष्टता का विकास करना है। इसमें व्यक्ति अपने विचारों, भावनाओं और अनुभवों का निष्पक्ष अवलोकन करना सीखता है।

इसके विपरीत सम्मोहन सामान्यतः किसी विशेष उद्देश्य, अनुभव या अन्वेषण की दिशा में निर्देशित प्रक्रिया हो सकती है। इसमें ध्यान को एक विशिष्ट विषय, स्मृति, भावना अथवा आंतरिक अनुभव की ओर केंद्रित किया जाता है।

ध्यान में व्यक्ति जागरूकता का विस्तार करने का प्रयास करता है, जबकि सम्मोहन में जागरूकता अपेक्षाकृत अधिक केंद्रित हो सकती है।

फिर भी दोनों में एक समान तत्व अवश्य है मन की सामान्य व्यस्तता से हटकर भीतर की ओर जाना। इसी कारण कुछ लोग सम्मोहन और ध्यान को विरोधी नहीं, बल्कि भिन्न उद्देश्यों वाली पूरक प्रक्रियाओं के रूप में देखते हैं।

15.9 प्रत्यागमन अवस्था क्या हैं?

प्रत्यागमन अवस्था उन चेतन-अवस्थाओं को कहा जाता है, जिनमें व्यक्ति अपने अतीत से जुड़े अनुभवों, भावनाओं, स्मृतियों या प्रतीकात्मक कथानकों का अन्वेषण करने लगता है।

इन अवस्थाओं में कभी-कभी वर्तमान जीवन की स्मृतियाँ उभर सकती हैं, जबकि कुछ लोगों को ऐसे अनुभव भी प्राप्त हो सकते हैं जिन्हें वे पूर्वजन्मीय (Past-Life) अनुभवों के रूप में समझते हैं।

प्रत्यागमन अवस्था का अर्थ किसी अन्य संसार में चले जाना नहीं है। यह मुख्यतः आंतरिक अनुभवों के प्रति बढ़ी हुई जागरूकता की अवस्था है, जहाँ व्यक्ति अपने भीतर उभर रही छवियों, भावनाओं और संवेदनाओं का अवलोकन करता है।

हर व्यक्ति का अनुभव अलग हो सकता है। कुछ लोगों को स्पष्ट दृश्य दिखाई देते हैं, कुछ केवल भावनाएँ अनुभव करते हैं, जबकि कुछ लोगों को प्रतीकात्मक कथाएँ या आंतरिक अंतर्दृष्टियाँ प्राप्त होती हैं।

इसी कारण प्रत्यागमन को एक अनुभवात्मक प्रक्रिया के रूप में समझना अधिक उपयुक्त है, न कि किसी पूर्व निर्धारित परिणाम के रूप में।

15.10 चेतना, कल्पना और आंतरिक अनुभव

मानव चेतना केवल तर्क और विश्लेषण के माध्यम से ही कार्य नहीं करती; वह प्रतीकों, भावनाओं, स्मृतियों और कल्पनाओं के माध्यम से भी स्वयं को अभिव्यक्त करती है।

प्रत्यागमन अनुभव में उभरने वाली छवियों और कथाओं को कई बार लोग केवल कल्पना मानकर अस्वीकार कर देते हैं। किन्तु मनोविज्ञान यह स्वीकार करता है कि कल्पना भी गहरे भावनात्मक और मनोवैज्ञानिक विषयों को व्यक्त करने का माध्यम बन सकती है। स्वप्न, मिथक और प्रतीक इसी प्रक्रिया के उदाहरण हैं।

इसलिए प्रत्यागमन में प्राप्त अनुभवों को न तो तुरंत ऐतिहासिक सत्य मान लेना उचित है और न ही उन्हें मात्र कल्पना कहकर खारिज कर देना। अधिक संतुलित दृष्टिकोण यह है कि व्यक्ति अनुभव के अर्थ, उससे जुड़ी भावनाओं और उससे प्राप्त होने वाली आत्म-समझ पर ध्यान दे।

अनेक बार किसी अनुभव का वास्तविक मूल्य उसकी तथ्यात्मक प्रकृति में नहीं, बल्कि उससे प्राप्त अंतर्दृष्टि और आत्म-जागरूकता में निहित होता है।

15.11 सुझाव-ग्रहणशीलता (Suggestibility) और उसकी सीमाएँ

सुझाव-ग्रहणशीलता का अर्थ है किसी विचार, संकेत या अपेक्षा से प्रभावित होने की मानवीय प्रवृत्ति। सम्मोहन और प्रत्यागमन के संदर्भ में यह विषय विशेष महत्व रखता है।

यदि किसी व्यक्ति को बार-बार किसी विशेष दिशा में संकेत दिए जाएँ, तो उसके अनुभव अनजाने में उन संकेतों से प्रभावित हो सकते हैं। इसी कारण

आधुनिक प्रत्यागमन अभ्यास में तटस्थ और गैर-निर्देशात्मक दृष्टिकोण को महत्वपूर्ण माना जाता है।

उदाहरण के लिए ➔ "आप क्या अनुभव कर रहे हैं?" जैसा प्रश्न तटस्थ है। जबकि "क्या आप अपने पूर्वजन्म को देख रहे हैं?" जैसा प्रश्न अनुभव को प्रभावित कर सकता है।

फिर भी सुझाव-ग्रहणशीलता का अस्तित्व यह सिद्ध नहीं करता कि प्रत्येक अनुभव केवल सुझाव का परिणाम है। यह केवल इतना संकेत करता है कि अनुभवों की व्याख्या करते समय सावधानी, विवेक और तटस्थता आवश्यक है।

इसी कारण जिम्मेदार अभ्यासकर्ता अनुभवों को थोपने के बजाय व्यक्ति को स्वयं अपने अनुभवों का अवलोकन और अर्थ खोजने के लिए प्रोत्साहित करते हैं।

15.12 स्मृति, कल्पना और अनुभव का संबंध

प्रत्यागमन अनुभव को समझने के लिए स्मृति, कल्पना और अनुभव के संबंध को समझना आवश्यक है। मानव मन अनुभवों को केवल घटनाओं के रूप में नहीं, बल्कि भावनाओं, अर्थों और व्यक्तिगत धारणाओं के साथ भी संचित करता है।

इसी कारण प्रत्यागमन के दौरान उभरने वाले अनुभवों में स्मृति, कल्पना और भावनात्मक प्रसंस्करण के तत्व एक साथ उपस्थित हो सकते हैं। कुछ अनुभव स्मृति जैसे प्रतीत होते हैं, कुछ प्रतीकात्मक रूप धारण कर लेते हैं, जबकि कुछ गहरी भावनात्मक अंतर्दृष्टि प्रदान करते हैं।

महत्वपूर्ण बात यह है कि किसी अनुभव का मूल्य केवल उसकी ऐतिहासिक सत्यता में नहीं, बल्कि उससे प्राप्त आत्म-समझ, भावनात्मक स्पष्टता और जागरूकता में भी हो सकता है। इसलिए संतुलित दृष्टिकोण अनुभवों को खुले मन से देखने और उनके अर्थ को समझने पर बल देता है, न कि उन्हें तुरंत सत्य या असत्य घोषित करने पर।

15.13 प्रत्यागमन में सुरक्षा और भावनात्मक स्थिरता

किसी भी चेतना-अन्वेषण की प्रक्रिया में भावनात्मक सुरक्षा और आंतरिक स्थिरता अत्यंत महत्वपूर्ण हैं।

प्रत्यागमन के दौरान कभी-कभी व्यक्ति गहरी भावनाओं, भूली हुई स्मृतियों या तीव्र प्रतीत होने वाले अनुभवों से जुड़ सकता है। ऐसी परिस्थितियों में अनुभव की नाटकीयता से अधिक महत्वपूर्ण व्यक्ति की भावनात्मक सुरक्षा होती है।

सुरक्षित प्रत्यागमन का उद्देश्य व्यक्ति को अभिभूत करना नहीं, बल्कि उसे अपने अनुभवों का जागरूकता और संतुलन के साथ अवलोकन करने में सहायता देना है।

यही कारण है कि आधुनिक दृष्टिकोण भावनात्मक तैयारी, आत्म-जागरूकता, ग्राउंडिंग और क्रमिक अन्वेषण को महत्व देता है। चेतना की किसी भी गहन यात्रा में सुरक्षा, जिज्ञासा से अधिक महत्वपूर्ण मानी जाती है।

15.14 चेतना-अन्वेषण के संबंध में संतुलित दृष्टिकोण

सम्मोहन, सम्मोहित अवस्था और प्रत्यागमन अवस्था चेतना के अध्ययन का एक रोचक क्षेत्र प्रस्तुत करते हैं। किन्तु इनके संबंध में अतिवादी निष्कर्षों से बचना आवश्यक है।

एक ओर कुछ लोग प्रत्येक अनुभव को अंतिम आध्यात्मिक सत्य मान लेते हैं, जबकि दूसरी ओर कुछ लोग ऐसे सभी अनुभवों को बिना विचार के कल्पना मात्र घोषित कर देते हैं।

संतुलित दृष्टिकोण यह स्वीकार करता है कि मानवीय चेतना अत्यंत जटिल और बहुआयामी है। इसके अनेक अनुभव अभी भी पूर्ण रूप से समझे नहीं जा सके हैं।

इसलिए विवेक, खुलापन और आत्म-अवलोकन तीनों समान रूप से आवश्यक हैं।

वास्तविक उद्देश्य किसी विश्वास को सिद्ध करना नहीं, बल्कि चेतना को अधिक गहराई से समझना और उससे प्राप्त अंतर्दृष्टियों को जीवन में सार्थक रूप से एकीकृत करना है।

15.15 अध्याय का सार

इस अध्याय में हमने समझा कि सम्मोहन, सम्मोहित अवस्था और प्रत्यागमन अवस्था चेतना की ऐसी अवस्थाएँ हैं, जिनमें व्यक्ति अपने आंतरिक अनुभवों के प्रति अधिक सजग हो सकता है। सम्मोहित अवस्था एक स्वाभाविक मानवीय क्षमता है, जबकि सम्मोहन केंद्रित जागरूकता की एक विशेष अवस्था है।

प्रत्यागमन अवस्था में स्मृति, कल्पना, भावना और प्रतीकात्मक अनुभव विभिन्न रूपों में प्रकट हो सकते हैं। इसी कारण अनुभवों की विवेकपूर्ण व्याख्या आवश्यक है।

साथ ही यह भी स्पष्ट हुआ कि चेतना-अन्वेषण की किसी भी प्रक्रिया में भावनात्मक सुरक्षा, संतुलन और जागरूकता अत्यंत महत्वपूर्ण हैं। एक परिपक्व दृष्टिकोण न अंधस्वीकृति पर आधारित होता है और न पूर्ण निषेध पर, बल्कि खुले और विवेकपूर्ण अन्वेषण पर आधारित होता है।

अगले अध्याय में हम प्रत्यागमन अनुभव की प्रकृति, उनकी संभावित व्याख्याओं तथा उनसे प्राप्त होने वाली अंतर्दृष्टियों को और अधिक विस्तार से समझेंगे।

अध्याय 16

प्रत्यागमन अनुभव की प्रकृति और उनकी व्याख्या

(The Nature and Interpretation of Regression Experiences)

16.1 भूमिका : प्रत्यागमन में लोग क्या अनुभव करते हैं?

पिछले अध्याय में हमने सम्मोहन, सम्मोहित अवस्था और प्रत्यागमन अवस्था को समझा। अब स्वाभाविक प्रश्न यह है कि इन अवस्थाओं में व्यक्ति वास्तव में क्या अनुभव करता है और उन अनुभवों को किस प्रकार समझा जाना चाहिए।

पूर्व-जन्म प्रत्यागमन के क्षेत्र में सबसे अधिक जिज्ञासा इसी विषय को लेकर होती है। कुछ लोग बताते हैं कि उन्हें स्पष्ट दृश्य दिखाई दिए, कुछ गहरी भावनाओं का अनुभव करते हैं, जबकि कुछ लोगों को केवल प्रतीकात्मक छवियाँ, शारीरिक संवेदनाएँ या आंतरिक अंतर्दृष्टियाँ प्राप्त होती हैं। यही कारण है कि प्रत्यागमन अनुभव को किसी एक निश्चित रूप में परिभाषित करना संभव नहीं है।

वास्तव में प्रत्यागमनएक अत्यंत व्यक्तिगत और व्यक्तिनिष्ठ अनुभव है। प्रत्येक व्यक्ति की मनो-वैज्ञानिक संरचना, जीवन-अनुभव, संवेदनशीलता, अपेक्षाएँ तथा चेतना की अवस्था उसके अनुभवों की प्रकृति को प्रभावित कर सकती है। इसलिए दो व्यक्ति समान प्रक्रिया से गुजरकर भी भिन्न अनुभव प्राप्त कर सकते हैं।

इस अध्याय का उद्देश्य किसी विशेष व्याख्या को सिद्ध करना नहीं है, बल्कि प्रत्यागमन अनुभव की प्रकृति, उनके विभिन्न स्वरूपों तथा उनकी संभावित व्याख्याओं को संतुलित दृष्टिकोण से समझना है। साथ ही हम यह भी देखेंगे कि किसी अनुभव का महत्व केवल उसकी ऐतिहासिक सत्यता में नहीं, बल्कि उससे प्राप्त होने वाली आत्म-समझ, भावनात्मक स्पष्टता और अंतर्दृष्टि में भी निहित हो सकता है।

16.2 अनुभवों के विभिन्न स्वरूप

प्रत्यागमन अनुभव अनेक रूपों में प्रकट हो सकते हैं। कुछ लोगों को स्थान, घटनाएँ, व्यक्तियों अथवा परिस्थितियों से संबंधित दृश्य अनुभव होते हैं, जबकि कुछ लोगों के अनुभव मुख्यतः भावनात्मक स्तर पर उभरते हैं।

कई बार व्यक्ति किसी विशेष भय, शोक, प्रेम, अपराधबोध, करुणा या राहत की तीव्र अनुभूति करता है। कुछ लोगों को शरीर में दबाव, कसाव, हल्कापन, गर्माहट या अन्य संवेदनाएँ भी अनुभव हो सकती हैं। वहीं कुछ अनुभव स्पष्ट कथा के रूप में सामने आते हैं, जबकि कुछ केवल प्रतीकों, संकेतों या आंतरिक बोध के रूप में प्रकट होते हैं।

महत्वपूर्ण बात यह है कि अनुभव का स्वरूप चाहे जो भी हो, उसका मूल्य केवल उसके बाहरी रूप में नहीं, बल्कि उसके द्वारा उजागर किए जाने वाले भावनात्मक और मनोवैज्ञानिक विषयों में निहित हो सकता है।

16.3 दृश्य, भावनाएँ और शारीरिक संवेदनाएँ

प्रत्यागमन में अनुभव केवल दृश्य नहीं होते। अनेक बार भावनाएँ और शारीरिक संवेदनाएँ दृश्य अनुभवों से भी अधिक महत्वपूर्ण भूमिका निभाती हैं।

कुछ व्यक्तियों को कोई स्पष्ट दृश्य दिखाई नहीं देता, फिर भी वे गहन भय, शोक, करुणा, प्रेम या राहत का अनुभव कर सकते हैं। इसी प्रकार कुछ लोगों को शरीर के किसी भाग में दबाव, कसाव, भारीपन, गर्माहट या हल्केपन की अनुभूति हो सकती है।

इन अनुभवों को केवल शारीरिक प्रतिक्रिया या केवल आध्यात्मिक संकेत मान लेना उचित नहीं है। वे व्यक्ति के आंतरिक भावनात्मक संसार, स्मृतियों और अवचेतन प्रक्रियाओं की अभिव्यक्ति भी हो सकते हैं।

कई बार उपचार की दृष्टि से अनुभव की कहानी से अधिक महत्वपूर्ण उससे जुड़ी भावना होती है। यही भावना व्यक्ति को अपने भीतर सक्रिय पैटर्नों और संघर्षों को समझने का अवसर प्रदान कर सकती है।

16.4 प्रतीकात्मक अनुभवों की भूमिका

चेतना सदैव प्रत्यक्ष भाषा में संवाद नहीं करती। अनेक बार वह प्रतीकों, रूपकों और छवियों के माध्यम से स्वयं को अभिव्यक्त करती है। स्वप्न, मिथक और आध्यात्मिक साहित्य में भी प्रतीकों की महत्वपूर्ण भूमिका दिखाई देती है।

प्रत्यागमन अनुभव में भी प्रतीकात्मक अनुभव सामान्य रूप से उभर सकते हैं। किसी व्यक्ति को प्रकाश, अंधकार, द्वार, पुल, यात्रा, पर्वत, नदी या खुले आकाश जैसी छवियाँ दिखाई दे सकती हैं। ये प्रतीक आवश्यक नहीं कि किसी बाहरी घटना का शाब्दिक वर्णन कर रहे हों; वे व्यक्ति के भीतर सक्रिय किसी भावनात्मक, मनोवैज्ञानिक या चेतनात्मक प्रक्रिया का संकेत भी हो सकते हैं।

महत्वपूर्ण बात यह है कि किसी प्रतीक का अर्थ सार्वभौमिक रूप से निश्चित नहीं होता। एक ही प्रतीक अलग-अलग व्यक्तियों के लिए भिन्न अर्थ धारण कर सकता है। इसलिए प्रतीकों की व्याख्या करते समय पूर्वनिर्धारित निष्कर्षों की अपेक्षा व्यक्ति के व्यक्तिगत अनुभव और संदर्भ को महत्व देना अधिक उचित है।

16.5 शास्त्रीय संकेत : संस्कार और अनुभव

भारतीय दर्शन में संस्कारों को चेतना पर अंकित सूक्ष्म प्रभावों और प्रवृत्तियों के रूप में देखा गया है। माना जाता है कि ये संस्कार व्यक्ति की प्रतिक्रियाओं, धारणाओं और अनुभवों को प्रभावित कर सकते हैं।

विपर्ययो मिथ्याज्ञानमतद्रूपप्रतिष्ठम्॥

पतंजलि योगसूत्र 1.8

भावार्थ ➔ जब किसी वस्तु को उसके वास्तविक स्वरूप से भिन्न रूप में जाना जाता है, तो उसे विपर्यय या मिथ्या ज्ञान कहा जाता है।

प्रत्यागमन अनुभवों की व्याख्या करते समय यह समझना महत्वपूर्ण है कि प्रत्येक अनुभव को तत्काल ऐतिहासिक तथ्य मान लेना आवश्यक नहीं है। मानव मन प्रतीकों, भावनाओं, स्मृतियों और कल्पनात्मक संरचनाओं के माध्यम से भी कार्य कर सकता है। योग-दर्शन इस संभावना की ओर संकेत करता है कि कभी-कभी हमारी धारणा और वास्तविकता में अंतर हो सकता है। इसलिए प्रत्यागमन के दौरान प्राप्त अनुभवों को खुलेपन, जिज्ञासा और विवेक के साथ देखना आवश्यक है।

किसी अनुभव का महत्व केवल उसकी तथ्यात्मक सत्यता में नहीं, बल्कि उस भावनात्मक, मनोवैज्ञानिक अथवा आत्म-बोधात्मक अंतर्दृष्टि में भी हो सकता है जो वह व्यक्ति को प्रदान करता है। इसी कारण एक संतुलित अभ्यासकर्ता अनुभवों को समझने का प्रयास करता है, न कि उन्हें तुरंत अंतिम सत्य घोषित करने का।

16.6 क्या सभी अनुभव पूर्वजन्म से जुड़े होते हैं?

प्रत्यागमन के दौरान उभरने वाले प्रत्येक अनुभव को पूर्वजन्मीय अनुभव मानना आवश्यक नहीं है। कुछ अनुभव वर्तमान जीवन की भूली हुई स्मृतियों, अवचेतन भावनाओं, मनोवैज्ञानिक संघर्षों या प्रतीकात्मक प्रक्रियाओं से भी संबंधित हो सकते हैं।

कई बार व्यक्ति किसी ऐसे भावनात्मक विषय से जुड़ जाता है जो उसके वर्तमान जीवन में सक्रिय है, परंतु सामान्य जागरूकता में स्पष्ट रूप से दिखाई नहीं देता। प्रत्यागमन उस विषय को किसी कथा, प्रतीक या अनुभव के माध्यम से सामने ला सकता है।

इसी कारण जिम्मेदार अभ्यासकर्ता किसी अनुभव को तुरंत पूर्वजन्म का प्रमाण घोषित करने से बचते हैं। अधिक संतुलित दृष्टिकोण यह है कि अनुभव के स्रोत की अपेक्षा उसके अर्थ, प्रभाव और उससे प्राप्त होने वाली समझ को महत्व दिया जाए।

16.7 अवचेतन मन और प्रतीकात्मक कथाएँ

अवचेतन मन अनेक बार प्रत्यक्ष तथ्यों की अपेक्षा कथाओं, प्रतीकों और भावनात्मक छवियों के माध्यम से स्वयं को व्यक्त करता है। यही कारण है कि स्वप्नों और कल्पनात्मक अनुभवों में भी गहरे मनोवैज्ञानिक विषय छिपे हो सकते हैं।

प्रत्यागमन अनुभव में कभी-कभी ऐसी कथाएँ उभरती हैं जो व्यक्ति के भीतर चल रहे किसी भावनात्मक संघर्ष, भय, असुरक्षा, त्याग, अपराधबोध या आत्म-मूल्य से जुड़े विषय का प्रतिनिधित्व कर सकती हैं।

इस दृष्टि से अनुभव की कथा का प्रत्येक विवरण महत्वपूर्ण नहीं होता, बल्कि उससे उभरने वाला भावनात्मक संदेश अधिक महत्वपूर्ण हो सकता है। कई बार व्यक्ति जिस कहानी को देखता है, वह उसके भीतर उपस्थित किसी गहरे सत्य का प्रतीकात्मक रूप होती है।

16.8 भावनात्मक सत्य और ऐतिहासिक सत्य

प्रत्यागमन अनुभव को समझते समय भावनात्मक सत्य और ऐतिहासिक सत्य के बीच अंतर समझना उपयोगी हो सकता है।

किसी अनुभव की ऐतिहासिक सत्यता सिद्ध हो या न हो, वह व्यक्ति के लिए भावनात्मक रूप से अत्यंत अर्थपूर्ण हो सकता है। वह किसी भय, शोक, अपराधबोध, संबंध-पैटर्न या आंतरिक संघर्ष को समझने का माध्यम बन सकता है।

इसी कारण अनेक अनुभवी अभ्यासकर्ता अनुभव की ऐतिहासिक प्रमाणिकता की अपेक्षा उससे प्राप्त अंतर्दृष्टि, आत्म-समझ और भावनात्मक स्पष्टता को अधिक महत्व देते हैं।

कई बार व्यक्ति के जीवन में परिवर्तन अनुभव की तथ्यात्मक प्रकृति से नहीं, बल्कि उसके द्वारा उत्पन्न समझ और जागरूकता से आता है। यही भावनात्मक सत्य की वास्तविक शक्ति है।

16.9 मृत्यु-संबंधी अनुभवों की झलक

कुछ प्रत्यागमन अनुभव में व्यक्ति मृत्यु, हानि अथवा किसी जीवन-अध्याय के समापन से जुड़े अनुभवों का वर्णन करता है। ऐसे अनुभवों में भय, शांति, अलगाव, स्वीकार्यता अथवा मुक्ति जैसी भावनाएँ उभर सकती हैं।

कुछ लोगों को किसी घटना के अंत का दृश्य अनुभव होता है, जबकि कुछ केवल उससे जुड़ी भावनाओं का अनुभव करते हैं। इन अनुभवों का महत्व केवल मृत्यु के चित्रण में नहीं, बल्कि उस भावनात्मक प्रभाव में हो सकता है जो वे व्यक्ति के भीतर उत्पन्न करते हैं।

ऐसे अनुभवों को संवेदनशीलता और संतुलन के साथ समझना आवश्यक है। उनका उद्देश्य भविष्यवाणी करना या किसी विश्वास को सिद्ध करना नहीं, बल्कि व्यक्ति के भीतर उपस्थित जीवन, हानि और परिवर्तन से जुड़े भावनात्मक विषयों को समझना हो सकता है।

16.10 प्रकाश, मार्गदर्शक और आध्यात्मिक प्रतीक

कुछ व्यक्तियों के अनुभवों में प्रकाश, शांत उपस्थिति, आध्यात्मिक व्यक्तित्व अथवा मार्गदर्शक-सदृश प्रतीक उभर सकते हैं। विभिन्न आध्यात्मिक परंपराएँ इन अनुभवों की भिन्न-भिन्न व्याख्या करती हैं।

कुछ लोग इन्हें उच्चतर चेतना, अंतर्ज्ञान या आध्यात्मिक मार्गदर्शन के रूप में देखते हैं, जबकि मनोवैज्ञानिक दृष्टिकोण इन्हें अवचेतन मन के प्रतीकात्मक रूपों के रूप में समझ सकता है।

इन अनुभवों की अंतिम प्रकृति चाहे जो भी हो, अनेक लोगों के लिए वे आश्वासन, अर्थबोध और आंतरिक स्पष्टता का स्रोत बन सकते हैं। इसलिए उनकी व्याख्या करते समय खुलापन और विवेक दोनों आवश्यक हैं।

16.11 अनुभवों का अर्थ कैसे समझें?

प्रत्यागमन अनुभव की विविधता को देखते हुए सबसे महत्वपूर्ण प्रश्न यह नहीं है कि अनुभव "क्या सिद्ध करता है", बल्कि यह है कि वह व्यक्ति को स्वयं के बारे में क्या समझा रहा है।

एक उपयोगी प्रश्न हो सकता है

“यह अनुभव मेरे जीवन, भावनाओं या व्यवहार के बारे में क्या संकेत दे रहा है?”

जब व्यक्ति अनुभव को जिज्ञासा और आत्म-अवलोकन के साथ देखता है, तब उसके भीतर सक्रिय भय, विश्वास, संबंध-पैटर्न और भावनात्मक विषय अधिक स्पष्ट हो सकते हैं।

अनुभव का अर्थ बाहर से थोपा नहीं जाना चाहिए। सबसे सार्थक समझ वही होती है जो व्यक्ति की अपनी जागरूकता और आत्म-अनुभव से विकसित होती है।

16.12 व्याख्या में संतुलन और विवेक

प्रत्यागमन अनुभव की व्याख्या करते समय संतुलन अत्यंत आवश्यक है। एक ओर प्रत्येक अनुभव को अंतिम सत्य मान लेना उचित नहीं है, वहीं दूसरी ओर बिना समझे उसे निरर्थक घोषित कर देना भी उचित नहीं है।

परिपक्व दृष्टिकोण अनुभवों को खुले मन से देखता है, किन्तु उनके संबंध में जल्दबाज़ी में निष्कर्ष नहीं निकालता। वह यह स्वीकार करता है कि चेतना, स्मृति और अनुभव की प्रकृति जटिल है तथा अनेक प्रश्न अभी भी अन्वेषण के विषय हैं।

विवेकपूर्ण दृष्टिकोण खुलापन, जिज्ञासा और आलोचनात्मक समझ तीनों को साथ लेकर चलता है।

16.13 प्रत्यागमन अनुभव की सीमाएँ

प्रत्यागमन अनुभव व्यक्ति को आत्म-समझ, भावनात्मक स्पष्टता और अंतर्दृष्टि प्रदान कर सकते हैं, किन्तु उनकी अपनी सीमाएँ भी हैं।

ये अनुभव सदैव वस्तुनिष्ठ प्रमाण नहीं होते। उनकी व्याख्या व्यक्ति, संदर्भ, विश्वास-प्रणाली और चेतना की अवस्था के अनुसार भिन्न हो सकती है। सभी लोगों को समान प्रकार के अनुभव प्राप्त हों, यह भी आवश्यक नहीं है।

इसी कारण प्रत्यागमन को चेतना-अन्वेषण और आत्म-अवलोकन की प्रक्रिया के रूप में समझना अधिक उपयुक्त है, न कि अंतिम सत्य या सार्वभौमिक प्रमाण प्राप्त करने के साधन के रूप में।

16.14 अध्याय का सार

इस अध्याय में हमने देखा कि प्रत्यागमन अनुभव अनेक रूपों में प्रकट हो सकते हैं दृश्यों, भावनाओं, शारीरिक संवेदनाओं, प्रतीकों और आंतरिक अंतर्दृष्टियों के रूप में।

सभी अनुभवों को पूर्वजन्मीय मानना आवश्यक नहीं है। कुछ अनुभव अवचेतन मन, भावनात्मक स्मृतियों, प्रतीकात्मक प्रक्रियाओं अथवा मनोवैज्ञानिक विषयों की अभिव्यक्ति भी हो सकते हैं। इसी कारण अनुभवों की व्याख्या में संतुलन और विवेक अत्यंत महत्वपूर्ण हैं।

इस अध्याय का केंद्रीय संदेश यह है कि किसी अनुभव का वास्तविक मूल्य केवल उसकी ऐतिहासिक सत्यता में नहीं, बल्कि उससे प्राप्त आत्म-समझ, भावनात्मक स्पष्टता और जागरूकता में भी निहित हो सकता है। खुलापन और विवेक दोनों के साथ किया गया अन्वेषण ही प्रत्यागमन के क्षेत्र को सार्थक और उपयोगी बना सकता है।

अगले अध्याय में हम मृत्यु-स्मृतियाँ और पूर्वजन्मीय मृत्यु-अनुभव पर विस्तृत चर्चा करेंगे

अध्याय 17

मृत्यु-स्मृतियाँ और पूर्वजन्मीय मृत्यु-अनुभव

(Death Memories and Past Life Death Experiences)

17.1 भूमिका : मृत्यु-अनुभवों को समझना

मृत्यु मानव जीवन के सबसे गहरे रहस्यों में से एक है। युगों से मनुष्य यह जानने का प्रयास करता रहा है कि मृत्यु के क्षण में क्या घटित होता है और क्या चेतना किसी रूप में अपनी यात्रा जारी रखती है। इसी कारण मृत्यु केवल एक जैविक घटना नहीं, बल्कि दार्शनिक, आध्यात्मिक और मनोवैज्ञानिक चिंतन का भी विषय रही है।

पूर्व-जन्म प्रत्यागमन के क्षेत्र में मृत्यु-संबंधी अनुभवों का विशेष महत्व माना जाता है। अनेक व्यक्तियों ने ऐसे अनुभवों का वर्णन किया है जिनमें वे किसी जीवन के अंतिम क्षणों, मृत्यु के संक्रमण या मृत्यु के बाद की अनुभूतियों का अनुभव करते प्रतीत होते हैं। कुछ लोगों के लिए ये अनुभव अत्यंत भावनात्मक होते हैं, जबकि कुछ उन्हें गहन अंतर्दृष्टि और आत्म-समझ का स्रोत मानते हैं।

फिर भी यह आवश्यक है कि ऐसे अनुभवों को संतुलित दृष्टि से देखा जाए। इन्हें न तो अंतिम प्रमाण माना जा सकता है और न ही बिना समझे अस्वीकार किया जाना चाहिए। चेतना-अध्ययन के इस क्षेत्र में खुलापन और विवेक दोनों समान रूप से आवश्यक हैं।

17.2 प्रत्यागमन में मृत्यु-दृश्य कैसे उभरते हैं?

प्रत्यागमन अनुभव के दौरान मृत्यु-दृश्य सामान्यतः किसी विशेष प्रयास से उत्पन्न नहीं किए जाते, बल्कि वे स्वतः उभरते हुए अनुभवों के रूप में सामने आ सकते हैं।

कुछ लोगों को किसी जीवन की अंतिम घटना दिखाई देती है, कुछ को केवल उससे जुड़ी भावनाएँ अनुभव होती हैं, जबकि कुछ व्यक्तियों को किसी संक्रमण या परिवर्तन की अनुभूति होती है। कई बार व्यक्ति स्वयं को किसी घटना का सहभागी अनुभव करता है और कई बार केवल उसका साक्षी बनकर देखता है।

महत्वपूर्ण बात यह है कि सभी व्यक्तियों को मृत्यु-दृश्य अनुभव नहीं होते। अनेक प्रत्यागमन सत्र बिना किसी मृत्यु-संबंधी सामग्री के भी सम्पन्न हो सकते हैं। इसलिए मृत्यु-अनुभव प्रत्यागमन का अनिवार्य भाग नहीं हैं, बल्कि संभावित अनुभवों में से एक हैं।

इन अनुभवों की प्रकृति व्यक्ति की संवेदनशीलता, मनोवैज्ञानिक संरचना, विश्वास-प्रणाली तथा चेतन-अवस्था के अनुसार भिन्न हो सकती है। इसी कारण उनकी व्याख्या करते समय सावधानी और संतुलन आवश्यक है।

17.3 मृत्यु-अनुभवों के सामान्य स्वरूप

प्रत्यागमन अनुभव में वर्णित मृत्यु-अनुभव एक जैसे नहीं होते। प्रत्येक व्यक्ति की अनुभूति उसकी चेतना, भावनात्मक स्थिति और आंतरिक प्रतीकों के अनुसार भिन्न हो सकती है।

कुछ लोग किसी घटना के अंतिम क्षणों को अत्यंत स्पष्ट रूप से अनुभव करने की बात करते हैं, जबकि कुछ लोगों को केवल भावनाएँ, संवेदनाएँ या प्रतीकात्मक दृश्य दिखाई देते हैं। कई अनुभवों में व्यक्ति स्वयं को किसी संक्रमण या परिवर्तन की प्रक्रिया से गुजरता हुआ अनुभव करता है।

कुछ वर्णनों में भय, भ्रम या संघर्ष की अनुभूति दिखाई देती है, जबकि अन्य अनुभवों में शांति, स्वीकार्यता अथवा मुक्त होने का भाव प्रमुख होता है। कुछ लोग अपने शरीर से अलग होने जैसी अनुभूति का उल्लेख करते हैं, जबकि कुछ केवल एक बदलती हुई चेतना-अवस्था का अनुभव बताते हैं।

इन विविध अनुभवों से यह स्पष्ट होता है कि मृत्यु-अनुभवों का कोई एक सार्वभौमिक स्वरूप नहीं है। वे अत्यंत व्यक्तिगत और व्यक्तिनिष्ठ हो सकते हैं।

17.4 शास्त्रीय संकेत : आत्मा और शरीर

भारतीय दर्शन में आत्मा और शरीर को एक-दूसरे से भिन्न माना गया है। शरीर परिवर्तनशील और नश्वर है, जबकि आत्मा को शाश्वत चेतना के रूप में देखा गया है।

आश्चर्यवत्पश्यति कश्चिदेनम्
आश्चर्यवद्वदति तथैव चान्यः।
आश्चर्यवच्चैनमन्यः शृणोति
श्रुत्वाऽप्येनं वेद न चैव कश्चित्॥

श्रीमद्भगवद्गीता 2.29

भावार्थ ➔ कोई आत्मा को आश्चर्य की भाँति देखता है, कोई उसके विषय में आश्चर्य की भाँति बोलता है, कोई उसे आश्चर्य की भाँति सुनता है, फिर भी बहुत कम लोग उसे वास्तव में जान पाते हैं।

मृत्यु और चेतना का अनुभव मानव जीवन के सबसे रहस्यमय विषयों में से एक है। पूर्वजन्मीय मृत्यु-अनुभवों और मृत्यु-स्मृतियों के अध्ययन में यह श्लोक स्मरण कराता है कि आत्मा और मृत्यु का वास्तविक स्वरूप बौद्धिक समझ से परे एक गहन रहस्य बना रह सकता है। मृत्यु-समीप अनुभवों, आध्यात्मिक अनुभूतियों तथा चेतना-अध्ययन से जुड़े अनेक प्रश्न इसी मूल जिज्ञासा के इर्द-गिर्द घूमते हैं कि क्या चेतना केवल शरीर की गतिविधि है या उसका कोई स्वतंत्र आयाम भी हो सकता है। भारतीय

दार्शनिक परंपराएँ आत्मा को ऐसे ही एक गहन और सूक्ष्म आयाम के रूप में देखती हैं।

यद्यपि यह दृष्टिकोण आध्यात्मिक और दार्शनिक परंपराओं पर आधारित है, फिर भी यह आत्मा और शरीर के संबंध को समझने के लिए एक महत्वपूर्ण वैचारिक आधार प्रदान करता है।

17.5 मृत्यु के क्षण का व्यक्तिनिष्ठ अनुभव

प्रत्यागमन अनुभव में वर्णित मृत्यु के क्षण प्रायः अत्यंत भावनात्मक होते हैं। अनेक लोग बताते हैं कि उस समय की सबसे प्रमुख अनुभूति घटना नहीं, बल्कि उससे जुड़ी भावना होती है।

कुछ अनुभवों में व्यक्ति भय, असहायता या भ्रम का वर्णन करता है। अन्य अनुभवों में आश्चर्य, शांति या स्वीकार्यता की अनुभूति प्रमुख होती है। कुछ लोगों को ऐसा प्रतीत होता है मानो समय धीमा पड़ गया हो, जबकि कुछ लोग केवल एक क्षणिक परिवर्तन का अनुभव बताते हैं।

महत्वपूर्ण बात यह है कि ये अनुभव वस्तुनिष्ठ विवरण के रूप में नहीं, बल्कि चेतना के व्यक्तिनिष्ठ अनुभवों के रूप में सामने आते हैं। इसलिए उनका मूल्य केवल घटनाओं के वर्णन में नहीं, बल्कि उन भावनाओं और अंतर्दृष्टियों में होता है जो उनसे जुड़ी होती हैं।

इसी कारण अनेक अभ्यासकर्ता अनुभव की कथा से अधिक उसके भावनात्मक अर्थ को समझने पर बल देते हैं।

17.6 मृत्यु के बाद की प्रारम्भिक अनुभूतियाँ

कुछ प्रत्यागमन अनुभव में लोग मृत्यु के पश्चात की प्रारम्भिक अवस्थाओं का भी वर्णन करते हैं। इन अनुभवों की प्रकृति अत्यंत विविध हो सकती है।

कुछ लोगों के अनुसार उन्हें गहन शांति, हल्केपन या मुक्त होने की अनुभूति होती है। कुछ अनुभवों में व्यक्ति स्वयं को किसी व्यापक चेतना, प्रकाश या

शांत उपस्थिति के निकट अनुभव करता है। कुछ लोगों को ऐसा लगता है मानो वे अपने जीवन की घटनाओं को एक नए दृष्टिकोण से देख पा रहे हों।

दूसरी ओर कुछ अनुभवों में भ्रम, अनिश्चितता या स्थिति को समझने का प्रयास भी दिखाई देता है। यह विविधता इस बात की ओर संकेत करती है कि ऐसे यह भी संभव है कि इन अनुभवों में प्रतीकात्मक, मनोवैज्ञानिक और आध्यात्मिक तत्व एक साथ उपस्थित हों। इसलिए उनकी अंतिम प्रकृति के विषय में पूर्ण निश्चितता के बजाय विवेकपूर्ण खुलापन अधिक उपयुक्त माना जाता है।

17.7 जीवन पुनरावलोकन की प्रारम्भिक झलक

कुछ प्रत्यागमन अनुभव तथा मृत्यु-समीप अनुभवों में एक रोचक विषय बार-बार दिखाई देता है, जिसे जीवन पुनरावलोकन कहा जाता है।

इन अनुभवों में कुछ लोग बताते हैं कि उन्हें अपने जीवन की महत्वपूर्ण घटनाएँ किसी व्यापक दृष्टिकोण से दिखाई देने लगीं। वे केवल घटनाओं को ही नहीं, बल्कि उन घटनाओं का स्वयं पर और दूसरों पर पड़े प्रभाव को भी अधिक स्पष्टता से अनुभव करते प्रतीत हुए।

अनेक वर्णनों में यह प्रक्रिया दंड या न्याय की तरह नहीं, बल्कि समझ और जागरूकता की प्रक्रिया जैसी दिखाई देती है। व्यक्ति अपने निर्णयों, संबंधों, भय, प्रेम, करुणा तथा अनसुलझे भावनात्मक विषयों को नए दृष्टिकोण से देखता है।

यद्यपि ऐसे अनुभवों की अंतिम प्रकृति को निश्चित रूप से सिद्ध नहीं किया जा सकता, फिर भी वे आत्म-चिंतन और चेतना-अध्ययन के एक महत्वपूर्ण विषय के रूप में देखे जाते हैं।

17.8 अधूरी भावनाएँ और अपूर्ण अनुभव

कुछ प्रत्यागमन अनुभव यह संकेत करते हैं कि मृत्यु के समय उपस्थित भावनात्मक अवस्थाएँ व्यक्ति के अनुभव में विशेष महत्व रख सकती हैं।

कई वर्णनों में अधूरापन, अपूर्ण संबंध, व्यक्त न हो सकी भावनाएँ, अपराधबोध, शोक अथवा बिछड़ने की अनुभूति प्रमुख रूप से दिखाई देती है। कुछ लोग अनुभव करते हैं कि किसी महत्वपूर्ण विषय को समझे बिना या पूर्ण किए बिना यात्रा समाप्त हो गई।

मनोवैज्ञानिक दृष्टि से देखें तो मानव मन स्वाभाविक रूप से अधूरे अनुभवों को पूर्ण करने की प्रवृत्ति रखता है। इसी कारण अपूर्ण भावनात्मक विषय बार-बार स्मृति, स्वप्न, प्रतीकात्मक अनुभव अथवा आंतरिक चिंतन के रूप में उभर सकते हैं।

प्रत्यागमन अनुभव में भी ऐसे विषय व्यक्ति को अपने भीतर उपस्थित अनसुलझी भावनाओं को पहचानने और समझने का अवसर प्रदान कर सकते हैं।

17.9 प्रतीकात्मक मृत्यु और आंतरिक रूपांतरण

मृत्यु से संबंधित प्रत्येक अनुभव को शाब्दिक मृत्यु के रूप में समझना आवश्यक नहीं है। अनेक बार मृत्यु चेतना के स्तर पर किसी गहरे परिवर्तन या रूपांतरण का प्रतीक भी हो सकती है।

आध्यात्मिक और मनोवैज्ञानिक परंपराओं में "मृत्यु" को कभी-कभी पुराने विश्वासों, सीमित पहचानों, अहंभाव अथवा अप्रासंगिक जीवन-पद्धतियों के अंत के रूप में भी देखा गया है।

उदाहरण के लिए, किसी व्यक्ति के जीवन में एक पुरानी पहचान समाप्त हो सकती है और उसके स्थान पर अधिक परिपक्व समझ विकसित हो सकती है। इसी प्रकार कोई गहरा भावनात्मक पैटर्न समाप्त होकर एक नई चेतनात्मक दिशा का मार्ग प्रशस्त कर सकता है।

इस दृष्टि से मृत्यु केवल अंत का प्रतीक नहीं, बल्कि नवीकरण, रूपांतरण और आंतरिक विकास का भी संकेत हो सकती है।

17.10 क्या मृत्यु-दृश्य शाब्दिक होते हैं?

यह प्रश्न प्रत्यागमन अध्ययन के सबसे महत्वपूर्ण प्रश्नों में से एक है।

कुछ लोग मृत्यु-दृश्यों को पूर्वजन्मीय घटनाओं की वास्तविक स्मृतियाँ मानते हैं, जबकि कुछ मनोवैज्ञानिक उन्हें अवचेतन मन की प्रतीकात्मक अभिव्यक्ति, भावनात्मक प्रसंस्करण अथवा आंतरिक कथाओं के रूप में देखते हैं। वर्तमान समय में ऐसा कोई सार्वभौमिक प्रमाण उपलब्ध नहीं है जो प्रत्येक मृत्यु-दृश्य की प्रकृति को अंतिम रूप से सिद्ध कर सके। इसी कारण जिम्मेदार दृष्टिकोण किसी एक निष्कर्ष को सभी अनुभवों पर लागू नहीं करता।

अधिक संतुलित समझ यह स्वीकार करती है कि ऐसे अनुभव व्यक्ति के लिए गहरे अर्थपूर्ण हो सकते हैं, चाहे उनकी अंतिम प्रकृति ऐतिहासिक, प्रतीकात्मक, मनोवैज्ञानिक अथवा चेतनात्मक किसी भी स्तर की क्यों न हो।

महत्वपूर्ण यह नहीं कि अनुभव को तुरंत किसी निश्चित श्रेणी में रखा जाए, बल्कि यह समझा जाए कि वह व्यक्ति को अपने जीवन, भावनाओं और चेतना के बारे में क्या सिखा रहा है।

17.11 मृत्यु-अनुभवों का वर्तमान जीवन पर प्रभाव

मृत्यु-संबंधी प्रत्यागमन अनुभव कुछ लोगों के लिए अत्यंत गहन और परिवर्तनकारी सिद्ध हो सकते हैं। ऐसे अनुभवों के बाद व्यक्ति जीवन, संबंधों और स्वयं के प्रति अपने दृष्टिकोण में परिवर्तन अनुभव कर सकता है।

कुछ लोगों में मृत्यु के प्रति अत्यधिक भय धीरे-धीरे कम होने लगता है। कुछ जीवन की अनिश्चितता को अधिक सहजता से स्वीकार करना सीखते हैं, जबकि कुछ लोगों में वर्तमान क्षण के प्रति जागरूकता और कृतज्ञता बढ़ जाती है।

कई बार व्यक्ति यह अनुभव करता है कि जीवन केवल उपलब्धियों, संघर्षों और बाहरी सफलताओं तक सीमित नहीं है। वह संबंधों, करुणा, प्रेम और आंतरिक विकास को अधिक महत्व देने लगता है।

यद्यपि प्रत्येक व्यक्ति की प्रतिक्रिया भिन्न हो सकती है, फिर भी अनेक अनुभव यह संकेत करते हैं कि मृत्यु की समझ कई बार जीवन को अधिक अर्थपूर्ण ढंग से जीने की प्रेरणा बन सकती है।

17.12 मृत्यु से जीवन की ओर : अर्थ और जागरूकता

मृत्यु पर चिंतन का उद्देश्य भय उत्पन्न करना नहीं, बल्कि जीवन को अधिक गहराई से समझना है। जब व्यक्ति मृत्यु की संभावना को स्वीकार करना सीखता है, तब वह वर्तमान जीवन के महत्व को भी अधिक स्पष्टता से देख पाता है।

अनेक आध्यात्मिक परंपराएँ यह संकेत करती हैं कि मृत्यु की स्मृति व्यक्ति को अधिक सजग, उत्तरदायी और जागरूक बना सकती है। यह उसे याद दिलाती है कि समय सीमित है और प्रत्येक क्षण मूल्यवान है।

मृत्यु की समझ व्यक्ति को यह प्रश्न पूछने के लिए प्रेरित कर सकती है

मैं वास्तव में कैसे जी रहा हूँ?

मेरे जीवन का सबसे महत्वपूर्ण पक्ष क्या है?

क्या मैं अपने मूल्यों के अनुरूप जीवन जी रहा हूँ?

इस प्रकार मृत्यु का चिंतन जीवन-विमुख नहीं, बल्कि जीवन-केंद्रित भी हो सकता है।

17.13 संतुलित दृष्टिकोण और सीमाएँ

मृत्यु-संबंधी प्रत्यागमन अनुभव अत्यंत प्रभावशाली हो सकते हैं, किन्तु उनके संबंध में संतुलित दृष्टिकोण बनाए रखना आवश्यक है।

इन अनुभवों को तुरंत अंतिम सत्य, ऐतिहासिक प्रमाण या सार्वभौमिक नियम मान लेना उचित नहीं है। साथ ही इन्हें बिना समझे केवल कल्पना कहकर अस्वीकार कर देना भी संतुलित दृष्टिकोण नहीं माना जा सकता।

मानवीय चेतना जटिल और बहुआयामी है। इसलिए मृत्यु-अनुभवों की व्याख्या करते समय मनोवैज्ञानिक, प्रतीकात्मक, आध्यात्मिक और व्यक्तिगत सभी संभावनाओं के प्रति खुलापन बनाए रखना उपयोगी हो सकता है।

वास्तविक उद्देश्य किसी मत को सिद्ध करना नहीं, बल्कि अनुभव से प्राप्त होने वाली समझ, जागरूकता और आत्म-बोध को पहचानना है।

17.14 अध्याय का सार

इस अध्याय में हमने मृत्यु-स्मृतियों और पूर्वजन्मीय मृत्यु-अनुभव से संबंधित विभिन्न अनुभवों को समझने का प्रयास किया। प्रत्यागमन अनुभव में मृत्यु-दृश्य, संक्रमण की अनुभूतियाँ, जीवन पुनरावलोकन की झलक, अधूरी भावनाएँ तथा प्रतीकात्मक रूपांतरण जैसे विषय उभर सकते हैं।

इन अनुभवों की अंतिम प्रकृति के विषय में पूर्ण निश्चितता संभव नहीं है, फिर भी वे व्यक्ति को अपने भय, संबंधों, जीवन-पैटर्नों और चेतना की प्रकृति को समझने में सहायता कर सकते हैं।

संतुलित दृष्टिकोण यह स्वीकार करता है कि मृत्यु-संबंधी अनुभव चेतना-अध्ययन का एक रोचक और गहन क्षेत्र हैं। उनका वास्तविक महत्व किसी निष्कर्ष को सिद्ध करने में नहीं, बल्कि जीवन को अधिक जागरूकता, करुणा और अर्थपूर्णता के साथ जीने की प्रेरणा देने में निहित हो सकता है।

अगले अध्याय में हम जीवन-समीक्षा, आत्मिक योजना और आध्यात्मिक मार्गदर्शनसे संबंधित अवधारणाओं का अध्ययन करेंगे, जिन्हें अनेक आध्यात्मिक परंपराएँ चेतना की व्यापक यात्रा का भाग मानती हैं।

अध्याय 18

जीवन-समीक्षा, आत्मिक योजना और आध्यात्मिक मार्गदर्शन

(Life Review, Soul Planning and Spiritual Guidance)

18.1 भूमिका : मृत्यु के बाद समझ की अवधारणा

मृत्यु और उसके पश्चात की चेतना-अवस्थाओं से संबंधित अनेक आध्यात्मिक परंपराओं, मृत्यु-समीप अनुभवों तथा प्रत्यागमन अनुभव में एक रोचक विषय बार-बार दिखाई देता हैe 8. d

इन वर्णनों में मृत्यु को केवल जीवन की समाप्ति के रूप में नहीं, बल्कि आत्म-अवलोकन, सीख और व्यापक दृष्टिकोण प्राप्त करने के अवसर के रूप में भी देखा गया है। कुछ लोगों के अनुसार मृत्यु के पश्चात चेतना अपने जीवन को अधिक स्पष्टता से देखने लगती है और उन बातों को समझ पाती है जो जीवन के दौरान अस्पष्ट थीं।

इसी संदर्भ में जीवन समीक्षा, आध्यात्मिक मार्गदर्शन और आत्मा की पूर्व नियोजित योजना जैसी अवधारणाओं का उल्लेख किया जाता है। विभिन्न परंपराएँ इनकी अलग-अलग व्याख्या प्रस्तुत करती हैं, किन्तु सभी में एक समान तत्व दिखाई देता है चेतना का विस्तार और स्वयं को अधिक गहराई से समझने का प्रयास।

यद्यपि इन अनुभवों की अंतिम प्रकृति अभी भी रहस्य और शोध का विषय है, फिर भी वे चेतना-अध्ययन तथा आध्यात्मिक चिंतन का एक महत्वपूर्ण क्षेत्र प्रस्तुत करते हैं।

18.2 जीवन समीक्षा: आत्म-अवलोकन की प्रक्रिया

जीवन समीक्षा एक ऐसी अवधारणा है जिसका उल्लेख अनेक मृत्यु-समीप अनुभवों (NDEs) तथा प्रत्यागमन वृत्तांत में मिलता है।

कुछ लोगों के अनुसार इस अवस्था में व्यक्ति अपने जीवन की घटनाओं, संबंधों, निर्णयों और अनुभवों को एक व्यापक दृष्टिकोण से देखता है। यह केवल घटनाओं का पुनरावलोकन नहीं, बल्कि उनके अर्थ और प्रभाव को समझने की प्रक्रिया भी हो सकती है।

अनेक वर्णनों में यह अनुभव किसी बाहरी न्याय या दंड जैसा नहीं, बल्कि गहरी आत्म-जागरूकता जैसा प्रतीत होता है। व्यक्ति यह देख सकता है कि उसके विचारों, शब्दों और कर्मों ने स्वयं तथा दूसरों को किस प्रकार प्रभावित किया। वह उन अवसरों को भी पहचान सकता है जहाँ भय, अहंकार, करुणा, प्रेम या जागरूकता ने उसके निर्णयों को प्रभावित किया।

कुछ अनुभवों में यह भी वर्णित है कि व्यक्ति घटनाओं को केवल अपने दृष्टिकोण से नहीं, बल्कि उनसे प्रभावित अन्य लोगों के दृष्टिकोण से भी समझने लगता है। इससे अपराधबोध नहीं, बल्कि करुणा और संवेदनशीलता की भावना विकसित होने की बात कही जाती है।

इस प्रकार जीवन समीक्षा को अनेक परंपराएँ दंड की प्रक्रिया नहीं, बल्कि आत्म-बोध, जागरूकता और समझ की प्रक्रिया के रूप में देखती हैं।

18.3 शास्त्रीय संकेत : कर्म और आत्म-अवलोकन

भारतीय दर्शन में कर्म को केवल बाहरी कार्य नहीं, बल्कि चेतना की दिशा और आंतरिक प्रवृत्तियों से भी जोड़ा गया है। इसी कारण आत्म-अवलोकन और आत्म-समझ को आध्यात्मिक विकास का महत्वपूर्ण अंग माना गया है।

परीक्ष्य लोकान् कर्मचितान् ब्राह्मणो
निर्वेदमायान्नास्त्यकृतः कृतेन।
तद्विज्ञानार्थं स गुरुमेवाभिगच्छेत्
समित्पाणिः श्रोत्रियं ब्रह्मनिष्ठम्॥

मुण्डकोपनिषद् 1.2.12

भावार्थ ➔ विवेकी मनुष्य कर्मों से प्राप्त होने वाले जीवन-अनुभवों का परीक्षण करके समझता है कि केवल बाहरी कर्मों से परम सत्य की प्राप्ति नहीं होती। तब वह सत्य के ज्ञान के लिए योग्य गुरु की शरण ग्रहण करता है।

जीवन-समीक्षा (Life Review) का मूल भाव भी अपने जीवन, कर्मों और अनुभवों का ईमानदारी से अवलोकन करना है। यह मंत्र संकेत करता है कि आत्म-विकास की यात्रा बाहरी उपलब्धियों से आगे बढ़कर आत्म-परीक्षण, विवेक और गहन समझ की ओर ले जाती है। इस प्रकार यह उपनिषद् मंत्र हमें स्मरण कराता है कि आध्यात्मिक यात्रा का अंतिम उद्देश्य केवल जानकारी प्राप्त करना नहीं, बल्कि स्वयं को जानना और चेतना के गहन आयामों का प्रत्यक्ष अनुभव करना है।

जीवन समीक्षा की अवधारणा को समझते समय यह दृष्टिकोण आत्म-अवलोकन, जागरूकता और आंतरिक उत्तरदायित्व के महत्व को रेखांकित करता है।

18.4 आध्यात्मिक मार्गदर्शन और आंतरिक प्रज्ञा

प्रत्यागमन अनुभव, मृत्यु समीप अनुभव तथा अनेक आध्यात्मिक परंपराओं में कभी-कभी ऐसी अनुभूतियों का वर्णन मिलता है जिन्हें आध्यात्मिक मार्गदर्शन या आध्यात्मिक मार्गदर्शन के रूप में समझा जाता है।

कुछ लोग कठिन परिस्थितियों में किसी शांत उपस्थिति, मार्गदर्शक चेतना या गहरी आंतरिक स्पष्टता का अनुभव करने की बात करते हैं। यह अनुभव कभी प्रकाश, कभी गुरु-सदृश उपस्थिति और कभी केवल सहज ज्ञान (Intuition) के रूप में प्रकट हो सकता है।

इन अनुभवों की व्याख्या विभिन्न प्रकार से की जाती है। कुछ लोग इन्हें उच्चतर चेतना का मार्गदर्शन मानते हैं, जबकि कुछ मनोवैज्ञानिक इन्हें व्यक्ति की आंतरिक प्रज्ञा की अभिव्यक्ति के रूप में देखते हैं।

भारतीय परंपराओं में गुरु को केवल बाहरी व्यक्ति नहीं, बल्कि जागृत प्रज्ञा और आंतरिक ज्ञान का प्रतीक भी माना गया है। इसी कारण अनेक साधक ऐसे अनुभवों को बाहरी सत्ता की अपेक्षा भीतर उपस्थित चेतना के गहरे स्तरों से जोड़कर देखते हैं।

महत्वपूर्ण बात यह है कि ऐसे अनुभव व्यक्ति को अधिक आत्मनिर्भर, जागरूक और विवेकशील बनाएं यदि वे निर्भरता, भय या अंधविश्वास को बढ़ाएँ, तो उनकी व्याख्या सावधानी से की जानी चाहिए।

18.5 आत्मा की योजना और जीवन-पाठ

कुछ जन्मों के मध्य के अनुभव, प्रत्यागमन वृत्तांत तथा आध्यात्मिक परंपराओं में आत्मिक योजना की अवधारणा का उल्लेख मिलता है।

इस दृष्टिकोण के अनुसार आत्मा विभिन्न अनुभवों, संबंधों और परिस्थितियों के माध्यम से सीखने और विकसित होने की यात्रा करती है। कुछ लोगों का अनुभव है कि जीवन की कुछ महत्वपूर्ण घटनाएँ उन्हें विशेष सीख, समझ या चेतना-विकास की ओर ले जाती प्रतीत होती हैं।

यह समझना आवश्यक है कि आत्मा की योजना (Soul Planning) का अर्थ यह नहीं है कि जीवन की प्रत्येक घटना पूर्वनिर्धारित और अपरिवर्तनीय है। अनेक आध्यात्मिक दृष्टिकोण यह संकेत करते हैं कि जीवन कुछ अवसर और संभावनाएँ प्रस्तुत कर सकता है, किन्तु व्यक्ति के चुनाव, दृष्टिकोण और कर्म भी समान रूप से महत्वपूर्ण बने रहते हैं।

इसी कारण आत्मिक योजना और स्वतंत्र इच्छा को परस्पर विरोधी नहीं माना जाता। परिस्थितियाँ अवसर प्रदान कर सकती हैं, किन्तु व्यक्ति उन अवसरों का उपयोग किस प्रकार करता है, यह उसकी जागरूकता और निर्णयों पर निर्भर करता है।

कुछ लोगों के लिए जीवन-पाठ धैर्य सीखने में निहित होते हैं, कुछ के लिए करुणा विकसित करने में, कुछ के लिए आत्म-सम्मान, क्षमा, उत्तरदायित्व या संतुलन सीखने में। प्रत्यागमन अनुभव में भी कई बार व्यक्ति अपने जीवन में बार-बार दोहराने वाले विषयों और पैटर्नों को पहचानने लगता है।

इस दृष्टि से जीवन केवल घटनाओं की श्रृंखला नहीं, बल्कि आत्म-समझ और चेतना-विकास की निरंतर प्रक्रिया के रूप में देखा जा सकता है।

18.6 प्रतीकात्मक और शाब्दिक व्याख्याएँ

जीवन समीक्षा, आध्यात्मिक मार्गदर्शन और आत्मा की योजना जैसी अवधारणाओं को समझते समय यह प्रश्न स्वाभाविक रूप से उठता है कि क्या ये अनुभव शाब्दिक हैं या प्रतीकात्मक।

कुछ लोग इन्हें चेतना की वास्तविक अवस्थाओं का अनुभव मानते हैं, जबकि कुछ इन्हें अवचेतन मन की प्रतीकात्मक अभिव्यक्ति के रूप में देखते हैं। उदाहरण के लिए, किसी मार्गदर्शक का अनुभव आंतरिक प्रज्ञा का प्रतीक हो सकता है, जबकि जीवन समीक्षा आत्म-अवलोकन की गहन मनोवैज्ञानिक प्रक्रिया को व्यक्त कर सकता है।

संभव है कि कुछ अनुभवों में मनोवैज्ञानिक, प्रतीकात्मक और आध्यात्मिक तत्व एक साथ उपस्थित हों। इसलिए किसी भी अनुभव को तुरंत अंतिम सत्य या मात्र कल्पना घोषित कर देना संतुलित दृष्टिकोण नहीं माना जाता।

अधिक महत्वपूर्ण यह है कि वह अनुभव व्यक्ति को अपने जीवन, संबंधों और चेतना के विषय में क्या समझ प्रदान करता है।

18.7 वर्तमान जीवन के लिए अंतर्दृष्टियाँ

जीवन समीक्षा, आध्यात्मिक मार्गदर्शन और आत्मा की योजना जैसी अवधारणाओं का वास्तविक मूल्य तभी है जब वे वर्तमान जीवन को अधिक जागरूकता के साथ जीने में सहायता करें।

यदि कोई अनुभव व्यक्ति को अधिक करुणामय, उत्तरदायी, ईमानदार और सजग बनाता है, तो वह उसके लिए सार्थक सिद्ध हो सकता है। इसके विपरीत यदि वह केवल जिज्ञासा, श्रेष्ठता-बोध या पलायन को बढ़ाता है, तो उसका व्यावहारिक महत्व सीमित रह जाता है।

इन अनुभवों से कुछ महत्वपूर्ण अंतर्दृष्टियाँ उभर सकती हैं जैसे संबंधों का महत्व, करुणा और सहानुभूति का मूल्य, जागरूक चुनावों की आवश्यकता, आत्म-उत्तरदायित्व का महत्व, वर्तमान क्षण की सार्थकता अंततः चेतना की किसी भी खोज का उद्देश्य वर्तमान जीवन से दूर जाना नहीं, बल्कि उसे अधिक समझ, संतुलन और जागरूकता के साथ जीना होना चाहिए।

18.8 संतुलित दृष्टिकोण और सीमाएँ

जीवन समीक्षा, आध्यात्मिक मार्गदर्शन और आत्मा की योजना से जुड़े अनुभव चेतना-अध्ययन का एक रोचक क्षेत्र प्रस्तुत करते हैं। फिर भी इनके संबंध में संतुलन और विवेक बनाए रखना आवश्यक है।

इन अनुभवों की अंतिम प्रकृति अभी भी निश्चित रूप से सिद्ध नहीं की जा सकी है। विभिन्न आध्यात्मिक परंपराएँ, सांस्कृतिक दृष्टिकोण और मनोवैज्ञानिक व्याख्याएँ इनके बारे में अलग-अलग मत प्रस्तुत करती हैं।

इसी कारण इन्हें सार्वभौमिक तथ्य या अनिवार्य सत्य के रूप में प्रस्तुत करना उचित नहीं है। साथ ही उन्हें बिना समझे अस्वीकार कर देना भी चेतना-अध्ययन के प्रति सीमित दृष्टिकोण हो सकता है।

परिपक्व दृष्टिकोण खुलापन, जिज्ञासा, आत्म-अवलोकन और विवेक इन सभी को समान महत्व देता है। यही संतुलन व्यक्ति को अनुभवों से सीखने में सहायता करता है, बिना किसी अतिवादी निष्कर्ष के।

18.9 अध्याय का सार

इस अध्याय में हमने जीवन समीक्षा, आध्यात्मिक मार्गदर्शन और आत्मा की योजना से संबंधित प्रमुख अवधारणाओं का अध्ययन किया। अनेक

आध्यात्मिक अनुभवों और प्रत्यागमन वृत्तांत में जीवन समीक्षा को दंड की नहीं, बल्कि आत्म-जागरूकता और समझ की प्रक्रिया के रूप में वर्णित किया गया है।

इसी प्रकार आध्यात्मिक मार्गदर्शन और आत्मा की योजना की अवधारणाएँ जीवन-पाठों, आंतरिक प्रज्ञा और चेतना-विकास से जुड़ी हुई दिखाई देती हैं। यद्यपि इन अनुभवों की अंतिम प्रकृति के विषय में पूर्ण निश्चितता संभव नहीं है, फिर भी वे व्यक्ति को अपने जीवन, संबंधों और चुनावों को अधिक गहराई से समझने की प्रेरणा दे सकते हैं।

संतुलित दृष्टिकोण यह स्वीकार करता है कि ऐसे अनुभवों का वास्तविक महत्व उनके शाब्दिक प्रमाण में नहीं, बल्कि उनसे उत्पन्न होने वाली जागरूकता, करुणा, उत्तरदायित्व और आत्म-बोध में निहित है।

अध्याय 19

पूर्वजन्म प्रत्यागमन में उपचार और भावनात्मक एकीकरण

(Past Life Healing and Emotional Integration)

19.1 उपचार वास्तव में क्या है?

उपचार (Healing) को प्रायः किसी समस्या, पीड़ा या संघर्ष से पूर्ण मुक्ति के रूप में समझा जाता है। अनेक लोग यह मान लेते हैं कि यदि उनके भय, दुःख या जीवन में बार-बार दोहराने वाले किसी पैटर्न का कारण ज्ञात हो जाए, तो समस्या स्वतः समाप्त हो जाएगी। किन्तु वास्तविकता इससे कहीं अधिक गहन है।

पूर्वजन्म प्रत्यागमन (Past-life Regression) के क्षेत्र में भी कई लोग इस आशा के साथ आते हैं कि उन्हें अपने वर्तमान संघर्षों का कोई छिपा हुआ कारण मिल जाएगा। कुछ लोग अकारण भय को समझना चाहते हैं, कुछ संबंधों की जटिलताओं का उत्तर खोजते हैं, जबकि कुछ जीवन में बार-बार आने वाले अनुभवों का अर्थ जानना चाहते हैं। ऐसी खोजें उपयोगी हो सकती हैं, परन्तु उपचार केवल कारण खोज लेने से नहीं होता।

वास्तविक उपचार का अर्थ है स्वयं को अधिक स्पष्टता से समझना, अपनी भावनाओं और प्रतिक्रियाओं के प्रति जागरूक होना तथा अपने अनुभवों के साथ अधिक संतुलित संबंध विकसित करना। यह अपने भीतर उपस्थित भय, दुःख, अपराधबोध, क्रोध और असुरक्षाओं को दबाने के बजाय उन्हें समझने और स्वीकारने की प्रक्रिया है।

पूर्वजन्म प्रत्यागमन के संदर्भ में भी उपचार का उद्देश्य किसी अनुभव को अंतिम सत्य सिद्ध करना नहीं, बल्कि उससे प्राप्त अंतर्दृष्टि को वर्तमान जीवन में सार्थक रूप से उपयोग करना है। यदि कोई अनुभव व्यक्ति को अधिक जागरूक, अधिक करुणाशील और अधिक संतुलित बनाता है, तो वह उपचार की दिशा में सहायक हो सकता है।

उपचार कोई तात्कालिक चमत्कार नहीं है। यह प्रायः धीरे-धीरे विकसित होने वाली प्रक्रिया है, जिसमें जागरूकता, आत्म-स्वीकृति, भावनात्मक संतुलन और आंतरिक परिपक्वता की महत्वपूर्ण भूमिका होती है।

19.2 उपचार में जागरूकता की भूमिका

उपचार की प्रक्रिया का वास्तविक आरम्भ जागरूकता से होता है। जब तक व्यक्ति अपने विचारों, भावनाओं, प्रतिक्रियाओं और व्यवहारगत पैटर्नों को पहचान नहीं पाता, तब तक स्थायी परिवर्तन संभव नहीं होता।

अनेक लोग जीवन भर एक जैसी परिस्थितियों में एक जैसी प्रतिक्रियाएँ देते रहते हैं, परन्तु यह नहीं समझ पाते कि ऐसा क्यों हो रहा है। जागरूकता व्यक्ति को यह देखने में सहायता करती है कि उसके भय, असुरक्षाएँ, संबंध-पैटर्न और भावनात्मक प्रतिक्रियाएँ किन आंतरिक विश्वासों तथा अनुभवों से प्रभावित हो रही हैं।

पूर्वजन्म प्रत्यागमन के संदर्भ में भी किसी अनुभव की ऐतिहासिक सत्यता से अधिक महत्वपूर्ण यह है कि वह व्यक्ति को अपने बारे में क्या समझ प्रदान करता है। यदि कोई अनुभव उसे त्याग, असुरक्षा, अपराधबोध या भय जैसे विषयों को पहचानने में सहायता करता है, तो वह उपचार का द्वार खोल सकता है।

कई बार व्यक्ति पहली बार यह समझता है कि उसकी वर्तमान प्रतिक्रियाएँ केवल वर्तमान परिस्थितियों का परिणाम नहीं हैं। वे पुराने अनुभवों, गहरे संस्कारों या अवचेतन मान्यताओं से भी प्रभावित हो सकती हैं।

वास्तविक परिवर्तन तब प्रारम्भ होता है जब व्यक्ति स्वचालित प्रतिक्रिया और सचेत प्रतिक्रिया के बीच का अंतर देखना सीखता है।

जागरूकता के बिना व्यक्ति अपने पैटर्नों द्वारा संचालित होता रहता है। जागरूकता के साथ वही व्यक्ति अपने जीवन का सक्रिय सहभागी बनने लगता है। यही उपचार की आधारशिला है।

19.3 शास्त्रीय संकेत : संस्कार और रूपांतरण

भारतीय दर्शन में मनुष्य के व्यवहार, भावनाओं और अनुभवों को समझने के लिएसंस्कार की अवधारणा अत्यंत महत्वपूर्ण मानी गई है। संस्कार वे सूक्ष्म छापें हैं जो अनुभवों, कर्मों और मानसिक प्रवृत्तियों के माध्यम से चेतना में अंकित हो जाती हैं। समय-समय पर यही संस्कार विचारों, भावनाओं और व्यवहारों के रूप में पुनः प्रकट हो सकते हैं।

ते प्रतिप्रसवहेयाः सूक्ष्माः॥

पतंजलि योगसूत्र 2.10

भावार्थ ➔ सूक्ष्म रूप में विद्यमान क्लेशों और संस्कारों का निराकरण उनके मूल कारण तक पहुँचकर किया जा सकता है।

यह सूत्र संकेत करता है कि केवल बाहरी लक्षणों को दबा देने से स्थायी परिवर्तन नहीं आता। यदि किसी भय, दुःख या भावनात्मक प्रतिक्रिया का मूल कारण चेतना की गहराई में विद्यमान है, तो वास्तविक रूपांतरण के लिए उस कारण को समझना आवश्यक है।

उपनिषदों में भी आत्म-अवलोकन और आत्म-समझ को आंतरिक विकास का आधार माना गया है

आत्मा वा अरे द्रष्टव्यः श्रोतव्यो मन्तव्यो निदिध्यासितव्यः॥

बृहदारण्यक उपनिषद् 2.4.5

भावार्थ ➔ आत्मा का श्रवण, मनन और अनुभव किया जाना चाहिए।

यह मंत्र बताता है कि वास्तविक परिवर्तन केवल जानकारी से नहीं, बल्कि अनुभव और आत्मसात करने से आता है। यही सिद्धांत उपचार की प्रक्रिया पर भी लागू होता है। किसी अनुभव को देख लेना पर्याप्त नहीं है; उसके अर्थ को समझना और उसे जीवन में उतारना आवश्यक है।

इस प्रकार भारतीय ज्ञान-परंपरा उपचार को बाहरी परिवर्तन नहीं, बल्कि चेतना में उत्पन्न होने वाले रूपांतरण के रूप में देखती है।

19.4 भावनात्मक विमोचन

उपचार की प्रक्रिया में अनेक बार ऐसी भावनाएँ सामने आती हैं जिन्हें व्यक्ति लंबे समय से दबाकर रखे हुए होता है। शोक, भय, क्रोध, अपराधबोध, अस्वीकृति की पीड़ा अथवा अपूर्ण दुःख जैसी भावनाएँ चेतना की पृष्ठभूमि में सक्रिय रह सकती हैं।

जब व्यक्ति स्वयं को सुरक्षित अनुभव करता है, तब ये भावनाएँ धीरे-धीरे अभिव्यक्त होने लगती हैं। इसी प्रक्रिया को भावनात्मक विमोचन (Emotional Release) कहा जाता है।

भावनात्मक विमोचन का अर्थ केवल रो लेना या भावुक हो जाना नहीं है। इसका वास्तविक अर्थ है उन भावनाओं को जागरूकता के साथ अनुभव करना जिन्हें लंबे समय से दबाया, टाला या नकारा गया हो।

स्वस्थ भावनात्मक प्रसंस्करण में चार चरण महत्वपूर्ण हैं

भावना को पहचानना

उसे स्वीकार करना

बिना अभिभूत हुए उसका अनुभव करना

उसके पीछे छिपे संदेश को समझना

यह समझना भी आवश्यक है कि भावनात्मक विमोचन स्वयं उपचार नहीं है। यह उपचार की प्रक्रिया का एक महत्वपूर्ण भाग है। वास्तविक परिवर्तन तब

आता है जब व्यक्ति उन अनुभवों को समझकर अपने जीवन में एकीकृत करना सीखता है।

19.5 शरीर, तंत्रिका तंत्र और भावनात्मक स्मृतियाँ

उपचार केवल मन की प्रक्रिया नहीं है; यह शरीर और तंत्रिका तंत्र से भी गहराई से जुड़ा हुआ है। आधुनिक मनोविज्ञान यह स्वीकार करता है कि भय, तनाव और असुरक्षा केवल विचारों में नहीं, बल्कि शरीर की प्रतिक्रियाओं में भी प्रकट होते हैं।

कई बार व्यक्ति छाती में जकड़न, गले में रुकावट, पेट में बेचैनी, मांसपेशियों में तनाव, उथली श्वास, अत्यधिक सतर्कता जैसी अनुभूतियाँ अनुभव करता है

ऐसी प्रतिक्रियाएँ कभी-कभी भावनात्मक तनाव और अनसुलझे अनुभवों से भी जुड़ी हो सकती हैं।

इसी कारण उपचार की प्रक्रिया में सुरक्षा का अनुभव अत्यंत महत्वपूर्ण माना जाता है। जब तंत्रिका तंत्र स्वयं को सुरक्षित अनुभव करता है, तब व्यक्ति अपने अनुभवों को अधिक संतुलित ढंग से समझ और संसाधित कर पाता है।

ग्राउंडिंग, श्वास-जागरूकता, शरीर के प्रति सजगता तथा वर्तमान क्षण में उपस्थित रहने की विधियाँ तंत्रिका तंत्र को स्थिर बनाने में सहायता कर सकती हैं।

उपचार का एक महत्वपूर्ण सिद्धांत है

"रूपांतरण से पहले सुरक्षा"

इसी प्रकार शरीरगत संवेदनाएँ भी व्यक्ति को उसके भावनात्मक संसार की ओर संकेत कर सकती हैं। शरीर के संकेतों को सुनना सीखना कई बार आत्म-समझ की दिशा में महत्वपूर्ण कदम सिद्ध होता है।

19.6 आंतरिक बालक (Inner Child) और आत्म-करुणा

मानव जीवन में कुछ अनुभव केवल घटनाएँ नहीं रहते, बल्कि भावनात्मक घावों का रूप ले लेते हैं। अस्वीकृति, उपेक्षा, अपमान, भय, असुरक्षा अथवा प्रेम और संरक्षण की कमी व्यक्ति के भीतर गहरी छाप छोड़ सकती है।

आंतरिक बालक (Inner Child) की अवधारणा व्यक्ति के भीतर उपस्थित उन्हीं भावनात्मक पक्षों की ओर संकेत करती है जो अभी भी सुरक्षा, प्रेम, स्वीकृति और समझ की आकांक्षा रखते हैं।

कई लोगों के भीतर ऐसा भाग हो सकता है जो अस्वीकृति से भयभीत हो, त्यागे जाने की आशंका रखता हो, स्वयं को पर्याप्त न मानता हो, निरंतर सुरक्षा खोजता हो

उपचार का उद्देश्य इन हिस्सों को बदलना नहीं, बल्कि उन्हें समझना और स्वीकारना है।

यहीं पर आत्म-करुणा महत्वपूर्ण बन जाती है। आत्म-करुणा का अर्थ स्वयं के प्रति नरमी और संवेदनशीलता विकसित करना है। यह आत्म-दोष और कठोर आत्म-आलोचना के स्थान पर समझ और स्वीकार्यता को विकसित करती है।

जब व्यक्ति अपने भीतर उपस्थित पीड़ा के प्रति करुणामय दृष्टिकोण अपनाता है, तब धीरे-धीरे लज्जा, आत्म-दोष और आंतरिक संघर्ष कम होने लगते हैं। यही भावनात्मक एकीकरण की दिशा में महत्वपूर्ण कदम है।

19.7 क्षमा, स्वीकृति और भावनात्मक एकीकरण

उपचार की यात्रा में क्षमा, स्वीकृति और भावनात्मक एकीकरण महत्वपूर्ण स्थान रखते हैं। किन्तु इन अवधारणाओं को सही रूप में समझना आवश्यक है।

क्षमा का अर्थ किसी अन्याय, पीड़ादायक घटना या अनुचित व्यवहार को उचित ठहराना नहीं है। इसका वास्तविक अर्थ उस भावनात्मक बोझ को धीरे-धीरे छोड़ना है जिसे व्यक्ति लंबे समय से अपने भीतर ढोता रहा है।

इसी प्रकार स्वीकृति का अर्थ हार मान लेना नहीं है। स्वीकृति का अर्थ है वास्तविकता को स्पष्ट रूप से देखना और उसे नकारने के स्थान पर समझना।

भावनात्मक एकीकरण तब होता है जब व्यक्ति अपने अनुभव को समझता है, उससे जुड़ी भावनाओं को स्वीकारता है, उसके प्रभाव को पहचानता है और वर्तमान जीवन में अधिक जागरूक विकल्प चुनना सीखता है।

उदाहरण के लिए, यदि कोई व्यक्ति यह समझ ले कि अस्वीकृति का भय उसके संबंधों को प्रभावित कर रहा है, तो वास्तविक परिवर्तन तब होगा जब वह आत्म-मूल्य, स्वस्थ सीमाएँ और संतुलित संबंध विकसित करना प्रारम्भ करे।

उपचार की दिशा में एक महत्वपूर्ण परिवर्तन यह होता है

पहले : उद्दीपक (Trigger)→ स्वचालित प्रतिक्रिया

बाद में : उद्दीपक (Trigger)→ जागरूकता→ सचेत प्रतिक्रिया

यही भावनात्मक परिपक्वता और एकीकरण का संकेत है।

19.8 उपचार सदैव नाटकीय नहीं होता

उपचार के विषय में एक सामान्य भ्रांति यह है कि यह किसी चमत्कार की तरह अचानक घटित होता है। वास्तव में अधिकांश गहरे परिवर्तन क्रमिक (Gradual) होते हैं।

भावनात्मक पैटर्न, विश्वास और प्रतिक्रियाएँ वर्षों में विकसित होते हैं। इसलिए उनका रूपांतरण भी समय, धैर्य और निरंतर अभ्यास की माँग करता है।

कई बार व्यक्ति प्रगति अनुभव करता है फिर पुराने भय पुनः सक्रिय हो जाते हैं, कभी परिवर्तन स्पष्ट दिखाई देता है और कभी प्रक्रिया धीमी प्रतीत होती है।

यह उपचार की स्वाभाविक प्रकृति है।

वास्तविक उपचार प्रायः शांत और सूक्ष्म होता है। धीरे-धीरे व्यक्ति पाता है कि उसकी प्रतिक्रियाएँ कम तीव्र हो रही हैं, आत्म-बोध बढ़ रहा है और जीवन के प्रति उसका दृष्टिकोण अधिक संतुलित हो रहा है।

उपचार का लक्ष्य पूर्णता नहीं, बल्कि अधिक जागरूकता और संतुलन है।

19.9 जीवन में उपचार के प्रभाव

जब उपचार की प्रक्रिया गहराती है, तो उसका प्रभाव जीवन के अनेक क्षेत्रों में दिखाई देने लगता है

संबंधों में ➔ स्वस्थ सीमाओं का विकास, अत्यधिक निर्भरता में कमी, अधिक प्रामाणिक और संतुलित संबंध

भावनात्मक जीवन में ➔ भय और चिंता में कमी, भावनात्मक संतुलन में वृद्धि, उद्दीपकों के प्रति कम प्रतिक्रियाशीलता

आत्म-दृष्टि में ➔ आत्म-सम्मान में वृद्धि, आत्म-दोष में कमी, स्वयं के प्रति अधिक करुणा

निर्णय और व्यवहार में ➔ अधिक जागरूक चुनाव, आत्म-विघातक प्रवृत्तियों में कमी, उत्तरदायित्व की भावना में वृद्धि

जीवन-दृष्टि में ➔ वर्तमान क्षण के प्रति जागरूकता, आंतरिक स्थिरता, जीवन के प्रति अधिक परिपक्व दृष्टिकोण

उपचार का प्रभाव केवल किसी एक समस्या तक सीमित नहीं रहता यह व्यक्ति की सम्पूर्ण जीवन-शैली और चेतना को प्रभावित कर सकता है।

19.10 आध्यात्मिकता और आध्यात्मिक परिहार

आध्यात्मिकता उपचार की प्रक्रिया में सहायक हो सकती है, किन्तु कभी-कभी आध्यात्मिक विचारों का उपयोग वास्तविक भावनात्मक कार्य से

बचने के लिए भी किया जाता है। इसे आध्यात्मिक परिहार (Spiritual Bypassing) कहा जाता है।

यह तब दिखाई दे सकता है जब व्यक्ति अपनी भावनाओं का सामना करने के स्थान पर केवल सकारात्मक सोच पर बल दे, हर समस्या को केवल कर्म या पूर्वजन्म का परिणाम मान ले अथवा अपने दुःख और आघात को समझने के बजाय उन्हें दबाने लगे।

सच्ची आध्यात्मिकता व्यक्ति को उसकी भावनात्मक वास्तविकता से दूर नहीं ले जाती, बल्कि उसे अधिक जागरूक बनाती है।

स्वस्थ आध्यात्मिकता आत्म-जागरूकता बढ़ाती है, करुणा विकसित करती है, उत्तरदायित्व सिखाती है और वर्तमान जीवन के प्रति सजग बनाती है।

जब आध्यात्मिकता और मनोवैज्ञानिक परिपक्वता एक-दूसरे का पूरक बनती हैं, तब उपचार अधिक संतुलित और स्थायी हो सकता है।

19.11 वास्तविक उपचार के संकेत

उपचार को केवल अनुभवों, अंतर्दृष्टियों या आध्यात्मिक चर्चाओं से नहीं मापा जा सकता। उसका वास्तविक प्रभाव व्यक्ति के जीवन, व्यवहार और संबंधों में दिखाई देता है।

कई बार किसी व्यक्ति को अत्यंत गहन अनुभव होते हैं, किन्तु उसके जीवन में कोई ठोस परिवर्तन दिखाई नहीं देता। दूसरी ओर, कुछ लोगों के अनुभव अपेक्षाकृत साधारण होते हैं, फिर भी उनके व्यवहार, दृष्टिकोण और भावनात्मक संतुलन में उल्लेखनीय परिवर्तन आ जाता है।

वास्तविक उपचार के कुछ संकेत भावनात्मक संतुलन में वृद्धि, उद्दीपकों के प्रति कम प्रतिक्रियाशीलता, स्वस्थ सीमाओं का विकास, आत्म-सम्मान और आत्म, विश्वास में वृद्धि, स्वयं के प्रति अधिक करुणा, संबंधों में अधिक स्पष्टता और परिपक्वता, भय और असुरक्षा के साथ संतुलित संबंध, निर्णय लेने की क्षमता में सुधार, वर्तमान क्षण में अधिक उपस्थित रहने की क्षमता हो सकते हैं

वास्तविक उपचार का एक महत्वपूर्ण संकेत यह भी है कि व्यक्ति स्वयं को समस्या के रूप में देखना बंद कर देता है। वह अपने संघर्षों को अधिक समझदारी और धैर्य के साथ देखना सीखता है।

धीरे-धीरे उसके भीतर यह बोध विकसित होने लगता है कि वह केवल परिस्थितियों का शिकार नहीं है, बल्कि अपने जीवन में जागरूक भागीदारी करने में सक्षम है।

19.12 संतुलित दृष्टिकोण और सीमाएँ

पूर्वजन्म प्रत्यागमन तथा उससे जुड़े उपचारात्मक अनुभव अनेक लोगों के लिए अर्थपूर्ण और परिवर्तनकारी हो सकते हैं, किन्तु उनके संबंध में संतुलित दृष्टिकोण बनाए रखना आवश्यक है।

सबसे पहले यह समझना महत्वपूर्ण है कि उपचार कोई चमत्कारिक प्रक्रिया नहीं है। किसी एक अनुभव या किसी एक सत्र से जीवन की सभी समस्याएँ समाप्त हो जाएँगी, ऐसी अपेक्षा यथार्थवादी नहीं है।

इसी प्रकार पूर्व-जन्म प्रत्यागमन को चिकित्सकीय उपचार या मानसिक स्वास्थ्य-उपचार का विकल्प नहीं माना जाना चाहिए। गंभीर शारीरिक अथवा मानसिक स्वास्थ्य स्थितियों में योग्य स्वास्थ्य-विशेषज्ञों की सहायता आवश्यक होती है।

यह भी संभव है कि अनेक अनुभव प्रतीकात्मक हों, भावनात्मक हों, अवचेतन मन से संबंधित हों अथवा आंतरिक मनोवैज्ञानिक प्रक्रियाओं की अभिव्यक्ति हों।

इसलिए प्रत्येक अनुभव को शाब्दिक ऐतिहासिक तथ्य घोषित करना उचित नहीं है।

एक संतुलित दृष्टिकोण निम्न बातों को स्वीकार करता है कि

अनुभव अर्थपूर्ण हो सकते हैं, भले ही उनकी अंतिम प्रकृति स्पष्ट न हो।

भावनात्मक सत्य कई बार ऐतिहासिक सत्य से अधिक महत्वपूर्ण हो सकता है।

उपचार का उद्देश्य भय उत्पन्न करना नहीं, बल्कि जागरूकता बढ़ाना है।

खुलेपन और विवेक दोनों का संतुलन आवश्यक है।

आत्म-अन्वेषण के साथ-साथ वर्तमान जीवन की जिम्मेदारियाँ भी महत्वपूर्ण हैं।

वास्तविक उपचार व्यक्ति को अधिक स्वतंत्र, अधिक उत्तरदायी और अधिक जागरूक बनाता है। यदि कोई दृष्टिकोण भय, निर्भरता या अंधविश्वास को बढ़ाता है, तो उसके प्रति सावधानी आवश्यक है।

19.13 अध्याय का सार

इस अध्याय में हमने समझा कि उपचार केवल किसी अनुभव, स्मृति या संभावित पूर्वजन्मीय कारण को जान लेने का नाम नहीं है। वास्तविक उपचार जागरूकता, भावनात्मक प्रसंस्करण और जीवन में प्राप्त अंतर्दृष्टियों के एकीकरण की प्रक्रिया है।

हमने देखा कि जागरूकता परिवर्तन की आधारशिला है। भावनात्मक विमोचन व्यक्ति को दबी हुई भावनाओं को पहचानने और स्वीकारने में सहायता कर सकता है, जबकि तंत्रिका तंत्र की सुरक्षा और स्थिरता गहरे उपचार के लिए आवश्यक आधार प्रदान करती है।

आंतरिक बालक, आत्म-करुणा, क्षमा और स्वीकृति व्यक्ति को अपने भावनात्मक घावों के साथ अधिक स्वस्थ संबंध विकसित करने में सहायता करते हैं। भावनात्मक एकीकरण का अर्थ अनुभवों को वर्तमान जीवन में सार्थक रूप से उतारना है।

यह भी स्पष्ट हुआ कि उपचार प्रायः क्रमिक और परत-दर-परत विकसित होने वाली प्रक्रिया है। इसका प्रभाव संबंधों, आत्म-दृष्टि, भावनात्मक संतुलन, निर्णयों और जीवन-दृष्टि में दिखाई दे सकता है।

साथ ही हमने यह समझा कि आध्यात्मिकता तभी सहायक होती है जब वह व्यक्ति को वास्तविकता से जोड़ती है, न कि भावनात्मक परिहार का साधन बनती है।

अंततः वास्तविक उपचार व्यक्ति को अधिक सजग, अधिक करुणामय, अधिक संतुलित और अधिक स्वतंत्र बनाता है। इसका उद्देश्य अतीत में उलझे रहना नहीं, बल्कि वर्तमान जीवन को अधिक जागरूकता और परिपक्वता के साथ जीना है।

अगले अध्याय में हम प्रतिज्ञाओं, अपराधबोध, लज्जा, आत्म-विघातक प्रवृत्तियों तथा अवचेतन कार्मिक अनुबंधन का अध्ययन करेंगे और समझेंगे कि ये गहरे मनोवैज्ञानिक तथा आध्यात्मिक पैटर्न व्यक्ति के जीवन को किस प्रकार प्रभावित कर सकते हैं।

अध्याय 20

प्रतिज्ञाएँ, अपराधबोध, लज्जा और आत्म-विघातक प्रतिरूप

(Vows, Guilt, Shame and Self-Sabotaging Patterns)

20.1 भूमिका: जब व्यक्ति स्वयं ही अपने मार्ग में बाधा बन जाता है

मानव जीवन का एक रोचक और कभी-कभी पीड़ादायक पक्ष यह है कि व्यक्ति अनेक बार अनजाने में उन्हीं परिस्थितियों को जन्म दे देता है जिनसे वह बचना चाहता है।

वह प्रेम चाहता है, किन्तु संबंधों को बिगाड़ देता है। वह सफलता चाहता है, किन्तु अवसरों से पीछे हट जाता है। वह समृद्धि चाहता है, किन्तु ऐसे निर्णय लेता है जो उसे अभाव की ओर ले जाते हैं। वह सम्मान चाहता है, किन्तु स्वयं को लगातार कमतर आँकता रहता है।

ऐसी स्थितियों में व्यक्ति स्वाभाविक रूप से प्रश्न करता है

"मैं ऐसा क्यों करता हूँ?"

"जब मैं परिवर्तन चाहता हूँ, तो बार-बार वही पैटर्न क्यों दोहराता हूँ?"

यहीं से आत्म-विघातक प्रतिरूपों (Self-Sabotage Patterns) की चर्चा प्रारम्भ होती है।

मनोविज्ञान, आध्यात्मिक परंपराएँ और पूर्वजन्म प्रत्यागमन तीनों ही यह संकेत करते हैं कि व्यक्ति के भीतर ऐसी अवचेतन मान्यताएँ सक्रिय हो सकती हैं जो उसके सचेत उद्देश्यों के विपरीत कार्य करती हैं। कुछ इन्हें संस्कार कहते हैं, कुछ भावनात्मक अनुबंधन, कुछ अवचेतन प्रोग्रामिंग और कुछ कार्मिक प्रतिरूप।

नाम चाहे जो भी हो, जब तक ये प्रतिरूप जागरूकता में नहीं आते, वे जीवन की दिशा को प्रभावित करते रहते हैं।

इस अध्याय में हम अपराधबोध, लज्जा, अवचेतन प्रतिज्ञाओं और दोहराते हुए जीवन-पैटर्नों को समझेंगे तथा यह जानेंगे कि जागरूकता और आत्म-स्वीकृति के माध्यम से उनका रूपांतरण किस प्रकार संभव हो सकता है।

20.2 आत्म-विघातक पैटर्न क्या हैं?

आत्म-विघातक पैटर्न वे व्यवहार, निर्णय या मानसिक प्रवृत्तियाँ हैं जिनके कारण व्यक्ति अनजाने में अपने ही हितों के विरुद्ध कार्य करने लगता है।

वह सफलता चाहता है, पर सफलता के निकट पहुँचकर पीछे हट जाता है।

वह स्वस्थ संबंध चाहता है, पर बार-बार ऐसे संबंध चुनता है जो उसे पीड़ा पहुँचाते हैं।

वह आत्मविश्वास विकसित करना चाहता है, पर निरंतर स्वयं की आलोचना करता रहता है।

ऐसे पैटर्न सामान्य भूल या असावधानी से भिन्न होते हैं। इनके पीछे प्रायः कोई गहरी भावनात्मक मान्यता कार्य कर रही होती है।

उदाहरण के लिए

मैं पर्याप्त अच्छा नहीं हूँ।

मैं सफलता के योग्य नहीं हूँ।

यदि लोग मुझे वास्तव में जानेंगे तो मुझे अस्वीकार कर देंगे।

सुरक्षित रहना आगे बढ़ने से अधिक महत्वपूर्ण है।

जब व्यक्ति का एक भाग विकास चाहता है और दूसरा भाग भय या पुरानी मान्यताओं के कारण उसे रोकता है, तब आंतरिक संघर्ष उत्पन्न होता है। यही संघर्ष आत्म-विघातक व्यवहारों का आधार बन सकता है।

उपचार की दिशा इन पैटर्नों से संघर्ष करने में नहीं, बल्कि उन्हें पहचानने में है। जागरूकता ही परिवर्तन का प्रथम चरण है।

20.3 अपराधबोध, आत्म-दंड और उनका मनोवैज्ञानिक प्रभाव

अपराधबोध मानव मन की एक स्वाभाविक प्रतिक्रिया है। जब व्यक्ति अनुभव करता है कि उससे कोई भूल हुई है या उसने किसी को कष्ट पहुँचाया है, तब उसके भीतर सुधार और उत्तरदायित्व की भावना उत्पन्न हो सकती है।

स्वस्थ अपराधबोध व्यक्ति को परिपक्व बनाता है। किन्तु जब अपराधबोध स्थायी मानसिक अवस्था बन जाता है, तब वह आत्म-दंड का रूप ले सकता है।

ऐसा व्यक्ति अक्सर अनुभव करता है

मैं सफलता का अधिकारी नहीं हूँ। मुझे कष्ट सहना चाहिए। मुझे अपने दोषों का मूल्य चुकाना होगा।

धीरे-धीरे वह स्वयं ही अपने जीवन में ऐसी परिस्थितियाँ निर्मित करने लगता है जो उसकी पीड़ा को बनाए रखें।

वह अस्वस्थ संबंधों को सहन कर सकता है, अवसरों को खो सकता है, अपनी आवश्यकताओं की उपेक्षा कर सकता है या निरंतर आत्म-आलोचना में डूबा रह सकता है।

कुछ प्रत्यागमन अनुभव में व्यक्ति दंड, हानि, पश्चात्ताप या बलिदान से जुड़े प्रतीकात्मक दृश्य देख सकता है। चाहे उनकी व्याख्या जिस प्रकार की जाए, महत्वपूर्ण प्रश्न यह है

क्या वर्तमान जीवन में व्यक्ति स्वयं को दंडित कर रहा है?

उपचार का अर्थ अपराधबोध को नकारना नहीं, बल्कि उसे समझना है। जब व्यक्ति अपनी भूलों को स्वीकारते हुए भी स्वयं को मानव होने का अधिकार देता है, तब आत्म-दंड का चक्र धीरे-धीरे कमजोर पड़ने लगता है।

20.4 लज्जा और आत्म-पहचान

यदि अपराधबोध कहता है "मैंने कुछ गलत किया है।" तो लज्जा कहती है "मैं स्वयं ही गलत हूँ।"

यही कारण है कि लज्जा अपराधबोध की अपेक्षा अधिक गहरी और प्रभावशाली मनोवैज्ञानिक अवस्था मानी जाती है। अपराधबोध किसी व्यवहार या निर्णय से जुड़ा होता है, जबकि लज्जा व्यक्ति की आत्म-पहचान को प्रभावित करती है।

धीरे-धीरे व्यक्ति स्वयं को अयोग्य, दोषपूर्ण, प्रेम के अयोग्य अथवा अस्वीकार्य मानने लगता है। तब समस्या केवल किसी गलती की नहीं रहती व्यक्ति अपने अस्तित्व को ही समस्या मानने लगता है।

लज्जा अनेक स्रोतों से उत्पन्न हो सकती है बार-बार आलोचना, भावनात्मक उपेक्षा, अपमान, अस्वीकृति, कठोर पालन-पोषण, सामाजिक या धार्मिक दोषारोपण, निरंतर तुलना

ऐसे अनुभव व्यक्ति के भीतर यह धारणा स्थापित कर सकते हैं कि उसमें कोई मूलभूत कमी है।

परिणाम स्वरूप वह अपनी प्रतिभाओं को छिपाता है, संबंधों में पूरी तरह खुल नहीं पाता, अत्यधिक आत्म-आलोचना करता है और सफलता या प्रेम के अवसरों से पीछे हट सकता है।

लज्जा का सबसे बड़ा प्रभाव यह है कि वह व्यक्ति को स्वयं से दूर कर देती है। वह अपने भीतर उपस्थित घायल हिस्सों को समझने के बजाय उनसे संघर्ष करने लगता है।

उपचार की प्रक्रिया तब प्रारम्भ होती है जब व्यक्ति यह समझता है कि उसकी पीड़ा उसकी पहचान नहीं है। उसके घाव वास्तविक हो सकते हैं, किन्तु वे उसका सम्पूर्ण स्वरूप नहीं हैं।

आत्म-करुणा, भावनात्मक स्वीकृति और ईमानदार आत्म-अवलोकन धीरे-धीरे लज्जा की पकड़ को कम करते हैं। जब व्यक्ति स्वयं को दोष के नहीं, बल्कि समझ और करुणा के दृष्टिकोण से देखना सीखता है, तब उसकी आत्म-पहचान में गहरा परिवर्तन सम्भव हो जाता है।

20.5 शास्त्रीय संकेत : संस्कार, क्लेश और मानसिक अनुबंधन

भारतीय दर्शन मानव व्यवहार और पीड़ा के कारणों को केवल बाहरी परिस्थितियों में नहीं खोजता। वह संकेत करता है कि मनुष्य के भीतर विद्यमान संस्कार, क्लेश और मानसिक अनुबंधन भी उसके अनुभवों को गहराई से प्रभावित करते हैं।

वितर्कबाधने प्रतिपक्षभावनम्॥

पतंजलि योगसूत्र 2.33

भावार्थ ➔ जब नकारात्मक, हानिकारक या अशुभ विचार उत्पन्न हों, तब उनके विपरीत भावों का चिंतन करना चाहिए।

अपराधबोध, लज्जा और आत्म-विघातक प्रतिरूप अक्सर केवल बाहरी परिस्थितियों से उत्पन्न नहीं होते, बल्कि व्यक्ति के भीतर लंबे समय से सक्रिय धारणाओं, निष्कर्षों और आत्म-छवियों से जुड़े हो सकते हैं। कभी-कभी व्यक्ति अपने बारे में ऐसी मान्यताएँ बना लेता है जो उसके विकास में बाधा बनने लगती हैं। वह स्वयं को अयोग्य, दोषपूर्ण या प्रेम के अयोग्य मानने लगता है।

योग-दर्शन संकेत करता है कि जागरूकता के माध्यम से व्यक्ति इन मानसिक प्रतिरूपों को पहचान सकता है और धीरे-धीरे अधिक संतुलित तथा रचनात्मक दृष्टिकोण विकसित कर सकता है। "प्रतिपक्ष भावना" का सिद्धांत

यही बताता है कि जब कोई सीमित करने वाला विचार या भाव बार-बार उभरे, तो व्यक्ति उसे अंधानुकरण करने के बजाय जागरूकता के साथ देखे और उसके स्थान पर अधिक स्वस्थ तथा यथार्थपरक दृष्टि विकसित करे।

इस प्रकार आत्म-विघातक प्रतिरूपों से मुक्ति केवल व्यवहार बदलने से नहीं, बल्कि उन गहरी मान्यताओं को समझने से संभव होती है जो उन्हें पोषित करती हैं।

अपराधबोध, लज्जा, आत्म-दंड, अस्वीकृति का भय अथवा आत्म-विघातक व्यवहार अनेक बार इन्हीं गहरे मानसिक अनुबंधनों की अभिव्यक्ति हो सकते हैं।

इस दृष्टि से उपचार केवल व्यवहार बदलने का प्रयास नहीं है। यह उन मूलभूत धारणाओं को पहचानने की प्रक्रिया भी है जिनसे व्यवहार उत्पन्न होता है।

जब व्यक्ति जागरूकता के साथ अपने संस्कारों और क्लेशों का अवलोकन करता है, तब उनके प्रभाव से मुक्त होने की संभावना उत्पन्न होने लगती है।

20.6 अवचेतन प्रतिज्ञाएँ और उनके प्रमुख प्रकार

मानव मन केवल घटनाओं को ही नहीं, बल्कि उनसे जुड़े निष्कर्षों और निर्णयों को भी संचित कर लेता है। कई बार किसी गहरे भावनात्मक अनुभव के दौरान व्यक्ति अपने भीतर ऐसा निर्णय ले लेता है जो बाद में उसकी जीवन-दृष्टि का हिस्सा बन जाता है।

इन्हीं गहरे मानसिक निर्णयों को यहाँ अवचेतन प्रतिज्ञाएँ कहा जा सकता है।

व्यक्ति को उनका सचेत रूप से स्मरण न हो, फिर भी वे उसके व्यवहार और चुनावों को प्रभावित करती रहती हैं।

(क) त्याग एवं अभाव से जुड़ी प्रतिज्ञाएँ → कुछ लोगों के भीतर ऐसी धारणाएँ सक्रिय हो सकती हैं धन आध्यात्मिकता के विपरीत है। मुझे सदैव

त्याग करना चाहिए। समृद्धि मेरे लिए नहीं है। अभाव में रहना अधिक पवित्र है। ऐसी मान्यताएँ व्यक्ति को समृद्धि की इच्छा रखते हुए भी उससे दूर रख सकती हैं। वह अवसरों को खो सकता है, उचित पारिश्रमिक स्वीकार नहीं कर पाता या धन प्राप्त होने पर अपराधबोध अनुभव कर सकता है।

स्वस्थ आध्यात्मिकता अभाव का महिमामंडन नहीं करती। वह संतुलन, उत्तरदायित्व और सदुपयोग पर बल देती है।

(ख) प्रेम एवं संबंधों से जुड़ी प्रतिज्ञाएँ ➔ कुछ लोग प्रेम चाहते हैं, किन्तु निकटता से भयभीत रहते हैं। इसके पीछे ऐसी अवचेतन प्रतिज्ञाएँ कार्य कर सकती हैं

मैं किसी पर विश्वास नहीं करूँगा। प्रेम अंततः पीड़ा देता है। निकटता खतरनाक है। मुझे स्वयं ही सब कुछ संभालना होगा। ऐसी धारणाएँ व्यक्ति को भावनात्मक दूरी बनाए रखने, संबंधों से बचने अथवा बार-बार असंतोषजनक संबंध चुनने की ओर ले जा सकती हैं।

उपचार का अर्थ संबंधों के लिए स्वयं को बाध्य करना नहीं, बल्कि भय के स्थान पर धीरे-धीरे विश्वास विकसित करना है।

(ग) सफलता एवं दृश्यता से जुड़ी प्रतिज्ञाएँ ➔ कुछ लोग अत्यंत प्रतिभाशाली होते हुए भी अपनी पूर्ण क्षमता को अभिव्यक्त नहीं कर पाते। जैसे ही कोई बड़ा अवसर सामने आता है, वे पीछे हटने लगते हैं। वे अपनी उपलब्धियों को कम करके आँकते हैं, नेतृत्व से बचते हैं, सार्वजनिक रूप से सामने आने में असहज अनुभव करते हैं अथवा सफलता के निकट पहुँचकर स्वयं ही बाधाएँ उत्पन्न कर लेते हैं।

इसके पीछे कई बार ऐसी अवचेतन धारणाएँ सक्रिय होती हैं कि यदि मैं सफल हुआ, तो लोग मेरी आलोचना करेंगे। यदि मैं सामने आया, तो अस्वीकार कर दिया जाऊँगा। सुरक्षित रहने के लिए अदृश्य रहना बेहतर है। शक्ति और प्रभाव जोखिमपूर्ण हैं। कुछ लोग इन धारणाओं को जीवन-अनुभवों से जोड़ते हैं, जबकि कुछ आध्यात्मिक परंपराएँ इन्हें संस्कारों या कार्मिक प्रतिरूपों के रूप में देखती हैं। किन्तु व्याख्या चाहे जो हो,

महत्वपूर्ण बात यह है कि व्यक्ति वर्तमान जीवन में किस भय से संचालित हो रहा है।

सफलता का भय वास्तव में सफलता का भय नहीं होता। प्रायः वह आलोचना, उत्तरदायित्व, परिवर्तन अथवा अस्वीकृति का भय होता है।

जब व्यक्ति इन छिपी हुई मान्यताओं को पहचानने लगता है, तब उसके भीतर नई संभावनाओं के द्वार खुलने लगते हैं।

20.7 कार्मिक अनुबंधन और दोहराते जीवन-पैटर्न

मानव जीवन में कुछ अनुभव ऐसे प्रतीत होते हैं जो बार-बार दोहराए जाते हैं। व्यक्ति बदल जाता है, परिस्थितियाँ बदल जाती हैं, किन्तु मूल विषय किसी न किसी रूप में पुनः सामने आ जाता है।

उदाहरण ➔ बार-बार समान प्रकार के संबंधों में उलझना, निरंतर अस्वीकृति का अनुभव करना, आर्थिक संघर्षों की पुनरावृत्ति, आत्म-विघातक निर्णयों का दोहराव अथवा समान प्रकार के भावनात्मक संघर्षों का बार-बार उभरना।

मनोविज्ञान इन्हें अवचेतन पैटर्न, भावनात्मक अनुबंधन और व्यवहारगत पुनरावृत्ति के रूप में देखता है। आध्यात्मिक परंपराएँ कभी-कभी इन्हें कार्मिक अनुबंधन या संस्कारों की पुनरावृत्ति के रूप में वर्णित करती हैं।

दोनों ही दृष्टिकोण एक महत्वपूर्ण तथ्य की ओर संकेत करते हैं

जब तक कोई पैटर्न जागरूकता में नहीं आता, तब तक वह स्वयं को दोहराता रह सकता है।

प्रत्यागमन अनुभव में कई लोग अनुभव करते हैं कि उनके वर्तमान संघर्ष किसी गहरे विषय से जुड़े हुए हैं अस्वीकृति, परित्याग, अपराधबोध, नियंत्रण, शक्ति अथवा आत्म-मूल्य से संबंधित विषय।

चाहे इन्हें कार्मिक कथा कहा जाए या मनोवैज्ञानिक प्रतिरूप, उनका वास्तविक महत्व इस बात में है कि वे व्यक्ति को स्वयं को अधिक गहराई से समझने का अवसर प्रदान करते हैं।

उपचार का उद्देश्य अतीत में उलझे रहना नहीं है, बल्कि यह पहचानना है कि वर्तमान जीवन में कौन-सा पैटर्न सक्रिय है और उसे अधिक जागरूक तथा संतुलित विकल्पों के माध्यम से कैसे रूपांतरित किया जा सकता है।

20.8 क्षमा, आत्म-स्वीकृति और मुक्त होना

आत्म-विघातक प्रतिरूपों से मुक्त होने की प्रक्रिया में क्षमा और आत्म-स्वीकृति का महत्वपूर्ण स्थान है।

क्षमा का अर्थ भूल जाना नहीं है और न ही किसी अन्याय को उचित ठहराना है। इसका वास्तविक अर्थ है उस मानसिक और भावनात्मक बंधन को ढीला करना जो व्यक्ति को अतीत से बाँधे रखता है।

बहुत से लोग वर्षों तक क्रोध, कटुता, अपराधबोध या पश्चात्ताप को अपने भीतर सँजोए रखते हैं। धीरे-धीरे ये भावनाएँ उनकी पहचान का हिस्सा बनने लगती हैं।

किन्तु उपचार का मार्ग निरंतर संघर्ष में नहीं, बल्कि अधिक परिपक्व समझ में निहित है।

इसी प्रकार आत्म-स्वीकृति का अर्थ अपनी सीमाओं को नकारना नहीं है। इसका अर्थ है

"मैं अपनी अपूर्णताओं को देखते हुए भी स्वयं को अस्वीकार नहीं करूँगा।"

भारतीय दर्शन भी आत्म-उत्तरदायित्व और आत्म-विकास के महत्व को रेखांकित करता है।

क्षिप्रं भवति धर्मात्मा शश्वच्छान्तिं निगच्छति।
कौन्तेय प्रतिजानीहि न मे भक्तः प्रणश्यति॥

श्रीमद्भगवद्गीता 9.31

भावार्थ ➔ वह शीघ्र ही धर्मात्मा बन जाता है और स्थायी शांति को प्राप्त करता है। हे अर्जुन! निश्चयपूर्वक जान लो कि मेरा भक्त नष्ट नहीं होता।

यह श्लोक संकेत करता है कि व्यक्ति अपने अतीत की भूलों से परिभाषित नहीं होता। जागरूकता, परिवर्तन और सही दिशा में प्रयास के माध्यम से आंतरिक शांति और आत्म-स्वीकृति संभव है। अपराधबोध से मुक्ति का आधार आत्म-दंड नहीं, बल्कि रूपांतरण है।

20.9 जागरूकता द्वारा प्रतिरूपों का रूपांतरण

अधिकांश आत्म-विघातक पैटर्न अज्ञानता और स्वचालित प्रतिक्रियाओं की भूमि में विकसित होते हैं। जब व्यक्ति किसी पैटर्न को देख ही नहीं पाता, तब वह बार-बार उसी का अनुसरण करता रहता है।

किन्तु जैसे ही जागरूकता का प्रकाश उस पर पड़ता है, परिवर्तन की संभावना उत्पन्न होने लगती है।

यदि व्यक्ति यह पहचान ले कि उसका क्रोध वास्तव में अस्वीकृति के भय से जुड़ा है, उसका आर्थिक संघर्ष अभाव-बोध से प्रभावित है, उसकी संबंध-परक कठिनाइयाँ परित्याग के भय से संचालित हैं अथवा उसकी असफलताएँ आत्म-संदेह से पोषित हो रही हैं तो उसके भीतर नए विकल्पों के द्वार खुलने लगते हैं।

यही जागरूकता रूपांतरण का प्रथम चरण है।

पहले : उद्दीपक→ स्वचालित प्रतिक्रिया

बाद में : उद्दीपक→ जागरूकता → सचेत चयन

यहीं व्यक्ति प्रतिक्रियाशील जीवन से सचेत जीवन की ओर बढ़ता है।

पूर्वजन्म प्रत्यागमन, ध्यान, आत्म-अवलोकन अथवा मनोवैज्ञानिक कार्य इन सभी का वास्तविक उद्देश्य व्यक्ति को अधिक जागरूक बनाना है। परिवर्तन तब प्रारम्भ होता है जब व्यक्ति स्वयं को देखने का साहस विकसित करता है।

20.10 संतुलित दृष्टिकोण और सीमाएँ

प्रतिज्ञाओं, अपराधबोध, लज्जा और आत्म-विघातक प्रतिरूपों का अध्ययन अत्यंत उपयोगी हो सकता है, किन्तु इसके साथ संतुलन और विवेक बनाए रखना भी आवश्यक है।

सबसे पहले यह समझना महत्वपूर्ण है कि प्रत्येक कठिनाई को पूर्वजन्मीय प्रतिज्ञा, कार्मिक अनुबंधन या आध्यात्मिक कारणों से जोड़ना उचित नहीं है। मानव जीवन अनेक कारकों से प्रभावित होता है, जिनमें पारिवारिक वातावरण, सामाजिक परिस्थितियाँ, शिक्षा, जीवन-अनुभव, मनोवैज्ञानिक संरचनाएँ और व्यक्तिगत निर्णय भी सम्मिलित हैं।

इसी प्रकार प्रत्येक प्रत्यागमन अनुभव को शाब्दिक ऐतिहासिक सत्य मान लेना भी आवश्यक नहीं है। कुछ अनुभव प्रतीकात्मक हो सकते हैं, भावनात्मक वास्तविकताओं का प्रतिनिधित्व कर सकते हैं, अवचेतन मन की अभिव्यक्ति हो सकते हैं अथवा आध्यात्मिक अनुभव के रूप में अनुभूत हो सकते हैं।

जिम्मेदार दृष्टिकोण किसी एक व्याख्या पर आग्रह नहीं करता। उसका उद्देश्य व्यक्ति को अधिक जागरूक, अधिक स्वतंत्र और अधिक उत्तरदायी बनाना होता है।

यह भी स्मरणीय है कि पूर्वजन्म प्रत्यागमन चिकित्सा, मनोचिकित्सा या अन्य आवश्यक चिकित्सकीय सहायता का विकल्प नहीं है। जहाँ आवश्यकता हो, वहाँ योग्य विशेषज्ञों की सहायता लेना बुद्धिमत्ता का परिचायक है।

संतुलित दृष्टिकोण निम्न बातों को स्वीकार करता है

अनुभव अर्थपूर्ण हो सकते हैं, भले ही उनकी प्रकृति निश्चित न हो।

भावनात्मक सत्य कई बार ऐतिहासिक सत्य से अधिक महत्वपूर्ण हो सकता है।

उपचार का उद्देश्य भय उत्पन्न करना नहीं, बल्कि जागरूकता बढ़ाना है।

खुलेपन और स्वस्थ संशय दोनों का संतुलन आवश्यक है।

वास्तविक आध्यात्मिक विकास व्यक्ति को अधिक स्वतंत्र बनाता है, अधिक निर्भर नहीं।

अंततः चाहे प्रतिज्ञाएँ वास्तविक हों, प्रतीकात्मक हों अथवा मनोवैज्ञानिक संरचनाएँ उनका महत्व इस बात में है कि वे व्यक्ति को अपने भीतर सक्रिय प्रतिरूपों को समझने का अवसर प्रदान करती हैं।

और जब समझ विकसित होती है, तभी परिवर्तन की प्रक्रिया प्रारम्भ होती है।

20.11 अध्याय का सार

इस अध्याय में हमने उन गहरे मानसिक और भावनात्मक प्रतिरूपों का अध्ययन किया जो व्यक्ति के जीवन में आत्म-विघातक व्यवहार, अपराधबोध, लज्जा और बार-बार दोहराने वाले संघर्षों के रूप में प्रकट हो सकते हैं। हमने समझा कि अपराधबोध किसी कार्य से जुड़ा हो सकता है, जबकि लज्जा व्यक्ति की आत्म-पहचान को प्रभावित करती है और आत्म-अस्वीकृति का आधार बन सकती है।

अवचेतन प्रतिज्ञाएँ, सीमित मान्यताएँ और गहरे संस्कार जीवन के विभिन्न क्षेत्रों–संबंधों, समृद्धि, आत्म-अभिव्यक्ति और सफलता–को प्रभावित कर सकते हैं। जीवन में बार-बार उभरने वाले संघर्ष अनेक बार किसी गहरे आंतरिक विषय की ओर संकेत करते हैं।

क्षमा, आत्म-स्वीकृति, आत्म-करुणा और जागरूकता इन प्रतिरूपों से मुक्त होने के महत्वपूर्ण साधन हैं। जब व्यक्ति अपने भीतर सक्रिय मान्यताओं और भावनात्मक प्रतिक्रियाओं को पहचानना प्रारम्भ करता है, तब वह स्वचालित प्रतिक्रियाओं के स्थान पर अधिक जागरूक विकल्प चुनने में सक्षम होने लगता है।

भारतीय दर्शन भी संकेत करता है कि संस्कारों और क्लेशों की पहचान ही आंतरिक परिवर्तन की शुरुआत है। जागरूकता, आत्म-बोध और उत्तरदायित्व

के माध्यम से व्यक्ति अधिक स्वतंत्र, संतुलित और प्रामाणिक जीवन की ओर अग्रसर हो सकता है।

अगले अध्याय में हम आध्यात्मिक अनुभवों, विस्तारित चेतना-अवस्थाओं तथा चेतना के रहस्यमय आयामों का संतुलित और विवेकपूर्ण अध्ययन करेंगे।

अध्याय 21

आध्यात्मिक अनुभव और विस्तृत चेतना

(Spiritual Experiences and Expanded Consciousness)

21.1 भूमिका : सामान्य चेतना से परे अनुभवों का संसार

मानव चेतना सदैव से रहस्य, जिज्ञासा और अन्वेषण का विषय रही है। सामान्यतः व्यक्ति स्वयं को अपने विचारों, स्मृतियों, भावनाओं, शारीरिक अनुभवों और दैनिक गतिविधियों के माध्यम से पहचानता है। जीवन का अधिकांश भाग इसी सामान्य जागरूकता के दायरे में व्यतीत होता है।

किन्तु इतिहास, दर्शन, आध्यात्मिक परंपराओं तथा आधुनिक चेतना-अध्ययनों में ऐसे अनेक अनुभवों का उल्लेख मिलता है जो सामान्य मानसिक अवस्था से भिन्न प्रतीत होते हैं। ध्यान, प्रार्थना, साधना, निकट-मृत्यु अनुभवों, रिग्रेशन प्रक्रियाओं तथा अन्य परिवर्तित चेतना-अवस्थाओं के दौरान कुछ लोग असाधारण शांति, प्रकाश, करुणा, एकत्व अथवा असीम विस्तार का अनुभव करते हैं।

ऐसे अनुभवों में एक समान तत्व प्रायः दिखाई देता है व्यक्ति स्वयं को अपनी सीमित पहचान से अधिक व्यापक रूप में अनुभव करने लगता है। कुछ लोग इसे आध्यात्मिक अनुभव कहते हैं, कुछ रहस्यमय अनुभव, कुछ चेतना-विस्तार और कुछ दिव्य अनुभूति।

इन अनुभवों को समझते समय संतुलन आवश्यक है। इन्हें केवल भ्रम कहकर नकार देना उचित नहीं है, किन्तु प्रत्येक अनुभव को अंतिम आध्यात्मिक सत्य घोषित कर देना भी उचित नहीं है। इस अध्याय का उद्देश्य ऐसे अनुभवों का संतुलित अध्ययन करना है जिन्हें अनेक लोग चेतना के विस्तृत आयामों से संबंधित मानते हैं।

21.2 विस्तृत चेतना क्या है?

सामान्य जागरूकता की अवस्था में व्यक्ति स्वयं को एक पृथक इकाई के रूप में अनुभव करता है। उसका ध्यान मुख्यतः शरीर, विचारों, इच्छाओं, स्मृतियों और व्यक्तिगत पहचान के इर्द-गिर्द केंद्रित रहता है। यही अनुभव जीवन के व्यावहारिक संचालन के लिए आवश्यक भी है।

किन्तु अनेक आध्यात्मिक परंपराएँ संकेत करती हैं कि चेतना की संभावनाएँ केवल इसी स्तर तक सीमित नहीं हैं। कुछ अवस्थाओं में व्यक्ति अनुभव कर सकता है कि उसकी जागरूकता सामान्य सीमाओं से परे विस्तृत हो रही है। उसे ऐसा प्रतीत हो सकता है कि वह केवल शरीर नहीं है, कि विचार उसके सम्पूर्ण अस्तित्व का प्रतिनिधित्व नहीं करते, अथवा कि जीवन किसी गहरे स्तर पर परस्पर जुड़ा हुआ है।

ऐसी अवस्थाओं में कभी-कभी व्यक्ति गहन शांति, करुणा, स्थिरता अथवा एकत्व का अनुभव करता है। विस्तृत चेतना का अर्थ वास्तविकता से दूर जाना नहीं है, बल्कि जीवन को अधिक व्यापक दृष्टि से देखना है। अनेक लोगों के लिए यह अनुभव उनके भीतर उपस्थित किसी गहरे और शांत आयाम की झलक बन जाता है।

21.3 रहस्यमय आध्यात्मिक अनुभवों की प्रकृति

मानव इतिहास में रहस्यमय आध्यात्मिक अनुभवों का उल्लेख लगभग सभी सभ्यताओं और आध्यात्मिक परंपराओं में मिलता है। यद्यपि उनकी भाषा और प्रतीक भिन्न हो सकते हैं, फिर भी उनके मूल अनुभवों में उल्लेखनीय समानताएँ दिखाई देती हैं।

ऐसे अनुभवों को व्यक्ति प्रायः अत्यंत वास्तविक, गहन और जीवन-परिवर्तनकारी मानता है, किन्तु उन्हें शब्दों में व्यक्त करना कठिन होता है। अनुभव करने वाले अनेक लोग कहते हैं कि जो उन्होंने अनुभव किया वह किसी विचार से अधिक वास्तविक था।

इन अनुभवों में असीम शांति, गहन प्रेम, दिव्य उपस्थिति, आंतरिक प्रकाश, पवित्रता की अनुभूति अथवा अहंभाव की सीमाओं का क्षीण होना सम्मिलित हो सकता है। कई बार उनका प्रभाव व्यक्ति के मूल्यों, दृष्टिकोण और जीवन-दृष्टि में भी दिखाई देता है।

फिर भी किसी अनुभव की गहराई का वास्तविक मूल्य इस बात से निर्धारित होता है कि वह व्यक्ति के जीवन में कितना संतुलन, करुणा और जागरूकता लाता है।

21.4 शास्त्रीय संकेत : चेतना, आत्मा और एकत्व

भारतीय दर्शन में चेतना को केवल मानसिक गतिविधियों का परिणाम नहीं माना गया है। उपनिषदों, वेदान्त और योग परंपरा के अनुसार मनुष्य का वास्तविक स्वरूप शरीर, विचारों और व्यक्तित्व की सीमाओं से कहीं अधिक व्यापक है। चेतना को अस्तित्व का मूल आधार माना गया है तथा आध्यात्मिक साधना का उद्देश्य उसी गहन आयाम का प्रत्यक्ष अनुभव करना बताया गया है।

ईशावास्य उपनिषद् में कहा गया है

यस्तु सर्वाणि भूतान्यात्मन्येवानुपश्यति।
सर्वभूतेषु चात्मानं ततो न विजुगुप्सते॥

ईशावास्य उपनिषद् 6

भावार्थ → जो साधक सभी प्राणियों को अपने भीतर और अपने आत्मस्वरूप को सभी प्राणियों में देखता है, वह किसी से द्वेष या अलगाव का अनुभव नहीं करता।

विस्तृत चेतना और आध्यात्मिक अनुभवों में अनेक लोग अपने और दूसरों के बीच की सीमाओं के कम होने, गहरे जुड़ाव अथवा एकत्व की अनुभूति का वर्णन करते हैं। यह मंत्र उसी व्यापक चेतना की ओर संकेत करता है जिसमें अलगाव की भावना कम होकर एकत्व, करुणा और समभाव का विकास होता है।

21.5 विस्तृत चेतना के प्रमुख अनुभव

विस्तृत चेतना से जुड़े अनुभव विभिन्न रूपों में प्रकट हो सकते हैं। यद्यपि उनकी भाषा और प्रतीक व्यक्ति तथा संस्कृति के अनुसार बदल सकते हैं, फिर भी कुछ सामान्य विषय बार-बार दिखाई देते हैं।

सबसे अधिक वर्णित अनुभवों में से एक है एकत्व की अनुभूति। ऐसी अवस्था में व्यक्ति को यह अनुभव हो सकता है कि उसके और संसार के बीच उपस्थित सीमाएँ कुछ समय के लिए कम हो गई हैं। उसे ऐसा प्रतीत हो सकता है कि समस्त जीवन किसी गहरे स्तर पर परस्पर जुड़ा हुआ है। इस अनुभूति के साथ प्रायः करुणा, प्रेम और आंतरिक शांति का अनुभव भी जुड़ा रहता है।

कुछ लोगों को प्रकाश, ऊर्जा अथवा दिव्य उपस्थिति से संबंधित अनुभव होते हैं। वे स्वर्णिम अथवा श्वेत प्रकाश, अत्यंत शांत उपस्थिति अथवा किसी गहन बुद्धिमत्ता के संपर्क जैसी अनुभूति का वर्णन करते हैं। आध्यात्मिक दृष्टिकोण इन्हें चेतना के उच्चतर आयामों से जोड़ सकता है, जबकि मनोवैज्ञानिक दृष्टिकोण इन्हें आंतरिक रूपांतरण और जागरूकता के प्रतीक के रूप में देख सकता है।

कुछ अनुभवों में गहन आनंद अथवा परमानंद की अवस्था भी उपस्थित होती है। व्यक्ति अनुभव करता है कि भीतर किसी प्रकार की कमी नहीं है और गहरा संतोष विद्यमान है। किन्तु यह समझना आवश्यक है कि आध्यात्मिक विकास का उद्देश्य केवल आनंदमय अनुभवों का संग्रह नहीं है। यदि व्यक्ति केवल असाधारण अनुभूतियों के पीछे भागने लगे, तो वह वास्तविक जीवन से दूर जा सकता है।

कभी-कभी व्यक्ति अहंभाव के शिथिलीकरण का अनुभव भी करता है। उसे ऐसा प्रतीत हो सकता है कि उसकी सीमित पहचान कुछ समय के लिए पीछे हट गई है और वह स्वयं को किसी व्यापक चेतना का भाग अनुभव कर रहा है। ऐसे अनुभव व्यक्ति को अपने अस्तित्व के विषय में अधिक व्यापक दृष्टिकोण प्रदान कर सकते हैं।

ध्यान, स्वप्न, रिग्रेशन अथवा अन्य चेतना-अवस्थाओं में कुछ लोग प्रतीकात्मक दर्शन, आध्यात्मिक मार्गदर्शकों अथवा पवित्र प्रतीकों का अनुभव भी करते हैं। इन अनुभवों की व्याख्या विभिन्न प्रकार से की जा सकती है, किन्तु उनका वास्तविक महत्व इस बात में है कि वे व्यक्ति को कौन-सी अंतर्दृष्टि प्रदान करते हैं।

रिग्रेशन अनुभवों में भी कभी-कभी ऐसे आध्यात्मिक आयाम उभरते हैं जो किसी विशिष्ट कथा से अधिक व्यापक प्रतीत होते हैं। व्यक्ति गहन शांति, प्रेम, प्रकाश या विस्तृत जागरूकता का अनुभव कर सकता है। ऐसे अनुभव अनेक लोगों के लिए जीवन के अर्थ और चेतना की प्रकृति पर गहन चिंतन का कारण बनते हैं।

21.6 आंतरिक मौन, करुणा और आध्यात्मिक परिपक्वता

अनेक आध्यात्मिक परंपराएँ आंतरिक मौन को चेतना-विकास की आधारभूमि मानती हैं। सामान्यतः मन विचारों, स्मृतियों, योजनाओं और प्रतिक्रियाओं से भरा रहता है। जब यह चंचलता कुछ समय के लिए शांत होने लगती है, तब व्यक्ति अपने भीतर उपस्थित अधिक गहरी जागरूकता को अनुभव कर सकता है।

भगवद्गीता में कहा गया है

प्रशान्तमनसं ह्येनं योगिनं सुखमुत्तमम्।
उपैति शान्तरजसं ब्रह्मभूतमकल्मषम्॥

श्रीमद्भगवद्गीता 6.27

भावार्थ → जिस योगी का मन शांत हो गया है, जिसके रजोगुण का प्रभाव क्षीण हो गया है और जो अंतःकरण से निर्मल है, वह श्रेष्ठ सुख को प्राप्त करता है।

आध्यात्मिक अनुभवों का वास्तविक मूल्य केवल असाधारण अनुभूतियों में नहीं, बल्कि उनके परिणामस्वरूप विकसित होने वाली आंतरिक शांति, करुणा और संतुलन में है। यह श्लोक संकेत करता है कि आध्यात्मिक परिपक्वता का एक महत्वपूर्ण लक्षण मन की प्रशान्तता और अंतःकरण की निर्मलता है।

वास्तविक आध्यात्मिक परिपक्वता अनुभवों की संख्या से नहीं, बल्कि जीवन में प्रकट होने वाली जागरूकता, करुणा और संतुलन से पहचानी जाती है।

21.7 आध्यात्मिक संकट और सावधानियाँ

यद्यपि आध्यात्मिक अनुभव अनेक लोगों के लिए प्रेरणादायक और रूपांतरणकारी हो सकते हैं, फिर भी कुछ परिस्थितियों में वे भ्रम, असंतुलन अथवा संकट का कारण भी बन सकते हैं। विशेष रूप से तब जब व्यक्ति अत्यधिक तीव्र अनुभवों के लिए तैयार न हो या उसके पास उन्हें समझने और एकीकृत करने के लिए पर्याप्त आधार न हो।

कुछ लोगों में अत्यधिक भ्रम, भय, भावनात्मक अस्थिरता, वास्तविकता-बोध में कमी अथवा हर घटना को रहस्यमय अर्थ देने की प्रवृत्ति विकसित हो सकती है। ऐसी अवस्थाओं को कभी-कभी आध्यात्मिक संकट या आध्यात्मिक उद्भव से जुड़ी चुनौतियों के रूप में देखा जाता है।

यह समझना आवश्यक है कि चेतना की प्रत्येक असामान्य अवस्था आत्मज्ञान या बोध की अवस्था नहीं होती। कुछ अनुभव मनोवैज्ञानिक तनाव, आघात, भावनात्मक अभिभूतता अथवा अन्य मानसिक कारणों से भी संबंधित हो सकते हैं।

इसी कारण विवेक, आत्म-जागरूकता, भावनात्मक स्थिरता तथा आवश्यकता पड़ने पर योग्य मार्गदर्शन अत्यंत महत्वपूर्ण हैं। स्वस्थ आध्यात्मिक मार्ग सदैव क्रमिक विकास, सुरक्षा और संतुलन को महत्व देता है।

21.8 धरातलीय संतुलन और अनुभवों का एकीकरण

किसी भी गहन आध्यात्मिक अनुभव के बाद सबसे महत्वपूर्ण कार्य उसका एकीकरण (Integration) है। यदि व्यक्ति केवल अनुभवों का संग्रह करता रहे और उन्हें अपने जीवन में उतार न सके, तो उसका विकास अधूरा रह सकता है। वास्तविक परिवर्तन तब होता है जब अनुभव से प्राप्त अंतर्दृष्टियाँ दैनिक जीवन का हिस्सा बनने लगती हैं।

आध्यात्मिक अनुभवों का उद्देश्य व्यक्ति को संसार से दूर ले जाना नहीं, बल्कि उसे जीवन के प्रति अधिक जागरूक बनाना है। जब कोई अनुभव व्यक्ति के व्यवहार, संबंधों, निर्णयों और दृष्टिकोण में सकारात्मक परिवर्तन लाने लगता है, तभी उसका वास्तविक मूल्य प्रकट होता है।

इस प्रक्रिया में आत्म-अवलोकन, ध्यान, शारीरिक संतुलन, स्वस्थ संबंध, भावनात्मक ईमानदारी और दैनिक जीवन की जिम्मेदारियों के प्रति सजगता महत्वपूर्ण भूमिका निभाते हैं। जितनी गहराई से चेतना का विस्तार होता है, उतनी ही गहराई से व्यक्ति को जीवन के व्यावहारिक पक्षों से भी जुड़े रहना चाहिए। यही संतुलन अनुभवों को ज्ञान में और ज्ञान को जीवन में रूपांतरित करता है।

21.9 वास्तविक चेतना-विस्तार के संकेत

चेतना-विस्तार को मात्र रहस्यमय अनुभवों या असाधारण अनुभूतियों से नहीं पहचाना जा सकता। उसका प्रभाव व्यक्ति के जीवन में दिखाई देता है।

जब चेतना का विकास होता है, तब व्यक्ति अधिक जागरूक, अधिक उत्तरदायी और अधिक संतुलित बनने लगता है। उसकी प्रतिक्रियात्मकता कम होती है और आत्म-अवलोकन की क्षमता बढ़ती है। वह जीवन की अनिश्चितताओं को अधिक सहजता से स्वीकार कर पाता है तथा दूसरों के दृष्टिकोण को समझने की क्षमता विकसित करता है।

ऐसा व्यक्ति आवश्यक नहीं कि समस्याओं से मुक्त हो, किन्तु वह परिस्थितियों के साथ अधिक परिपक्व ढंग से जुड़ना सीख जाता है।

उसके भीतर करुणा, विनम्रता और आंतरिक स्थिरता का विकास होने लगता है।

वास्तविक चेतना-विस्तार व्यक्ति को जीवन से दूर नहीं ले जाता, बल्कि उसे जीवन के प्रति अधिक उपस्थित और संवेदनशील बनाता है।

21.10 संतुलित दृष्टिकोण और सीमाएँ

आध्यात्मिक अनुभवों और विस्तृत चेतना से संबंधित विषय अत्यंत आकर्षक हो सकते हैं, किन्तु उनके प्रति संतुलित दृष्टिकोण बनाए रखना आवश्यक है।

प्रत्येक असामान्य अनुभव को अंतिम आध्यात्मिक सत्य मान लेना उचित नहीं है। कुछ अनुभव आध्यात्मिक प्रकृति के हो सकते हैं, कुछ मनोवैज्ञानिक प्रक्रियाओं से जुड़े हो सकते हैं और कुछ प्रतीकात्मक अभिव्यक्तियाँ भी हो सकती हैं। कई बार इन सभी तत्वों का मिश्रण भी उपस्थित हो सकता है।

इसी प्रकार प्रत्येक प्रकाश-अनुभव, दर्शन अथवा रहस्यमय अनुभूति को विशेष आध्यात्मिक उपलब्धि मान लेना भी उचित नहीं है। अनुभवों की व्याख्या विनम्रता, विवेक और खुलेपन के साथ की जानी चाहिए।

यह भी समझना आवश्यक है कि आध्यात्मिक अन्वेषण चिकित्सा या मानसिक स्वास्थ्य सहायता का विकल्प नहीं है। जहाँ आवश्यकता हो, वहाँ योग्य चिकित्सकीय अथवा मनोवैज्ञानिक सहयोग लेना महत्वपूर्ण है।

स्वस्थ आध्यात्मिकता व्यक्ति को अधिक स्वतंत्र, अधिक संतुलित और अधिक उत्तरदायी बनाती है। यदि कोई दृष्टिकोण भय, अंधविश्वास, निर्भरता अथवा वास्तविक जीवन से पलायन को बढ़ाता है, तो उसके प्रति सावधानी आवश्यक है।

21.11 अध्याय का सार

इस अध्याय में हमने आध्यात्मिक अनुभवों और विस्तृत चेतना की अवधारणा का संतुलित अध्ययन किया। अनेक व्यक्तियों द्वारा वर्णित एकत्व, प्रकाश, दिव्य उपस्थिति, आंतरिक मौन, आनंद तथा विस्तृत

जागरूकता जैसी अनुभूतियाँ चेतना के महत्वपूर्ण आयामों की ओर संकेत करती हैं। यद्यपि इन अनुभवों की अंतिम प्रकृति के विषय में विभिन्न मत हो सकते हैं, फिर भी वे व्यक्ति के लिए गहरे अर्थ और अंतर्दृष्टि का स्रोत बन सकते हैं।

अध्याय में यह भी स्पष्ट किया गया कि आध्यात्मिक अनुभवों का वास्तविक महत्व उनके बाह्य स्वरूप में नहीं, बल्कि उनके द्वारा उत्पन्न आंतरिक परिवर्तन में निहित है। करुणा, विनम्रता, भावनात्मक परिपक्वता, आत्म-जागरूकता और उत्तरदायित्व स्वस्थ आध्यात्मिक विकास के महत्वपूर्ण संकेत हैं।

आध्यात्मिक संकटों और असंतुलनों की संभावना को समझना भी आवश्यक है। इसलिए किसी भी गहन अनुभव के बाद धरातलीय संतुलन, विवेक और अनुभवों का एकीकरण अत्यंत महत्वपूर्ण है।

उपनिषदों और भारतीय दर्शन की दृष्टि से चेतना-विस्तार का अंतिम उद्देश्य पृथकता की सीमित भावना से आगे बढ़कर व्यापक एकत्व, करुणा और जागरूकता का विकास करना है। इस प्रकार आध्यात्मिक अनुभवों का वास्तविक मूल्य व्यक्ति को अधिक संतुलित, अधिक संवेदनशील, अधिक जागरूक और अधिक मानवीय बनाने में निहित है।

अगले अध्याय में आध्यात्मिक जागरण और चेतना का रूपांतरण का संतुलित अध्ययन प्रस्तुत किया जाएगा।

अध्याय 22

आध्यात्मिक जागरण और चेतना का रूपांतरण

(Spiritual Awakening and Transformation of Consciousness)

22.1 भूमिका : आध्यात्मिक जागरण क्या है?

मानव जीवन में ऐसे क्षण आते हैं जब व्यक्ति केवल बाहरी उपलब्धियों, सामाजिक पहचान, संबंधों अथवा भौतिक सफलताओं से संतुष्ट नहीं हो पाता। उसके भीतर एक गहरा प्रश्न जन्म लेने लगता है

"मैं वास्तव में कौन हूँ?"

"जीवन का उद्देश्य क्या है?"

"क्या चेतना केवल शरीर और मन तक सीमित है?"

यही प्रश्न अनेक बार आध्यात्मिक खोज का प्रारम्भ बनते हैं।

आध्यात्मिक जागरण सामान्यतः किसी नए विश्वास को स्वीकार कर लेने का नाम नहीं है। यह चेतना में होने वाला ऐसा आंतरिक परिवर्तन है जिसमें व्यक्ति स्वयं, जीवन और अस्तित्व को पहले की तुलना में भिन्न दृष्टि से देखना प्रारम्भ कर देता है।

कभी यह परिवर्तन धीरे-धीरे वर्षों में विकसित होता है, तो कभी किसी गहन अनुभव, संकट, ध्यान, प्रार्थना, मृत्यु-समीप अनुभव, रिग्रेशन

प्रक्रिया अथवा जीवन-परिवर्तनकारी घटना के बाद अचानक भी प्रकट हो सकता है।

आध्यात्मिक जागरण व्यक्ति को अपनी सीमित पहचानों, आदतों और मानसिक संरचनाओं से परे देखने की प्रेरणा देता है। भारतीय दर्शन में इसे अज्ञान से ज्ञान, अवचेतनता से जागरूकता और सीमित पहचान से व्यापक चेतना की ओर यात्रा के रूप में देखा गया है।

इसी कारण जागरण को किसी एक घटना के बजाय एक सतत प्रक्रिया माना जा सकता है एक ऐसी प्रक्रिया जो व्यक्ति को अधिक जागरूक, अधिक स्वतंत्र और अधिक करुणामय बनाती है।

22.2 आध्यात्मिक अनुभव और आध्यात्मिक जागरण में अंतर

अनेक लोग किसी गहन आध्यात्मिक अनुभव को ही आध्यात्मिक जागरण मान लेते हैं। यद्यपि दोनों के बीच संबंध हो सकता है, फिर भी दोनों समान नहीं हैं।

आध्यात्मिक अनुभव सामान्यतः किसी विशेष क्षण में घटित होने वाली चेतनात्मक अवस्था होती है। व्यक्ति को प्रकाश, गहन शांति, एकत्व, दिव्य उपस्थिति, आंतरिक मौन अथवा परमानंद की अनुभूति हो सकती है। ऐसे अनुभव अत्यंत प्रभावशाली हो सकते हैं, किन्तु उनका प्रभाव सदैव स्थायी हो, यह आवश्यक नहीं है। इसके विपरीत आध्यात्मिक जागरण चेतना और जीवन-दृष्टि में होने वाला गहरा रूपांतरण है। यह व्यक्ति के सोचने, अनुभव करने और जीवन जीने के तरीके को प्रभावित करता है।

एक अनुभव चेतना की किसी संभावना की झलक दे सकता है, जबकि जागरण उस झलक को जीवन में एकीकृत करने की प्रक्रिया है।

इसी कारण किसी भी आध्यात्मिक अनुभव का वास्तविक मूल्य उसके बाद होने वाले परिवर्तन में निहित होता है। यदि व्यक्ति अधिक जागरूक, अधिक विनम्र, अधिक उत्तरदायी और अधिक करुणामय बन रहा है, तो वह जागरण की दिशा में आगे बढ़ रहा है।

22.3 जागरण की प्रारम्भिक अवस्थाएँ और पहचान का रूपांतरण

आध्यात्मिक जागरण प्रायः धीरे-धीरे विकसित होता है। प्रारम्भिक चरणों में व्यक्ति जीवन के अर्थ, उद्देश्य और अपनी वास्तविक पहचान के विषय में अधिक गंभीरता से विचार करना प्रारम्भ कर सकता है।

कई बार जिन बातों में पहले अत्यधिक रुचि थी, वे अब उतनी महत्वपूर्ण नहीं लगतीं। व्यक्ति बाहरी उपलब्धियों के साथ-साथ आंतरिक शांति, संतुलन और आत्म-बोध की खोज करने लगता है।

इसी अवधि में आत्म-पहचान में भी परिवर्तन प्रारम्भ होता है। सामान्यतः व्यक्ति स्वयं को अपने नाम, व्यवसाय, संबंधों, विचारों और उपलब्धियों के माध्यम से परिभाषित करता है। किन्तु जागरण के दौरान वह अनुभव करने लगता है कि उसका अस्तित्व इन भूमिकाओं से कहीं अधिक व्यापक है।

यह प्रक्रिया कभी-कभी चुनौतीपूर्ण भी हो सकती है। पुरानी पहचान ढीली पड़ने लगती है जबकि नई समझ अभी स्थिर नहीं हुई होती। परिणामस्वरूप व्यक्ति अनिश्चितता, अकेलेपन अथवा आंतरिक संघर्ष का अनुभव कर सकता है।

फिर भी यही अवस्था चेतना के विस्तार की दिशा में एक महत्वपूर्ण कदम सिद्ध होती है। धीरे-धीरे व्यक्ति समझने लगता है कि उसकी वास्तविकता केवल उसके विचारों, भावनाओं और सामाजिक भूमिकाओं तक सीमित नहीं है।

22.4 शास्त्रीय संकेत : आत्मबोध और जागरण

भारतीय ज्ञान-परंपरा में जागरण को चेतना की सर्वोच्च संभावनाओं में से एक माना गया है। उपनिषद मनुष्य को अज्ञान और सीमित पहचान से ऊपर उठकर आत्मबोध की दिशा में अग्रसर होने का आह्वान करते हैं।

भिद्यते हृदयग्रन्थिश्छिद्यन्ते सर्वसंशयाः।
क्षीयन्ते चास्य कर्माणि तस्मिन् दृष्टे परावरे॥

मुण्डकोपनिषद् 2.2.8

भावार्थ ➔ जब परम सत्य का साक्षात्कार होता है, तब हृदय की गांठें खुल जाती हैं, सभी संशय नष्ट हो जाते हैं और कर्मबंधन क्षीण होने लगते हैं।

आध्यात्मिक जागरण का वास्तविक स्वरूप बाहरी अनुभवों से अधिक आंतरिक स्पष्टता, संशयों के क्षय और चेतना के रूपांतरण में प्रकट होता है। यह मंत्र आत्मबोध से उत्पन्न होने वाले आंतरिक परिवर्तन की ओर संकेत करता है। आत्मबोध का अर्थ संसार से भागना नहीं, बल्कि जीवन को अधिक स्पष्टता और जागरूकता के साथ देखना है।

22.5 अहंकार से साक्षीभाव और चेतना-विस्तार की ओर

आध्यात्मिक जागरण का एक महत्वपूर्ण आयाम है अहंकार-केंद्रित दृष्टि से साक्षीभाव की ओर संक्रमण।

यहाँ अहंकार से आशय केवल घमंड नहीं, बल्कि उस मानसिक संरचना से है जिसके माध्यम से व्यक्ति स्वयं को परिभाषित करता है। जागरण के दौरान व्यक्ति यह देखना प्रारम्भ करता है कि विचार, भावनाएँ और अनुभव बदलते रहते हैं, किन्तु उनके पीछे एक जागरूक उपस्थिति भी विद्यमान है।

धीरे-धीरे साक्षीभाव विकसित होने लगता है। व्यक्ति अपने विचारों और भावनाओं को दबाने के बजाय उन्हें जागरूकता के साथ देखना सीखता है।

यहीं से चेतना-विस्तार की प्रक्रिया प्रारम्भ होती है। व्यक्ति अनुभव करने लगता है कि उसका अस्तित्व केवल व्यक्तिगत कहानी तक सीमित नहीं है। उसके भीतर एक ऐसा आयाम भी है जो अधिक शांत, अधिक स्थिर और अधिक व्यापक है।

यही अनुभव जीवन-दृष्टि में परिवर्तन लाता है। प्रतिस्पर्धा, भय और प्रतिक्रियात्मकता की तीव्रता कम हो सकती है, जबकि स्वीकार्यता, संवेदनशीलता और करुणा बढ़ सकती है।

22.6 जागरण की चुनौतियाँ और आध्यात्मिक संकट

यद्यपि आध्यात्मिक जागरण प्रेरणादायक हो सकता है, फिर भी इसके साथ चुनौतियाँ भी जुड़ी होती हैं।

जब पुरानी धारणाएँ और पहचानें बदलने लगती हैं, तब व्यक्ति अस्थिरता, भ्रम या आंतरिक संघर्ष का अनुभव कर सकता है। कई बार उसे ऐसा प्रतीत होता है कि वह पुराने जीवन से पूरी तरह जुड़ा नहीं है और नई समझ में भी अभी स्थिर नहीं हुआ है।

कुछ परिस्थितियों में आध्यात्मिक अनुभव इतने तीव्र हो सकते हैं कि वे भावनात्मक अभिभूतता, अत्यधिक संवेदनशीलता, भय या वास्तविकता-बोध में असंतुलन का कारण बन जाएँ। इसे कभी-कभी आध्यात्मिक संकट अथवा आध्यात्मिक आपातस्थिति कहा जाता है।

इसी कारण विवेक, भावनात्मक स्थिरता और आवश्यकता पड़ने पर उचित मार्गदर्शन अत्यंत महत्वपूर्ण हैं। प्रत्येक असामान्य अनुभव को आत्मज्ञान का प्रमाण मान लेना उचित नहीं है।

संतुलित आध्यात्मिक मार्ग क्रमिक विकास, स्थिरता और धरातलीय संतुलन को महत्व देता है।

22.7 जागरण बनाम आध्यात्मिक अहंकार

आध्यात्मिक मार्ग की सबसे सूक्ष्म चुनौतियों में से एक आध्यात्मिक अहंकार है।

कभी-कभी व्यक्ति कुछ अनुभवों, साधना या ज्ञान के आधार पर स्वयं को दूसरों से अधिक विकसित मानने लगता है। वह अपने अनुभवों को अंतिम

सत्य समझने लगता है और आलोचना या वैकल्पिक दृष्टिकोणों को स्वीकार करने में कठिनाई अनुभव करता है।

किन्तु वास्तविक जागरण सामान्यतः व्यक्ति को अधिक विनम्र बनाता है।

विद्या विनयसम्पन्ने ब्राह्मणे गवि हस्तिनि।
शुनि चैव श्वपाके च पण्डिताः समदर्शिनः॥

श्रीमद्भगवद्गीता 5.18

भावार्थ ➔ ज्ञानी पुरुष विद्वान ब्राह्मण, गाय, हाथी, कुत्ते और चाण्डाल में समान आत्मतत्त्व का दर्शन करते हैं।

आध्यात्मिक जागरण का एक महत्वपूर्ण संकेत समदृष्टि और अहंकार का क्षय है। जब व्यक्ति स्वयं को दूसरों से श्रेष्ठ मानना छोड़ देता है और सभी में एक ही चेतना का दर्शन करने लगता है, तब वास्तविक आध्यात्मिक परिपक्वता विकसित होती है।

22.8 करुणा, सेवा और चेतना की परिपक्वता

आध्यात्मिक जागरण का वास्तविक प्रभाव व्यक्ति के व्यवहार और जीवन-दृष्टि में दिखाई देता है। जैसे-जैसे चेतना परिपक्व होती है, वैसे-वैसे करुणा का विस्तार होने लगता है। व्यक्ति केवल अपने सुख-दुःख तक सीमित नहीं रहता, बल्कि दूसरों के अनुभवों के प्रति भी अधिक संवेदनशील हो जाता है।

करुणा का अर्थ केवल सहानुभूति नहीं है। यह दूसरों की परिस्थितियों को समझने, उनके संघर्षों का सम्मान करने और यथासंभव सहयोगी दृष्टिकोण विकसित करने की क्षमता है।

इसी प्रकार सेवा का अर्थ केवल बाहरी कार्य नहीं है। सेवा एक आंतरिक भाव भी है, जिसमें व्यक्ति जीवन के प्रति सम्मान, उत्तरदायित्व और सह-अस्तित्व की भावना विकसित करता है।

वास्तविक आध्यात्मिक परिपक्वता का प्रमाण किसी असाधारण अनुभव में नहीं, बल्कि व्यक्ति के स्वभाव में दिखाई देता है। विनम्रता, क्षमा, धैर्य, संवेदनशीलता और उत्तरदायित्व उसके स्वाभाविक गुण बनने लगते हैं।

जब आध्यात्मिकता व्यक्ति को अधिक मानवीय, अधिक करुणामय और अधिक संतुलित बनाती है, तब वह चेतना के वास्तविक विकास की दिशा में अग्रसर होता है।

22.9 जागरण और दैनिक जीवन

आध्यात्मिक जागरण का उद्देश्य केवल ध्यान, साधना या विशेष अनुभवों तक सीमित नहीं है। उसका वास्तविक महत्व इस बात में है कि वह व्यक्ति के दैनिक जीवन को किस प्रकार प्रभावित करता है।

जागरण के बाद भी व्यक्ति को कार्य करना होता है, संबंध निभाने होते हैं, निर्णय लेने होते हैं और जीवन की चुनौतियों का सामना करना होता है। अंतर केवल इतना होता है कि वह इन परिस्थितियों के साथ अधिक जागरूकता और संतुलन के साथ जुड़ने लगता है।

धीरे-धीरे प्रतिक्रियात्मकता के स्थान पर सजगता विकसित होने लगती है। व्यक्ति परिस्थितियों को तुरंत अच्छा या बुरा घोषित करने के बजाय उन्हें अधिक स्पष्टता से देखने लगता है। वह बाहरी परिस्थितियों का दास बनने के बजाय अपने भीतर स्थिरता विकसित करता है।

भगवद्गीता में स्थितप्रज्ञ का वर्णन इसी आंतरिक संतुलन की ओर संकेत करता है

योगस्थः कुरु कर्माणि सङ्गं त्यक्त्वा धनञ्जय।
सिद्ध्यसिद्ध्योः समो भूत्वा समत्वं योग उच्यते॥

श्रीमद्भगवद्गीता 2.48

भावार्थ ➔ हे धनंजय! आसक्ति का त्याग करके योगयुक्त होकर कर्म करो। सफलता और असफलता में समभाव रखो; यही योग कहलाता है।

वास्तविक जागरण व्यक्ति को जीवन से दूर नहीं ले जाता, बल्कि उसे अधिक संतुलन और जागरूकता के साथ जीवन जीना सिखाता है। सफलता-असफलता, लाभ-हानि और सुख-दुःख के बीच समत्व बनाए रखना आध्यात्मिक परिपक्वता का महत्वपूर्ण संकेत है।

22.10 क्या जागरण अंतिम अवस्था है?

अनेक लोग आध्यात्मिक जागरण को किसी अंतिम उपलब्धि या पूर्णता की अवस्था मान लेते हैं। किन्तु अधिकांश आध्यात्मिक परंपराएँ इसे एक सतत यात्रा के रूप में देखती हैं।

जागरण किसी महत्वपूर्ण द्वार के खुलने जैसा हो सकता है, किन्तु उसके बाद भी सीखना, समझना और विकसित होना जारी रहता है। चेतना का विकास एक निरंतर प्रक्रिया है।

जितनी गहराई से व्यक्ति स्वयं को जानता है, उतनी ही स्पष्टता से उसे यह भी दिखाई देता है कि सीखने और समझने की संभावनाएँ अनंत हैं। इसी कारण वास्तविक साधक स्वयं को कभी पूर्ण नहीं मानता।

आध्यात्मिक परिपक्वता का एक लक्षण यह भी है कि व्यक्ति अनुभवों और उपलब्धियों से अपनी पहचान बनाना छोड़ देता है। उसके भीतर विनम्रता और जिज्ञासा दोनों साथ-साथ विकसित होते हैं।

इस दृष्टि से जागरण अंत नहीं, बल्कि एक नए आरम्भ का संकेत है।

22.11 संतुलित दृष्टिकोण और सीमाएँ

आध्यात्मिक जागरण और चेतना-विस्तार के विषय में संतुलित दृष्टिकोण बनाए रखना अत्यंत आवश्यक है।

विभिन्न व्यक्तियों के अनुभव भिन्न हो सकते हैं। जो अनुभव एक व्यक्ति के लिए अत्यंत गहन और रूपांतरणकारी हो, वही दूसरे व्यक्ति के लिए न हो। इसी कारण किसी एक अनुभव को सार्वभौमिक मानक नहीं माना जा सकता।

यह भी आवश्यक है कि प्रत्येक असामान्य अनुभव को आध्यात्मिक जागरण का प्रमाण न माना जाए। कुछ अनुभव मनोवैज्ञानिक प्रक्रियाओं, भावनात्मक विमोचन, तंत्रिका तंत्र की अवस्थाओं अथवा जीवन-संकटों से भी संबंधित हो सकते हैं।

इसी प्रकार जागरण को जीवन से पलायन, विशेष होने की भावना या आध्यात्मिक श्रेष्ठता का आधार बना लेना भी उचित नहीं है।

संतुलित दृष्टिकोण खुलापन और विवेक दोनों को समान महत्व देता है। यह व्यक्ति को अनुभवों के प्रति ग्रहणशील रहने के साथ-साथ उनकी परिपक्व समीक्षा करने की भी प्रेरणा देता है।

वास्तविक आध्यात्मिकता व्यक्ति को अधिक स्वतंत्र, अधिक उत्तरदायी और अधिक संतुलित बनाती है।

22.12 अध्याय का सार

इस अध्याय में हमने आध्यात्मिक जागरण और चेतना के रूपांतरण की प्रक्रिया का अध्ययन किया। यह समझा कि आध्यात्मिक अनुभव और आध्यात्मिक जागरण समान नहीं हैं। अनुभव चेतना की किसी संभावना की झलक दे सकते हैं, जबकि जागरण उस समझ को जीवन में एकीकृत करने की प्रक्रिया है।

जागरण की प्रारम्भिक अवस्थाओं में व्यक्ति जीवन के अर्थ, उद्देश्य और अपनी वास्तविक पहचान के विषय में गहरे प्रश्न पूछना प्रारम्भ कर सकता है। धीरे-धीरे उसकी आत्म-पहचान में परिवर्तन आने लगता है और वह सीमित अहंकार-केंद्रित दृष्टि से साक्षीभाव की ओर बढ़ने लगता है।

अध्याय में यह भी स्पष्ट किया गया कि जागरण के साथ चुनौतियाँ और आध्यात्मिक संकट भी उत्पन्न हो सकते हैं। इसलिए विवेक, भावनात्मक स्थिरता और संतुलन अत्यंत आवश्यक हैं। वास्तविक जागरण व्यक्ति को श्रेष्ठता-बोध की ओर नहीं, बल्कि विनम्रता और करुणा की ओर ले जाता है।

करुणा, सेवा, उत्तरदायित्व, आंतरिक संतुलन और जीवन के प्रति जागरूक सहभागिता चेतना की परिपक्वता के महत्वपूर्ण संकेत हैं। जागरण कोई अंतिम उपलब्धि नहीं, बल्कि सतत विकास की प्रक्रिया है जो व्यक्ति को स्वयं, दूसरों और समस्त जीवन के साथ अधिक गहरे संबंध की ओर ले जाती है। अंततः चेतना-विस्तार का वास्तविक अर्थ असाधारण अनुभवों का संग्रह नहीं, बल्कि अधिक जागरूक, अधिक करुणामय और अधिक संतुलित जीवन जीने की क्षमता का विकास है।

अगले अध्याय में अध्ययन-प्रकरणों (Case Studies) के माध्यम से यह समझने का प्रयास किया जाएगा कि रिग्रेशन कार्य, भावनात्मक उपचार और चेतना-विकास की प्रक्रियाएँ वास्तविक जीवन में किस प्रकार प्रकट हो सकती हैं।

भाग 4

अध्ययन-प्रकरण : चेतना, संबंध और रूपांतरण

(Case Studies - Consciousness, Relationships and Transformation)

अध्याय 23

त्याग, भय-आधारित प्रेम और आत्म-विस्मरण

(Sacrifice, Fear-Based Love and Self-Loss)

23.1 भूमिका : प्रेम, परित्याग का भय और आत्म-विस्मरण

मानव संबंध केवल दो व्यक्तियों के बीच का जुड़ाव नहीं होते; वे व्यक्ति के भीतर उपस्थित गहरे भावनात्मक संस्कारों, असुरक्षाओं और विश्वासों को भी उजागर करते हैं। कुछ संबंध सुरक्षा, विकास और आत्मीयता प्रदान करते हैं, जबकि कुछ संबंध व्यक्ति को भय, असुरक्षा और आत्म-संघर्ष की ओर ले जाते हैं।

कई बार व्यक्ति प्रेम और त्याग को एक ही समझने लगता है। वह दूसरों की आवश्यकताओं को अपनी आवश्यकताओं से ऊपर रखने लगता है, सीमाएँ छोड़ देता है और धीरे-धीरे स्वयं से दूर होता चला जाता है। उसके भीतर यह विश्वास सक्रिय हो सकता है कि यदि वह पर्याप्त प्रेम, त्याग या समर्पण करेगा, तो उसे छोड़ा नहीं जाएगा।

यह अध्ययन-प्रकरण ऐसे ही एक भावनात्मक प्रतिरूप को समझने का प्रयास है। इसका उद्देश्य किसी अनुभव को अंतिम सत्य सिद्ध करना नहीं, बल्कि यह देखना है कि परित्याग का भय, भावनात्मक निर्भरता और आत्म-मूल्य से जुड़ी धारणाएँ किस प्रकार संबंधों को प्रभावित कर सकती हैं।

23.2 प्रारम्भिक स्थिति

इस अध्ययन-प्रकरण में वर्णित महिला को गोपनीयता की दृष्टि से "अनामिका" नाम दिया गया है। उनकी आयु लगभग छत्तीस वर्ष थी। वे शिक्षित, संवेदनशील, आध्यात्मिक विषयों में रुचि रखने वाली तथा व्यावसायिक रूप से सफल थीं।

बाहरी रूप से उनका जीवन संतुलित प्रतीत होता था, किन्तु संबंधों के क्षेत्र में वे लगातार एक समान कठिनाई का अनुभव कर रही थीं। वे बार-बार ऐसे लोगों की ओर आकर्षित हो जाती थीं जो भावनात्मक रूप से उपलब्ध नहीं होते थे। वे संबंधों में अत्यधिक निवेश करती थीं, परन्तु बदले में अपेक्षित सुरक्षा और स्थिरता अनुभव नहीं कर पाती थीं।

प्रारम्भिक चर्चा के दौरान उन्होंने कहा "मैं हर बार अपना सब कुछ दे देती हूँ, फिर भी अंत में अकेली रह जाती हूँ।"

यह केवल एक संबंध की कहानी नहीं थी, बल्कि उनके जीवन में बार-बार दोहराया जाने वाला एक भावनात्मक पैटर्न था।

23.3 प्रमुख कठिनाइयाँ और प्रारम्भिक मूल्यांकन

प्रारम्भिक मूल्यांकन में कुछ महत्वपूर्ण प्रवृत्तियाँ स्पष्ट रूप से सामने आईं।

स्वीकृति प्राप्त करने की तीव्र आवश्यकता

दूसरों को निराश करने का भय

"ना" कहने में कठिनाई

सीमाओं की उपेक्षा

संबंधों में अत्यधिक जिम्मेदारी लेना

स्वयं को दोष देने की प्रवृत्ति

चर्चा के दौरान उन्होंने कहा "यदि मैं लोगों के लिए सब कुछ न करूँ, तो शायद वे मुझे छोड़ देंगे।" यह कथन उनके भीतर सक्रिय एक गहरे विश्वास की ओर संकेत कर रहा था।

धीरे-धीरे स्पष्ट हुआ कि समस्या केवल संबंधों की नहीं थी उसका संबंध आत्म-मूल्य से भी था। वे स्वयं को तब अधिक मूल्यवान अनुभव करती थीं जब वे किसी की सहायता कर रही होतीं या किसी के लिए त्याग कर रही होतीं।

उनकी भावनात्मक संरचना में परित्याग का भय, आत्म-उपेक्षा और भावनात्मक निर्भरता स्पष्ट रूप से दिखाई दे रही थी।

23.4 बचपन और भावनात्मक पृष्ठभूमि

विस्तृत चर्चा के दौरान बचपन से जुड़े कुछ महत्वपूर्ण अनुभव सामने आए। परिवार में प्रेम अवश्य था, किन्तु भावनात्मक अभिव्यक्ति सीमित थी। कई बार उन्हें ऐसा अनुभव होता था कि स्वीकृति और प्रशंसा तभी प्राप्त होती है जब वे अपेक्षाओं के अनुरूप व्यवहार करें।

धीरे-धीरे उन्होंने अनजाने में एक निष्कर्ष विकसित कर लिया "प्रेम पाने के लिए मुझे उपयोगी बनना होगा।"

संभवतः बचपन में यह विश्वास सुरक्षा प्रदान करता था, किन्तु वयस्क जीवन में यही धारणा कठिनाइयों का कारण बन गई। उन्होंने दूसरों की आवश्यकताओं को अपनी आवश्यकताओं से ऊपर रखना सीख लिया था। परिणामस्वरूप वे संबंधों में अत्यधिक देती रहीं, किन्तु अपनी भावनात्मक आवश्यकताओं को पहचानना और व्यक्त करना नहीं सीख सकीं।

यहीं से त्याग, आत्म-विस्मरण और परित्याग के भय का वह प्रतिरूप विकसित हुआ जो आगे चलकर उनके संबंधों में बार-बार दिखाई देता रहा।

23.5 सत्र का प्रारम्भ

सत्र का आरम्भ श्वास-जागरूकता, ग्राउंडिंग और भावनात्मक सुरक्षा स्थापित करने से किया गया। प्रारम्भिक चरण में अनामिका स्पष्ट रूप से तनावग्रस्त थीं। कुछ समय तक उन्हें केवल अपनी श्वास, शरीर और वर्तमान क्षण पर ध्यान केन्द्रित करने के लिए कहा गया।

जब पर्याप्त स्थिरता स्थापित हो गई, तब उनसे उस भावना पर ध्यान देने के लिए कहा गया जो उनके संबंधों में बार-बार सक्रिय हो जाती थी। कुछ क्षणों के मौन के बाद उन्होंने धीरे से कहा "मुझे हमेशा किसी को खो देने का डर रहता है।"

जब उनसे इस भय के पीछे उपस्थित भावना को देखने के लिए कहा गया, तो उनकी आँखें नम हो गईं।

"ऐसा लगता है जैसे मैं किसी की प्रतीक्षा कर रही हूँ... जैसे कोई वापस आएगा..."

यहीं से उस भावनात्मक क्षेत्र की ओर यात्रा प्रारम्भ हुई जो उनके वर्तमान संबंधों को प्रभावित कर रहा था।

23.6 प्रत्यागमन में उभरता अनुभव

जब अनामिका पर्याप्त गहन विश्राम और प्रत्यागमन अवस्था में पहुँचीं, तब उनके सामने एक अत्यंत भावनात्मक अनुभव उभरने लगा। प्रारम्भ में उन्होंने स्वयं को किसी ऐसे वातावरण में अनुभव किया जहाँ वे किसी अत्यंत प्रिय व्यक्ति की प्रतीक्षा कर रही थीं।

उनकी भावनाएँ क्रमशः तीव्र होने लगीं।

उन्होंने कहा–

"मैं प्रतीक्षा कर रही हूँ... और वह चला गया है..."

"मुझे नहीं पता वह वापस आएगा या नहीं..."

जैसे-जैसे प्रक्रिया आगे बढ़ी, उन्हें अनुभव हुआ कि यह केवल एक व्यक्ति का वियोग नहीं था। उनके अनुसार उस जीवन में उन्हें बार-बार उन लोगों से बिछड़ना पड़ा था जिनसे उनका गहरा भावनात्मक संबंध था।

सत्र के दौरान उनके भीतर गहरा शोक, असहायता और परित्याग का भय सक्रिय होने लगा। ऐसा प्रतीत हो रहा था कि उस जीवन के अनुभवों ने उनके भीतर यह विश्वास स्थापित कर दिया था कि जिन लोगों से वे प्रेम करती हैं, वे अंततः उनसे दूर हो जाते हैं।

23.7 परित्याग के संस्कार और भावनात्मक अनुबंधन

जैसे-जैसे अनुभव और स्पष्ट हुआ, एक महत्वपूर्ण भावनात्मक प्रतिरूप सामने आया।

उन्होंने अनुभव किया कि उस जीवन में हुए अनेक वियोगों और बिछड़नों के बाद उन्होंने स्वयं को ही दोषी मानना प्रारम्भ कर दिया था।

वे बार-बार कह रही थीं–

"शायद मैं उन्हें रोक सकती थी..."

"शायद मुझसे कुछ छूट गया..."

"शायद मेरी ही गलती थी..."

इसी चरण में एक गहरा मूल विश्वास स्पष्ट हुआ–

"यदि कोई मुझे छोड़कर चला जाता है, तो उसकी जिम्मेदारी मेरी है।"

यही विश्वास उनके वर्तमान जीवन में भी सक्रिय दिखाई दे रहा था।

23.8 ऊर्जा-स्तर पर उपचार और संबंध-उपचार

प्रक्रिया के अगले चरण में उन व्यक्तियों से जुड़े भावनात्मक बंधनों और अधूरे अनुभवों पर कार्य किया गया जिनसे वे स्वयं को उस जीवन में जुड़ा हुआ अनुभव कर रही थीं।

उपचारात्मक प्रक्रिया के दौरान उन्हें उन संबंधों से जुड़ी दबी हुई भावनाओं को व्यक्त करने, अधूरे संवादों को पूर्ण करने तथा क्षमा और स्वीकार्यता की दिशा में आगे बढ़ने के लिए प्रोत्साहित किया गया।

इस चरण में उन्होंने गहन भावनात्मक विमोचन का अनुभव किया। लंबे समय से दबा हुआ शोक, पीड़ा और अपराधबोध धीरे-धीरे मुक्त होने लगा।

उनके अनुसार ऐसा अनुभव हो रहा था मानो वर्षों से संचित कोई भावनात्मक भार हल्का हो रहा हो।

सत्र के अंतिम चरण में उन्होंने उन आत्मिक संबंधों (Soul Connections) के प्रति कृतज्ञता, सम्मान और मुक्त होने की भावना का अनुभव किया।

23.9 अंतर्दृष्टि : प्रेम या परित्याग का भय?

प्रक्रिया के दौरान अनामिका के भीतर एक महत्वपूर्ण समझ विकसित हुई।

उन्होंने कहा–

"मैं लोगों से प्रेम करती थी, लेकिन उन्हें खो देने के भय से संचालित होती थी।"

यहीं उन्हें पहली बार यह स्पष्ट हुआ कि उनके अनेक संबंध प्रेम से अधिक परित्याग के भय द्वारा संचालित थे।

उन्होंने देखा कि वे संबंधों को बनाए रखने के लिए स्वयं को बदल लेती थीं, अपनी आवश्यकताओं को दबा देती थीं और दूसरों की स्वीकृति को अपने आत्म-मूल्य का आधार बना लेती थीं।

23.10 एकीकरण (Integration) और वर्तमान जीवन से संबंध

जब उनका ध्यान वर्तमान जीवन की ओर लाया गया, तब वे अपने संबंधों को एक नए दृष्टिकोण से देखने लगीं।

उन्होंने स्पष्ट रूप से पहचाना कि वही भावनात्मक प्रतिरूप लोगों को प्रसन्न रखने की प्रवृत्ति, अत्यधिक त्याग, सीमाओं की उपेक्षा, आत्म-दोष, परित्याग का भय आज भी सक्रिय था।

अब वे समझ पा रही थीं कि वर्तमान कठिनाइयाँ केवल बाहरी परिस्थितियों का परिणाम नहीं थीं, बल्कि एक गहरे भावनात्मक संस्कार से भी जुड़ी हुई थीं।

23.11 अनुवर्ती सत्र और परिवर्तन

कुछ दिनों पश्चात आयोजित अनुवर्ती सत्र में अनामिका ने महत्वपूर्ण सकारात्मक परिवर्तनों की सूचना दी।

उन्होंने बताया कि संबंधों को लेकर उनकी चिंता की तीव्रता कम हुई है। वे पहले की तुलना में अधिक शांत, संतुलित और आत्म-जागरूक अनुभव कर रही थीं।

उनके अनुसार अब वे लोगों की प्रतिक्रियाओं को तुरंत अपनी कमी के रूप में नहीं देखती थीं। अपनी भावनाओं को व्यक्त करना अपेक्षाकृत सहज होने लगा था और दूसरों को बनाए रखने के लिए स्वयं को बदलने की प्रवृत्ति भी कम हो रही थी।

उन्होंने मुस्कुराते हुए कहा–

"पहली बार मुझे लग रहा है कि मैं किसी को खोने के डर से नहीं, बल्कि स्वयं के साथ जुड़े रहकर संबंध बना सकती हूँ।"

यही इस प्रत्यागमन प्रक्रिया का सबसे महत्वपूर्ण परिणाम था। परिवर्तन केवल अनुभव देखने से नहीं आया, बल्कि उस अनुभव में छिपे भावनात्मक प्रतिरूप को पहचानने, उसे मुक्त करने और वर्तमान जीवन में नई जागरूकता विकसित करने से आया।

23.12 पूर्वजन्मीय अनुभव और उसका महत्व

सत्र के दौरान उभरे अनुभव को अनामिका ने एक पूर्वजन्मीय स्मृति के रूप में अनुभव किया। उस अनुभव में प्रतीक्षा, वियोग और आत्म-दोष की वही भावनाएँ उपस्थित थीं जो वर्तमान जीवन में भी सक्रिय दिखाई दे रही थीं।

चाहे कोई व्यक्ति ऐसे अनुभवों को पूर्वजन्मीय स्मृति माने या चेतना की प्रतीकात्मक अभिव्यक्ति, इस अध्ययन-प्रकरण में उनका महत्व इस बात में था कि उन्होंने एक गहरे भावनात्मक प्रतिरूप को उजागर कर दिया।

यही जागरूकता परिवर्तन का आधार बनी।

23.13 शास्त्रीय संकेत : आसक्ति और दुःख

यः सर्वत्रानभिस्नेहस्तत्तत्प्राप्य शुभाशुभम्।
नाभिनन्दति न द्वेष्टि तस्य प्रज्ञा प्रतिष्ठिता॥

श्रीमद्भगवद्गीता 2.57

भावार्थ ➔ जो व्यक्ति शुभ और अशुभ परिस्थितियों में अत्यधिक आसक्त नहीं होता, न अत्यधिक प्रसन्न होता है और न द्वेष करता है, उसकी बुद्धि स्थिर होती है।

भय-आधारित प्रेम प्रायः अत्यधिक भावनात्मक निर्भरता और आत्म-विस्मरण को जन्म देता है। यह श्लोक संकेत करता है कि परिपक्व प्रेम और आंतरिक स्थिरता का आधार संतुलन है, न कि चिपकाव या भय। प्रेम में स्वयं को खो देना नहीं, बल्कि जागरूक बने रहना आवश्यक है।

इस अध्ययन-प्रकरण का मूल विषय प्रेम नहीं, बल्कि भय-आधारित आसक्ति था। जब संबंध आंतरिक सुरक्षा का एकमात्र आधार बन जाते हैं, तब व्यक्ति अपना आत्म-मूल्य भी उन्हीं पर आधारित करने लगता है। परिणामस्वरूप असुरक्षा, चिंता और परित्याग का भय बढ़ने लगता है।

गीता का यह श्लोक स्मरण कराता है कि दुःख का कारण केवल बाहरी घटना नहीं होती; उसके प्रति हमारी आंतरिक आसक्ति भी पीड़ा को बढ़ा सकती है।

23.14 अध्याय का सार

यह अध्ययन-प्रकरण दर्शाता है कि संबंधों की अनेक कठिनाइयाँ केवल वर्तमान परिस्थितियों से नहीं, बल्कि गहरे भावनात्मक विश्वासों और अवचेतन प्रतिरूपों से भी उत्पन्न हो सकती हैं।

अनामिका के जीवन में परित्याग का भय उन्हें आत्म-उपेक्षा, अत्यधिक त्याग और भावनात्मक निर्भरता की ओर ले जा रहा था। सत्र के दौरान एक मूल विश्वास स्पष्ट हुआ "यदि कोई मुझे छोड़कर चला जाता है, तो उसकी जिम्मेदारी मेरी है।"

यही विश्वास उनके संबंधों में बार-बार सक्रिय हो रहा था।

इस प्रक्रिया ने उन्हें यह समझने में सहायता दी कि प्रेम और भय-आधारित आसक्ति समान नहीं हैं। प्रेम स्वतंत्रता और सम्मान पर आधारित होता है, जबकि भय-आधारित जुड़ाव व्यक्ति को स्वयं से दूर ले जा सकता है।

अंततः वास्तविक उपचार दूसरों को बदलने में नहीं, बल्कि अपने भीतर सक्रिय प्रतिरूपों को पहचानने और रूपांतरित करने में निहित है। जब व्यक्ति अपने आत्म-मूल्य को बाहरी स्वीकृति से मुक्त कर लेता है, तब संबंध भय का नहीं, बल्कि विकास और सहभागिता का माध्यम बन सकते हैं।

अगले अध्याय में हम अपराधबोध, आत्म-दंड और आत्म-क्षमा से जुड़े एक अध्ययन-प्रकरण का अध्ययन करेंगे।

अध्याय 24

घबराहट, अस्तित्वगत भय और मृत्यु-चिंता।

(Panic, Survival Fear and Death Anxiety)

24.1 भूमिका

मानव तंत्रिका तंत्र का मूल उद्देश्य जीवन की रक्षा करना है। जब वास्तविक खतरा उपस्थित होता है, तब शरीर और मन तत्काल सक्रिय होकर व्यक्ति को सुरक्षा प्रदान करने का प्रयास करते हैं। किन्तु कभी-कभी ऐसा भी होता है कि कोई स्पष्ट खतरा उपस्थित न होने पर भी शरीर उसी प्रकार प्रतिक्रिया करने लगता है मानो कोई गंभीर संकट सामने हो।

ऐसी अवस्था में व्यक्ति तीव्र घबराहट, नियंत्रण खो देने का भय, साँस रुकने की अनुभूति अथवा मृत्यु की आशंका अनुभव कर सकता है। इसे सामान्यतः Panic Attack कहा जाता है। कुछ लोगों में यह भय केवल घबराहट तक सीमित नहीं रहता, बल्कि जीवन के प्रति एक स्थायी असुरक्षा के रूप में उपस्थित रहता है। इसे Survival Fear या अस्तित्वगत भय कहा जा सकता है।

यह अध्ययन-प्रकरण ऐसे ही एक व्यक्ति की यात्रा का वर्णन करता है, जिसके जीवन में Panic, Survival Fear और मृत्यु-चिंता प्रमुख विषय बन चुके थे।

24.2 प्रारम्भिक स्थिति

इस अध्ययन-प्रकरण में वर्णित व्यक्ति को गोपनीयता की दृष्टि से "आरव" नाम दिया गया है। उनकी आयु लगभग चालीस वर्ष थी। कई वर्षों से वे अचानक उत्पन्न होने वाली तीव्र घबराहट की अवस्थाओं का अनुभव कर रहे थे।

अनेक बार उन्हें ऐसा लगता था कि उनका हृदय रुक जाएगा, साँस बंद हो जाएगी या वे किसी गंभीर संकट का सामना करने वाले हैं। विभिन्न चिकित्सकीय परीक्षण सामान्य आने के बाद भी उनका भय कम नहीं हुआ।

प्रारम्भिक चर्चा के दौरान उन्होंने कहा"मुझे हमेशा लगता है कि कुछ बहुत बुरा होने वाला है।"

धीरे-धीरे यह भय उनके दैनिक जीवन, यात्राओं, सामाजिक गतिविधियों और स्वास्थ्य संबंधी सोच को प्रभावित करने लगा था।

24.3 प्रमुख कठिनाइयाँ और प्रारम्भिक मूल्यांकन

प्रारम्भिक मूल्यांकन से स्पष्ट हुआ कि समस्या केवल Panic Attacks तक सीमित नहीं थी।

उनमें अत्यधिक सतर्कता, स्वास्थ्य संबंधी चिंताएँ, शारीरिक संवेदनाओं का भय, अनिश्चित परिस्थितियों से असहजता तथा सबसे बुरी संभावना की कल्पना करने की प्रवृत्ति स्पष्ट दिखाई दे रही थी।

ऐसा प्रतीत होता था मानो उनका मन और तंत्रिका तंत्र निरंतर किसी अदृश्य संकट की प्रतीक्षा कर रहे हों।

24.4 बचपन और भावनात्मक पृष्ठभूमि

विस्तृत चर्चा से ज्ञात हुआ कि बचपन में सुरक्षा और प्रेम तो उपस्थित थे, किन्तु साथ ही भय और सतर्कता का वातावरण भी बना रहता था।

उन्हें बार-बार सावधान किया जाता था कि संसार खतरों से भरा हुआ है और हर समय सतर्क रहना आवश्यक है। कुछ प्रारम्भिक अनुभवों में उन्होंने अचानक भय और असहायता का अनुभव भी किया था।

धीरे-धीरे उनके भीतर यह धारणा विकसित हो गई "दुनिया सुरक्षित नहीं है।"

यही विश्वास आगे चलकर उनके तंत्रिका तंत्र की स्थायी पृष्ठभूमि बन गया।

24.5 सत्र का प्रारम्भ

सत्र के आरम्भ में आरव स्पष्ट रूप से तनावग्रस्त दिखाई दे रहे थे। कुछ समय तक केवल श्वास-जागरूकता, शरीर-जागरूकता और ग्राउंडिंग पर ध्यान दिया गया।

जब पर्याप्त स्थिरता स्थापित हो गई, तब उनसे उस परिचित भय की ओर ध्यान ले जाने के लिए कहा गया जिसे वे वर्षों से अनुभव कर रहे थे।

कुछ क्षणों के मौन के बाद उन्होंने कहा “मुझे लग रहा है कि कुछ होने वाला है।”

यही वह भाव था जो उनके जीवन में बार-बार सक्रिय होता था।

24.6 उभरता हुआ अनुभव

जैसे-जैसे उनका ध्यान भीतर की ओर गहराता गया, एक तीव्र अनुभव उभरने लगा।

उन्होंने कहा “मैं भाग रहा हूँ... बहुत तेजी से भाग रहा हूँ...”

कुछ क्षण बाद वे बोले “मुझे बचना है... मुझे कहीं छिपना है...”

दृश्य स्पष्ट नहीं था, किन्तु भय अत्यंत तीव्र था। ऐसा प्रतीत हो रहा था मानो उनकी सम्पूर्ण चेतना केवल जीवित बचने पर केन्द्रित हो।

बार-बार एक ही भाव उभर रहा था कि “मैं सुरक्षित नहीं हूँ।”

24.7 जीवन-रक्षा प्रतिक्रिया और भावनात्मक केंद्र

जैसे-जैसे अनुभव गहरा हुआ, यह स्पष्ट होने लगा कि उसका केंद्र कोई दृश्य नहीं, बल्कि असहायता की भावना थी।

उन्होंने धीरे से कहा "मैं कुछ नहीं कर सकता... मैं बच नहीं सकता..."

यही इस अनुभव का भावनात्मक केंद्र था।

धीरे-धीरे स्पष्ट हुआ कि उनका भय केवल मृत्यु का नहीं था। वे असहाय होने, नियंत्रण खो देने और सुरक्षा समाप्त हो जाने की संभावना से भी भयभीत थे।

24.8 वर्तमान जीवन में पुनरावृत्ति

आगे की चर्चा में आरव ने स्वयं कहा"जब भी मुझे लगता है कि स्थिति मेरे नियंत्रण से बाहर है, मैं घबरा जाता हूँ।"

धीरे-धीरे उन्होंने देखा कि स्वास्थ्य संबंधी चिंताएँ, यात्राएँ, बंद स्थान और अनिश्चित परिस्थितियाँ उसी पुराने भय को सक्रिय कर देती थीं।

समस्या केवल बाहरी परिस्थितियों की नहीं थी; उनके भीतर एक गहरा जीवन-रक्षा पैटर्न सक्रिय था जो प्रत्येक अनिश्चितता को संभावित संकट के रूप में देखता था।

24.9 मृत्यु-भय का वास्तविक स्वरूप

सत्र के दौरान यह स्पष्ट हुआ कि उनका भय वास्तव में केवल मृत्यु का भय नहीं थावे अज्ञात से भयभीत थे, वे नियंत्रण समाप्त हो जाने से भयभीत थे, वे असुरक्षित और असहाय हो जाने की संभावना से भयभीत थे।

धीरे-धीरे उन्हें यह समझ आने लगी कि प्रत्येक घबराहट वास्तविक खतरे का संकेत नहीं होती। अनेक बार उनका तंत्रिका तंत्र पुरानी सुरक्षा-प्रतिक्रिया को दोहरा रहा था।

यही समझ उपचार की दिशा में पहला महत्वपूर्ण कदम बनी।

24.10 एकीकरण (Integration) और उपचार की दिशा

सत्र के बाद ध्यान किसी कथा को सिद्ध करने पर नहीं, बल्कि उभरे हुए भावनात्मक प्रतिरूप को समझने पर रखा गया।

आरव ने अपने भय से संघर्ष करने के स्थान पर उसे देखना और समझना प्रारम्भ किया। उन्होंने श्वास-जागरूकता, ग्राउंडिंग और शरीर-जागरूकता का नियमित अभ्यास आरम्भ किया।

धीरे-धीरे उन्होंने यह अनुभव करना शुरू किया कि भय एक अनुभव है, अंतिम सत्य नहीं।

उपचार का उद्देश्य भय को समाप्त करना नहीं, बल्कि उसके साथ अधिक जागरूक संबंध विकसित करना था।

24.11 महत्वपूर्ण परिवर्तन

आने वाले महीनों में उनके जीवन में महत्वपूर्ण परिवर्तन दिखाई देने लगे।

जहाँ पहले छोटी-सी शारीरिक संवेदना भी घबराहट उत्पन्न कर देती थी, वहीं अब वे अधिक संतुलित प्रतिक्रिया देने लगे थे।

एक सत्र के दौरान उन्होंने मुस्कुराते हुए कहा "अब भय आता है, किन्तु मैं उसके साथ बह नहीं जाता।"

यही उनके परिवर्तन का सार था।

24.12 पूर्वजन्मीय अनुभव और उसका महत्व

सत्र के दौरान उभरे अनुभव को आरव ने एक पूर्वजन्मीय संकट-अनुभव के रूप में अनुभव किया। उस अनुभव में जीवन-रक्षा की तीव्र प्रतिक्रिया, असहायता और मृत्यु का भय प्रमुख रूप से उपस्थित थे।

इस अनुभव का महत्व केवल उसकी कथा में नहीं, बल्कि उस भावनात्मक प्रतिरूप में था जिसे उसने उजागर किया। वही भय, वही असुरक्षा और वही सतत सतर्कता वर्तमान जीवन में भी सक्रिय दिखाई दे रही थी।

इस जागरूकता ने उपचार और आत्म-समझ की दिशा में महत्वपूर्ण भूमिका निभाई।

24.13 शास्त्रीय संकेत : भय और आत्मबोध

अभयं सत्त्वसंशुद्धिर्ज्ञानयोगव्यवस्थितिः।

श्रीमद्भगवद्गीता 16.1

भावार्थ ➔ निर्भयता, अंतःकरण की शुद्धि और ज्ञानयोग में स्थित रहना दिव्य गुणों में प्रमुख हैं।

मृत्यु-चिंता और अस्तित्वगत भय से मुक्ति केवल बौद्धिक समझ से नहीं, बल्कि आंतरिक स्थिरता और निर्भयता के विकास से आती है। यह श्लोक संकेत करता है कि आध्यात्मिक विकास का एक महत्वपूर्ण फल अभय अर्थात् भय से क्रमिक मुक्ति है।

जितना अधिक व्यक्ति अपने भीतर स्थिरता और जुड़ाव विकसित करता है, उतना ही भय का प्रभाव कम होने लगता है।

24.14 अध्याय का सार

इस अध्ययन-प्रकरण से स्पष्ट होता है कि घबराहट, अस्तित्वगत भय और मृत्यु-भय केवल विचार नहीं हैं वे तंत्रिका तंत्र, भावनात्मक स्मृतियों और सुरक्षा की अनुभूति से गहराई से जुड़े हो सकते हैं।

आरव के अनुभव ने यह संकेत दिया कि उनके भय का केंद्र केवल मृत्यु नहीं, बल्कि असहायता, नियंत्रण खोने और असुरक्षित होने की भावना थी। रिग्रेशन प्रक्रिया के दौरान उभरे अनुभव ने इस भावनात्मक प्रतिरूप को स्पष्ट करने में सहायता की।

अंततः वास्तविक परिवर्तन भय को दबाने से नहीं, बल्कि उसके प्रति जागरूकता, आत्म-करुणा और आंतरिक सुरक्षा विकसित करने से उत्पन्न होता है। जब व्यक्ति भय को अपनी पहचान के रूप में नहीं, बल्कि एक अनुभव के रूप में देखना सीखता है, तब आंतरिक स्वतंत्रता और स्थिरता का विकास संभव हो जाता है।

अगले अध्याय में हम अपराधबोध, शर्मबोध और आत्म-दंडसे जुड़े एक अध्ययन-प्रकरण का अध्ययन करेंगे।

अध्याय 25

अपराधबोध, शर्मबोध और आत्म-दंड

(Guilt, Shame and Self-Punishment)

25.1 भूमिका

अपराध-बोध मानव जीवन की एक स्वाभाविक भावनात्मक प्रतिक्रिया है। जब व्यक्ति अनुभव करता है कि उससे कोई त्रुटि हुई है या उसके किसी कार्य से स्वयं अथवा किसी अन्य को कष्ट पहुँचा है, तब अपराधबोध उत्पन्न हो सकता है। स्वस्थ स्तर पर यह भावना आत्मचिंतन, उत्तरदायित्व और सुधार की दिशा में प्रेरित करती है।

किन्तु कभी-कभी अपराधबोध अपनी स्वाभाविक सीमा से आगे बढ़ जाता है। व्यक्ति केवल अपने कार्यों को गलत नहीं मानता, बल्कि स्वयं को ही दोषपूर्ण समझने लगता है। धीरे-धीरे अपराधबोध शर्मबोध, आत्म-अस्वीकृति और आत्म-दंड का रूप धारण कर सकता है।

ऐसी अवस्था में व्यक्ति जीवन की उपलब्धियों, प्रेम, सम्मान और प्रसन्नता को सहज रूप से स्वीकार नहीं कर पाता। उसे लगता है कि वह इन सबका अधिकारी नहीं है। वह अनजाने में ऐसे निर्णय लेने लगता है जो उसके ही हितों के विरुद्ध कार्य करते हैं।

पूर्वजन्म प्रत्यागमन के कुछ अनुभवों में अपराधबोध, असफलता, किसी को बचा न पाने की भावना अथवा गहरे आत्म-दोष से जुड़े विषय उभरते हुए दिखाई देते हैं। यह अध्ययन-प्रकरण ऐसे ही एक भावनात्मक प्रतिरूप की पड़ताल प्रस्तुत करता है।

25.2 प्रारम्भिक स्थिति

इस अध्ययन-प्रकरण में वर्णित व्यक्ति को गोपनीयता की दृष्टि से "दीपक" नाम दिया गया है। उनकी आयु लगभग चवालीस वर्ष थी। वे आर्थिक रूप से सफल, सामाजिक रूप से सम्मानित और व्यावसायिक रूप से स्थापित थे।

बाहरी दृष्टि से उनका जीवन व्यवस्थित प्रतीत होता था, किन्तु भीतर वे निरंतर असंतोष, तनाव और भावनात्मक थकान अनुभव करते थे।

प्रारम्भिक चर्चा के दौरान उन्होंने कहा "जब भी जीवन में कुछ अच्छा होने लगता है, मैं किसी न किसी तरह उसे बिगाड़ देता हूँ।"

यह केवल एक क्षेत्र की समस्या नहीं थी। यही पैटर्न उनके व्यवसाय, संबंधों और व्यक्तिगत जीवन में बार-बार दिखाई देता था।

सफलता मिलने पर वे स्वयं को अत्यधिक कार्य में झोंक देते थे। संबंध गहरे होने लगते, तो वे भावनात्मक दूरी बना लेते थे। विश्राम का अवसर मिलता, तो उन्हें अपराधबोध होने लगता था।

मानो उनके भीतर कोई अदृश्य शक्ति उन्हें सुख और सहजता स्वीकार करने से रोक रही हो।

25.3 प्रमुख कठिनाई और भावनात्मक पृष्ठभूमि

प्रारम्भिक मूल्यांकन से स्पष्ट हुआ कि उनके भीतर आत्म-विघातक प्रवृत्तियाँ सक्रिय थीं।

धीरे-धीरे चर्चा के दौरान बचपन से जुड़ी कुछ महत्वपूर्ण बातें सामने आईं। परिवार में अनुशासन, उपलब्धि और प्रदर्शन को अत्यधिक महत्व दिया जाता था। प्रेम और स्वीकृति प्रायः सफलता तथा अपेक्षाओं की पूर्ति से जुड़ी हुई थी।

त्रुटियों पर प्रोत्साहन की अपेक्षा आलोचना अधिक मिलती थी।

समय के साथ उनके भीतर एक गहरी धारणा विकसित हो गई "यदि मैं पर्याप्त अच्छा नहीं हूँ, तो मैं प्रेम और सम्मान के योग्य नहीं हूँ।"

यही विश्वास आगे चलकर उनकी आत्म-छवि का हिस्सा बन गया।

25.4 आंतरिक आलोचक (Inner Critic)

दीपक के भीतर एक अत्यंत कठोर आंतरिक आलोचक सक्रिय था।

किसी भी उपलब्धि के बाद वह कहता"यह पर्याप्त नहीं है।"

किसी त्रुटि पर वह कहता"तुम्हें ऐसा नहीं करना चाहिए था।"

और सफलता मिलने पर भी वह पूछता "क्या तुम वास्तव में इसके योग्य हो?"

धीरे-धीरे स्पष्ट हुआ कि यह आवाज़ अचानक उत्पन्न नहीं हुई थी। यह वर्षों तक सुनी गई आलोचनाओं का आंतरिक रूप बन चुकी थी।

अब उन्हें दोषी ठहराने के लिए किसी बाहरी व्यक्ति की आवश्यकता नहीं थी। वे स्वयं ही अपने सबसे कठोर न्यायाधीश बन चुके थे।

25.5 सत्र का प्रारम्भ और उभरता अनुभव

सत्र के दौरान प्रारम्भ में कोई स्पष्ट दृश्य सामने नहीं आ रहा था। वे बार-बार कहते "मुझे कुछ विशेष दिखाई नहीं दे रहा।"

किन्तु जब उनका ध्यान अपराधबोध की भावना पर केंद्रित किया गया, तो भावनात्मक प्रतिक्रियाएँ उभरने लगीं।

कुछ समय बाद उनकी आँखें नम हो गईं। धीरे से उन्होंने कहा "मैं किसी को बचा नहीं पाया..." इसके साथ ही गहन दुःख, असहायता और आत्म-दोष की भावनाएँ सतह पर आने लगीं, भावनात्मक तीव्रता बढ़ती गई और बार-बार यही अनुभूति उभरती रही कि किसी महत्वपूर्ण घटना में वे विफल हो गए थे।

25.6 मूल भावनात्मक विश्वास

आगे की प्रक्रिया में एक महत्वपूर्ण भावनात्मक धारणा सामने आई "दूसरों के दुःख के लिए मैं जिम्मेदार हूँ।"

यही विश्वास उनके वर्तमान जीवन में भी सक्रिय दिखाई देता था।

वे दूसरों की समस्याओं को अपनी जिम्मेदारी बना लेते थे।

सीमाएँ निर्धारित करना उन्हें स्वार्थपूर्ण लगता था।

स्वयं की आवश्यकताओं को प्राथमिकता देना अपराध जैसा प्रतीत होता था।

धीरे-धीरे स्पष्ट हुआ कि उनका अपराधबोध वास्तविक उत्तरदायित्व से अधिक एक अतिरंजित जिम्मेदारी-बोध से जुड़ा हुआ था।

25.7 अपराधबोध और शर्मबोध का अंतर

सत्र के बाद हुई चर्चा में अपराधबोध और शर्मबोध के बीच का अंतर स्पष्ट हुआ।

अपराधबोध कहता है "मैंने गलती की है।"

शर्मबोध कहता है "मैं ही गलती हूँ।"

अपराधबोध व्यवहार से संबंधित होता है।

शर्मबोध पहचान से संबंधित होता है।

अपराधबोध व्यक्ति को सुधार की दिशा में ले जा सकता है, जबकि शर्मबोध व्यक्ति को आत्म-अस्वीकृति और आत्म-दंड की ओर धकेल सकता है।

धीरे-धीरे यह स्पष्ट हुआ कि दीपक का संघर्ष मुख्यतः शर्मबोध से जुड़ा हुआ था।

उन्होंने केवल अपनी गलतियों को नहीं, बल्कि स्वयं को ही दोषपूर्ण मान लिया था।

25.8 आत्म-दंड का चक्र

जब भी जीवन में कोई सकारात्मक परिवर्तन आता, उनके भीतर अपराधबोध सक्रिय हो जाता।

इसके बाद वे अनजाने में ऐसे व्यवहार करने लगते जो उन्हें पुनः संघर्ष और तनाव की ओर ले जाते।

वे स्वयं को अत्यधिक कार्य में झोंक देते, विश्राम से बचते, अपनी आवश्यकताओं की उपेक्षा करते कई बार उनके शरीर में भी इसका प्रभाव दिखाई देता।

छाती में भारीपन, गले में जकड़न, उथली श्वास और कंधों में तनाव जैसी प्रतिक्रियाएँ बार-बार उपस्थित होती थीं।

यह संकेत था कि वर्षों से चला आ रहा भावनात्मक बोझ केवल विचारों तक सीमित नहीं था, बल्कि तंत्रिका तंत्र में भी गहराई से अंकित हो चुका था।

25.9 एकीकरण (Integration) और उपचार की दिशा

सत्र के बाद ध्यान किसी अनुभव की ऐतिहासिक सत्यता सिद्ध करने पर नहीं, बल्कि उसके पीछे सक्रिय भावनात्मक प्रतिरूप को समझने पर रखा गया।

धीरे-धीरे दीपक ने देखना प्रारम्भ किया कि उनका अधिकांश तनाव बाहरी परिस्थितियों से नहीं, बल्कि स्वयं के प्रति अत्यधिक कठोर दृष्टिकोण से उत्पन्न हो रहा था। वे अपने लिए ऐसे मानक निर्धारित करते थे जिन्हें पूरा करना लगभग असंभव था।

उपचार की प्रक्रिया में आत्म-जागरूकता, आत्म-करुणा, स्वस्थ सीमाएँ, यथार्थवादी उत्तरदायित्व, आत्म-मूल्य की पुनर्स्थापना, आत्म-स्वीकृति पर विशेष ध्यान दिया गया

धीरे-धीरे उन्होंने यह समझना प्रारम्भ किया कि हर दुःख उनकी जिम्मेदारी नहीं है और हर गलती उनके मूल्य का प्रमाण नहीं है।

यहीं से आत्म-दोष के स्थान पर आत्म-समझ विकसित होने लगी।

25.10 करुणा का उदय

एक सत्र के दौरान उनसे पूछा गया "यदि यही पीड़ा किसी प्रिय व्यक्ति के भीतर होती, तो आप उससे क्या कहते?"

कुछ क्षण मौन रहने के बाद उन्होंने उत्तर दिया "मैं कहता कि उसे स्वयं को इतना कठोर दंड देने की आवश्यकता नहीं है।"

यह उत्तर महत्वपूर्ण था।

वे वही करुणा दूसरों को सहजता से दे सकते थे जिसे स्वयं के लिए स्वीकार नहीं कर पा रहे थे।

धीरे-धीरे उन्हें यह समझ आने लगी कि वे स्वयं के साथ उस प्रकार का व्यवहार कर रहे थे जैसा वे किसी प्रिय व्यक्ति के साथ कभी नहीं करते।

यहीं से आत्म-करुणा का विकास प्रारम्भ हुआ।

25.11 महत्वपूर्ण परिवर्तन

आने वाले महीनों में उनके जीवन में उल्लेखनीय परिवर्तन दिखाई देने लगे।

आत्म-आलोचना की तीव्रता कम होने लगी।

विश्राम करते समय अपराधबोध घटने लगा।

संबंध अधिक संतुलित और सहज होने लगे।

सबसे महत्वपूर्ण परिवर्तन यह था कि उन्होंने संघर्ष और कष्ट को अपनी पहचान मानना छोड़ दिया।

एक सत्र के दौरान उन्होंने कहा "मैं पहली बार यह अनुभव कर रहा हूँ कि बिना स्वयं को दंड दिए भी जिम्मेदार बना जा सकता है।"

यही उनके परिवर्तन का सार था।

अब वे उत्तरदायित्व और आत्म-दंड के बीच का अंतर समझने लगे थे।

25.12 पूर्वजन्मीय अनुभव और उसका महत्व

सत्र के दौरान उभरे अनुभव को दीपक ने एक पूर्वजन्मीय घटना के रूप में अनुभव किया, जिसमें किसी महत्वपूर्ण व्यक्ति को बचा न पाने का गहरा दुःख और अपराधबोध उपस्थित था।

उस अनुभव का सबसे प्रभावशाली पक्ष घटना नहीं, बल्कि उससे जुड़ी भावना थी।

वही आत्म-दोष, वही जिम्मेदारी का बोझ और वही स्वयं को दंडित करने की प्रवृत्ति वर्तमान जीवन में भी सक्रिय दिखाई दे रही थी।

इस अनुभव को पूर्वजन्मीय स्मृति माना जाए या चेतना में सुरक्षित किसी गहरे संस्कार का प्रतीकात्मक प्रकटीकरण, दोनों ही स्थितियों में उसका महत्व उस भावनात्मक प्रतिरूप को उजागर करने में था जो वर्षों से उनके जीवन को प्रभावित कर रहा था। उसी जागरूकता ने उपचार की दिशा में महत्वपूर्ण भूमिका निभाई।

25.13 शास्त्रीय संकेत : आत्मोद्धार और जागरूकता

अपि चेदसि पापेभ्यः सर्वेभ्यः पापकृत्तमः।
सर्वं ज्ञानप्लवेनैव वृजिनं सन्तरिष्यसि॥

श्रीमद्भगवद्गीता 4.36

भावार्थ ➔ यदि तुम सभी पापियों से भी अधिक पाप करने वाले हो, तब भी ज्ञानरूपी नौका के द्वारा समस्त दोषों और बंधनों को पार कर सकते हो।

अपराधबोध और आत्म-दंड व्यक्ति को अतीत की भूलों से बाँधे रख सकते हैं। यह श्लोक संकेत करता है कि मनुष्य अपनी त्रुटियों से स्थायी रूप से परिभाषित नहीं होता। जागरूकता, समझ और आंतरिक रूपांतरण के माध्यम से वह स्वयं को नए दृष्टिकोण से देख सकता है और आगे बढ़ सकता है।

गीता का यह श्लोक स्मरण कराता है कि वास्तविक विकास आत्म-घृणा से नहीं, बल्कि जागरूकता, आत्म-उत्तरदायित्व और आत्म-करुणा से उत्पन्न होता है।

जब व्यक्ति स्वयं के साथ मैत्री स्थापित करना सीखता है, तब उपचार की प्रक्रिया गहराई प्राप्त करती है।

25.14 अध्याय का सार

इस अध्ययन-प्रकरण से स्पष्ट होता है कि दीर्घकालिक अपराधबोध धीरे-धीरे शर्मबोध, आत्म-अस्वीकृति और आत्म-दंड का रूप ले सकता है। व्यक्ति केवल अपनी गलतियों को नहीं, बल्कि स्वयं को ही दोषपूर्ण मानने लगता है।

दीपक के अनुभव ने यह दर्शाया कि उनके संघर्ष का केंद्र किसी वास्तविक गलती से अधिक एक गहरा विश्वास था कि वे दूसरों के दुःख के लिए जिम्मेदार हैं और उन्हें निरंतर संघर्ष करते रहना चाहिए।

रिग्रेशन प्रक्रिया के दौरान उभरे अनुभव ने इस भावनात्मक प्रतिरूप को पहचानने में सहायता की। वास्तविक परिवर्तन तब प्रारम्भ हुआ जब आत्म-दोष के स्थान पर आत्म-करुणा विकसित होने लगी।

अंततः यह अध्याय स्मरण कराता है कि उत्तरदायित्व और आत्म-दंड एक ही बात नहीं हैं। उपचार का अर्थ स्वयं को दोषी सिद्ध करना नहीं, बल्कि स्वयं को समझना और स्वीकार करना है। जब व्यक्ति आत्म-घृणा से आगे बढ़कर आत्म-करुणा और आत्म-स्वीकृति को अपनाता है, तब आंतरिक स्वतंत्रता और भावनात्मक संतुलन की दिशा में वास्तविक परिवर्तन संभव हो जाता है।

अगले अध्याय में हम आघात, भावनात्मक दुर्व्यवहार तथा आंतरिक बालक (Inner Child) से जुड़े अनुभवों का अध्ययन करेंगे। हम यह समझने का प्रयास करेंगे कि प्रारम्भिक जीवन के घाव, उपेक्षा, असुरक्षा और भावनात्मक पीड़ाव्यक्ति की आत्म-छवि, संबंधों तथा वर्तमान जीवन के व्यवहारिक और भावनात्मक प्रतिरूपों को किस प्रकार प्रभावित कर सकते हैं।

अध्याय 26

ट्रॉमा, दुर्व्यवहार और आंतरिक बालक का उपचार

(Trauma, Abuse and Inner Child Healing)

26.1 भूमिका

मानव जीवन में कुछ अनुभव ऐसे होते हैं जो केवल स्मृतियों तक सीमित नहीं रहते, बल्कि व्यक्ति की भावनाओं, संबंधों, आत्म-दृष्टि और तंत्रिका तंत्र पर गहरा प्रभाव छोड़ जाते हैं। इन्हें व्यापक रूप से मनोवैज्ञानिक आघात अथवा ट्रॉमा कहा जाता है।

आधुनिक मनोविज्ञान यह स्वीकार करता है कि आघात केवल दुर्घटनाओं, हिंसा या आपदाओं का परिणाम नहीं होता। भावनात्मक उपेक्षा, निरंतर आलोचना, असुरक्षित पारिवारिक वातावरण, अस्वीकृति अथवा दीर्घकालिक भय भी व्यक्ति के भीतर गहरे घाव छोड़ सकते हैं।

ऐसे अनुभवों का प्रभाव कई बार वयस्क जीवन तक बना रहता है। व्यक्ति संबंधों में कठिनाई, आत्म-मूल्य की कमी, अत्यधिक सतर्कता, भावनात्मक अलगाव अथवा अस्पष्ट असुरक्षा का अनुभव कर सकता है।

यह अध्ययन-प्रकरण एक ऐसी महिला की यात्रा का वर्णन करता है जिसने भावनात्मक उपेक्षा और असुरक्षा के प्रभावों को वर्षों तक अपने भीतर ढोया तथा धीरे-धीरे अपने आंतरिक बालक से पुनः जुड़कर उपचार और आत्म-स्वीकृति की दिशा में महत्वपूर्ण कदम उठाए।

26.2 प्रारम्भिक स्थिति

“स्नेहा” लगभग अड़तीस वर्ष की थीं। बाहरी रूप से वे सफल, जिम्मेदार और संतुलित दिखाई देती थीं। उनका व्यावसायिक और सामाजिक जीवन सामान्य प्रतीत होता था, किन्तु भीतर वे लगातार भावनात्मक थकान, असुरक्षा और अकेलेपन का अनुभव करती थीं।

सत्र के प्रारम्भ में उन्होंने कहा"मुझे लगता है कि मेरे भीतर कुछ टूटा हुआ है, लेकिन मैं नहीं जानती कि वह क्या है।"

26.3 प्रमुख कठिनाइयाँ एवं प्रारम्भिक मूल्यांकन

प्रारम्भिक चर्चा में स्पष्ट हुआ कि उन्हें लोगों पर सहज विश्वास करने में कठिनाई होती थी। वे भावनात्मक निकटता चाहती थीं, किन्तु निकटता बढ़ते ही उनके भीतर असुरक्षा सक्रिय हो जाती थी।

आलोचना, अस्वीकृति और भावनात्मक दूरी की संभावना उन्हें अत्यधिक प्रभावित करती थी। वे प्रायः अपनी आवश्यकताओं को दबाकर दूसरों की अपेक्षाओं को प्राथमिकता देती थीं।

मूल्यांकन के दौरान यह भी स्पष्ट हुआ कि उनका तंत्रिका तंत्र निरंतर सतर्कता की अवस्था में कार्य कर रहा था। श्वास उथली थी, शरीर में तनाव था और वातावरण के प्रति अत्यधिक सजगता दिखाई देती थी।

ऐसा प्रतीत होता था कि उनके भीतर सुरक्षा की स्थायी अनुभूति पर्याप्त रूप से विकसित नहीं हो पाई थी।

26.4 बचपन, भावनात्मक उपेक्षा और सुरक्षा की कमी

विस्तृत चर्चा के दौरान यह स्पष्ट हुआ कि बचपन में भौतिक आवश्यकताओं की कमी नहीं थी, किन्तु भावनात्मक स्तर पर स्थिरता और सुरक्षा का अभाव था।

उनकी भावनाओं को अक्सर महत्व नहीं दिया जाता था। दुःख, भय या असुरक्षा व्यक्त करने पर उन्हें मजबूत बनने की सलाह दी जाती थी।

धीरे-धीरे उन्होंने यह निष्कर्ष विकसित कर लिया "यदि मैं अपनी वास्तविक भावनाएँ दिखाऊँगी, तो मुझे समझा नहीं जाएगा।"

समय के साथ उन्होंने अपनी आवश्यकताओं को दबाना और दूसरों की अपेक्षाओं के अनुसार स्वयं को ढालना सीख लिया। यही पैटर्न आगे चलकर उनके संबंधों और आत्म-दृष्टि का आधार बन गया।

26.5 सत्र का प्रारम्भ

सत्र की शुरुआत सुरक्षा, ग्राउंडिंग और श्वास-जागरूकता से की गई। जब पर्याप्त स्थिरता स्थापित हो गई, तब उनसे अपने भीतर उस हिस्से पर ध्यान देने के लिए कहा गया जो अभी भी भय और अकेलेपन का अनुभव कर रहा था।

कुछ क्षणों बाद उनकी आँखों में आँसू आ गए। उन्होंने धीरे से कहा "वह बहुत छोटी है... और बिल्कुल अकेली है..."

यहीं से उनके आंतरिक अनुभव की गहरी यात्रा प्रारम्भ हुई।

26.6 आंतरिक बालक और शरीरगत स्मृति

सत्र के दौरान उन्होंने एक छोटी बच्ची का अनुभव किया जो स्वयं को अनदेखा, असुरक्षित और अकेला महसूस कर रही थी।

इसके साथ ही शरीर में अनेक प्रतिक्रियाएँ उभरने लगीं उथली श्वास, छाती में जकड़न, गले में रुकावट और पेट में सिकुड़न।

उन्हें ऐसा लग रहा था मानो वे वर्षों पुरानी किसी भावनात्मक स्थिति को पुनः अनुभव कर रही हों।

महत्वपूर्ण बात यह थी कि इस बार वे उस अनुभव में पूरी तरह डूब नहीं रही थीं, बल्कि सुरक्षित वातावरण में रहते हुए उसे जागरूकता के साथ देख पा रही थीं।

यही उपचार की दिशा में पहला महत्वपूर्ण कदम था।

26.7 सुरक्षा-प्रतिक्रियाएँ और प्रतीकात्मक अनुभव

आगे की प्रक्रिया में यह स्पष्ट हुआ कि बचपन में स्नेहा ने स्वयं को सुरक्षित रखने के लिए अनेक मनोवैज्ञानिक अनुकूलन विकसित कर लिए थे। जब परिस्थितियाँ अत्यधिक तनावपूर्ण हो जाती थीं, तब वे अपनी भावनाओं से कट जाती थीं। कई बार वे स्वयं को सुन्न अनुभव करती थीं और ऐसा लगता था मानो वे अपने ही जीवन को बाहर से देख रही हों।

सत्रों के दौरान कुछ प्रतीकात्मक अनुभव भी उभरे। उन्होंने एक बंद कमरे और बाहर निकलने का मार्ग खोजती हुई एक छोटी बच्ची का वर्णन किया। इन दृश्यों को किसी वस्तुनिष्ठ सत्य के रूप में नहीं देखा गया, बल्कि उनके भावनात्मक अर्थ को समझने का प्रयास किया गया।

धीरे-धीरे स्पष्ट हुआ कि यह प्रतीक उनके भीतर की असुरक्षा, अकेलेपन और भावनात्मक कैद की अनुभूति को व्यक्त कर रहे थे।

26.8 मुख्य भावनात्मक सत्य

जैसे-जैसे प्रक्रिया आगे बढ़ी, एक महत्वपूर्ण भावनात्मक सत्य सामने आया"मैं सुरक्षित नहीं हूँ और मेरी भावनाएँ महत्वपूर्ण नहीं हैं।"

यह केवल एक विचार नहीं था, बल्कि उनके अनुभव-तंत्र का आधार बन चुका था। इसी विश्वास के कारण वे अपनी आवश्यकताओं को दबा देती थीं, अपनी भावनाओं को महत्व नहीं देती थीं और दूसरों की स्वीकृति को अपनी सुरक्षा से जोड़कर देखने लगी थीं।

उन्हें पहली बार समझ में आया कि वर्तमान जीवन की अनेक कठिनाइयाँ वास्तव में इसी मूल विश्वास से संचालित हो रही थीं।

26.9 वर्तमान जीवन में पुनरावृत्ति

एकीकरण की प्रक्रिया के दौरान स्नेहा ने अपने वर्तमान जीवन और बचपन के अनुभवों के बीच स्पष्ट संबंध देखना प्रारम्भ किया।

उन्होंने देखा कि वे आज भी अपनी वास्तविक भावनाओं को छिपाने का प्रयास करती हैं। वे संघर्ष से बचती हैं, अस्वीकृति के भय से अपनी आवश्यकताओं को व्यक्त नहीं करतीं और ऐसे संबंधों में बनी रहती हैं जहाँ उन्हें पर्याप्त भावनात्मक सम्मान नहीं मिलता।

कुछ देर मौन रहने के बाद उन्होंने कहा "मैं आज भी वही कर रही हूँ जो बचपन में करती थी। मैं स्वयं को छिपाकर स्वीकार किए जाने की कोशिश करती हूँ।"

यही आत्मबोध उपचार की दिशा में एक महत्वपूर्ण मोड़ सिद्ध हुआ।

26.10 सुरक्षा का पुनर्निर्माण और आंतरिक बालक से पुनः जुड़ाव

उपचार की प्रक्रिया का अगला चरण अतीत की खोज नहीं, बल्कि वर्तमान में सुरक्षा विकसित करना था।

श्वास-जागरूकता, ग्राउंडिंग, शरीर-जागरूकता तथा आत्म-नियमन के अभ्यासों के माध्यम से धीरे-धीरे उनके भीतर स्थिरता विकसित होने लगी।

समय के साथ वे अपने भीतर उपस्थित उस डरे हुए और अकेले हिस्से से बचने के बजाय उसकी ओर करुणा के साथ देखने लगीं।

एक सत्र के दौरान उन्होंने कहा "पहली बार मुझे लग रहा है कि मैं उसे अकेला छोड़कर नहीं जा रही हूँ।"

यह अनुभव उनके आंतरिक बालक के साथ पुनः जुड़ाव का प्रतीक था।

26.11 एकीकरण, सीमाएँ और आत्म-करुणा

जैसे-जैसे सुरक्षा की भावना विकसित हुई, वैसे-वैसे वे उन भावनाओं को पहचानने लगीं जिन्हें वर्षों से दबाकर रखा गया था।

उन्होंने समझा कि स्वस्थ सीमाएँ स्वार्थ नहीं होतीं, बल्कि आत्म-सम्मान और भावनात्मक सुरक्षा का आधार होती हैं।

धीरे-धीरे उन्होंने अपनी आवश्यकताओं को महत्व देना प्रारम्भ किया, "ना" कहना सीखा और दूसरों की स्वीकृति पर निर्भरता कम होने लगी।

सबसे महत्वपूर्ण परिवर्तन आत्म-करुणा का था।

उन्हें अनुभव होने लगा कि उनके भीतर कोई मूलभूत दोष नहीं है। वहाँ केवल कुछ घायल हिस्से हैं जिन्हें समझ, सुरक्षा और स्वीकृति की आवश्यकता है।

26.12 महत्वपूर्ण परिवर्तन

आने वाले महीनों में उनके जीवन में उल्लेखनीय परिवर्तन दिखाई देने लगे।

उनकी प्रतिक्रियात्मकता कम हुई, संबंध अधिक संतुलित हुए और वे अपनी आवश्यकताओं को व्यक्त करने में अधिक सहज हो गईं।

शरीर में निरंतर बना रहने वाला तनाव भी धीरे-धीरे कम होने लगा।

एक सत्र के दौरान उन्होंने मुस्कुराते हुए कहा "अब मुझे लगता है कि मेरे भीतर कोई समस्या नहीं है। मेरे भीतर केवल कुछ घायल हिस्से थे जिन्हें देखभाल की आवश्यकता थी।"

यही उनके परिवर्तन का सार था।

26.13 आघात, आध्यात्मिकता और संतुलित दृष्टिकोण

आघात और उपचार को समझते समय संतुलित दृष्टिकोण आवश्यक है।

कुछ लोग प्रत्येक कठिन अनुभव को केवल कर्मफल या आध्यात्मिक परीक्षा के रूप में देखते हैं, जबकि आधुनिक मनोविज्ञान यह संकेत करता है कि आघात व्यक्ति के मस्तिष्क, तंत्रिका तंत्र और संबंधों पर वास्तविक प्रभाव डाल सकता है। इसी कारण उपचार की प्रक्रिया में दोषारोपण की अपेक्षा समझ, सुरक्षा और करुणा अधिक महत्वपूर्ण हैं।

वास्तविक आध्यात्मिकता व्यक्ति को अपने अनुभवों से भागने के लिए नहीं, बल्कि उन्हें अधिक जागरूकता और संवेदनशीलता के साथ समझने के लिए प्रेरित करती है।

26.14 शास्त्रीय संकेत : दुःख की निवृत्ति और करुणा

मैत्रीकरुणामुदितोपेक्षणां
सुखदुःखपुण्यापुण्यविषयाणां भावनातश्चित्तप्रसादनम्॥

पतंजलि योगसूत्र 1.33

भावार्थ ➔ सुखी लोगों के प्रति मैत्री, दुःखी लोगों के प्रति करुणा, पुण्यात्माओं के प्रति प्रसन्नता और अपुण्य कर्म करने वालों के प्रति उपेक्षा का भाव रखने से चित्त प्रसन्न और शांत होता है।

आंतरिक बालक के उपचार में आत्म-करुणा अत्यंत महत्वपूर्ण भूमिका निभाती है। यह सूत्र संकेत करता है कि करुणामय दृष्टिकोण मन की शांति और भावनात्मक संतुलन का आधार बन सकता है।

आत्मौपम्येन सर्वत्र समं पश्यति योऽर्जुन।
सुखं वा यदि वा दुःखं स योगी परमो मतः॥

श्रीमद्भगवद्गीता 6.32

भावार्थ ➔ जो साधक अपने समान सभी प्राणियों के सुख और दुःख को समझता है, वही श्रेष्ठ योगी है।

यह श्लोक केवल दूसरों के प्रति करुणा नहीं, बल्कि स्वयं के प्रति करुणा का भी आधार प्रस्तुत करता है।

आंतरिक बालक के उपचार का सार यही है कि व्यक्ति अपने भीतर उपस्थित घायल हिस्सों को उसी संवेदनशीलता से देखना सीखे जैसी संवेदनशीलता वह किसी पीड़ित बच्चे के प्रति अनुभव करता है।

26.15 अध्याय का सार

यह अध्ययन-प्रकरण दर्शाता है कि आघात केवल किसी एक घटना का परिणाम नहीं होता। भावनात्मक उपेक्षा, असुरक्षा और अस्वीकृति का भय भी गहरे मनोवैज्ञानिक घाव उत्पन्न कर सकते हैं।

स्नेहा के अनुभव ने स्पष्ट किया कि बचपन में विकसित सुरक्षा-हीनता और आत्म-दमन वर्तमान जीवन के संबंधों तथा व्यवहारों को लंबे समय तक प्रभावित कर सकते हैं। उपचार की प्रक्रिया में महत्वपूर्ण परिवर्तन तब आया जब उन्होंने स्वयं को दोष देने के स्थान पर अपने भीतर उपस्थित घायल हिस्सों को समझना और स्वीकार करना प्रारम्भ किया।

आंतरिक बालक का उपचार अतीत में लौटना नहीं, बल्कि स्वयं के प्रति करुणा, भावनात्मक जागरूकता और सुरक्षा की भावना विकसित करना है। यही प्रक्रिया व्यक्ति को अधिक संतुलित, स्वतंत्र और जागरूक जीवन की ओर ले जाती है।

अगले अध्याय में हम जागरूकता, वर्तमान जीवन और वास्तविक रूपांतरण के संबंध का अध्ययन करेंगे।

अध्याय 27

जागरूकता, वर्तमान जीवन और वास्तविक रूपांतरण

(Awareness, Present Life and Real Transformation)

27.1 भूमिका

पूर्वजन्म, संस्कार, आघात, संबंध और अवचेतन प्रतिरूपों का अध्ययन व्यक्ति को अपने जीवन की अनेक जटिलताओं को समझने में सहायता कर सकता है। किन्तु एक समय ऐसा आता है जब खोज का केंद्र अतीत से वर्तमान की ओर स्थानांतरित होने लगता है।

तब प्रश्न यह नहीं रह जाता कि अतीत में क्या हुआ था।

प्रश्न यह बन जाता है "मैं इस क्षण कैसे जी रहा हूँ?" यहीं से वास्तविक रूपांतरण प्रारम्भ होता है।

यह अध्ययन-प्रकरण दर्शाता है कि उपचार केवल अनुभवों की खोज से नहीं, बल्कि जागरूकता के साथ जीने से विकसित होता है।

27.2 प्रारम्भिक स्थिति

"नैना" लगभग पैंतीस वर्ष की महिला थीं। उनकी मुख्य कठिनाई यह थी कि वे छोटी-छोटी परिस्थितियों में अत्यधिक भावनात्मक प्रतिक्रिया दे देती थीं।

यदि कोई व्यक्ति देर से उत्तर देता, असहमति व्यक्त करता या अपेक्षा के अनुसार व्यवहार नहीं करता, तो वे भीतर से अस्थिर हो जाती थीं। बाद में उन्हें अपनी प्रतिक्रिया पर पछतावा होता, किन्तु उस क्षण वे स्वयं को रोक नहीं पाती थीं।

उन्होंने प्रारम्भिक चर्चा में कहा "मुझे ऐसा लगता है जैसे प्रतिक्रिया मुझसे पहले हो जाती है।"

27.3 प्रमुख कठिनाइयाँ और प्रारम्भिक मूल्यांकन

प्रारम्भिक मूल्यांकन से स्पष्ट हुआ कि समस्या केवल क्रोध या भावनात्मक प्रतिक्रिया की नहीं थी।

उनके भीतर अस्वीकृति का भय, असुरक्षा और अत्यधिक भावनात्मक संवेदनशीलता सक्रिय थी।

छोटी-सी दूरी भी उन्हें परित्याग जैसी प्रतीत हो सकती थी।

आलोचना उन्हें अपेक्षा से अधिक प्रभावित करती थी और अनिश्चित परिस्थितियाँ उनके भीतर बेचैनी उत्पन्न कर देती थीं।

ऐसा प्रतीत होता था कि उनका तंत्रिका तंत्र निरंतर सतर्कता की अवस्था में कार्य कर रहा है।

27.4 बचपन, अनुबंधन और भावनात्मक पृष्ठभूमि

विस्तृत चर्चा के दौरान यह स्पष्ट हुआ कि बचपन में उनका वातावरण भावनात्मक रूप से स्थिर नहीं था।

कभी उन्हें अत्यधिक स्नेह मिलता, तो कभी अचानक आलोचना या दूरी का अनुभव होता। इस असंगति ने उनके भीतर सुरक्षा की भावना को प्रभावित किया।

धीरे-धीरे उन्होंने यह निष्कर्ष विकसित कर लिया कि स्वीकृति स्थायी नहीं है और किसी भी समय छिन सकती है। यही कारण था कि वर्तमान जीवन

की छोटी घटनाएँ भी उनके भीतर बड़ी भावनात्मक प्रतिक्रियाएँ उत्पन्न कर देती थीं।

27.5 सत्र का प्रारम्भ

सत्र की शुरुआत श्वास-जागरूकता, शरीर-जागरूकता और भावनात्मक अवलोकन से की गई, ध्यान किसी विशेष कथा या अनुभव को खोजने पर नहीं, बल्कि वर्तमान क्षण में सक्रिय प्रतिक्रियाओं को समझने पर रखा गया।

धीरे-धीरे नैना ने अपने शरीर के संकेतों को पहचानना प्रारम्भ किया। उन्हें अनुभव होने लगा कि प्रतिक्रिया आने से पहले शरीर में तनाव, श्वास में परिवर्तन और भावनात्मक सक्रियता दिखाई देने लगती है।

यहीं से वास्तविक कार्य प्रारम्भ हुआ।

27.6 जागरूकता का प्रथम अनुभव

कुछ सप्ताह बाद उन्होंने एक महत्वपूर्ण बात साझा की।

उन्होंने कहा "पहली बार मुझे प्रतिक्रिया आने से पहले उसका संकेत दिखाई दिया।" यह एक छोटा परिवर्तन प्रतीत हो सकता है, किन्तु वास्तव में यह उपचार का महत्वपूर्ण चरण था।

अब वे अपनी भावनाओं से पूरी तरह अभिभूत नहीं हो रही थीं। उनके भीतर एक ऐसा साक्षी विकसित होने लगा था जो अनुभवों को देख सकता था।

जहाँ पहले केवल प्रतिक्रिया थी, वहाँ अब जागरूकता उपस्थित होने लगी थी।

27.7 वर्तमान जीवन में पुनरावृत्ति

धीरे-धीरे उन्होंने अपने जीवन के अनेक क्षेत्रों में एक समान पैटर्न को पहचानना प्रारम्भ किया।

असहमति को वे अस्वीकृति समझ लेती थीं। दूरी को वे परित्याग के रूप में अनुभव करती थीं। अनिश्चितता को वे खतरे की तरह महसूस करती थीं।

उन्हें पहली बार स्पष्ट रूप से दिखाई दिया कि वर्तमान जीवन की अनेक प्रतिक्रियाएँ वास्तव में पुराने भावनात्मक अनुबंधन से प्रभावित थीं।

यह समझ उनके लिए अत्यंत महत्वपूर्ण सिद्ध हुई।

27.8 प्रतिक्रिया से सजग उत्तर तक

जागरूकता का सबसे बड़ा लाभ यह था कि उद्दीपक और प्रतिक्रिया के बीच एक सूक्ष्म अंतराल बनने लगा।

पहले कोई घटना घटती और तत्काल प्रतिक्रिया हो जाती थी।

अब वे रुक सकती थीं।

श्वास ले सकती थीं।

अपने भीतर की सक्रिय भावना को पहचान सकती थीं और फिर प्रतिक्रिया के स्थान पर अधिक सजग उत्तर चुन सकती थीं।

यही आंतरिक स्वतंत्रता का प्रारम्भ था।

27.9 उत्तरदायित्व, वर्तमान क्षण और रूपांतरण

उपचार की प्रक्रिया में उन्होंने यह भी समझा कि अतीत को बदला नहीं जा सकता किन्तु वर्तमान में व्यक्ति अपने चुनावों के प्रति उत्तरदायी बन सकता है, उत्तरदायित्व आत्म-दोष नहीं है यह अपनी शक्ति को पुनः प्राप्त करना है।

जब व्यक्ति यह स्वीकार करता है कि वह अपनी प्रतिक्रियाओं, निर्णयों और व्यवहारों के प्रति अधिक जागरूक हो सकता है, तभी वास्तविक स्वतंत्रता संभव होती है।

27.10 महत्वपूर्ण परिवर्तन

आने वाले महीनों में नैना के जीवन में कई छोटे किन्तु महत्वपूर्ण परिवर्तन दिखाई देने लगे।

उन्होंने प्रतिक्रिया देने से पहले रुकना सीखा।

अपनी भावनाओं को पहचानना सीखा।

अपने शरीर के संकेतों को सुनना सीखा।

संबंधों में स्वस्थ सीमाएँ स्थापित करना सीखा।

एक सत्र के दौरान उन्होंने मुस्कुराते हुए कहा "पहले मुझे लगता था कि मेरी भावनाएँ मुझे नियंत्रित करती हैं। अब मुझे लगता है कि मैं उन्हें समझ सकती हूँ।"

यही उनके परिवर्तन का सार था।

27.11 आध्यात्मिक पलायन और संतुलित जागरूकता

कभी-कभी लोग आध्यात्मिक विचारों का उपयोग अपनी वास्तविक समस्याओं से बचने के लिए करने लगते हैं।

वे अपने भय, दुःख और संबंधगत कठिनाइयों का सामना करने के स्थान पर उन्हें केवल कर्म, भाग्य अथवा किसी रहस्यमय कारण से जोड़ देते हैं।

ऐसी स्थिति में आध्यात्मिकता विकास का साधन न रहकर पलायन का माध्यम बन सकती है।

वास्तविक आध्यात्मिकता व्यक्ति को जीवन से दूर नहीं ले जाती। वह उसे जीवन के प्रति अधिक जागरूक, अधिक उत्तरदायी और अधिक करुणामय बनाती है।

27.12 शास्त्रीय संकेत : आत्म-जागरण

पराञ्चि खानि व्यतृणत् स्वयम्भूस्तस्मात्पराङ्पश्यति
नान्तरात्मन्।
कश्चिद्धीरः प्रत्यगात्मानमैक्षदावृत्तचक्षुरमृतत्वमिच्छन्॥

कठोपनिषद् 2.1.1

भावार्थ ➔ मनुष्य की इन्द्रियाँ सामान्यतः बाहर की ओर प्रवृत्त रहती हैं, इसलिए वह बाहरी जगत को देखता है। किन्तु कोई विरला धीर पुरुष अपनी दृष्टि भीतर की ओर मोड़कर आत्मा का दर्शन करता है।

वास्तविक परिवर्तन तब प्रारम्भ होता है जब व्यक्ति केवल बाहरी परिस्थितियों को नहीं, बल्कि अपने भीतर सक्रिय विचारों, भावनाओं और प्रतिक्रियाओं को भी देखना सीखता है।

यतो यतो निश्चरति मनश्चञ्चलमस्थिरम्।
ततस्ततो नियम्यैतदात्मन्येव वशं नयेत्॥

श्रीमद्भगवद्गीता 6.26

भावार्थ ➔ मन जहाँ-जहाँ चंचल होकर भटक जाए, वहाँ-वहाँ से उसे पुनः संयमित करके आत्मा में स्थित करना चाहिए।

जागरूकता का अर्थ मन को बलपूर्वक रोकना नहीं है। इसका अर्थ है उसके भटकाव को पहचानना और बार-बार वर्तमान क्षण में लौटना। यही अभ्यास धीरे-धीरे स्थिरता, स्पष्टता और आंतरिक स्वतंत्रता का आधार बनता है।

27.13 वास्तविक रूपांतरण कैसा दिखाई देता है?

वास्तविक रूपांतरण प्रायः नाटकीय नहीं होता यह धीरे-धीरे व्यक्ति के व्यवहार, संबंधों और जीवन-दृष्टि में प्रकट होता है।

जब प्रतिक्रियाओं की तीव्रता कम होने लगे, करुणा बढ़ने लगे, आत्म-जागरूकता विकसित होने लगे और व्यक्ति अधिक संतुलन के साथ जीवन जीने लगे, तब समझा जा सकता है कि परिवर्तन भीतर से घटित हो रहा है।

27.14 अध्याय का सार

इस अध्ययन-प्रकरण से स्पष्ट होता है कि जागरूकता किसी भी उपचार और आत्म-विकास प्रक्रिया का केंद्रीय आधार है। अतीत को समझना उपयोगी हो सकता है, किन्तु वास्तविक परिवर्तन वर्तमान जीवन में दिखाई देता है।

नैना के अनुभव ने यह दर्शाया कि भावनात्मक उद्दीपकों को पहचानना, शरीर की प्रतिक्रियाओं के प्रति सजग होना और प्रतिक्रिया के स्थान पर सजग उत्तर चुनना आंतरिक स्वतंत्रता की दिशा में महत्वपूर्ण कदम हैं।

जागरूकता व्यक्ति को अपने जीवन के प्रति अधिक उत्तरदायी बनाती है। यही उत्तरदायित्व धीरे-धीरे रूपांतरण का आधार बनता है।

अंततः वास्तविक परिवर्तन किसी असाधारण अनुभव, सिद्धि अथवा रहस्यमय ज्ञान से नहीं, बल्कि प्रत्येक क्षण अधिक जागरूक, अधिक करुणामय और अधिक उत्तरदायी होकर जीने से उत्पन्न होता है। यही सजगता चेतना के परिपक्व विकास की आधारशिला है।

अगले अध्याय में हम आध्यात्मिक अहंकार, मिथ्या जागरण और आध्यात्मिक पलायन से जुड़े एक महत्वपूर्ण अध्ययन-प्रकरण का अध्ययन करेंगे, जिससे यह समझा जा सके कि आध्यात्मिक मार्ग पर भी भ्रम और आत्म-छल किस प्रकार उत्पन्न हो सकते हैं।

अध्याय 28

आध्यात्मिक अहंकार, मिथ्या जागरण और आध्यात्मिक पलायन

(Spiritual Ego, False Awakening and Spiritual Bypassing)

28.1 भूमिका

आध्यात्मिक यात्रा का उद्देश्य सामान्यतः आत्मबोध, जागरूकता, करुणा और आंतरिक स्वतंत्रता की ओर बढ़ना माना जाता है। ध्यान, योग, आत्म-अवलोकन, रिग्रेशन तथा अन्य साधनाएँ व्यक्ति को स्वयं को अधिक गहराई से समझने का अवसर प्रदान कर सकती हैं।

किन्तु आध्यात्मिक मार्ग जितना विकास का अवसर देता है, उतना ही सूक्ष्म भ्रमों की संभावना भी उत्पन्न करता है।

कभी-कभी व्यक्ति आध्यात्मिकता का उपयोग आत्म-अन्वेषण के लिए नहीं, बल्कि एक नई पहचान निर्मित करने के लिए करने लगता है। कई बार अनसुलझे भावनात्मक घावों, असुरक्षाओं और आंतरिक पीड़ा का सामना करने के स्थान पर वह आध्यात्मिक अवधारणाओं के पीछे छिपने लगता है।

इसी प्रवृत्ति को समझने के लिए यह अध्ययन-प्रकरण प्रस्तुत किया गया है।

28.2 प्रारम्भिक स्थिति

“करण” लगभग उनतालीस वर्ष के थे। वे कई वर्षों से ध्यान, ऊर्जा-अभ्यास, रिग्रेशन कार्य तथा विभिन्न आध्यात्मिक परंपराओं का अध्ययन कर रहे थे।

वे अपने अनुभवों के बारे में अत्यधिक विश्वास के साथ बात करते थे और प्रायः कहते थे “अब मैं सामान्य लोगों की तरह नहीं सोचता।”

बाहरी रूप से वे अत्यंत आध्यात्मिक दिखाई देते थे, किन्तु निकट संबंधों में तनाव, आलोचना के प्रति संवेदनशीलता और दूसरों को कम जागरूक समझने की प्रवृत्ति बार-बार दिखाई देती थी।

यहीं से आगे की खोज प्रारम्भ हुई।

28.3 आध्यात्मिक पहचान और मान्यता की खोज

प्रारम्भिक चर्चाओं में यह स्पष्ट हुआ कि आध्यात्मिकता करण के लिए केवल अभ्यास नहीं रह गई थी। वह उनकी पहचान का महत्वपूर्ण भाग बन चुकी थी।

धीरे-धीरे बचपन से जुड़े अनुभव भी सामने आए। उन्हें पर्याप्त भावनात्मक स्वीकृति का अनुभव नहीं हुआ था। तुलना, आलोचना और स्वयं को सिद्ध करने का दबाव उनके जीवन का नियमित भाग था।

इसके परिणामस्वरूप उनके भीतर यह विश्वास विकसित हो गया था कि उन्हें मूल्यवान सिद्ध होने के लिए कुछ विशेष बनना होगा।

पहले यह प्रयास शिक्षा, उपलब्धियों और सामाजिक पहचान के माध्यम से व्यक्त हुआबाद में वही प्रवृत्ति आध्यात्मिक क्षेत्र में स्थानांतरित हो गई।

अब वे आध्यात्मिक अनुभवों और विशेष पहचान के माध्यम से वही स्वीकृति प्राप्त करना चाहते थे जिसकी कमी उन्होंने बचपन में अनुभव की थी।

28.4 आध्यात्मिक पलायन

आगे की चर्चा में एक और महत्वपूर्ण पैटर्न सामने आया।

जब भी कोई गहरी भावनात्मक पीड़ा, असुरक्षा, शोक या आत्म-संदेह उभरता, करण शीघ्र ही किसी आध्यात्मिक व्याख्या की ओर चले जाते।

वे दुःख को अनुभव करने के बजाय उसके बारे में दार्शनिक चर्चा करने लगते।

वे संबंधों की समस्याओं को देखने के बजाय उन्हें कर्म, ऊर्जा या चेतना के स्तरों से जोड़ देते।

धीरे-धीरे स्पष्ट हुआ कि आध्यात्मिकता उनके लिए केवल विकास का साधन नहीं, बल्कि कभी-कभी भावनात्मक परिहार का माध्यम भी बन रही थी।

यही आध्यात्मिक पलायन का मूल स्वरूप है।

28.5 अनुभव बनाम रूपांतरण

करण अनेक आध्यात्मिक अनुभवों का वर्णन करते थे, प्रकाश, ऊर्जा, दिव्य उपस्थिति और चेतना के विस्तृत अनुभव। निस्संदेह ये अनुभव उनके लिए महत्वपूर्ण थे किन्तु एक महत्वपूर्ण प्रश्न सामने आया "क्या इन अनुभवों ने उनके व्यवहार, संबंधों और भावनात्मक परिपक्वता में वास्तविक परिवर्तन उत्पन्न किया था?"

यहीं अनुभव और रूपांतरण के बीच का अंतर स्पष्ट होता है।

अनुभव क्षणिक हो सकते हैं किन्तु रूपांतरण जीवन में दिखाई देता है।

आध्यात्मिक प्रगति का मूल्यांकन अनुभवों की संख्या से नहीं, बल्कि बढ़ती हुई विनम्रता, करुणा, संतुलन और आत्म-जागरूकता से किया जा सकता है।

28.6 प्रतिगमन अनुभवों की संतुलित व्याख्या

कुछ सत्रों में करण ने ऐसे अनुभवों का वर्णन किया जिनमें वे स्वयं को प्राचीन साधक, गुरु अथवा विशेष आध्यात्मिक उद्देश्य वाली आत्मा के रूप में अनुभव कर रहे थे।

इन अनुभवों को न तो पूर्णतः अस्वीकार किया गया और न ही अंतिम सत्य घोषित किया गया।

महत्वपूर्ण प्रश्न यह नहीं था कि वे वास्तव में कौन थेमहत्वपूर्ण प्रश्न यह था कि ये अनुभव उनके वर्तमान जीवन की किन आवश्यकताओं और आकांक्षाओं को व्यक्त कर रहे थे।

संतुलित दृष्टिकोण में ध्यान अनुभवों की ऐतिहासिक सत्यता से अधिक उनके मनोवैज्ञानिक और भावनात्मक अर्थ पर रखा गया।

28.7 ज्ञान और परिपक्वता का अंतर

एक सत्र के दौरान उनसे पूछा गया "यदि कोई व्यक्ति आपके विचारों से असहमत हो जाए, तो आप कैसा अनुभव करते हैं?"

यह प्रश्न उनके लिए चुनौतीपूर्ण सिद्ध हुआ।

कुछ समय बाद उन्होंने स्वीकार किया कि असहमति उन्हें असुविधाजनक लगती है यहीं उन्हें पहली बार यह समझ आने लगी कि आध्यात्मिक ज्ञान और आध्यात्मिक परिपक्वता एक ही बात नहीं हैं।

ज्ञान व्यक्ति को अवधारणाएँ देता है और परिपक्वता व्यक्ति को स्वयं को देखने की क्षमता देती है।

ज्ञान यह बता सकता है कि अहंकार क्या है और परिपक्वता यह देखने की क्षमता देती है कि अहंकार अभी मेरे भीतर कहाँ सक्रिय है।

28.8 पहली वास्तविक जागरूकता

एक सत्र के दौरान चर्चा के बाद करण ने शांत स्वर में कहा "शायद मैं जितना जागृत समझता था, उतना नहीं हूँ।" यह उनकी यात्रा का महत्वपूर्ण मोड़ था।

पहली बार उन्होंने अपनी आध्यात्मिक पहचान के पीछे छिपी असुरक्षा को देखा।

पहली बार उन्होंने स्वीकार किया कि उनके भीतर अभी भी मान्यता की आवश्यकता, अस्वीकृति का भय और श्रेष्ठ दिखाई देने की प्रवृत्ति उपस्थित है।

यह आत्म-आलोचना नहीं थी बल्कि यह आत्म-दर्शन था।

28.9 उपचार, विवेक और आत्म-परीक्षण

आगे की प्रक्रिया में ध्यान असाधारण अनुभवों की खोज पर नहीं, बल्कि वर्तमान जीवन की वास्तविकताओं पर रखा गया।

उन्होंने अपने संबंधों, व्यवहार और भावनात्मक प्रतिक्रियाओं का अधिक सजग अवलोकन करना प्रारम्भ किया।

धीरे-धीरे उन्हें यह समझ आने लगी कि आध्यात्मिक मार्ग पर भी विवेक उतना ही आवश्यक है जितना श्रद्धा। प्रत्येक अनुभव अंतिम सत्य नहीं होता, प्रत्येक आंतरिक आवाज़ दिव्य संदेश नहीं होती, प्रत्येक तीव्र अनुभूति आत्मबोध का प्रमाण नहीं होती।

विवेक व्यक्ति को आत्म-भ्रम से बचाता है और वास्तविकता से जुड़े रहने में सहायता करता है।

28.10 महत्वपूर्ण आत्मबोध

कुछ समय बाद करण ने अपने जीवन को नए दृष्टिकोण से देखना प्रारम्भ किया।

उन्होंने अनुभव किया कि वे वर्षों से स्वयं को सिद्ध करने का प्रयास कर रहे थे।

पहले यह प्रयास सांसारिक उपलब्धियों के माध्यम से था।

बाद में वही प्रयास आध्यात्मिक उपलब्धियों के माध्यम से प्रकट हुआ।

किन्तु दोनों के पीछे एक ही आवश्यकता सक्रिय थी वह थी स्वीकृति की आवश्यकता।

एक सत्र में उन्होंने कहा "मुझे विशेष बनने की नहीं, स्वयं को स्वीकार करने की आवश्यकता है।"

यही उनके लिए वास्तविक उपचार और आत्मबोध का प्रारम्भ था।

28.11 शास्त्रीय संकेत : विनम्रता और आत्म-परीक्षण

अमानित्वमदम्भित्वमहिंसा क्षान्तिरार्जवम्।
आचार्योपासनं शौचं स्थैर्यमात्मविनिग्रहः॥

श्रीमद्भगवद्गीता 13.7

भावार्थ ➔ अहंकार का अभाव, दम्भ का अभाव, अहिंसा, क्षमा, सरलता, गुरुजन का सम्मान, शुद्धता, स्थिरता और आत्म-संयम ये ज्ञान के लक्षण हैं।

वास्तविक आध्यात्मिक प्रगति व्यक्ति को अधिक विनम्र और सरल बनाती है। यदि साधना के साथ दम्भ, श्रेष्ठता-बोध या स्वयं को विशेष मानने की प्रवृत्ति बढ़ रही हो, तो आत्म-परीक्षण आवश्यक है।

न हि ज्ञानेन सदृशं पवित्रमिह विद्यते।
तत्स्वयं योगसंसिद्धः कालेनात्मनि विन्दति॥

श्रीमद्भगवद्गीता 4.38

भावार्थ ➔ इस संसार में ज्ञान के समान पवित्र करने वाला कुछ भी नहीं है। योग में सिद्ध हुआ व्यक्ति समय के साथ उसे अपने भीतर अनुभव करता है।

वास्तविक ज्ञान किसी विशेष पहचान का निर्माण नहीं करता, बल्कि व्यक्ति को अधिक स्पष्ट, विनम्र और जागरूक बनाता है। आध्यात्मिक मार्ग पर बाहरी दावों से अधिक आंतरिक परिपक्वता महत्वपूर्ण है।

28.12 अध्याय का सार

इस अध्ययन-प्रकरण से स्पष्ट होता है कि आध्यात्मिक अहंकार अत्यंत सूक्ष्म और पहचानना कठिन हो सकता है। कई बार आध्यात्मिकता का उपयोग अनसुलझे भावनात्मक घावों, असुरक्षाओं और आंतरिक पीड़ा से बचने के लिए किया जाता है। इसे आध्यात्मिक पलायन कहा जा सकता है।

करण के अनुभव ने यह दर्शाया कि असाधारण अनुभव और वास्तविक रूपांतरण एक ही बात नहीं हैं। वास्तविक आध्यात्मिक प्रगति व्यक्ति के व्यवहार, संबंधों, विनम्रता, करुणा और आत्म-ज़ागरूकता में दिखाई देती है।

जब व्यक्ति स्वयं को विशेष सिद्ध करने की आवश्यकता से मुक्त होकर स्वयं को ईमानदारी से देखना प्रारम्भ करता है, तब वास्तविक आत्म-विकास संभव होता है।

अंततः आध्यात्मिकता कोई पहचान नहीं, बल्कि निरंतर जागरूकता, आत्म-परीक्षण, विवेक और आंतरिक परिपक्वता की जीवित प्रक्रिया है।

अगले अध्याय में हम नियंत्रण, भावनात्मक बंधन और आंतरिक स्वतंत्रता से जुड़े एक अध्ययन-प्रकरण का अध्ययन करेंगे, जिससे यह समझा जा सके कि नियंत्रण की आवश्यकता किस प्रकार संबंधों और आंतरिक शांति को प्रभावित कर सकती है तथा वास्तविक स्वतंत्रता कैसे विकसित होती है।

अध्याय 29

नियंत्रण, भावनात्मक बंधन और आंतरिक स्वतंत्रता

(Control, Emotional Bondage and Inner Freedom)

29.1 भूमिका

कई लोग जीवन भर स्वतंत्रता की खोज करते हैं, फिर भी भीतर किसी अदृश्य बंधन में बँधे हुए अनुभव करते हैं। वे परिस्थितियों, संबंधों, भय, अपराधबोध अथवा दूसरों की अपेक्षाओं से संचालित होते रहते हैं।

कुछ लोग स्वयं को सुरक्षित रखने के लिए दूसरों को नियंत्रित करने का प्रयास करते हैं, जबकि कुछ ऐसे संबंधों में फँस जाते हैं जहाँ वे स्वयं नियंत्रित होते रहते हैं। देखने में ये दोनों स्थितियाँ भिन्न प्रतीत होती हैं, किन्तु अनेक बार इनके पीछे समान भावनात्मक घाव कार्य कर रहे होते हैं।

यह अध्ययन-प्रकरण नियंत्रण, निर्भरता, परित्याग-भय और आंतरिक स्वतंत्रता की प्रक्रिया को समझने का प्रयास है।

29.2 प्रारम्भिक स्थिति

"रचना" (परिवर्तित नाम) लगभग बयालीस वर्ष की महिला थीं। उन्होंने अपनी बड़ी बहन के पति से विवाह किया था और परिवार में दूसरी पत्नी के रूप में रह रही थीं।

वे लंबे समय से गहरे भावनात्मक तनाव का अनुभव कर रही थीं। उनके अनुसार उनके पति उनके जीवन के लगभग प्रत्येक महत्वपूर्ण निर्णय पर नियंत्रण रखते थे। वे स्वतंत्र रूप से कार्य नहीं कर पाती थीं, अपनी इच्छाओं को व्यक्त करने में संकोच करती थीं और स्वयं को बंधनों में जकड़ा हुआ अनुभव करती थीं।

उन्होंने प्रारम्भिक चर्चा में कहा "मुझे लगता है कि मैं अपना जीवन नहीं जी रही हूँ।"

उनकी सबसे बड़ी पीड़ा यह थी कि वे स्वयं को स्वतंत्र, सक्षम और आत्मनिर्भर अनुभव नहीं कर पा रही थीं।

29.3 प्रमुख कठिनाइयाँ और भावनात्मक पृष्ठभूमि

प्रारम्भिक मूल्यांकन में कुछ प्रमुख पैटर्न स्पष्ट हुएभावनात्मक निर्भरता, असहायता की अनुभूति, निर्णय लेने में कठिनाई, आत्म-अभिव्यक्ति का अभाव, परित्याग का भय, बाहरी स्वीकृति पर निर्भरता

यद्यपि बाहरी रूप से समस्या पति के नियंत्रण के रूप में दिखाई दे रही थी, किन्तु गहन चर्चा से स्पष्ट हुआ कि उनके भीतर अकेले रह जाने और संबंध खो देने का गहरा भय भी उपस्थित था।

29.4 सत्र का प्रारम्भ

सत्र की शुरुआत स्थिरीकरण, श्वास-जागरूकता और भावनात्मक सुरक्षा से की गई।

धीरे-धीरे वे अपने भीतर उपस्थित तनाव और असहायता की भावना से जुड़ने लगीं। जब उन्हें इन भावनाओं के स्रोत का अवलोकन करने के लिए कहा गया, तब एक गहन प्रत्यागमन अनुभव उभरने लगा।

29.5 उभरता अनुभव

प्रत्यागमन के दौरान रचना ने स्वयं को एक योद्धा (Warrior) के रूप में अनुभव किया।

उन्होंने एक दृश्य का वर्णन किया जिसमें एक व्यक्ति जंजीरों से बंधा हुआ एक पुराने खंडहर जैसे स्थान पर कैद था। रचना उस व्यक्ति पर पूर्ण नियंत्रण रखती हुई दिखाई दे रही थीं।

जब उनसे पूछा गया कि वे उसे मुक्त क्यों नहीं कर रहीं, तो उन्होंने तीव्र भावनात्मक प्रतिक्रिया व्यक्त की और कहा "यदि मैं इसे छोड़ दूँगी तो मैं अकेली रह जाऊँगी।"

यहीं अनुभव का वास्तविक भावनात्मक केंद्र सामने आया।

धीरे-धीरे स्पष्ट हुआ कि नियंत्रण के पीछे शक्ति की इच्छा नहीं, बल्कि खो देने का भय कार्य कर रहा था।

29.6 नियंत्रण के पीछे छिपा भय

आगे की प्रक्रिया में यह समझ उभरने लगी कि व्यक्ति को बाँधकर रखने की इच्छा वास्तव में सुरक्षा और संबंध बनाए रखने का प्रयास थी।

रचना बार-बार अकेले रह जाने, अस्वीकार कर दिए जाने और भावनात्मक रूप से परित्यक्त हो जाने के भय का अनुभव कर रही थीं।

यहीं यह अंतर्दृष्टि उभरी कि नियंत्रण और असुरक्षा कई बार एक ही भावनात्मक घाव की दो अभिव्यक्तियाँ होते हैं।

29.7 भावनात्मक विमोचन और मुक्त करने की प्रक्रिया

सत्र के दौरान क्षमा, भावनात्मक विमोचन और उपचारात्मक कार्य किया गया।

प्रारम्भ में वे उस व्यक्ति को मुक्त करने के लिए तैयार नहीं थीं। किन्तु धीरे-धीरे उन्होंने उस भय को स्वीकार किया जो वर्षों से नियंत्रण के पीछे कार्य कर रहा था।

कुछ समय बाद उन्होंने प्रतीकात्मक रूप से उस व्यक्ति को मुक्त करने की अनुमति दी।

इस प्रक्रिया के दौरान उन्होंने गहरा भावनात्मक विमोचन अनुभव किया और उनके भीतर उपस्थित तनाव उल्लेखनीय रूप से कम होने लगा।

सत्र के दौरान उन्हें यह भी अनुभव हुआ कि कैद व्यक्ति और उनके वर्तमान पति के बीच कोई गहरा संबंध हो सकता है। यह अनुभव उनके लिए अत्यंत अर्थपूर्ण था।

29.8 वर्तमान जीवन में परिवर्तन

लगभग पंद्रह दिनों बाद अनुवर्ती चर्चा में रचना ने महत्वपूर्ण परिवर्तन की सूचना दी।

उनके अनुसार उनके पति का व्यवहार पहले की तुलना में अधिक सहयोगपूर्ण हो गया था। वे उन्हें स्वतंत्र रूप से कार्य करने, निर्णय लेने और अपने जीवन से संबंधित चुनाव करने की अनुमति देने लगे थे।

उन्होंने कहा “पहली बार मुझे ऐसा लग रहा है कि मैं स्वतंत्र हूँ।”

आने वाले समय में उन्होंने अपने भीतर अधिक आत्मविश्वास, स्पष्टता और भावनात्मक स्थिरता का अनुभव किया।

29.9 प्रतीकात्मक अनुभव या पूर्वजन्मीय स्मृति?

यह निश्चित रूप से नहीं कहा जा सकता कि सत्र में उभरा अनुभव वास्तविक पूर्वजन्मीय स्मृति था अथवा अवचेतन मन द्वारा निर्मित प्रतीकात्मक अभिव्यक्ति।

कुछ लोग ऐसे अनुभवों को पूर्वजन्मीय स्मृतियों के रूप में देखते हैं, जबकि अन्य उन्हें मनोवैज्ञानिक और भावनात्मक प्रक्रियाओं का प्रतीकात्मक प्रतिनिधित्व मानते हैं।

उपचारात्मक दृष्टि से महत्वपूर्ण यह नहीं था कि अनुभव ऐतिहासिक रूप से सिद्ध किया जा सकता है या नहीं, बल्कि यह था कि उसने व्यक्ति को नियंत्रण, भय, निर्भरता और स्वतंत्रता से जुड़े अपने आंतरिक प्रतिरूपों को समझने का अवसर प्रदान किया।

29.10 शास्त्रीय संकेत : बंधन और मुक्ति

विहाय कामान्यः सर्वान्पुमांश्चरति निःस्पृहः।
निर्ममो निरहङ्कारः स शान्तिमधिगच्छति॥

श्रीमद्भगवद्गीता 2.71

भावार्थ ➔ जो व्यक्ति आसक्ति, ममता और अहंकार का त्याग कर निःस्पृह भाव से जीवन जीता है, वही वास्तविक शांति को प्राप्त करता है।

नियंत्रण की आवश्यकता प्रायः भय, असुरक्षा और परिणामों के प्रति अत्यधिक आसक्ति से उत्पन्न होती है। जब व्यक्ति दूसरों को बाँधकर रखने के स्थान पर विश्वास, स्वीकार और आंतरिक स्थिरता विकसित करता है, तब वास्तविक स्वतंत्रता का उदय होने लगता है।

29.11 द्वितीय अध्ययन-प्रकरण : संबंधगत संघर्ष, क्षमा और परिवर्तन

"सविता" (परिवर्तित नाम) लगभग चालीस वर्ष की विवाहित महिला थीं। वे लंबे समय से गंभीर वैवाहिक तनाव का सामना कर रही थीं। पति तथा ससुराल पक्ष के साथ संबंध अत्यंत तनावपूर्ण हो चुके थे और तलाक की प्रक्रिया भी प्रारम्भ हो गई थी।

प्रत्यागमन सत्र के दौरान उभरे एक अनुभव में उन्होंने स्वयं को एक प्रभावशाली व्यक्ति के रूप में देखा जिसके अधीन कई लोग कार्य कर रहे थे। उन्होंने अनुभव किया कि वर्तमान जीवन के पति, ननद और ससुर उस अनुभव में अधीनस्थ भूमिका में उपस्थित थे। अनुभव के दौरान यह भाव उभरने लगा कि शक्ति और नियंत्रण का असंतुलन उपस्थित था तथा उनके द्वारा कठोर व्यवहार किया गया था।

जैसे-जैसे अनुभव आगे बढ़ा, अपराधबोध, पश्चाताप और भावनात्मक पीड़ा की भावनाएँ सतह पर आने लगीं। इसके पश्चात क्षमा, भावनात्मक विमोचन और संबंधों से जुड़े आंतरिक बोझ को मुक्त करने की प्रक्रिया पर कार्य किया गया।

सत्र के बाद उन्होंने अपने भीतर उल्लेखनीय परिवर्तन अनुभव किया। वे पहले की अपेक्षा अधिक शांत, कम प्रतिक्रियाशील और संबंधों के प्रति अधिक स्वीकारशील हो गई थीं।

लगभग पंद्रह दिनों बाद उन्होंने बताया कि पति ने तलाक की प्रक्रिया रोकने का निर्णय लिया है और दोनों के बीच संवाद पुनः प्रारम्भ हो गया है। एक माह बाद अनुवर्ती चर्चा में उन्होंने बताया कि संबंधों में पहले की तुलना में अधिक सौहार्द, समझ और निकटता अनुभव हो रही है।

उन्होंने कहा "पहली बार मुझे ऐसा लग रहा है कि मैं संघर्ष नहीं, समझ के साथ संबंधों को देख पा रही हूँ।"

यह निश्चित रूप से नहीं कहा जा सकता कि सत्र में उभरा अनुभव किसी वास्तविक पूर्वजन्म का प्रतिनिधित्व करता था अथवा अवचेतन मन द्वारा निर्मित प्रतीकात्मक अभिव्यक्ति था। तथापि इस अनुभव ने व्यक्ति को अपराधबोध, नियंत्रण, क्षमा और संबंधगत प्रतिरूपों को नए दृष्टिकोण से समझने का अवसर प्रदान किया।

29.12 प्रतीकात्मक अनुभव या पूर्वजन्मीय स्मृति?

इस अध्याय में प्रस्तुत दोनों अध्ययन-प्रकरणों के संदर्भ में यह निश्चित रूप से नहीं कहा जा सकता कि सत्रों में उभरे अनुभव वास्तविक पूर्वजन्मीय स्मृतियों का प्रतिनिधित्व करते थे अथवा अवचेतन मन द्वारा निर्मित प्रतीकात्मक कथाएँ थीं।

कुछ लोग ऐसे अनुभवों को पूर्वजन्मीय स्मृतियों के रूप में देखते हैं, जबकि अन्य उन्हें मनोवैज्ञानिक एवं भावनात्मक अभिव्यक्तियों के रूप में समझते हैं।

संतुलित दृष्टिकोण में मुख्य महत्व अनुभव की ऐतिहासिक सत्यता को नहीं, बल्कि उसके भावनात्मक, उपचारात्मक और परिवर्तनकारी प्रभाव को दिया जाता है।

29.13 शास्त्रीय संकेत : बंधन और मुक्ति

अद्वेष्टा सर्वभूतानां मैत्रः करुण एव च।
निर्ममो निरहङ्कारः समदुःखसुखः क्षमी॥

श्रीमद्भगवद्गीता 12.13

भावार्थ ➔ जो सभी प्राणियों के प्रति द्वेषरहित, मैत्रीभाव और करुणा से युक्त हो, ममता और अहंकार से मुक्त हो तथा सुख-दुःख में समभाव रखने वाला और क्षमाशील हो, वही श्रेष्ठ साधक है।

क्षमा केवल दूसरे व्यक्ति को मुक्त नहीं करती, बल्कि स्वयं को भी अतीत के बोझ, अपराधबोध, क्रोध और पीड़ा से मुक्त करती है। सविता के अध्ययन-प्रकरण में परिवर्तन तब प्रारम्भ हुआ जब उन्होंने संघर्ष और दोषारोपण के स्थान पर क्षमा, करुणा और समझ का मार्ग अपनाया। यह श्लोक दर्शाता है कि वास्तविक समृद्धि बाहरी उपलब्धियों से नहीं, बल्कि क्षमा, करुणा और आंतरिक संतुलन से उत्पन्न होती है।

29.14 अध्याय का सार

इस अध्याय के दोनों अध्ययन-प्रकरण यह दर्शाते हैं कि नियंत्रण, असहायता, अपराधबोध और भावनात्मक निर्भरता अनेक बार गहरे मनोवैज्ञानिक तथा संबंधगत प्रतिरूपों से जुड़े होते हैं।

रचना के अध्ययन-प्रकरण में परित्याग-भय, नियंत्रण और स्वतंत्रता की खोज का विषय उभरकर सामने आया, जबकि सविता के अनुभव में अपराधबोध, क्षमा और संबंधों के रूपांतरण की प्रक्रिया प्रमुख रही। दोनों ही मामलों में परिवर्तन तब प्रारम्भ हुआ जब व्यक्तियों ने बाहरी परिस्थितियों से अधिक अपने भीतर सक्रिय भावनात्मक प्रतिरूपों को समझना प्रारम्भ किया।

चाहे उभरे हुए अनुभव पूर्वजन्मीय स्मृतियाँ रहे हों अथवा प्रतीकात्मक अभिव्यक्तियाँ, उनका वास्तविक महत्व उस आत्मबोध में था जिसने परिवर्तन का मार्ग प्रशस्त किया।

अंततः आंतरिक स्वतंत्रता तब विकसित होती है जब व्यक्ति भय, निर्भरता, अपराधबोध और नियंत्रण के चक्र को पहचानकर अधिक सजग, उत्तरदायी और प्रामाणिक जीवन जीना प्रारम्भ करता है।

अगले अध्याय में हम गुरु-आसक्ति, भक्ति और आंतरिक अधिकार से जुड़े एक महत्वपूर्ण अध्ययन-प्रकरण का अध्ययन करेंगे।

अध्याय 30

गुरु-आसक्ति, भक्ति और आंतरिक अधिकार

(Guru Attachment, Devotion and Inner Authority)

30.1 भूमिका

गुरु-शिष्य संबंध भारतीय आध्यात्मिक परंपरा का एक अत्यंत महत्वपूर्ण आयाम रहा है। अपने सर्वोत्तम रूप में यह संबंध साधक को बाहरी निर्भरता से मुक्त कर आत्मबोध, विवेक और आंतरिक जागरूकता की ओर ले जाता है।

किन्तु कभी-कभी साधक की आध्यात्मिक यात्रा में ऐसे भावनात्मक प्रतिरूप सक्रिय हो सकते हैं जो गुरु के प्रति श्रद्धा के साथ-साथ गहरे लगाव, वियोग-भय अथवा निर्भरता का रूप धारण कर लेते हैं। कुछ व्यक्तियों के अनुभवों में यह प्रतिरूप केवल वर्तमान जीवन तक सीमित नहीं दिखाई देता, बल्कि अनेक पूर्वजन्मीय अनुभवों में भी दोहराता हुआ प्रतीत होता है।

यह अध्ययन-प्रकरण ऐसे ही एक पुनरावृत्त प्रतिरूप को समझने का प्रयास है।

30.2 प्रारम्भिक स्थिति

“माधवी” (परिवर्तित नाम) लगभग बयालीस वर्ष की महिला थीं। वे कई वर्षों से आध्यात्मिक साधना से जुड़ी हुई थीं तथा अपने गुरु के प्रति गहरी श्रद्धा रखती थीं।

सत्र के समय वे अत्यधिक भावनात्मक पीड़ा, आंतरिक खालीपन और वियोग की भावना का अनुभव कर रही थीं। उन्होंने कहा "मुझे ऐसा लगता है जैसे जीवन में कुछ बहुत महत्वपूर्ण मुझसे छूट गया है।"

प्रारम्भिक चर्चा के दौरान यह स्पष्ट हुआ कि उनके जीवन में बयालीस वर्ष की आयु के आसपास गुरु से जुड़ा एक गहरा भावनात्मक संकट सक्रिय हुआ था।

30.3 प्रत्यागमन के दौरान उभरता प्रतिरूप

प्रत्यागमन प्रक्रिया के दौरान माधवी ने अनेक पूर्वजन्मीय अनुभवों का अवलोकन करने का दावा किया।

इन विभिन्न अनुभवों में सांस्कृतिक, भौगोलिक और जीवन-परिस्थितियाँ भिन्न थीं, किन्तु एक आश्चर्यजनक समानता बार-बार उभरती रही।

उन्होंने अनुभव किया कि प्रत्येक जीवन में किसी न किसी रूप में एक आध्यात्मिक मार्गदर्शक, शिक्षक अथवा गुरु-समान व्यक्तित्व उपस्थित था। प्रारम्भिक वर्षों में उनके साथ गहरा जुड़ाव, सीखने और आध्यात्मिक विकास का अनुभव दिखाई देता था।

किन्तु अनेक अनुभवों में लगभग चालीस से बयालीस वर्ष की आयु के आसपास किसी कारणवश उस गुरु से विछोह, दूरी अथवा संबंध-विच्छेद घटित होता दिखाई दिया।

जब यह प्रतिरूप बार-बार उभरने लगा, तो माधवी अत्यंत भावुक हो गईं और उन्होंने कहा "ऐसा लगता है जैसे यह कहानी बार-बार दोहराई जा रही है।"

30.4 भावनात्मक केंद्र की पहचान

सत्र के दौरान ध्यान अनुभवों की ऐतिहासिक सत्यता पर नहीं, बल्कि उनसे जुड़ी भावनाओं पर केंद्रित रखा गया।

धीरे-धीरे यह स्पष्ट हुआ कि मुख्य भावनाएँ, परित्याग का भय, अकेले रह जाने का भय, सुरक्षा खोने की भावना, मार्गदर्शन से वंचित हो जाने की आशंका थीं

जैसे-जैसे प्रक्रिया आगे बढ़ी, माधवी ने अनुभव किया कि उनका वास्तविक संघर्ष गुरु के विछोह से अधिक उस आंतरिक विश्वास से जुड़ा था कि "जब भी मैं गुरु से गहराई से जुड़ती हूँ वे अंततः मुझसे दूर हो जाते हैं।"

30.5 भक्ति और आंतरिक अधिकार

एकीकरण की प्रक्रिया के दौरान उनके भीतर एक महत्वपूर्ण समझ विकसित हुई।

उन्होंने अनुभव किया कि गुरु का उद्देश्य स्वयं पर निर्भर बनाए रखना नहीं, बल्कि साधक को उसकी स्वयं की चेतना और आंतरिक मार्गदर्शन से जोड़ना है।

धीरे-धीरे उन्होंने यह पहचानना प्रारम्भ किया कि श्रद्धा और निर्भरता समान नहीं हैं।

भक्ति का उद्देश्य आंतरिक जागरण है, जबकि भावनात्मक निर्भरता व्यक्ति को अपनी ही शक्ति से दूर कर सकती है।

30.6 परिवर्तन और अंतर्दृष्टि

सत्रों के बाद आने वाले समय में माधवी के भीतर उल्लेखनीय परिवर्तन दिखाई दिए।

उन्होंने निर्णय लेने में अधिक आत्मविश्वास अनुभव किया, भावनात्मक स्थिरता बढ़ी और गुरु-वियोग से जुड़ा शोक धीरे-धीरे कम होने लगा।

एक अनुवर्ती चर्चा के दौरान उन्होंने कहा "अब मुझे लगता है कि गुरु कहीं गए नहीं हैं। उन्होंने मुझे अपने भीतर खोजना सिखाया है।"

यही उनकी यात्रा की सबसे महत्वपूर्ण अंतर्दृष्टि थी।

30.7 पूर्वजन्मीय स्मृति या प्रतीकात्मक प्रतिरूप?

यह निश्चित रूप से नहीं कहा जा सकता कि सत्र में उभरे अनुभव वास्तविक पूर्वजन्मीय स्मृतियाँ थे अथवा अवचेतन मन द्वारा निर्मित प्रतीकात्मक अभिव्यक्तियाँ किन्तु उल्लेखनीय तथ्य यह था कि विभिन्न अनुभवों में एक समान भावनात्मक प्रतिरूप बार-बार उभरता दिखाई दिया। उपचारात्मक दृष्टि से महत्वपूर्ण यह नहीं था कि अनुभव ऐतिहासिक रूप से सिद्ध किए जा सकते हैं या नहीं, बल्कि यह था कि उन्होंने व्यक्ति को अपने भीतर सक्रिय भय, निर्भरता और आध्यात्मिक परिपक्वता से जुड़े प्रश्नों को समझने का अवसर प्रदान किया।

30.8 शास्त्रीय संकेत : श्रद्धा, गुरु और ज्ञान

तद्विद्धि प्रणिपातेन परिप्रश्नेन सेवया।
उपदेक्ष्यन्ति ते ज्ञानं ज्ञानिनस्तत्त्वदर्शिनः॥

श्रीमद्भगवद्गीता 4.34

भावार्थ → उस सत्य को जानने के लिए विनम्रता, जिज्ञासापूर्ण प्रश्न और सेवा का आश्रय लो। तत्त्वदर्शी ज्ञानी तुम्हें ज्ञान का उपदेश देंगे।

यह श्लोक गुरु-शिष्य संबंध की संतुलित भावना को स्पष्ट करता है। यहाँ श्रद्धा के साथ विवेकपूर्ण प्रश्न और आत्म-जागरूकता पर भी बल दिया गया है। वास्तविक गुरु साधक को स्वयं के भीतर स्थित ज्ञान और चेतना की ओर ले जाता है।

30.9 अध्याय का सार

यह अध्ययन-प्रकरण दर्शाता है कि गुरु-शिष्य संबंध केवल बाहरी संबंध नहीं, बल्कि साधक की आंतरिक मनोवैज्ञानिक और आध्यात्मिक यात्रा से भी जुड़ा हो सकता है। माधवी के अनुभवों में गुरु-विछोह का एक पुनरावृत्त प्रतिरूप उभरता दिखाई दिया, जिसने परित्याग, निर्भरता और आंतरिक सुरक्षा से जुड़े गहरे प्रश्नों को सामने ला दिया।

चाहे इन अनुभवों को पूर्वजन्मीय स्मृतियों के रूप में देखा जाए अथवा प्रतीकात्मक अभिव्यक्तियों के रूप में, उनका मुख्य महत्व उस आत्मबोध में था जिसने व्यक्ति को बाहरी सहारे से आगे बढ़कर अपनी आंतरिक चेतना, विवेक और आध्यात्मिक परिपक्वता से जुड़ने में सहायता प्रदान की।

भाग 5

व्यावसायिक अभ्यास, नैतिकता और सीमाएँ

(Professional Practice, Ethics and Boundaries)

अध्याय 31

पूर्व-जन्म प्रत्यागमन की सीमाएँ, विवाद और भ्रांतियाँ

(Limitations, Controversies and Misconceptions of Past-Life Regression)

31.1 भूमिका

पूर्वजन्म प्रत्यागमन पिछले कुछ दशकों में व्यापक रुचि का विषय रहा है। अनेक लोगों ने इसके माध्यम से गहन भावनात्मक अनुभव, महत्वपूर्ण अंतर्दृष्टियाँ तथा जीवन में सकारात्मक परिवर्तन अनुभव करने की बात कही है।

साथ ही यह विषय अनेक प्रश्नों, विवादों और आलोचनाओं का केंद्र भी रहा है। कुछ लोग इसे चेतना के गहरे आयामों की खोज का माध्यम मानते हैं, कुछ इसे अवचेतन मन की प्रतीकात्मक भाषा के रूप में देखते हैं, जबकि कुछ वैज्ञानिक और मनोवैज्ञानिक इसकी वैधता पर प्रश्न उठाते हैं।

इसी कारण इस विषय को समझते समय संतुलित, विवेकपूर्ण और बहुआयामी दृष्टिकोण आवश्यक है।

31.2 प्रत्यागमन क्या सिद्ध करता है और क्या नहीं?

प्रत्यागमन के दौरान व्यक्ति विभिन्न प्रकार के अनुभव कर सकता है। वह किसी अन्य समय, स्थान, संस्कृति अथवा पहचान से जुड़े दृश्य देख सकता

है, तीव्र भावनाएँ अनुभव कर सकता है और अपने जीवन की समस्याओं के बारे में नई समझ प्राप्त कर सकता है।

किन्तु यह प्रश्न अभी भी खुला है कि क्या ऐसे अनुभव पूर्वजन्म के प्रत्यक्ष और सार्वभौमिक रूप से प्रमाणित साक्ष्य हैं।

वर्तमान समय में ऐसा कोई वैज्ञानिक निष्कर्ष उपलब्ध नहीं है जिसे सभी शोधकर्ता और विद्वान समान रूप से स्वीकार करते हों। इसलिए किसी अनुभव का गहरा और अर्थपूर्ण होना तथा उसका ऐतिहासिक रूप से सिद्ध होना दो अलग-अलग बातें हैं।

31.3 प्रतीकात्मक अनुभव, अवचेतन मन और कल्पना

प्रत्यागमन के दौरान उभरने वाले सभी अनुभवों को अनिवार्य रूप से पूर्वजन्मीय स्मृति नहीं माना जा सकता। कुछ अनुभव अवचेतन मन की प्रतीकात्मक अभिव्यक्तियाँ हो सकते हैं। उदाहरण के लिए कोई व्यक्ति स्वयं को कारागार में देख सकता है। यह आवश्यक नहीं कि वह किसी वास्तविक घटना का चित्रण हो; वह वर्तमान जीवन की भावनात्मक कैद या सीमाबोध का प्रतीक भी हो सकता है।

मानव मस्तिष्क अत्यंत रचनात्मक है। विश्राम अथवा परिवर्तित चेतना-अवस्थाओं में कल्पना, स्मृति और प्रतीकात्मक सामग्री अधिक सहजता से उभर सकती है। इसलिए अनुभवों की शाब्दिक व्याख्या करने के बजाय उनके भावनात्मक और मनोवैज्ञानिक अर्थ को समझना अधिक उपयोगी हो सकता है।

31.4 मिथ्या स्मृतियाँ, सुझाव-प्रभाव एवं अभ्यासकर्ता की भूमिका।

मनोविज्ञान में मिथ्या स्मृतियाँ अर्थात् मिथ्या-स्मृति एक सुविख्यात अवधारणा है। कभी-कभी व्यक्ति ऐसी घटनाओं को भी स्मृति के रूप में अनुभव कर सकता है जो वास्तव में घटित नहीं हुई हों।

इसी प्रकार अनजाने सुझाव (Suggestion) भी अनुभवों को प्रभावित कर सकते हैं। यदि Practitioner पूर्व निर्धारित धारणाओं वाले प्रश्न पूछे, तो व्यक्ति की कल्पना और अनुभव प्रभावित हो सकते हैं।

इसी कारण प्रत्यागमन कार्य में तटस्थता, नैतिकता और उचित प्रशिक्षण अत्यंत महत्वपूर्ण माने जाते हैं। एक उत्तरदायी अभ्यासकर्ता अनुभवों को निर्देशित करने के बजाय उन्हें स्वाभाविक रूप से उभरने देता है।

31.5 वैज्ञानिक आपत्तियाँ और खुले प्रश्न

वैज्ञानिक दृष्टिकोण से कुछ महत्वपूर्ण प्रश्न उठाए जाते हैं क्या अनुभवों का वस्तुनिष्ठ सत्यापन संभव है?, क्या अनुभव सुझाव से प्रभावित हो सकते हैं?, क्या स्मृति पूर्णतः विश्वसनीय होती है?, क्या ये अनुभव अवचेतन मन की रचनात्मक प्रक्रियाओं से उत्पन्न हो सकते हैं?

ये प्रश्न उचित हैं और इन्हें गंभीरता से लिया जाना चाहिए। विज्ञान का उद्देश्य प्रश्न पूछना और परीक्षण करना है। इसलिए इस क्षेत्र में अभी भी अनेक प्रश्न खुले हुए हैं।

31.6 उपचारात्मक लाभ और सीमाएँ

यह संभव है कि कोई अनुभव ऐतिहासिक रूप से सिद्ध न हो, फिर भी उपचारात्मक रूप से उपयोगी हो।

यदि किसी अनुभव के माध्यम से व्यक्ति अपने भय, शोक, अपराधबोध, संबंधगत संघर्षों अथवा जीवन-पैटर्नों को बेहतर समझ पाता है, तो वह अनुभव उसके लिए लाभदायक सिद्ध हो सकता है।

साथ ही यह भी समझना आवश्यक है कि पूर्वजन्म प्रत्यागमन चिकित्सकीय निदान का विकल्प नहीं है, गंभीर मानसिक रोगों का प्रत्यक्ष उपचार नहीं है, ऐतिहासिक सत्यापन की वैज्ञानिक पद्धति नहीं है, भविष्यवाणी करने का साधन नहीं है, कानूनी अथवा तथ्यात्मक प्रमाण प्रस्तुत नहीं करता।

इसे आत्म-अन्वेषण और भावनात्मक समझ की एक संभावित प्रक्रिया के रूप में देखना अधिक उचित है।

31.7 संतुलित दृष्टिकोण

पूर्वजन्म प्रत्यागमन को न तो पूर्ण सत्य घोषित करना आवश्यक है और न ही बिना विचार तुरंत अस्वीकार करना।

एक संतुलित दृष्टिकोण यह स्वीकार करता है कि कुछ अनुभव गहरे और परिवर्तनकारी हो सकते हैं, कुछ प्रतीकात्मक हो सकते हैं, कुछ मनोवैज्ञानिक प्रक्रियाओं से जुड़े हो सकते हैं, कुछ प्रश्न अभी भी अनुत्तरित हो सकते हैं।

कुछ लोग इन अनुभवों को पूर्वजन्मीय स्मृतियों के रूप में देखते हैं, जबकि अन्य उन्हें अवचेतन मन की प्रतीकात्मक अभिव्यक्तियाँ मानते हैं। चाहे व्याख्या कोई भी हो, ऐसे अनुभव व्यक्ति को आत्म-जागरूकता, भावनात्मक उपचार और जीवन की गहरी समझ प्रदान कर सकते हैं।

31.8 शास्त्रीय संकेत : विवेक का महत्व

विवेकख्यातिरविप्लवा हानोपायः॥

पतंजलि योगसूत्र 2.26

भावार्थ ➔ अविचल विवेक ही अज्ञान और भ्रमों से मुक्ति का उपाय है।

गहन अनुभवों, स्मृतियों और आध्यात्मिक दावों के क्षेत्र में विवेक अत्यंत आवश्यक है। न अंध-स्वीकृति और न अंध-अस्वीकार।

संतुलित जागरूकता, परीक्षण और आत्म-परीक्षण ही व्यक्ति को सत्य के अधिक निकट ले जा सकते हैं। यही दृष्टिकोण पूर्वजन्म प्रत्यागमन पर भी समान रूप से लागू होता है।

31.9 अध्याय का सार

यह अध्याय स्पष्ट करता है कि पूर्वजन्म प्रत्यागमन एक जटिल और बहुआयामी क्षेत्र है। इसके अनुभव अनेक लोगों के लिए अर्थपूर्ण और परिवर्तनकारी हो सकते हैं, किन्तु प्रत्येक अनुभव को शाब्दिक ऐतिहासिक सत्य मान लेना आवश्यक नहीं है।

अवचेतन मन, प्रतीकात्मक प्रक्रियाएँ, सुझाव, स्मृति की सीमाएँ तथा विभिन्न मनोवैज्ञानिक कारक अनुभवों को प्रभावित कर सकते हैं। इसी कारण विवेकपूर्ण और संतुलित दृष्टिकोण आवश्यक है।

पूर्वजन्म प्रत्यागमन के अनुभवों की विभिन्न व्याख्याएँ संभव हैं। कुछ लोग उन्हें पूर्वजन्मीय स्मृतियों के रूप में देखते हैं, जबकि अन्य उन्हें अवचेतन मन की प्रतीकात्मक अभिव्यक्तियाँ मानते हैं। चाहे व्याख्या कोई भी हो, ऐसे अनुभव व्यक्ति को आत्म-जागरूकता, भावनात्मक उपचार और जीवन की गहरी समझ प्रदान कर सकते हैं।

अगले अध्याय में हम एक उत्तरदायी, प्रशिक्षित और नैतिक प्रत्यागमन मार्गदर्शक (Practitioner) के गुणों, आवश्यक प्रशिक्षण, सीमाओं तथा व्यावसायिक आचार-संहिता का अध्ययन करेंगे।

अध्याय 32

प्रत्यागमन अभ्यासकर्ता बनने की तैयारी

(Preparing to Become a Regression Practitioner)

32.1 भूमिका

पूर्व-जन्म प्रत्यागमन केवल एक तकनीक नहीं है, बल्कि मानव अनुभव, भावनाओं, स्मृतियों, विश्वासों और चेतना के साथ कार्य करने की एक संवेदनशील प्रक्रिया है। जब कोई व्यक्ति प्रत्यागमन सत्र में प्रवेश करता है, तब वह अपने जीवन के अत्यंत निजी और भावनात्मक पहलुओं के संपर्क में आ सकता है। ऐसे अनुभवों में भय, शोक, अपराधबोध, संबंधगत संघर्ष, दबी हुई भावनाएँ तथा गहरे मनोवैज्ञानिक प्रतिरूप सम्मिलित हो सकते हैं।

इसी कारण प्रत्यागमन अभ्यासकर्ता की भूमिका केवल तकनीकी निर्देशन तक सीमित नहीं होती। उसका कार्य एक सुरक्षित, संतुलित और सम्मानपूर्ण वातावरण उपलब्ध कराना है, जिसमें व्यक्ति अपने अनुभवों का अन्वेषण कर सके और उनसे सार्थक समझ विकसित कर सके।

एक उत्तरदायी अभ्यासकर्ता बनने की तैयारी केवल किसी प्रशिक्षण कार्यक्रम को पूरा करने से नहीं होती। इसके लिए आत्म-जागरूकता, भावनात्मक परिपक्वता, नैतिक उत्तरदायित्व और निरंतर सीखने की प्रतिबद्धता आवश्यक है।

32.2 अभ्यासकर्ता की वास्तविक भूमिका

प्रत्यागमन के क्षेत्र में एक सामान्य भ्रांति यह है कि अभ्यासकर्ता का कार्य लोगों को उनके पूर्व-जन्म दिखाना या उनके जीवन के रहस्यों का उत्तर देना है।

वास्तव में एक उत्तरदायी अभ्यासकर्ता किसी विशेष विश्वास, निष्कर्ष या कथा को सिद्ध करने का प्रयास नहीं करता। उसका उद्देश्य व्यक्ति को अपने अनुभवों का अन्वेषण करने, अपनी भावनाओं को समझने और अपने जीवन से संबंधित अंतर्दृष्टियों को स्वयं खोजने में सहायता करना होता है।

वह मार्गदर्शक हो सकता है, किन्तु निर्णायक नहीं।

वह सहायक हो सकता है, किन्तु उद्धारकर्ता नहीं।

वह प्रक्रिया का संरक्षक हो सकता है, किन्तु व्यक्ति के जीवन का स्वामी नहीं।

32.3 क्या हर व्यक्ति अभ्यासकर्ता बन सकता है?

इस क्षेत्र में रुचि रखने वाला प्रत्येक व्यक्ति अभ्यासकर्ता बनने का प्रयास कर सकता है, किन्तु केवल रुचि पर्याप्त नहीं होती।

एक प्रभावी अभ्यासकर्ता के लिए संवेदनशीलता, धैर्य, सुनने की क्षमता, आत्म-जागरूकता, भावनात्मक संतुलन, नैतिक उत्तरदायित्व, सीखने की निरंतर इच्छा जैसे गुण महत्वपूर्ण माने जाते हैं

यदि कोई व्यक्ति केवल विशेष शक्तियों, रहस्यमय अनुभवों अथवा दूसरों पर प्रभाव स्थापित करने की इच्छा से इस क्षेत्र में प्रवेश करता है, तो वह इसके मूल उद्देश्य को समझ नहीं पाया है।

इस यात्रा की शुरुआत दूसरों को बदलने से नहीं, बल्कि स्वयं को समझने से होती है।

32.4 आत्म-कार्य का महत्व

प्रत्यागमन अभ्यासकर्ता का सबसे महत्वपूर्ण प्रशिक्षण उसका आत्म-कार्य है।

जो व्यक्ति स्वयं के भय, असुरक्षाओं, प्रतिक्रियाओं और भावनात्मक पैटर्नों को नहीं समझता, वह दूसरों की आंतरिक प्रक्रिया को सुरक्षित रूप से धारण करने में कठिनाई अनुभव कर सकता है।

आत्म-कार्य में निम्न आयाम सम्मिलित हो सकते हैं

आत्म-अवलोकन

व्यक्तिगत परामर्श या चिकित्सा

ध्यान और सजगता अभ्यास

भावनात्मक जागरूकता

संबंधगत पैटर्नों की समझ

व्यक्तिगत सीमाओं की पहचान

जितना अधिक व्यक्ति स्वयं को समझता है, उतना ही वह दूसरों के अनुभवों के प्रति संतुलित और करुणामय रह सकता है।

32.5 भावनात्मक परिपक्वता और आत्म-जागरूकता

अभ्यासकर्ता के लिए यह आवश्यक नहीं कि वह कभी भय, दुःख या असुरक्षा अनुभव न करेमहत्वपूर्ण यह है कि वह अपनी भावनाओं को पहचान सके और उनके द्वारा संचालित हुए बिना उपस्थित रह सके।

जब कोई क्लाइंट शोक, क्रोध, अपराधबोध या आघात से जुड़ी सामग्री साझा करता है, तब अभ्यासकर्ता की अपनी अनसुलझी प्रतिक्रियाएँ सक्रिय हो सकती हैं।

यदि वह स्वयं के भीतर घट रही प्रक्रिया से अनभिज्ञ है, तो उसकी निष्पक्षता प्रभावित हो सकती है।

इसी कारण आत्म-जागरूकता किसी भी तकनीकी कौशल से अधिक महत्वपूर्ण आधार मानी जाती है।

32.6 प्रशिक्षण के महत्वपूर्ण आयाम

प्रत्यागमन अभ्यासकर्ता बनने की तैयारी केवल किसी एक तकनीक को सीख लेने तक सीमित नहीं है।

एक समग्र प्रशिक्षण में सामान्यतः निम्न क्षेत्रों की समझ विकसित की जाती है

प्रत्यागमन सिद्धांत

चेतना-अध्ययन

संप्रेषण कौशल

भावनात्मक प्रक्रियाओं की समझ

मानव व्यवहार और व्यक्तित्व

तंत्रिका तंत्र की मूलभूत समझ

उपचारात्मक संबंधों के सिद्धांत

नैतिकता और सुरक्षा के आधारभूत सिद्धांत

प्रशिक्षण का उद्देश्य केवल सत्र संचालित करना सीखना नहीं, बल्कि व्यक्ति की आंतरिक प्रक्रिया के प्रति संवेदनशीलता विकसित करना भी है।

32.7 प्रशिक्षण और पर्यवेक्षण

प्रत्यागमन अभ्यासकर्ता बनने की तैयारी केवल पुस्तकों के अध्ययन से पूर्ण नहीं होती।

सैद्धांतिक ज्ञान के साथ-साथ संरचित प्रशिक्षण, अभ्यास सत्र, अनुभवी मार्गदर्शन, पर्यवेक्षण, निरंतर व्यावसायिक विकास आवश्यक हैं

पर्यवेक्षण विशेष रूप से महत्वपूर्ण है क्योंकि यह अभ्यासकर्ता को अपनी सीमाओं, त्रुटियों और अंध-बिंदुओं (Blind Spots) को पहचानने में सहायता करता है।

32.8 आवश्यक कौशल

एक प्रभावी प्रत्यागमन अभ्यासकर्ता के लिए कुछ मूलभूत कौशल सक्रिय और गहन श्रवण, तटस्थ प्रश्न पूछना, भावनात्मक धारण क्षमता, शरीरगत संकेतों का अवलोकन, सुरक्षित वातावरण का निर्माण, एकीकरण (Integration) में सहायता करना आवश्यक हैं।

अनेक बार उपचार की प्रक्रिया में सबसे प्रभावशाली तत्व कोई तकनीक नहीं, बल्कि अभ्यासकर्ता की सजग और करुणामय उपस्थिति होती है।

32.9 व्यावसायिक दृष्टिकोण का विकास

प्रत्यागमन कार्य में तकनीकी दक्षता जितनी महत्वपूर्ण है, उतना ही महत्वपूर्ण व्यावसायिक दृष्टिकोण भी है।

एक परिपक्व अभ्यासकर्ता जल्द बाजी में निष्कर्ष नहीं निकालता, सीखने की प्रक्रिया को जारी रखता है, अपनी सीमाओं को पहचानता है, अनुभवों के प्रति खुला रहता है, जिज्ञासा और विनम्रता बनाए रखता है।

व्यावसायिक परिपक्वता का अर्थ सभी उत्तर जानना नहीं, बल्कि यह स्वीकार करना है कि मानव अनुभव कई बार हमारी वर्तमान समझ से अधिक जटिल हो सकता है।

32.10 अभ्यासकर्ता की आंतरिक स्थिति

किसी भी उपचारात्मक कार्य में अभ्यासकर्ता स्वयं एक महत्वपूर्ण साधन होता है।

यदि वह अत्यधिक प्रतिक्रियाशील, अस्थिर अथवा अहंकार-प्रधान है, तो उसकी उपस्थिति भी प्रक्रिया को प्रभावित कर सकती है।

इसके विपरीत जब अभ्यासकर्ता शांत, सजग और संतुलित होता है, तब वह व्यक्ति के लिए एक सुरक्षित वातावरण निर्मित कर सकता है।

इसी कारण अनेक प्रशिक्षण परंपराएँ तकनीकी कौशल के साथ-साथ आंतरिक विकास और आत्म-अवलोकन को भी महत्व देती हैं।

32.11 अभ्यासकर्ता की आत्म-देखभाल

उपचारात्मक कार्य केवल क्लाइंट के लिए ही नहीं, बल्कि अभ्यासकर्ता के लिए भी भावनात्मक रूप से चुनौतीपूर्ण हो सकता है।

प्रत्यागमन सत्रों के दौरान अभ्यासकर्ता अनेक प्रकार की मानवीय पीड़ा, शोक, भय, संबंधगत संघर्षों और भावनात्मक तीव्रता के संपर्क में आता है। यदि वह अपनी स्वयं की शारीरिक, मानसिक और भावनात्मक आवश्यकताओं की उपेक्षा करता है, तो धीरे-धीरे थकान, भावनात्मक बोझ अथवा व्यावसायिक क्षीणता (Burn-out) विकसित हो सकती है।

इसी कारण आत्म-देखभाल किसी अभ्यासकर्ता के लिए विलासिता नहीं, बल्कि एक व्यावसायिक आवश्यकता है।

आत्म-देखभाल में पर्याप्त विश्राम, संतुलित जीवनशैली, ध्यान, आत्म-अवलोकन, स्वस्थ संबंध तथा व्यक्तिगत विकास के लिए समय देना सम्मिलित हो सकता है।

एक संतुलित अभ्यासकर्ता यह समझता है कि वह तभी प्रभावी रूप से दूसरों की सहायता कर सकता है, जब वह स्वयं भी पर्याप्त रूप से स्थिर, स्वस्थ और संतुलित हो।

स्वयं की देखभाल करना स्वार्थ नहीं है। यह उपचारात्मक उत्तरदायित्व का एक महत्वपूर्ण भाग है।

32.12 निरंतर सीखना और विकास

प्रत्यागमन अभ्यासकर्ता बनना कोई अंतिम उपलब्धि नहीं है, बल्कि निरंतर सीखने और विकसित होने की प्रक्रिया है।

मानव मन, भावनाएँ, स्मृतियाँ और चेतना अत्यंत जटिल विषय हैं। इसलिए एक परिपक्व अभ्यासकर्ता स्वयं को पूर्ण ज्ञाता नहीं मानता, बल्कि सीखने की प्रक्रिया के प्रति खुला रहता है।

वह नए शोधों, मनोवैज्ञानिक दृष्टिकोणों, तंत्रिका-विज्ञान, आघात-अध्ययन तथा चेतना-अनुसंधान से स्वयं को निरंतर समृद्ध करता रहता है। साथ ही वह अपने अनुभवों की समीक्षा करता है और आवश्यकता पड़ने पर मार्गदर्शन तथा पर्यवेक्षण प्राप्त करने के लिए भी तैयार रहता है।

वास्तविक व्यावसायिक विकास केवल तकनीकी ज्ञान से नहीं आता। वह विनम्रता, जिज्ञासा, आत्म-परीक्षण और सीखते रहने की प्रवृत्ति से विकसित होता है।

एक परिपक्व अभ्यासकर्ता यह स्वीकार करता है कि प्रत्येक क्लाइंट, प्रत्येक सत्र और प्रत्येक अनुभव सीखने का एक नया अवसर हो सकता है। यही दृष्टिकोण उसे अधिक संवेदनशील, अधिक प्रभावी और अधिक उत्तरदायी बनने में सहायता करता है।

32.13 शास्त्रीय संकेत : आत्म-विकास का महत्व

श्रद्धावान् लभते ज्ञानं तत्परः संयतेन्द्रियः।
ज्ञानं लब्ध्वा परां शान्तिमचिरेणाधिगच्छति॥

श्रीमद्भगवद्गीता 4.39

भावार्थ ➔ श्रद्धावान, साधना में तत्पर और इन्द्रियों को संयमित रखने वाला व्यक्ति ज्ञान प्राप्त करता है। ज्ञान प्राप्त करके वह शीघ्र ही परम शांति को प्राप्त होता है।

एक सक्षम प्रत्यागमन अभ्यासकर्ता बनने के लिए केवल तकनीकी प्रशिक्षण पर्याप्त नहीं है। अध्ययन, अनुशासन, आत्म-जागरूकता और निरंतर अभ्यास भी आवश्यक हैं। यह श्लोक स्मरण कराता है कि वास्तविक ज्ञान श्रद्धा, तैयारी और निरंतर साधना से विकसित होता है।

वास्तविक योग्यता केवल तकनीकी ज्ञान में नहीं, बल्कि विकसित व्यक्तित्व, विवेक और जागरूकता में निहित होती है।

32.14 अध्याय का सार

प्रत्यागमन अभ्यासकर्ता बनने की तैयारी केवल तकनीकों को सीखने का विषय नहीं है। यह आत्म-जागरूकता, भावनात्मक परिपक्वता, तंत्रिका तंत्र की समझ, नैतिक उत्तरदायित्व और निरंतर आत्म-विकास की प्रक्रिया है।

एक प्रभावी अभ्यासकर्ता का कार्य लोगों को उत्तर देना नहीं, बल्कि उन्हें अपनी आंतरिक प्रक्रिया को समझने में सहायता करना है। तटस्थता, करुणा, स्पष्ट सीमाएँ और आघात-संवेदनशील दृष्टिकोण इस कार्य के महत्वपूर्ण आधार हैं।

अंततः एक परिपक्व प्रत्यागमन अभ्यासकर्ता स्वयं को किसी उद्धारकर्ता या अंतिम सत्य के ज्ञाता के रूप में नहीं देखता। वह एक सजग, विनम्र और उत्तरदायी सहयात्री के रूप में कार्य करता है, जो लोगों को स्वयं की जागरूकता, विवेक और आंतरिक शक्ति से पुनः जुड़ने में सहायता करता है।

अगले अध्याय में प्रत्यागमन अभ्यास की नैतिकता, सुरक्षा, व्यावसायिक मर्यादाएँ तथा क्लाइंट के साथ सुरक्षित और उत्तरदायी कार्य के सिद्धांतों का विस्तार से विवेचन किया जाएगा।

अध्याय 33

चिकित्सकीय नैतिकता, सुरक्षा और व्यावसायिक मर्यादाएँ

(Practitioner Ethics, Safety and Professional Boundaries)

33.1 भूमिका

प्रत्यागमन अभ्यास केवल तकनीकों का उपयोग करना नहीं है। यह एक ऐसी प्रक्रिया है जिसमें व्यक्ति अपने जीवन के गहरे भावनात्मक, मनोवैज्ञानिक और कभी-कभी आध्यात्मिक अनुभवों के संपर्क में आता है। सत्र के दौरान भय, शोक, अपराधबोध, आघात, संबंधगत संघर्ष और दबी हुई भावनाएँ उभर सकती हैं।

इसी कारण किसी भी प्रत्यागमन अभ्यासकर्ता की प्रथम जिम्मेदारी अनुभवों को गहरा बनाना नहीं, बल्कि व्यक्ति की सुरक्षा सुनिश्चित करना है।

वास्तविक व्यावसायिकता तकनीकी दक्षता से नहीं, बल्कि नैतिकता, उत्तरदायित्व, स्पष्ट सीमाओं और संवेदनशीलता से पहचानी जाती है।

33.2 सुरक्षा : प्रथम सिद्धांत

किसी भी प्रत्यागमन सत्र का सबसे महत्वपूर्ण सिद्धांत है **"Safety Before Depth"** अर्थात् गहराई से पहले सुरक्षा।

कई नए अभ्यासकर्ता तीव्र अनुभवों या नाटकीय स्मृतियों को सफलता का संकेत मान लेते हैं। वास्तव में यदि व्यक्ति भावनात्मक रूप से अस्थिर हो जाए, अत्यधिक अभिभूत हो जाए या सत्र के बाद स्वयं को असुरक्षित अनुभव करे, तो प्रक्रिया उपचारात्मक नहीं रह जाती।

इसलिए प्रत्येक सत्र में भावनात्मक सुरक्षा, शारीरिक सुरक्षा, तंत्रिका तंत्र का संतुलन, ग्राउंडिंग, सत्र के बाद एकीकरण (Integration) को प्राथमिकता दी जानी चाहिए।

33.3 सूचित सहमति (Informed Consent)

किसी भी सत्र से पूर्व व्यक्ति को प्रक्रिया की प्रकृति, संभावित अनुभवों तथा सीमाओं के विषय में स्पष्ट जानकारी दी जानी चाहिए।

उसे यह समझना चाहिए कि सत्र में प्रतीकात्मक अनुभव उभर सकते हैं, सभी अनुभव ऐतिहासिक तथ्य नहीं माने जा सकते, प्रक्रिया आत्म-अन्वेषण का माध्यम है, यह चिकित्सकीय निदान का विकल्प नहीं है।

सूचित सहमति व्यक्ति की स्वतंत्रता और अधिकारों का सम्मान करने का माध्यम है।

33.4 गोपनीयता और विश्वास

उपचारात्मक संबंध का आधार विश्वास है।

सत्र के दौरान साझा की गई जानकारी अत्यंत निजी हो सकती है। इसलिए अभ्यासकर्ता की जिम्मेदारी है कि वह व्यक्ति की गोपनीयता की रक्षा करे।

गोपनीयता का सम्मान केवल नैतिक दायित्व नहीं, बल्कि उपचारात्मक सुरक्षा का भी आधार है।

जब व्यक्ति यह अनुभव करता है कि उसके अनुभव सुरक्षित हैं, तभी वह अपने भीतर की गहराइयों के प्रति खुल पाता है।

33.5 सुझाव (Suggestion) और मिथ्या स्मृतियों का जोखिम

प्रत्यागमन कार्य में सबसे महत्वपूर्ण नैतिक चुनौतियों में से एक है सुझाव (Suggestion)।

यदि अभ्यासकर्ता निर्देशात्मक या पूर्वाग्रहपूर्ण प्रश्न पूछता है, तो व्यक्ति अनजाने में कल्पनात्मक सामग्री को स्मृति के रूप में अनुभव कर सकता है।

उदाहरण के लिए

गलत प्रश्न → "क्या आप किसी युद्ध में मारे गए थे?"

तटस्थ प्रश्न → "आप इस समय क्या अनुभव कर रहे हैं?"

एक परिपक्व अभ्यासकर्ता अनुभवों का नेतृत्व नहीं करता, बल्कि उन्हें उभरने देता है।

33.6 व्यावसायिक सीमाओं का महत्व

अभ्यासकर्ता और क्लाइंट का संबंध उपचारात्मक संबंध है। यह मित्रता, पारिवारिक संबंध, आध्यात्मिक आश्रय या भावनात्मक निर्भरता का संबंध नहीं है।

जब सीमाएँ अस्पष्ट होने लगती हैं, तब भ्रम और शक्ति-असंतुलन उत्पन्न हो सकते हैं।

स्पष्ट सीमाएँ दोनों पक्षों की सुरक्षा करती हैं और उपचारात्मक प्रक्रिया को स्वस्थ बनाए रखती हैं।

33.7 द्वैत संबंधों (Dual Relationships) से सावधानी

द्वैत संबंध तब उत्पन्न होते हैं जब अभ्यासकर्ता और क्लाइंट के बीच उपचारात्मक संबंध के अतिरिक्त कोई अन्य संबंध भी सक्रिय हो।

उदाहरण मित्रता, आर्थिक साझेदारी, पारिवारिक संबंध, गुरु-शिष्य संबंध, सामाजिक निर्भरताऐसी परिस्थितियाँ निष्पक्षता को प्रभावित कर सकती हैं।

अतः व्यावसायिक मर्यादाओं को स्पष्ट रखना आवश्यक है।

33.8 आघात-संवेदनशील दृष्टिकोण

हर व्यक्ति प्रत्यागमन कार्य के लिए समान रूप से तैयार नहीं होता।

कुछ व्यक्तियों में जटिल ट्रॉमा, वियोजन (Dissociation), तीव्र भावनात्मक अस्थिरता, गंभीर मानसिक स्वास्थ्य चुनौतियाँउपस्थित हो सकती हैं।

ऐसी परिस्थितियों में प्राथमिक कार्य स्थिरीकरण (Stabilization) और संसाधन निर्माण (Resourcing) हो सकता है।

कभी-कभी सत्र को आगे बढ़ाने की अपेक्षा रोक देना अधिक नैतिक निर्णय होता है।

33.9 शक्ति और उत्तरदायित्व

उपचारात्मक संबंध में अभ्यासकर्ता के पास स्वाभाविक रूप से प्रभाव की स्थिति होती हैइसी कारण उसे विशेष सावधानी रखनी चाहिए।

उसे भय उत्पन्न नहीं करना चाहिए, आध्यात्मिक अधिकार स्थापित नहीं करना चाहिए, निर्भरता नहीं बढ़ानी चाहिए, व्यक्ति के निर्णयों को नियंत्रित नहीं करना चाहिए।

वास्तविक उपचार नियंत्रण नहीं, बल्कि सशक्तिकरण पर आधारित होता है।

33.10 प्रक्षेपण और प्रतिप्रक्षेपण

उपचारात्मक संबंधों में प्रक्षेपण और प्रतिप्रक्षेपण सामान्य मनोवैज्ञानिक प्रक्रियाएँ हैं।

कभी व्यक्ति अभ्यासकर्ता को गुरु, उद्धारकर्ता, माता-पिता, या किसी महत्वपूर्ण व्यक्ति के रूप में देखने लगता है।

दूसरी ओर अभ्यासकर्ता भी अपनी अनसुलझी भावनाओं को व्यक्ति पर आरोपित कर सकता है इसी कारण आत्म-जागरूकता और पर्यवेक्षण अत्यंत आवश्यक हैं।

33.11 अभ्यासकर्ता की सीमाएँ

एक परिपक्व अभ्यासकर्ता अपनी सीमाओं को पहचानता है।

उसे यह स्पष्ट होना चाहिए कि वह चिकित्सक नहीं हो सकता, वह मनोचिकित्सक नहीं हो सकता, वह कानूनी सलाहकार नहीं है, वह भविष्यवक्ता नहीं है।

अपनी सीमाओं को स्वीकार करना व्यावसायिक कमजोरी नहीं, बल्कि परिपक्वता का संकेत है।

33.12 रेफरल की आवश्यकता

कभी-कभी व्यक्ति की आवश्यकताएँ अभ्यासकर्ता की योग्यता से बाहर हो सकती हैं।

ऐसी परिस्थितियों में उचित विशेषज्ञ के पास रेफरल देना सर्वोत्तम विकल्प होता है।

एक नैतिक अभ्यासकर्ता व्यक्ति को अपने पास बनाए रखने की अपेक्षा उसके हित को प्राथमिकता देता है।

33.13 संवाद की नैतिकता

अभ्यासकर्ता की भाषा उपचारात्मक वातावरण को प्रभावित करती है।

संवाद सम्मानपूर्ण, संतुलित, तटस्थ, निर्णय-मुक्तहोना चाहिए।

भाषा का उद्देश्य व्यक्ति को भयभीत करना नहीं, बल्कि उसकी जागरूकता को बढ़ाना होना चाहिए।

33.14 शास्त्रीय आधार : नैतिक आचरण

अहिंसाप्रतिष्ठायां तत्सन्निधौ वैरत्यागः॥

पतंजलि योगसूत्र 2.35

भावार्थ ➔ जब कोई व्यक्ति अहिंसा में दृढ़ता से स्थापित हो जाता है, तब उसके समीप वैर और हिंसा स्वतः समाप्त होने लगते हैं।

एक सुरक्षित उपचारात्मक वातावरण का आधार केवल तकनीक नहीं, बल्कि अभ्यासकर्ता की नैतिक उपस्थिति है। जब अभ्यासकर्ता सम्मान, संवेदनशीलता और अहिंसक दृष्टिकोण के साथ कार्य करता है, तब Client स्वयं को अधिक सुरक्षित, स्वीकार्य और संरक्षित अनुभव कर सकता है। यही चिकित्सकीय सुरक्षा और व्यावसायिक नैतिकता का मूल आधार है। इस प्रकार यम आधुनिक चिकित्सकीय नैतिकता के साथ भी गहराई से संबंधित हैं।

33.15 अध्याय का सार

इस अध्याय से स्पष्ट होता है कि प्रत्यागमन अभ्यास में नैतिकता, सुरक्षा और व्यावसायिक मर्यादाएँ तकनीकों से भी अधिक महत्वपूर्ण हैं।

भावनात्मक सुरक्षा, सूचित सहमति, गोपनीयता, तटस्थता, स्पष्ट सीमाएँ, आघात-संवेदनशील दृष्टिकोण तथा उत्तरदायित्व एक सुरक्षित अभ्यास की आधारशिलाएँ हैं।

एक परिपक्व अभ्यासकर्ता लोगों को अपने ऊपर निर्भर नहीं बनाता, बल्कि उन्हें उनकी आंतरिक शक्ति, विवेक और जागरूकता से जोड़ने में सहायता करता है।

यही सुरक्षित, नैतिक और उत्तरदायी प्रत्यागमन अभ्यास का वास्तविक आधार है।

अगले अध्याय में प्रत्यागमन सत्रों के संचालन, क्लिनिकल कौशल, विभिन्न प्रकार के मामलों के प्रबंधन तथा कठिन परिस्थितियों से निपटने की व्यावहारिक प्रक्रियाओं का अध्ययन किया जाएगा।

अध्याय 34

प्रत्यागमन सत्र संचालन, क्लिनिकल कौशल और केस प्रबंधन

(Regression Session Facilitation, Clinical Skills and Case Management)

34.1 भूमिका

प्रत्यागमन चिकित्सा केवल किसी अनुभव, स्मृति अथवा प्रतीकात्मक दृश्य तक पहुँचने की प्रक्रिया नहीं है। इसकी वास्तविक प्रभावशीलता इस बात पर निर्भर करती है कि पूरी प्रक्रिया को कितनी सुरक्षा, संवेदनशीलता और चिकित्सकीय कुशलता के साथ संचालित किया जाता है।

एक अनुभवी अभ्यासकर्ता जानता है कि सत्र का उद्देश्य व्यक्ति को किसी विशेष अनुभव तक पहुँचाना नहीं, बल्कि ऐसी परिस्थितियाँ निर्मित करना है जिनमें वह स्वयं अपनी आंतरिक प्रक्रिया का सुरक्षित रूप से अन्वेषण कर सके।

सत्रों के दौरान व्यक्ति भय, शोक, अपराधबोध, संबंधगत संघर्ष, दबी हुई भावनाओं, आघात-संबंधी प्रतिक्रियाओं अथवा गहन प्रतीकात्मक अनुभवों के संपर्क में आ सकता है। ऐसे समय में अभ्यासकर्ता की भूमिका केवल तकनीकी मार्गदर्शक की नहीं होती, बल्कि एक स्थिर, सजग और उत्तरदायी उपचारात्मक उपस्थिति की भी होती है।

इसी कारण सफल प्रत्यागमन कार्य केवल तकनीकों का परिणाम नहीं है। यह उचित मूल्यांकन, प्रभावी संवाद, भावनात्मक सुरक्षा, तंत्रिका तंत्र की समझ, नैदानिक विवेक और एकीकरण-कौशल के संतुलित संयोजन पर आधारित होता है।

इस अध्याय में प्रत्यागमन सत्रों के संचालन, आवश्यक क्लिनिकल कौशलों तथा विभिन्न प्रकार की परिस्थितियों और मामलों के प्रबंधन के व्यावहारिक सिद्धांतों का अध्ययन किया जाएगा।

34.2 सत्र-पूर्व मूल्यांकन (Pre-Session Assessment)

किसी भी प्रत्यागमन सत्र की सफलता का आधार सत्र प्रारम्भ होने से पहले ही तैयार हो जाता है।

नए अभ्यासकर्ता अक्सर तकनीकों पर अत्यधिक ध्यान देते हैं, जबकि अनुभवी अभ्यासकर्ता जानते हैं कि सही मूल्यांकन अनेक संभावित कठिनाइयों को प्रारम्भ होने से पहले ही रोक सकता है।

सत्र प्रारम्भ करने से पूर्व निम्न बिंदुओं को समझना आवश्यक है व्यक्ति सत्र क्यों करवाना चाहता है?, उसकी मुख्य समस्या क्या है?, वर्तमान जीवन में कौन-से संघर्ष सक्रिय हैं?, उसकी भावनात्मक स्थिरता का स्तर क्या है?, क्या वह किसी हालिया आघात, शोक या संकट से गुजर रहा है?, उसकी अपेक्षाएँ यथार्थवादी हैं या नहीं?

विशेष रूप से यह समझना महत्वपूर्ण है कि व्यक्ति प्रत्यागमन को किस दृष्टिकोण से देख रहा है।

कुछ लोग आत्म-अन्वेषण के उद्देश्य से आते हैं।

कुछ लोग अपने जीवन की समस्याओं का त्वरित समाधान चाहते हैं।

कुछ लोग पूर्वजन्म सिद्ध करने की अपेक्षा रखते हैं।

कुछ लोग केवल जिज्ञासावश आते हैं।

अभ्यासकर्ता को व्यक्ति की अपेक्षाओं को स्पष्ट करना चाहिए और प्रक्रिया की वास्तविक प्रकृति समझानी चाहिए।

34.3 प्रत्यागमन सत्र की संरचना

यद्यपि प्रत्येक सत्र अद्वितीय होता है, फिर भी अधिकांश प्रभावी सत्र एक सामान्य संरचना का अनुसरण करते हैं।

1. तैयारी (Preparation)

इस चरण में निम्न कार्य किए जाते हैं

Rapport निर्माण

उद्देश्य स्पष्ट करना

सुरक्षा की भावना विकसित करना

सत्र की रूपरेखा समझाना

प्रारम्भिक ग्राउंडिंग

यह चरण उपचारात्मक संबंध की नींव तैयार करता है।

2. प्रवेश प्रक्रिया (Induction)

इस चरण का उद्देश्य व्यक्ति को विश्राम, आंतरिक एकाग्रता और आत्म-अवलोकन की अवस्था में ले जाना होता है।

ध्यान, श्वास, क्रमिक विश्राम अथवा अन्य उपयुक्त तकनीकों का उपयोग किया जा सकता है।

3. अन्वेषण (Exploration)

व्यक्ति उभरते हुए अनुभवों, भावनाओं, स्मृतियों अथवा प्रतीकात्मक चित्रों का अवलोकन करता है।

यहीं अधिकांश प्रत्यागमन कार्य घटित होता है।

4. प्रसंस्करण (Processing)

उभरते अनुभवों के भावनात्मक अर्थ को समझने की प्रक्रिया।

यहीं व्यक्ति अनुभव और भावना के बीच संबंध पहचानना प्रारम्भ करता है।

5. एकीकरण (Integration)

यही सत्र का सबसे महत्वपूर्ण चरण है, यहाँ प्रश्न अनुभव नहीं, बल्कि उसका वर्तमान जीवन से संबंध होता है।

वास्तविक परिवर्तन प्रायः इसी चरण में प्रारम्भ होता है।

34.4 उपचारात्मक संबंध (Therapeutic Alliance)

किसी भी तकनीक से अधिक महत्वपूर्ण है व्यक्ति और अभ्यासकर्ता के बीच विकसित होने वाला विश्वास।

जब व्यक्ति स्वयं को सुरक्षित, सम्मानित, सुना हुआ, और स्वीकार किया हुआअनुभव करता है, तभी वह अपनी आंतरिक प्रक्रिया के प्रति खुल पाता है।

उपचारात्मक संबंध स्वयं एक शक्तिशाली उपचारात्मक तत्व है।

कई बार व्यक्ति को किसी तकनीक से अधिक लाभ इस अनुभव से मिलता है कि पहली बार किसी ने उसकी बात बिना निर्णय किए सुनी।

34.5 अवलोकन एवं सक्रिय श्रवण कौशल

प्रत्यागमन कार्य में सुनना केवल शब्दों को सुनना नहीं है।

अभ्यासकर्ता को निम्न बातों का भी अवलोकन करना चाहिए

श्वास की गति

चेहरे के सूक्ष्म भाव

शरीर की मुद्रा

स्वर में परिवर्तन

मौन के क्षण

भावनात्मक तीव्रता

कई बार व्यक्ति का शरीर उन बातों को व्यक्त कर देता है जिन्हें शब्दों में व्यक्त करना उसके लिए कठिन होता है।

इसी कारण सजग अवलोकन एक अत्यंत महत्वपूर्ण चिकित्सकीय कौशल माना जाता है।

34.6 प्रश्न पूछने की चिकित्सकीय कला

प्रत्यागमन कार्य में प्रश्न केवल जानकारी प्राप्त करने का माध्यम नहीं होते, बल्कि वे व्यक्ति के अनुभव को प्रभावित भी कर सकते हैं। इसी कारण प्रश्न पूछने की शैली अत्यंत महत्वपूर्ण मानी जाती है।

एक कुशल अभ्यासकर्ता ऐसे प्रश्न पूछता है जो व्यक्ति को अपने अनुभवों का अन्वेषण करने की स्वतंत्रता दें।

उदाहरण

“आप इस समय क्या अनुभव कर रहे हैं?”

“इस भावना के साथ क्या उभर रहा है?”

“इस अनुभव का आपके लिए क्या अर्थ है?”

“शरीर में यह भावना कहाँ अनुभव हो रही है?”

इसके विपरीत निर्देशात्मक प्रश्न अनुभव को प्रभावित कर सकते हैं।

उदाहरण

“क्या यह आपका पूर्वजन्म है?”

“क्या आपको किसी ने नुकसान पहुँचाया था?”

"क्या यह कर्म का परिणाम है?"

तटस्थ प्रश्न व्यक्ति को अपने अनुभव का अर्थ स्वयं खोजने की अनुमति देते हैं।

34.7 भावनात्मक विमोचन (Emotional Release) का प्रबंधन

प्रत्यागमन सत्रों में कई बार वर्षों से दबे हुए भावनात्मक अनुभव सतह पर आने लगते हैं। व्यक्ति रो सकता है, क्रोध व्यक्त कर सकता है, शोक अनुभव कर सकता है, अपराधबोध, भय अथवा असहायता उभर सकती है।

ऐसी स्थिति में अभ्यासकर्ता का उद्देश्य भावना को रोकना या बदलना नहीं होता।

उसका कार्य व्यक्ति को यह अनुभव कराना होता है कि वह भावना के साथ सुरक्षित रूप से उपस्थित रह सकता है।

कई बार केवल करुणामय उपस्थिति ही पर्याप्त होती है।

भावनात्मक विमोचन उपचार का अंत नहीं है। यह उपचार की प्रक्रिया का एक भाग मात्र है।

34.8 प्रतिरोध (Resistance) और अवरोध

लगभग प्रत्येक अभ्यासकर्ता को ऐसे व्यक्ति मिलते हैं जो कहते हैं

"मुझे कुछ दिखाई नहीं दे रहा।"

"मैं गहराई में नहीं जा पा रहा हूँ।"

"मेरा मन बहुत सोच रहा है।" इन परिस्थितियों को असफलता नहीं माना जाना चाहिए।

प्रतिरोध अक्सर किसी समस्या का नहीं, बल्कि सुरक्षा-प्रक्रिया का संकेत होता है।

अवचेतन मन तब तक खुलना नहीं चाहता जब तक वह पर्याप्त सुरक्षा अनुभव न कर ले।

ऐसी परिस्थितियों में अभ्यासकर्ता को धैर्य रखना चाहिए, व्यक्ति पर दबाव नहीं डालना चाहिए, अनुभव उत्पन्न करने का प्रयास नहीं करना चाहिए।

कई बार सबसे महत्वपूर्ण कार्य अनुभव प्राप्त करना नहीं, बल्कि प्रतिरोध को समझना होता है।

34.9 प्रतीकात्मक अनुभवों और पूर्वजन्म कथाओं का प्रबंधन

सत्रों के दौरान व्यक्ति अनेक प्रकार के अनुभवों का वर्णन कर सकता है।

वह स्वयं को किसी अन्य काल, संस्कृति या परिस्थिति में अनुभव कर सकता है।

वह मृत्यु, युद्ध, वियोग या अन्य घटनाओं से जुड़े दृश्य देख सकता है।

इन अनुभवों के प्रति संतुलित दृष्टिकोण आवश्यक है।

एक परिपक्व अभ्यासकर्ता न तो तुरंत उन्हें ऐतिहासिक सत्य घोषित करता है और न ही तुरंत अस्वीकार करता है।

अधिक उपयोगी प्रश्न हैं

"इस अनुभव का आपके लिए क्या अर्थ है?"

"इसके साथ कौन-सी भावना जुड़ी है?"

"क्या इसका संबंध आपके वर्तमान जीवन से दिखाई देता है?"

अनेक बार अनुभव का सबसे महत्वपूर्ण भाग दृश्य नहीं, बल्कि उससे जुड़ा भावनात्मक सत्य होता है।

34.10 ट्रॉमा-संबंधी मामलों का प्रबंधन

ट्रॉमा से जुड़े मामलों में विशेष सावधानी आवश्यक होती है।

आघात-संबंधी अनुभवों के साथ कार्य करते समय उद्देश्य व्यक्ति को अतीत में वापस भेजना नहीं, बल्कि वर्तमान में सुरक्षित रखते हुए अनुभव का प्रसंस्करण करना होता है।

ऐसी परिस्थितियों में निम्न सिद्धांत उपयोगी होते हैं धीरे-धीरे कार्य करना, ग्राउंडिंग बनाए रखना, शरीर की प्रतिक्रियाओं का अवलोकन, व्यक्ति की क्षमता का सम्मान करना, आवश्यकता पड़ने पर प्रक्रिया रोक देना

सुरक्षा हमेशा गहराई से अधिक महत्वपूर्ण है।

34.11 कठिन परिस्थितियाँ और संकट प्रबंधन (Crisis Handling)

कभी-कभी सत्र के दौरान ऐसी परिस्थितियाँ उत्पन्न हो सकती हैं जिनमें तत्काल चिकित्सकीय कौशल की आवश्यकता होती है।

उदाहरण ➔ घबराहट की प्रतिक्रिया, अत्यधिक भावनात्मक अभिभूतता, वियोजन, तीव्र शारीरिक घबराहट, अनियंत्रित रोना या भय

ऐसी स्थिति में अभ्यासकर्ता को व्यक्ति को वर्तमान क्षण से जोड़ना चाहिए, श्वास पर ध्यान दिलाना चाहिए, कमरे के वातावरण से पुनः संपर्क कराना चाहिए, सुरक्षा की भावना पुनर्स्थापित करनी चाहिएकभी-कभी सत्र को रोक देना भी उचित निर्णय हो सकता है।

34.12 एकीकरण कौशल (Integration Skills): वास्तविक उपचार कहाँ होता है?

अनेक नए अभ्यासकर्ता अनुभव को ही लक्ष्य मान लेते हैं।

वास्तव में प्रत्यागमन का सबसे महत्वपूर्ण भाग एकीकरण (Integration) है।

सत्र के बाद व्यक्ति से निम्न प्रश्नों पर चर्चा की जा सकती है

आपने क्या सीखा?

कौन-सा भावनात्मक पैटर्न स्पष्ट हुआ?

इसका वर्तमान जीवन से क्या संबंध है?

आप अपने जीवन में क्या बदलना चाहते हैं?

कौन-सी नई जागरूकता विकसित हुई?

जब अनुभव वर्तमान जीवन में अर्थपूर्ण परिवर्तन उत्पन्न करता है, तभी वास्तविक उपचार प्रारम्भ होता है।

34.13 सत्र अभिलेख एवं व्यावसायिक दस्तावेजीकरण

(Session Notes और Professional Documentation)

व्यावसायिक अभ्यास में उचित दस्तावेजीकरण उपयोगी होता है।

संक्षिप्त रूप से निम्न बिंदु दर्ज किए जा सकते हैं

प्रस्तुत समस्या

मुख्य भावनात्मक विषय

महत्वपूर्ण अंतर्दृष्टियाँ

सत्र का सार

अनुवर्ती सुझाव

सभी अभिलेख सुरक्षित और गोपनीय रखे जाने चाहिए।

दस्तावेजीकरण का उद्देश्य प्रशासनिक सुविधा के साथ-साथ उपचारात्मक निरंतरता बनाए रखना भी है।

34.14 ऑनलाइन एवं ऑफलाइन सत्रों के व्यावहारिक अंतर

ऑनलाइन सत्र आज के समय में सामान्य हो चुके हैं, किन्तु उनमें अतिरिक्त सावधानी की आवश्यकता होती है।

अभ्यासकर्ता को सुनिश्चित करना चाहिए कि

व्यक्ति निजी और सुरक्षित स्थान पर हो।

इंटरनेट कनेक्शन स्थिर हो।

आपातकालीन संपर्क उपलब्ध हो।

आवश्यकता पड़ने पर तत्काल ग्राउंडिंग कराई जा सके।

ऑनलाइन माध्यम में संवाद की स्पष्टता और पूर्व-योजना विशेष महत्व रखती है।

34.15 शास्त्रीय संकेत : साक्षीभाव और सजग उपस्थिति

द्रष्टा दृशिमात्रः शुद्धोऽपि प्रत्ययानुपश्यः॥

पतंजलि योगसूत्र 2.20

भावार्थ ➔ द्रष्टा शुद्ध साक्षी है, जो अनुभवों का अवलोकन करता है।

प्रत्यागमन कार्य का अंतिम उद्देश्य अनुभवों में खो जाना नहीं, बल्कि उन्हें जागरूकता के साथ देखना सीखना है।

जब व्यक्ति साक्षीभाव विकसित करता है, तब वह अपनी भावनाओं, स्मृतियों और मानसिक प्रक्रियाओं से पूर्णतः अभिभूत हुए बिना उनका अवलोकन कर सकता है।

यही दृष्टि आत्म-समझ, भावनात्मक संतुलन और उपचार का आधार बनती है।

34.16 अध्याय का सार

इस अध्याय से स्पष्ट होता है कि प्रभावी प्रत्यागमन कार्य केवल तकनीकों का परिणाम नहीं है। सफल सत्र के लिए उचित मूल्यांकन, उपचारात्मक संबंध, सजग अवलोकन, तटस्थ प्रश्न, भावनात्मक सुरक्षा, ट्रॉमा-संवेदनशील दृष्टिकोण और प्रभावी एकीकरण आवश्यक हैं।

एक कुशल अभ्यासकर्ता अनुभवों को नियंत्रित नहीं करता, बल्कि ऐसी सुरक्षित प्रक्रिया का निर्माण करता है जिसमें व्यक्ति स्वयं अपनी आंतरिक बुद्धि, जागरूकता और अंतर्दृष्टि से जुड़ सके।

अंततः प्रत्यागमन कार्य का उद्देश्य असाधारण अनुभव प्राप्त करना नहीं, बल्कि व्यक्ति को स्वयं को अधिक स्पष्टता, करुणा और जागरूकता के साथ समझने में सहायता करना है।

अगले अध्याय में व्यावसायिक अभ्यास, सुपरविजन, निरंतर प्रशिक्षण और एक परिपक्व प्रत्यागमन काउंसलर के दीर्घकालिक विकास की प्रक्रिया का अध्ययन किया जाएगा।

अध्याय 35

व्यावसायिक अभ्यास, पर्यवेक्षण और सतत् व्यावसायिक विकास

(Professional Practice, Supervision और Continuing Professional Development)

35.1 भूमिका

प्रत्यागमन अभ्यासकर्ता बनने की यात्रा किसी प्रशिक्षण कार्यक्रम के पूर्ण होने पर समाप्त नहीं होती। वास्तव में प्रशिक्षण केवल प्रारम्भिक आधार प्रदान करता है। वास्तविक व्यावसायिक विकास तब आरम्भ होता है जब अभ्यासकर्ता वास्तविक लोगों, वास्तविक परिस्थितियों और वास्तविक मानवीय जटिलताओं के साथ कार्य करना प्रारम्भ करता है।

पुस्तकों, पाठ्यक्रमों और प्रशिक्षण सत्रों के माध्यम से तकनीकें सीखी जा सकती हैं, किन्तु चिकित्सकीय परिपक्वता अनुभव, आत्म-अवलोकन, पर्यवेक्षण और निरंतर सीखने की प्रक्रिया से विकसित होती है। प्रत्येक व्यक्ति अपने साथ एक विशिष्ट जीवन-कथा, भावनात्मक इतिहास और व्यक्तिगत चुनौतियाँ लेकर आता है। इसलिए कोई भी प्रशिक्षण किसी अभ्यासकर्ता को प्रत्येक परिस्थिति के लिए पूर्णतः तैयार नहीं कर सकता।

यही कारण है कि प्रत्यागमन कार्य को एक आजीवन सीखने की प्रक्रिया माना जा सकता है। जितना अधिक व्यक्ति इस क्षेत्र में कार्य करता है, उतना ही उसे मानव मन, भावनाओं, संबंधों और चेतना की जटिलताओं

का अनुभव होता है। इस अनुभव के साथ-साथ विनम्रता और सीखने की आवश्यकता भी बढ़ती जाती है।

35.2 प्रशिक्षण से व्यावसायिक जीवन तक की यात्रा

प्रशिक्षण पूर्ण होने के बाद अनेक नए अभ्यासकर्ता यह अनुभव करते हैं कि वास्तविक सत्र प्रशिक्षण के दौरान सीखी गई अवधारणाओं की तुलना में कहीं अधिक जटिल होते हैं।

कुछ व्यक्ति आसानी से गहन अनुभवों से जुड़ जाते हैं, जबकि कुछ लोगों को प्रक्रिया में पर्याप्त समय लगता है। कुछ लोग अत्यधिक भावनात्मक होते हैं, जबकि कुछ अपने अनुभवों को मुख्यतः बौद्धिक स्तर पर व्यक्त करते हैं। प्रत्येक व्यक्ति की गति, तैयारी और आवश्यकता अलग होती है।

यहीं से यह समझ विकसित होने लगती है कि प्रत्यागमन कार्य केवल तकनीक लागू करने का विषय नहीं है। यह व्यक्ति-केंद्रित प्रक्रिया है, जिसमें लचीलापन, धैर्य और सजगता की आवश्यकता होती है।

धीरे-धीरे अभ्यासकर्ता यह सीखता है कि उसका उद्देश्य किसी विशेष अनुभव को उत्पन्न करना नहीं, बल्कि ऐसी सुरक्षित प्रक्रिया उपलब्ध कराना है जिसमें व्यक्ति अपनी गति से स्वयं को समझ सके।

35.3 प्रारम्भिक व्यावसायिक चुनौतियाँ

व्यावसायिक जीवन के आरम्भिक वर्षों में अधिकांश अभ्यासकर्ता कुछ सामान्य चुनौतियों का सामना करते हैं।

कई बार उन्हें यह चिंता होती है कि क्या वे पर्याप्त सक्षम हैं।

कभी उन्हें लगता है कि प्रत्येक सत्र में कोई गहरा या असाधारण अनुभव होना चाहिए।

कभी वे कठिन भावनात्मक परिस्थितियों का सामना करते समय स्वयं को अनिश्चित अनुभव करते हैं।

कभी-कभी वे स्वयं की तुलना अधिक अनुभवी अभ्यासकर्ताओं से करने लगते हैं।

इन अनुभवों को आधुनिक व्यावसायिक साहित्य में Imposter Syndrome भी कहा जाता है, जिसमें व्यक्ति अपनी योग्यता के बावजूद स्वयं को पर्याप्त योग्य नहीं मानता।

समय के साथ यह स्पष्ट होने लगता है कि एक सफल सत्र का अर्थ नाटकीय अनुभव नहीं है। कई बार सबसे महत्वपूर्ण परिवर्तन शांत, क्रमिक और सूक्ष्म रूप से विकसित होते हैं।

व्यावसायिक परिपक्वता तब विकसित होती है जब अभ्यासकर्ता परिणाम उत्पन्न करने के दबाव से मुक्त होकर प्रक्रिया की गुणवत्ता पर ध्यान देना सीखता है।

35.4 व्यावसायिक पहचान का विकास

प्रारम्भिक चरण में अधिकांश लोग स्वयं को मुख्यतः तकनीकों के माध्यम से परिभाषित करते हैं। वे यह सोचते हैं कि एक अच्छा अभ्यासकर्ता वही है जो अधिक तकनीकें जानता हो या अधिक अनुभव उत्पन्न कर सकेकिन्तु समय के साथ यह दृष्टिकोण बदलने लगता है।

व्यावसायिक पहचान केवल तकनीकी दक्षता पर आधारित नहीं होती। यह व्यक्ति की उपस्थिति, दृष्टिकोण, नैतिकता, संवाद शैली और मानवीय संवेदनशीलता से भी निर्मित होती है।

धीरे-धीरे प्रत्येक अभ्यासकर्ता अपनी विशिष्ट शैली विकसित करता है। कोई व्यक्ति अधिक संरचित कार्य करता है, कोई अधिक अंतर्ज्ञानात्मक, कोई मनोवैज्ञानिक दृष्टिकोण पर बल देता है और कोई आध्यात्मिक आयामों के प्रति अधिक रुचि रखता है।

परिपक्वता का अर्थ किसी अन्य अभ्यासकर्ता की नकल करना नहीं, बल्कि अपनी प्रामाणिक चिकित्सकीय शैली विकसित करना है।

जब तकनीक और व्यक्तित्व में संतुलन स्थापित होने लगता है, तब व्यावसायिक पहचान अधिक स्पष्ट और स्थिर होने लगती है।

35.5 व्यावसायिक पर्यवेक्षण (Supervision) का महत्व

मानसिक स्वास्थ्य, परामर्श और उपचारात्मक व्यवसायों में पर्यवेक्षण (Supervision) को व्यावसायिक विकास का एक अनिवार्य अंग माना जाता है। प्रत्यागमन कार्य में भी इसका महत्व अत्यंत अधिक है।

पर्यवेक्षण वह प्रक्रिया है जिसमें अभ्यासकर्ता किसी अनुभवी वरिष्ठ अभ्यासकर्ता या पर्यवेक्षक के साथ अपने कार्य की समीक्षा करता है। इसका उद्देश्य मूल्यांकन करना नहीं, बल्कि सीखने, स्पष्टता विकसित करने और कार्य की गुणवत्ता को बेहतर बनाना होता है।

पर्यवेक्षण के माध्यम से अभ्यासकर्ता अपने अंधे क्षेत्रों (Blind Spots) को पहचान सकता है। कई बार कोई मामला भावनात्मक रूप से जटिल होता है या उसमें नैतिक प्रश्न उपस्थित होते हैं। ऐसे समय में बाहरी दृष्टिकोण अत्यंत सहायक सिद्ध हो सकता है।

एक परिपक्व अभ्यासकर्ता सहायता माँगने में संकोच नहीं करता। वह समझता है कि पर्यवेक्षण कमजोरी का नहीं, बल्कि व्यावसायिक उत्तरदायित्व का संकेत है।

35.6 सहकर्मी अधिगम एवं व्यावसायिक समुदाय (Peer Learning and Professional Community)

व्यावसायिक विकास केवल औपचारिक प्रशिक्षण या Supervision तक सीमित नहीं होता। सहकर्मियों के साथ विचार-विमर्श, केस चर्चा और अनुभव साझा करना भी सीखने का एक महत्वपूर्ण माध्यम है।

जब अभ्यासकर्ता समान क्षेत्र में कार्य करने वाले अन्य लोगों के साथ संवाद करता है, तब उसे विभिन्न दृष्टिकोणों, कार्यशैलियों और अनुभवों से सीखने का अवसर मिलता है।

एक स्वस्थ व्यावसायिक समुदाय व्यक्ति को प्रेरणा, सहयोग और व्यावसायिक संतुलन प्रदान कर सकती है। यह विशेष रूप से उन अभ्यासकर्ताओं के लिए उपयोगी है जो स्वतंत्र रूप से कार्य करते हैं और नियमित रूप से सहकर्मियों के संपर्क में नहीं रहते।

35.7 सतत व्यावसायिक विकास (Continuing Professional Development)

प्रारम्भिक प्रशिक्षण किसी भी अभ्यासकर्ता के लिए केवल आधार प्रदान करता है। इसके बाद निरंतर सीखना आवश्यक हो जाता है।

मानव मन, तंत्रिका तंत्र, Trauma Research, Attachment Theory, Neuroscience तथा Consciousness Studies जैसे क्षेत्रों में निरंतर नए शोध और नई जानकारियाँ सामने आती रहती हैं।

इसी कारण एक जिम्मेदार अभ्यासकर्ता अपने ज्ञान को अद्यतन बनाए रखने का प्रयास करता है। वह कार्यशालाओं, उन्नत प्रशिक्षण कार्यक्रमों, व्यावसायिक सम्मेलनों और अध्ययन समूहों में भाग ले सकता है।

Continuing Professional Development का उद्देश्य केवल नई तकनीकें सीखना नहीं है। इसका उद्देश्य दृष्टिकोण को व्यापक बनाना और व्यावसायिक दक्षता को निरंतर विकसित करना है।

35.8 शोध, लेखन और शिक्षण

जैसे-जैसे अनुभव बढ़ता है, कुछ अभ्यासकर्ता शोध, लेखन और शिक्षण की दिशा में भी आगे बढ़ते हैं।

Case Studies लिखना, व्यावसायिक लेख प्रकाशित करना, अध्ययन सामग्री तैयार करना अथवा प्रशिक्षण प्रदान करना केवल दूसरों को शिक्षित करने का माध्यम नहीं है। यह स्वयं के ज्ञान को अधिक स्पष्ट और व्यवस्थित बनाने की प्रक्रिया भी है।

शोध और लेखन अभ्यासकर्ता को अपने अनुभवों की समीक्षा करने, अपनी धारणाओं की जाँच करने और नए प्रश्नों के प्रति खुला रहने में सहायता करते हैं।

वास्तविक व्यावसायिक विकास तब होता है जब व्यक्ति केवल अनुभवों पर निर्भर नहीं रहता, बल्कि अध्ययन और चिंतन को भी महत्व देता है।

35.9 अभ्यास-निर्माण एवं व्यावसायिक प्रतिष्ठा (Practice Building and Professional Reputation)

किसी भी उपचारात्मक व्यवसाय में दीर्घकालिक सफलता विश्वास पर आधारित होती है।

व्यावसायिक प्रतिष्ठा विज्ञापनों या दावों से नहीं, बल्कि कार्य की गुणवत्ता, नैतिकता और लोगों के अनुभवों से निर्मित होती है।

एक जिम्मेदार अभ्यासकर्ता अतिरंजित दावे नहीं करता, चमत्कारों का वचन नहीं देता और लोगों की असुरक्षाओं का उपयोग प्रचार के लिए नहीं करता।

विश्वसनीयता का निर्माण समय के साथ होता है। जब लोग स्वयं को सम्मानित, सुरक्षित और समझा हुआ अनुभव करते हैं, तब विश्वास विकसित होता है।

व्यावसायिक प्रतिष्ठा का सबसे मजबूत आधार प्रामाणिकता है।

35.10 कार्य-थकान की रोकथाम एवं आत्म-देखभाल (Burnout Prevention and Self-Care)

दूसरों की भावनात्मक प्रक्रियाओं के साथ निरंतर कार्य करना मानसिक और शारीरिक ऊर्जा की माँग करता है।

यदि अभ्यासकर्ता पर्याप्त विश्राम, संतुलन और आत्म-देखभाल की उपेक्षा करता है, तो धीरे-धीरे कार्य-थकान की स्थिति उत्पन्न हो सकती है।

कार्य-थकान के संकेतों में भावनात्मक थकान, प्रेरणा में कमी, संवेदनशीलता का कम होना और कार्य के प्रति निराशा शामिल हो सकते हैं।

इसलिए आत्म-देखभाल व्यावसायिक विलासिता नहीं, बल्कि आवश्यकता है।

ध्यान, विश्राम, व्यक्तिगत Therapy, आत्म-अवलोकन, स्वस्थ जीवनशैली और संतुलित कार्यभार दीर्घकालिक प्रभावशीलता बनाए रखने में सहायक हो सकते हैं।

35.11 दीर्घकालिक व्यावसायिक परिपक्वता

समय के साथ एक महत्वपूर्ण परिवर्तन दिखाई देता है।

प्रारम्भिक चरण में अभ्यासकर्ता प्रायः तकनीकों पर केंद्रित रहता है। वह यह जानना चाहता है कि कौन-सा प्रश्न पूछा जाए, कौन-सी प्रक्रिया अपनाई जाए और किस प्रकार बेहतर परिणाम प्राप्त किए जाएँकिन्तु अनुभव बढ़ने के साथ उसका ध्यान तकनीकों से अधिक उपस्थिति, संबंध और जागरूकता पर केंद्रित होने लगता है।

वह यह समझने लगता है कि प्रत्येक व्यक्ति अद्वितीय है और किसी एक सिद्धांत या पद्धति से सभी परिस्थितियों को नहीं समझा जा सकता।

वास्तविक परिपक्वता अधिक निश्चित उत्तर प्राप्त करने से नहीं, बल्कि जटिलता के साथ सहज होने से विकसित होती है।

एक अनुभवी अभ्यासकर्ता जानता है कि सीखना कभी समाप्त नहीं होता।

35.12 शास्त्रीय संकेत : कर्मयोग और समर्पित कार्य

स तु दीर्घकालनैरन्तर्यसत्कारासेवितो दृढभूमिः॥

पतंजलि योगसूत्र 1.14

भावार्थ ➔ जब अभ्यास दीर्घकाल तक, निरंतरता के साथ और श्रद्धापूर्वक किया जाता है, तब वह दृढ़ आधार प्राप्त करता है।

एक परिपक्व प्रत्यागमन अभ्यासकर्ता केवल प्रारम्भिक प्रशिक्षण से नहीं बनता। व्यावसायिक दक्षता, पर्यवेक्षण, आत्म-चिंतन, सतत् अध्ययन और नियमित अभ्यास के माध्यम से धीरे-धीरे विकसित होती है। यह सूत्र स्मरण कराता है कि वास्तविक विशेषज्ञता निरंतर सीखने और दीर्घकालिक समर्पण का परिणाम है।

35.13 अध्याय का सार

इस अध्याय से स्पष्ट होता है कि प्रत्यागमन अभ्यासकर्ता की वास्तविक यात्रा प्रशिक्षण के बाद प्रारम्भ होती है। व्यावसायिक परिपक्वता अनुभव, आत्म-अवलोकन, Supervision, Peer Learning और Continuing Professional Development के माध्यम से विकसित होती है।

एक जिम्मेदार Practitioner निरंतर सीखता रहता है, नए शोधों के प्रति खुला रहता है, अपनी सीमाओं को पहचानता है और आवश्यकता पड़ने पर मार्गदर्शन स्वीकार करता है।

व्यावसायिक प्रतिष्ठा ज्ञान या दावों से नहीं, बल्कि नैतिकता, गुणवत्ता, संवेदनशीलता और विश्वास से निर्मित होती है।

साथ ही आत्म-देखभाल, Burnout Prevention और व्यक्तिगत विकास दीर्घकालिक प्रभावशीलता के लिए अत्यंत आवश्यक हैं।

अंततः एक परिपक्व प्रत्यागमन अभ्यासकर्ता स्वयं को अंतिम प्राधिकरण नहीं मानता। वह मानव चेतना की यात्रा में एक सजग, विनम्र और उत्तरदायी सहयात्री के रूप में कार्य करता है। यही दृष्टिकोण व्यावसायिक उत्कृष्टता और मानवीय संवेदनशीलता का वास्तविक आधार है।

परिशिष्ट (Appendices)

परिशिष्ट A

नमूना प्रत्यागमन निर्देशात्मक पाठ (Illustrative Regression Scripts)

भूमिका

इस परिशिष्ट में प्रस्तुत निर्देशात्मक पाठ केवल शैक्षिक, प्रशिक्षण तथा व्यावसायिक संदर्भ के लिए दी जा रही हैं। इनका उद्देश्य सुरक्षित, संरचित और जागरूक प्रत्यागमन सत्र की एक संभावित रूपरेखा प्रस्तुत करना है।

महत्वपूर्ण है कि किसी भी निर्देशात्मक पाठ को यांत्रिक रूप से न पढ़ा जाए। एक कुशल अभ्यासकर्ता सदैव Client की भावनात्मक अवस्था, तंत्रिका तंत्र की स्थिति, सुरक्षा तथा वर्तमान आवश्यकताओं के अनुसार भाषा, गति और प्रक्रिया में आवश्यक परिवर्तन करता है।

कोई भी निर्देशात्मक पाठ (Script) स्वयं उपचार नहीं करती। वास्तविक उपचार व्यक्ति की जागरूकता, भावनात्मक प्रक्रिया और सुरक्षित उपचारात्मक संबंध के माध्यम से विकसित होता है।

महत्वपूर्ण सूचना ➔ ये Scripts केवल प्रशिक्षण और शैक्षिक उद्देश्यों के लिए प्रस्तुत की गई हैं। ये चिकित्सा, मनोचिकित्सा अथवा मानसिक स्वास्थ्य उपचार का विकल्प नहीं हैं।

गंभीर मानसिक स्वास्थ्य चुनौतियों, तीव्र आघात, वियोजन (Dissociation), आत्म-क्षति के विचार अथवा संकट की स्थितियों में प्रशिक्षित और योग्य विशेषज्ञ की देखरेख आवश्यक है।

A.1 सामान्य सुरक्षित Regression Script

यह Script एक सामान्य Regression Session की आधारभूत संरचना प्रस्तुत करती है।

आरामदायक स्थिति में बैठ जाएँ या लेट जाएँ।

अपने शरीर को यथासंभव सहज होने दें।

इस प्रक्रिया के दौरान आप पूर्णतः सुरक्षित हैं।

आप किसी भी समय अपनी आँखें खोल सकते हैं, अपनी स्थिति बदल सकते हैं अथवा प्रक्रिया रोक सकते हैं।

यदि किसी भी क्षण कोई अनुभव अत्यधिक तीव्र लगे, तो आप अपना ध्यान पुनः अपनी श्वास और वर्तमान वातावरण पर ला सकते हैं।

अब अपना ध्यान धीरे-धीरे अपनी श्वास पर ले जाएँ।

श्वास को नियंत्रित करने की आवश्यकता नहीं है।

केवल उसका अवलोकन करें।

प्रत्येक श्वास के साथ अपने शरीर को और अधिक विश्राम करने दें।

अपने पैरों को ढीला होने दें।

घुटनों को शिथिल होने दें।

जांघों को विश्राम करने दें।

कमर और पीठ को आराम करने दें।

छाती और कंधों को तनावमुक्त होने दें।

भुजाओं, गर्दन और चेहरे को विश्राम करने दें।

अब अनुभव करें कि आपका सम्पूर्ण शरीर अधिक शांत और स्थिर होता जा रहा है।

आप सुरक्षित हैं।

आप जागरूक हैं।

और इस सम्पूर्ण प्रक्रिया पर आपका नियंत्रण बना हुआ है।

अब कल्पना करें कि आपके सामने दस सीढ़ियाँ हैं।

ये सीढ़ियाँ आपको आपकी आंतरिक जागरूकता की ओर ले जा रही हैं।

मैं दस से एक तक गिनूँगा।

प्रत्येक संख्या के साथ आप और अधिक शांत और केंद्रित होते जाएँगे।

दस... नौ...

आठ...

और अधिक विश्राम...

सात... छह...

भीतर की ओर यात्रा...

पाँच... चार...

और अधिक स्थिरता...

तीन... दो...

एक...

अब आप अपनी आंतरिक जागरूकता के एक सुरक्षित स्तर पर हैं।

कुछ भी करने की आवश्यकता नहीं है।

केवल जो भी स्वाभाविक रूप से उभरना चाहे, उसका अवलोकन करें।

यदि कोई भावना उपस्थित हो, उसे आने दें।

यदि कोई स्मृति उभरे, उसका अवलोकन करें।

यदि कोई प्रतीकात्मक छवि दिखाई दे, उसे देखने दें।

आप केवल एक सजग पर्यवेक्षक हैं।

A.2 Affect Bridge Regressin Script

यह Script वर्तमान भावना को प्रवेश-द्वार के रूप में उपयोग करती है।

अपना ध्यान उस भावना पर केंद्रित करें जो इस समय आपके जीवन में सबसे अधिक सक्रिय है।

उसे बदलने या हटाने का प्रयास न करें।

केवल उसे अनुभव करें।

यह भावना शरीर के किस भाग में अनुभव हो रही है?

उस स्थान पर धीरे-धीरे ध्यान ले जाएँ।

उस अनुभूति को जिज्ञासा और करुणा के साथ देखें।

यदि यह भावना बोल सकती, तो क्या कहती?

यदि इसका कोई रंग होता, तो वह कैसा होता?

यदि इसका कोई आकार होता, तो वह कैसा होता?

अब इस भावना को एक सेतु बनने दें।

देखें क्या कोई स्मृति, छवि, दृश्य या अनुभव स्वाभाविक रूप से उभरना चाहता है।

कुछ भी बनाने की आवश्यकता नहीं है।

केवल जो उपस्थित हो, उसका अवलोकन करें।

यदि कोई स्मृति या दृश्य न भी उभरे, तो भी केवल वर्तमान भावना के साथ उपस्थित रहना पर्याप्त है।

आप पूरी प्रक्रिया के दौरान सुरक्षित हैं।

A.3 Inner Wisdom Script

अपने भीतर एक ऐसे स्थान की कल्पना करें जहाँ पूर्ण शांति और सुरक्षा हो।

यह कोई उद्यान हो सकता है।

कोई मंदिर हो सकता है।

कोई प्राकृतिक स्थान हो सकता है।

या कोई ऐसा स्थान जो स्वतः उभर आए।

धीरे-धीरे उस स्थान में प्रवेश करें।

अपने चारों ओर के वातावरण को अनुभव करें।

वहाँ की ध्वनियों को सुनें।

वहाँ की उपस्थिति को महसूस करें।

अब देखें कि क्या वहाँ कोई मार्गदर्शक उपस्थिति दिखाई देती है।

यह कोई व्यक्ति हो सकता है।

कोई प्रतीक हो सकता है।

या केवल एक प्रकाशमय अनुभूति।

यदि सहज लगे, तो उससे कोई प्रश्न पूछें।

जो भी उत्तर, अनुभूति या अंतर्दृष्टि उभरे, उसे केवल एक अनुभव के रूप में ग्रहण करें।

उसे अंतिम सत्य मानना आवश्यक नहीं है।

वह एक प्रतीक, रूपक, आंतरिक अंतर्दृष्टि अथवा अवचेतन मन की अभिव्यक्ति भी हो सकती है।

जिज्ञासा और विवेक दोनों को साथ बनाए रखें।

A.4 Grounding and Stabilization Script

जब भी कोई अनुभव अत्यधिक तीव्र प्रतीत हो अथवा व्यक्ति को वर्तमान क्षण से पुनः जुड़ने की आवश्यकता हो, तब यह प्रक्रिया उपयोगी हो सकती है।

अपना ध्यान अपने पैरों पर ले जाएँ।

धरती अथवा फर्श के साथ उनके संपर्क को महसूस करें।

एक गहरी श्वास लें।

और धीरे-धीरे छोड़ दें।

अब कमरे में उपस्थित पाँच वस्तुओं को देखें।

फिर चार ऐसी वस्तुओं को स्पर्श करें जिन्हें आप महसूस कर सकते हैं।

तीन ध्वनियों को सुनें।

दो गंधों या संवेदनाओं पर ध्यान दें।

और एक गहरी श्वास के साथ वर्तमान क्षण की सुरक्षा को पहचानें।

अपने शरीर को महसूस करें।

अपने आसपास के वातावरण को महसूस करें।

अपने आप से कहें “मैं यहाँ हूँ।”

“मैं सुरक्षित हूँ।”

“मैं वर्तमान क्षण में उपस्थित हूँ।”

A.5 सुरक्षित समापन और Integration Script

अब धीरे-धीरे इस अनुभव से वापस लौटने का समय है।

जो भी आपने अनुभव किया, उसे सम्मानपूर्वक स्वीकार करें।

कोई निष्कर्ष निकालने की आवश्यकता नहीं है।

कोई अंतिम निर्णय लेने की आवश्यकता नहीं है।

केवल यह स्वीकार करें कि आपने एक आंतरिक अनुभव का अवलोकन किया है।

यदि कोई महत्वपूर्ण अंतर्दृष्टि उभरी हो, तो उसे शांतिपूर्वक अपने साथ रहने दें।

अब अपना ध्यान पुनः अपनी श्वास पर ले आएँ।

अपने शरीर को महसूस करें।

अपने हाथों और पैरों को महसूस करें।

धरती के साथ अपने संपर्क को महसूस करें।

एक गहरी श्वास लें।

और धीरे-धीरे अपनी जागरूकता को वर्तमान क्षण में वापस लाएँ।

मैं एक से पाँच तक गिनूँगा।

पाँच तक पहुँचते-पहुँचते आप पूर्णतः जाग्रत, स्थिर और वर्तमान में उपस्थित होंगे।

एक...

दो...

तीन...

चार...

पाँच...

धीरे-धीरे आँखें खोलें। आप सुरक्षित हैं। आप स्थिर हैं और पूरी तरह वर्तमान क्षण में उपस्थित हैं।

यदि उचित लगे, तो अपने अनुभवों को लिखें अथवा उन पर शांतिपूर्वक चिंतन करें।

याद रखें कि किसी भी अनुभव का वास्तविक महत्व उसके जीवन में एकीकरण और समझ में निहित होता है।

परिशिष्ट B

Healing and Integration Scripts

भूमिका

इस परिशिष्ट में प्रस्तुत Scripts का उद्देश्य भावनात्मक जागरूकता, आत्म-स्वीकृति, आंतरिक संतुलन और मनोवैज्ञानिक एकीकरण को प्रोत्साहित करना है।

ये Scripts किसी निश्चित परिणाम, विशेष अनुभव अथवा उपचार की गारंटी नहीं देतीं। इनका उद्देश्य व्यक्ति को अपने आंतरिक अनुभवों के प्रति अधिक सजग, करुणामय और उपस्थित बनने में सहायता प्रदान करना है।

इनका उपयोग प्रशिक्षित Practitioner द्वारा अथवा व्यक्तिगत आत्म-अवलोकन एवं विश्राम के संदर्भ में किया जा सकता है।

B.1 Safe Place Script

आरामदायक स्थिति में बैठ जाएँ या लेट जाएँ।

धीरे-धीरे अपनी श्वास पर ध्यान केंद्रित करें।

प्रत्येक श्वास के साथ शरीर को और अधिक विश्राम करने दें।

अब अपने मन में ऐसे स्थान की कल्पना करें जहाँ आप पूर्णतः सुरक्षित, शांत और सहज अनुभव करते हों।

यह कोई प्राकृतिक स्थान, उद्यान, पर्वत, समुद्र तट अथवा कोई कल्पनात्मक स्थान हो सकता है।

अपने चारों ओर के वातावरण को अनुभव करें।

रंगों को देखें।

ध्वनियों को सुनें।

वातावरण की शांति को महसूस करें।

अब अनुभव करें कि यह स्थान आपको सुरक्षा, स्थिरता और संतुलन प्रदान कर रहा है।

याद रखें कि आवश्यकता होने पर आप किसी भी समय इस सुरक्षित स्थान पर लौट सकते हैं।

B.2 Self-Compassion Script

अपनी श्वास पर ध्यान दें।

अपने हृदय क्षेत्र पर कोमलता से ध्यान केंद्रित करें।

अपने जीवन की किसी कठिन परिस्थिति को याद करें।

उसे बदलने या हटाने का प्रयास न करें।

केवल उसकी उपस्थिति को स्वीकार करें।

अब कल्पना करें कि यही अनुभव किसी प्रिय मित्र के साथ घटा है। आप उससे क्या कहेंगे?

वही करुणामय शब्द स्वयं को कहें।

स्वयं को समझ दें।

स्वयं को स्वीकार करें।

धीरे-धीरे अनुभव करें कि आपके भीतर कोमलता, धैर्य और आत्म-करुणा विकसित हो रही है।

B.3 Inner Child Script

अपने भीतर उस छोटे बच्चे की कल्पना करें जो कभी आप थे।

उसे अपने सामने देखें।

उसके चेहरे के भावों को देखें।

उसकी भावनाओं को महसूस करें।

अब धीरे-धीरे उसके पास जाएँ।

उसे बताइए कि वह अकेला नहीं है।

उसे बताइए कि अब आप उसके साथ हैं।

यदि वह कुछ कहना चाहता है, तो उसे सुनें।

यदि वह किसी भावना को व्यक्त करना चाहता है, तो उसे स्थान दें।

अब उसे प्रेम, सुरक्षा और स्वीकार्यता का अनुभव कराएँ।

कुछ क्षण इस जुड़ाव के साथ रहें।

B.4 Grief Integration Script

अपनी श्वास को सहज रहने दें।

उस व्यक्ति, घटना या परिस्थिति को याद करें जिससे जुड़ा शोक अभी भी आपके भीतर उपस्थित है।

उसे बदलने का प्रयास न करें।

केवल उसकी उपस्थिति को स्वीकार करें।

यदि भावनाएँ उभरती हैं, तो उन्हें आने दें।

यदि आँसू आते हैं, तो उन्हें रोकने की आवश्यकता नहीं है।

अपने हृदय से कहें

“मैं इस पीड़ा को देखता हूँ।”

“मैं इस दुःख को स्वीकार करता हूँ।”

“मैं स्वयं को महसूस करने की अनुमति देता हूँ।”

कुछ समय तक केवल साक्षीभाव के साथ उपस्थित रहें।

B.5 Forgiveness and Release Script

किसी ऐसे व्यक्ति, परिस्थिति या अनुभव को अपने मन में लाएँ जिसके प्रति आपके भीतर अभी भी भावनात्मक भार उपस्थित है।

याद रखें कि क्षमा का अर्थ किसी व्यवहार को उचित ठहराना नहीं है।

क्षमा का अर्थ स्वयं को उस भावनात्मक बोझ से मुक्त करना है जिसे आप लंबे समय से धारण किए हुए हैं।

अब मन ही मन कहें

“मैं अपने अनुभव का सम्मान करता हूँ।”

“मैं अपनी पीड़ा को स्वीकार करता हूँ।”

“मैं धीरे-धीरे मुक्त होने के लिए तैयार हूँ।”

“मैं अतीत के भार को छोड़ने की दिशा में आगे बढ़ रहा हूँ।”

इस प्रक्रिया को एक यात्रा के रूप में अनुभव करें।

B.6 Self-Acceptance and Inner Strength Script

कुछ गहरी श्वास लें।

अपने जीवन की यात्रा को व्यापक दृष्टि से देखें।

अपनी सफलताओं को देखें।

अपने संघर्षों को देखें।

अपने विकास को देखें।

अब अपने भीतर उस स्थान को अनुभव करें जहाँ आपकी आंतरिक शक्ति निवास करती है।

यह स्थिरता, प्रकाश, साहस या शांत उपस्थिति के रूप में अनुभव हो सकती है।

धीरे-धीरे स्वयं से कहें

"मैं जैसा हूँ, स्वयं को स्वीकार करता हूँ।"

"मैं सीख रहा हूँ।"

"मैं विकसित हो रहा हूँ।"

"मेरे भीतर चुनौतियों का सामना करने की क्षमता है।"

"मैं अपनी आंतरिक शक्ति से जुड़ा हूँ।"

कुछ क्षण इस अनुभव के साथ रहें।

B.7 Universal Closing and Grounding Script

अब धीरे-धीरे अपनी जागरूकता को वर्तमान क्षण में वापस लाएँ।

अपनी श्वास को महसूस करें।

अपने शरीर को महसूस करें।

अपने हाथों और पैरों को महसूस करें।

धरती के साथ अपने संपर्क को महसूस करें।

एक गहरी श्वास लें।

अनुभव करें कि आप सुरक्षित हैं।

स्थिर हैं।

और वर्तमान क्षण में पूर्णतः उपस्थित हैं।

जो भी अनुभव हुआ, उसे सम्मानपूर्वक स्वीकार करें।

किसी निष्कर्ष तक पहुँचने की आवश्यकता नहीं है।

केवल जागरूकता और संतुलन के साथ आगे बढ़ें।

विशेष → इन सभी उपचार क्रियाओं के अलावा गुरु द्वारा किए गए शक्तिपात से उत्पन्न ऊर्जाओं का प्रयोग करके व्यक्ति के अचेतन स्मृति जगत तक उपस्थित सभी सम्बध्द आत्माओं से व्यक्ति की समस्याग्रस्त अचेतन स्मृतियों को उपचारित किया जा सकता है।

<u>परिशिष्ट C</u>

Client Intake and Assessment Forms

भूमिका

किसी भी प्रत्यागमन सत्र से पूर्व व्यक्ति की वर्तमान परिस्थिति, भावनात्मक स्थिति, स्वास्थ्य इतिहास तथा अपेक्षाओं को समझना आवश्यक है।

Intake Form का उद्देश्य किसी व्यक्ति का मूल्यांकन या निर्णय करना नहीं, बल्कि उसकी तैयारी, सुरक्षा और आवश्यकताओं को समझना है ताकि प्रक्रिया अधिक संतुलित, सुरक्षित और उत्तरदायी ढंग से संचालित की जा सके।

C.1 व्यक्तिगत जानकारी

नाम :

आयु :

लिंग :

वैवाहिक स्थिति :

व्यवसाय :

मोबाइल :

ईमेल :

पता :

आपातकालीन संपर्क व्यक्ति :

संपर्क नंबर :

तारीख :

C.2 सत्र का उद्देश्य

आप प्रत्यागमन सत्र क्यों लेना चाहते हैं?

वर्तमान में आपकी सबसे बड़ी चुनौती या कठिनाई क्या है?

आप इस प्रक्रिया से क्या प्राप्त करना चाहते हैं?

C.3 स्वास्थ्य एवं मानसिक स्वास्थ्य इतिहास

क्या वर्तमान में कोई गंभीर शारीरिक बीमारी है?

☐ हाँ ☐ नहीं

यदि हाँ, विवरण :

क्या आप वर्तमान में कोई दवा ले रहे हैं?

☐ हाँ ☐ नहीं

यदि हाँ, विवरण :

क्या आपने कभी मनोवैज्ञानिक या मनोचिकित्सकीय सहायता ली है?

☐ हाँ ☐ नहीं

यदि हाँ, विवरण :

क्या आपको निम्न में से किसी का अनुभव रहा है?

☐ अत्यधिक चिंता

☐ पैनिक अटैक

☐ अवसाद

☐ आघात (Trauma)

☐ वियोजन (Dissociation)

☐ अन्य

विवरण :

C.4 जीवन एवं संबंध पृष्ठभूमि

आपके जीवन की प्रमुख घटनाएँ या अनुभव :

क्या वर्तमान में किसी महत्वपूर्ण संबंध से जुड़ी कठिनाई है?

☐ हाँ ☐ नहीं

यदि हाँ, विवरण :

क्या आपने जीवन में त्याग, अस्वीकृति या भावनात्मक दूरी का अनुभव किया है?

☐ हाँ ☐ नहीं

यदि हाँ, संक्षेप में लिखें :

C.5 आध्यात्मिक पृष्ठभूमि

क्या आप किसी आध्यात्मिक परंपरा, साधना या गुरु से जुड़े हैं?

☐ हाँ ☐ नहीं

यदि हाँ, विवरण :

क्या आप नियमित ध्यान, प्रार्थना या अन्य साधना करते हैं?

☐ हाँ ☐ नहीं

यदि हाँ, विवरण :

C.6 भावनात्मक एवं सुरक्षा मूल्यांकन

निम्न भावनाओं को 1 से 10 के बीच अंक दें:

चिंता _______

भय _______

क्रोध _______

शोक _______

अपराधबोध _______

असहायता _______

आत्मविश्वास _______

आंतरिक शांति _______

क्या आपको कभी स्वयं को हानि पहुँचाने के विचार आए हैं?

☐ हाँ ☐ नहीं

क्या वर्तमान में ऐसे विचार सक्रिय हैं?

☐ हाँ ☐ नहीं

क्या आप वर्तमान में किसी गंभीर भावनात्मक संकट से गुजर रहे हैं?

☐ हाँ ☐ नहीं

यदि हाँ, विवरण :

C.7 सहमति एवं तैयारी

क्या आप सत्र के दौरान उभरने वाली भावनाओं का अवलोकन करने के लिए तैयार हैं?

☐ हाँ ☐ नहीं

क्या आप समझते हैं कि सत्र में उभरने वाले अनुभव प्रतीकात्मक भी हो सकते हैं?

☐ हाँ ☐ नहीं

क्या आप समझते हैं कि यह प्रक्रिया चिकित्सकीय या मनोचिकित्सकीय उपचार का विकल्प नहीं है?

☐ हाँ ☐ नहीं

क्या आप समझते हैं कि आवश्यकता पड़ने पर सत्र किसी भी समय रोका जा सकता है?

☐ हाँ ☐ नहीं

हस्ताक्षर : ____________________

तारीख : ____________________

Practitioner Assessment (केवल Practitioner हेतु)

प्रारंभिक अवलोकन :

भावनात्मक स्थिरता :

☐ उच्च

☐ मध्यम

☐ निम्न

प्रत्यागमन के लिए उपयुक्तता :

☐ उपयुक्त

☐ सावधानी आवश्यक

☐ स्थिरीकरण आवश्यक

☐ वर्तमान में अनुशंसित नहीं

अतिरिक्त टिप्पणियाँ :

परिशिष्ट D

सहमति एवं घोषणा प्रपत्र (Consent and Disclosure Form)

भूमिका

किसी भी प्रत्यागमन सत्र से पूर्व स्पष्ट, सूचित और स्वैच्छिक सहमति आवश्यक है।

इस प्रपत्र का उद्देश्य पारदर्शिता, सुरक्षा, गोपनीयता तथा व्यावसायिक उत्तरदायित्व सुनिश्चित करना है। यह Client और Practitioner दोनों को प्रक्रिया की प्रकृति, सीमाओं और अधिकारों के प्रति स्पष्टता प्रदान करता है।

D.1 सूचित एवं स्वैच्छिक सहमति

मैं, ______________________________

स्वेच्छा से प्रत्यागमन सत्र में भाग लेने की सहमति प्रदान करता/करती हूँ।

मैं समझता/समझती हूँ कि

यह आत्म-अन्वेषण एवं भावनात्मक जागरूकता की प्रक्रिया है।

सत्र के दौरान विभिन्न भावनाएँ एवं आंतरिक अनुभव उभर सकते हैं।

अनुभव प्रतीकात्मक, मनोवैज्ञानिक, भावनात्मक या आध्यात्मिक स्वरूप के हो सकते हैं।

सत्र में प्राप्त अनुभवों को पूर्वजन्म का निश्चित या वैज्ञानिक प्रमाण नहीं माना जा सकता।

मैं किसी भी समय सत्र को रोकने या विराम देने का अधिकार रखता/रखती हूँ।

Client हस्ताक्षर : ____________________

तिथि : ____________________

D.2 स्वास्थ्य एवं सुरक्षा घोषणा

मैं घोषणा करता/करती हूँ कि मैंने अपनी शारीरिक, मानसिक एवं भावनात्मक स्थिति से संबंधित जानकारी यथासंभव सही प्रदान की है।

मैं समझता/समझती हूँ कि महत्वपूर्ण जानकारी छिपाने से सत्र की सुरक्षा प्रभावित हो सकती है।

मैं यह भी स्वीकार करता/करती हूँ कि यह प्रक्रिया चिकित्सकीय, मनोवैज्ञानिक अथवा मनोचिकित्सकीय उपचार का विकल्प नहीं है।

Client हस्ताक्षर : ____________________

तिथि : ____________________

D.3 गोपनीयता एवं रिकॉर्डिंग सहमति

Practitioner सत्र के दौरान साझा की गई जानकारी को गोपनीय रखने का प्रयास करेगा।

Client की अनुमति के बिना उसकी व्यक्तिगत जानकारी या सत्र संबंधी विवरण साझा नहीं किए जाएंगे, सिवाय उन परिस्थितियों के जहाँ कानूनी अथवा सुरक्षा कारणों से ऐसा आवश्यक हो।

ऑडियो रिकॉर्डिंग की अनुमति :

☐ हाँ

☐ नहीं

यदि रिकॉर्डिंग की जाती है, तो उसका उपयोग केवल व्यक्तिगत समीक्षा, प्रशिक्षण अथवा दस्तावेजीकरण के लिए किया जाएगा।

Client हस्ताक्षर : ____________________

Practitioner हस्ताक्षर : ________________

तिथि : ____________________

D.4 सीमाएँ एवं अंतिम सहमति

मैं समझता/समझती हूँ कि Practitioner

भविष्यवाणी करने का दावा नहीं करता।

कार्मिक निर्णय या अंतिम आध्यात्मिक सत्य घोषित नहीं करता।

किसी अनुभव को निश्चित ऐतिहासिक तथ्य घोषित नहीं करता।

जागरूकता, आत्म-अन्वेषण और भावनात्मक समझ की प्रक्रिया में सहयोग प्रदान करता है।

मैं पुष्टि करता/करती हूँ कि

मैंने यह प्रपत्र पढ़ लिया है।

मुझे आवश्यक जानकारी समझा दी गई है।

मेरे प्रश्नों के उत्तर दिए गए हैं।

मैं स्वेच्छा से इस प्रक्रिया में भाग लेने के लिए सहमत हूँ।

Client नाम : ______________________

हस्ताक्षर : ______________________

तिथि : ______________________

Practitioner नाम : ________________

हस्ताक्षर : ______________________

तिथि : ______________________

परिशिष्ट D का सार

सूचित सहमति, गोपनीयता, सुरक्षा और स्वैच्छिक सहभागिता किसी भी उत्तरदायी प्रत्यागमन अभ्यास की आधारशिला हैं। एक नैतिक Practitioner पारदर्शिता और सम्मान के साथ कार्य करता है, जबकि एक जागरूक Client अपनी सहभागिता की जिम्मेदारी स्वीकार करता है। यही संतुलन सुरक्षित और व्यावसायिक उपचारात्मक वातावरण का निर्माण करता है।

परिशिष्ट E

Session Record Templates

भूमिका ➔ किसी भी उत्तरदायी प्रत्यागमन अभ्यास में सत्र का उचित अभिलेखन अत्यंत महत्वपूर्ण होता है। Session Record Templates का उद्देश्य Client की गोपनीयता का सम्मान करते हुए सत्र से संबंधित आवश्यक जानकारी को व्यवस्थित रूप से सुरक्षित रखना है।

सत्र अभिलेख केवल प्रशासनिक दस्तावेज नहीं होते, बल्कि उपचारात्मक प्रक्रिया की निरंतरता, प्रगति के मूल्यांकन तथा व्यावसायिक उत्तरदायित्व का महत्वपूर्ण आधार भी होते हैं।

अभिलेख सदैव सुरक्षित, गोपनीय और केवल अधिकृत उपयोग के लिए ही संरक्षित किए जाने चाहिए।

E.1 मूल सत्र अभिलेख प्रपत्र

Client Code :
सत्र संख्या :
तिथि :
समय :
अवधि :
Practitioner :
स्थान :
ऑनलाइन / प्रत्यक्ष :

मुख्य विषय
Client किस प्रमुख विषय या समस्या के साथ सत्र में उपस्थित हुआ?

सत्र का उद्देश्य

E.2 प्रारंभिक अवलोकन

सत्र प्रारम्भ होने के समय Client की सामान्य स्थिति

भावनात्मक स्थिति
शांत
चिंतित
उदास
क्रोधित
भयग्रस्त
भावनात्मक रूप से अभिभूत
अन्य

शारीरिक अवलोकन
श्वास

शारीरिक मुद्रा

ऊर्जा स्तर

E.3 प्रयुक्त विधियाँ

सत्र में उपयोग की गई प्रक्रियाएँ
विश्राम प्रक्रिया
श्वास जागरूकता
ग्राउंडिंग
Affect Bridge
Visualization
प्रत्यागमन Exploration
Emotional Processing

एकीकरण कार्य

अन्य

E.4 सत्र के दौरान उभरे प्रमुख विषय

E.5 भावनात्मक प्रतिक्रियाएँ

सत्र के दौरान दिखाई देने वाली प्रमुख भावनाएँ

क्या निम्न प्रतिक्रियाएँ उपस्थित थीं?

आँसू

कंपन

मौन

क्रोध

भय

शोक

शारीरिक संवेदनाएँ

अन्य

E.6 अनुभव का स्वरूप

Practitioner की तटस्थ भाषा में संक्षिप्त विवरण

महत्वपूर्ण सिद्धांत

इस भाग में कोई निश्चित व्याख्या या निष्कर्ष नहीं लिखा जाना चाहिए।

केवल Client द्वारा व्यक्त अनुभवों और अवलोकनों का संक्षिप्त विवरण दर्ज किया जाए।

E.7 प्रमुख अंतर्दृष्टियाँ

Client द्वारा व्यक्त समझ या बोध

E.8 वर्तमान जीवन से संभावित संबंध

Client द्वारा व्यक्त संबंध

E.9 एकीकरण प्रक्रिया

सत्र के अंत में की गई एकीकरण गतिविधियाँ

E.10 ग्राउंडिंग रिकॉर्ड

सत्र समाप्ति से पूर्व प्रयुक्त ग्राउंडिंग विधियाँ

सत्र समाप्ति के समय Client की स्थिति
स्थिर
आंशिक रूप से स्थिर
अतिरिक्त सहायता आवश्यक

E.11 सत्र के बाद सुझाव

जर्नल लेखन
हाँ
नहीं

ग्राउंडिंग अभ्यास
हाँ
नहीं

अनुवर्ती संपर्क
हाँ
नहीं

E.12 Practitioner Reflection Notes

केवल Practitioner के लिए

इस अनुभाग में केवल व्यावसायिक अवलोकन लिखे जाएँ।

निजी धारणाएँ, निश्चित निष्कर्ष या Client के अनुभवों की अंतिम व्याख्या नहीं लिखी जानी चाहिए।

E.13 Follow-Up Record

अगले सत्र की तिथि

पिछले सत्र के बाद Client द्वारा बताए गए परिवर्तन

वर्तमान प्राथमिक लक्ष्य

E.14 दीर्घकालिक प्रगति अभिलेख

सत्र संख्या
मुख्य विषय
मुख्य अंतर्दृष्टि
प्रगति
अगला फोकस

सत्र 1 ______________

सत्र 2 ______________

सत्र 3 ______________

सत्र 4 ______________

सत्र 5 ______________

परिशिष्ट E का सार

व्यवस्थित और तटस्थ सत्र अभिलेखन किसी भी पेशेवर प्रत्यागमन अभ्यास का महत्वपूर्ण भाग है। उचित रिकॉर्डिंग Practitioner को उपचारात्मक प्रक्रिया की निरंतरता समझने, प्रगति का मूल्यांकन करने तथा नैतिक और व्यावसायिक उत्तरदायित्व बनाए रखने में सहायता करती है। सत्र अभिलेख सदैव गोपनीयता, सम्मान और तटस्थता के सिद्धांतों के अनुरूप रखे जाने चाहिए।

परिशिष्ट F

Grounding and Stabilization Techniques (ग्राउंडिंग एवं स्थिरीकरण तकनीकें)

भूमिका

किसी भी गहन भावनात्मक, मनोवैज्ञानिक अथवा प्रत्यागमन आधारित कार्य में ग्राउंडिंग और स्थिरीकरण अत्यंत महत्वपूर्ण भूमिका निभाते हैं।

कई बार व्यक्ति सत्र के दौरान तीव्र भावनाओं, शारीरिक संवेदनाओं, स्मृतियों अथवा प्रतीकात्मक अनुभवों का सामना कर सकता है। ऐसी परिस्थितियों में केवल अनुभव का अन्वेषण पर्याप्त नहीं होता, बल्कि व्यक्ति को पुनः सुरक्षा, स्थिरता और वर्तमान क्षण से जोड़ना भी आवश्यक होता है।

ग्राउंडिंग का उद्देश्य व्यक्ति को वर्तमान वास्तविकता से जोड़ना है, जबकि स्थिरीकरण का उद्देश्य तंत्रिका तंत्र को संतुलित करना और भावनात्मक अभिभूतता को कम करना है।

इन तकनीकों का उपयोग केवल प्रत्यागमन सत्र में ही नहीं, बल्कि दैनिक जीवन में भी किया जा सकता है।

F.1 ग्राउंडिंग क्या है?

ग्राउंडिंग वह प्रक्रिया है जिसके माध्यम से व्यक्ति अपनी जागरूकता को वर्तमान क्षण, अपने शरीर और अपने परिवेश से पुनः जोड़ता है।

जब कोई व्यक्ति अत्यधिक भय, चिंता, भावनात्मक तीव्रता या मानसिक विच्छेदन अनुभव करता है, तब उसका ध्यान वर्तमान से हट सकता है।

ऐसी स्थिति में ग्राउंडिंग व्यक्ति को यह अनुभव कराने में सहायता करती है कि वह सुरक्षित है, उपस्थित है और वर्तमान क्षण में स्थित है।

F.2 स्थिरीकरण क्या है?

स्थिरीकरण वह प्रक्रिया है जो व्यक्ति के तंत्रिका तंत्र को संतुलित करने में सहायता करती है।

जब शरीर अत्यधिक तनाव, भय या भावनात्मक सक्रियता में चला जाता है, तब श्वास, हृदयगति, मांसपेशियाँ और विचार सभी प्रभावित हो सकते हैं।

स्थिरीकरण तकनीकें व्यक्ति को पुनः संतुलित अवस्था में लौटने में सहायता करती हैं।

F.3 ग्राउंडिंग क्यों आवश्यक है?

प्रत्यागमन अथवा गहन भावनात्मक कार्य के दौरान व्यक्ति कभी-कभी

भय अनुभव कर सकता है।

अत्यधिक भावुक हो सकता है।

शरीर से कटाव अनुभव कर सकता है।

अतीत की स्मृतियों में खो सकता है।

असुरक्षित महसूस कर सकता है।

ऐसी परिस्थितियों में ग्राउंडिंग व्यक्ति को वर्तमान क्षण में लौटने का सुरक्षित मार्ग प्रदान करती है।

F.4 श्वास आधारित ग्राउंडिंग

सबसे सरल और प्रभावी ग्राउंडिंग तकनीकों में से एक श्वास पर ध्यान देना है।

व्यक्ति को धीरे-धीरे अपनी श्वास का अवलोकन करने के लिए कहा जाता है।

उसे किसी विशेष प्रकार की श्वास लेने के लिए बाध्य नहीं किया जाता।

केवल यह आमंत्रण दिया जाता है कि वह अपनी श्वास को आते-जाते हुए महसूस करे।

कुछ मिनटों में तंत्रिका तंत्र अधिक संतुलित अनुभव करने लगता है।

F.5 शरीर जागरूकता तकनीक

व्यक्ति को अपने शरीर के विभिन्न भागों पर ध्यान देने के लिए कहा जाता है।

वह अपने पैरों, घुटनों, हाथों, कंधों और चेहरे की संवेदनाओं का अवलोकन कर सकता है।

इस प्रक्रिया से जागरूकता पुनः शरीर में स्थापित होने लगती है।

F.6 धरती से संपर्क अनुभव

व्यक्ति को अपने पैरों का धरती से संपर्क महसूस करने के लिए कहा जाता है।

यदि वह बैठा है, तो कुर्सी का सहारा महसूस कर सकता है।

यदि वह खड़ा है, तो पैरों के नीचे की सतह का अनुभव कर सकता है।

यह तकनीक वर्तमान क्षण की अनुभूति को मजबूत करती है।

F.7 पाँच इन्द्रिय तकनीक

यह एक अत्यंत प्रभावी स्थिरीकरण प्रक्रिया है।

व्यक्ति को आमंत्रित किया जाता है कि वह अपने आसपास की पाँच वस्तुओं को देखे।

फिर चार ऐसी चीजों को स्पर्श करे जिन्हें वह महसूस कर सकता है।

तीन ध्वनियों को सुने।

दो गंधों को पहचानने का प्रयास करे।

एक स्वाद को अनुभव करे।

यह तकनीक जागरूकता को वर्तमान वातावरण में वापस लाती है।

F.8 सुरक्षित स्थान की कल्पना

कुछ लोगों के लिए सुरक्षित स्थान की कल्पना अत्यंत सहायक हो सकती है।

उन्हें किसी ऐसे स्थान की कल्पना करने के लिए कहा जा सकता है जहाँ वे स्वयं को सुरक्षित, संरक्षित और शांत अनुभव करते हों।

यह स्थान वास्तविक भी हो सकता है और कल्पनात्मक भी।

महत्वपूर्ण बात यह है कि व्यक्ति उसमें सुरक्षा का अनुभव करे।

F.9 संसाधन सक्रियण

कभी-कभी व्यक्ति को अपने जीवन के ऐसे अनुभवों को याद करने के लिए कहा जा सकता है जब वह स्वयं को सक्षम, सुरक्षित या समर्थ अनुभव करता था।

इन स्मृतियों को आंतरिक संसाधन कहा जा सकता है।

इन संसाधनों की जागरूकता भावनात्मक स्थिरता को बढ़ाने में सहायक हो सकती है।

F.10 स्पर्श आधारित ग्राउंडिंग

व्यक्ति अपने हाथों को धीरे-धीरे रगड़ सकता है।

अपनी हथेलियों की गर्माहट महसूस कर सकता है।

किसी वस्तु को हाथ में पकड़ सकता है।

इन सरल प्रक्रियाओं से शरीर और वर्तमान क्षण के साथ पुनः संपर्क स्थापित हो सकता है।

F.11 भावनात्मक नामकरण

जब कोई भावना अत्यधिक तीव्र हो, तब उसका नाम लेना सहायक हो सकता है।

उदाहरण के लिए व्यक्ति कह सकता है

मैं भय अनुभव कर रहा हूँ।

मैं दुःख अनुभव कर रहा हूँ।

मैं असुरक्षित महसूस कर रहा हूँ।

भावना को पहचानना और उसका नाम लेना कई बार उसकी तीव्रता को कम कर देता है।

F.12 सत्र के दौरान स्थिरीकरण

यदि सत्र के दौरान Client अत्यधिक भावनात्मक रूप से सक्रिय हो जाए, तो Practitioner का पहला कार्य अनुभव को गहरा करना नहीं, बल्कि सुरक्षा स्थापित करना होना चाहिए।

ऐसी स्थिति में श्वास पर ध्यान, शरीर जागरूकता, ग्राउंडिंग, धीमी गति, वर्तमान क्षण की ओर वापसी को प्राथमिकता दी जानी चाहिए।

F.13 सत्र के बाद ग्राउंडिंग

प्रत्यागमन सत्र समाप्त होने के बाद व्यक्ति को तुरंत दैनिक गतिविधियों में नहीं लौटना चाहिए।

कुछ समय शांत बैठना उपयोगी हो सकता है।

पानी पीना, धीरे-धीरे चलना, गहरी श्वास लेना, अपने अनुभव लिखना, वर्तमान वातावरण का अवलोकन करना एकीकरण की प्रक्रिया को सहायता प्रदान कर सकते हैं।

F.14 दैनिक जीवन में उपयोग

ग्राउंडिंग केवल Therapy Room तक सीमित नहीं है।

इन तकनीकों का उपयोग दैनिक जीवन में भी किया जा सकता है।

विशेष रूप से तनाव, चिंता, भावनात्मक असंतुलन, घबराहट, अत्यधिक विचारों की स्थिति में ये तकनीकें सहायक हो सकती हैं।

F.15 योग-दर्शन और स्थिरता

भारतीय योग परंपरा आंतरिक स्थिरता को अत्यंत महत्वपूर्ण मानती है।

स्थिरसुखमासनम्॥

पतंजलि योगसूत्र 2.46

भावार्थ → जो आसन स्थिर और सुखद हो, वही उपयुक्त है।

योग केवल शरीर की स्थिति नहीं, बल्कि आंतरिक स्थिरता का भी विज्ञान है। जब व्यक्ति अपने भीतर स्थिरता विकसित करता है, तब उसकी जागरूकता अधिक संतुलित और स्पष्ट होने लगती है। ग्राउंडिंग और स्थिरीकरण इसी दिशा में सहायक साधन हैं।

F.16 परिशिष्ट का सार

ग्राउंडिंग और स्थिरीकरण किसी भी सुरक्षित प्रत्यागमनPractice की आधारशिला हैं। उनका उद्देश्य अनुभवों को दबाना नहीं, बल्कि व्यक्ति को सुरक्षा, संतुलन और वर्तमान क्षण से जोड़ना है। श्वास, शरीर-जागरूकता, सुरक्षित स्थान, संसाधन सक्रियण और पाँच इन्द्रिय तकनीकें इस प्रक्रिया में अत्यंत सहायक हो सकती हैं। एक उत्तरदायी Practitioner सदैव अनुभव से अधिक सुरक्षा को प्राथमिकता देता है। जब व्यक्ति स्वयं को सुरक्षित अनुभव करता है, तभी वास्तविक भावनात्मक एकीकरण और जागरूकता का विकास संभव होता है।

परिशिष्ट G

मुख्य शब्दावली (Glossary)

भूमिका

इस पुस्तक में मनोविज्ञान, चेतना-अध्ययन, आध्यात्मिक परंपराओं, प्रतिगमन कार्य तथा उपचारात्मक प्रक्रियाओं से संबंधित अनेक शब्दों का उपयोग किया गया है। पाठकों की सुविधा के लिए यहाँ प्रमुख शब्दों का संक्षिप्त परिचय प्रस्तुत किया जा रहा है।

यह शब्दावली किसी अंतिम या सार्वभौमिक परिभाषा का दावा नहीं करती, बल्कि पुस्तक में प्रयुक्त संदर्भों को समझने में सहायता प्रदान करती है।

अ

अवचेतन मन (Subconscious Mind) ➔ मन का वह स्तर जिसमें स्मृतियाँ, भावनात्मक प्रतिरूप, आदतें, विश्वास और अनेक स्वचालित प्रतिक्रियाएँ संग्रहीत रहती हैं।

अहंकार (Ego) ➔ व्यक्ति की आत्म-पहचान, स्वयं की धारणा तथा "मैं" की अनुभूति से जुड़ी मनोवैज्ञानिक संरचना।

आत्म-जागरूकता (Self-Awareness) ➔ अपने विचारों, भावनाओं, प्रतिक्रियाओं और व्यवहारों का सजग अवलोकन करने की क्षमता।

आघात (Trauma) ➔ ऐसा अनुभव जो व्यक्ति की भावनात्मक, मानसिक अथवा शारीरिक सुरक्षा को गहराई से प्रभावित कर दे।

Affect Bridge ➔ एक ऐसी तकनीक जिसमें वर्तमान भावना को आधार बनाकर उससे संबंधित गहरी स्मृतियों या अनुभवों का अन्वेषण किया जाता है।

इ

एकीकरण (एकीकरण) ➔ किसी अनुभव, भावना या अंतर्दृष्टि को समझकर उसे जीवन में संतुलित रूप से समाहित करने की प्रक्रिया।

Inner Authority (आंतरिक अधिकार) ➔ निर्णय लेने, सत्य का परीक्षण करने और जीवन का मार्ग चुनने की आंतरिक क्षमता।

उ

उपचार (Healing) ➔ भावनात्मक, मानसिक या आंतरिक संतुलन की दिशा में होने वाली प्रक्रिया।

उत्तरदायित्व (Responsibility) ➔ अपने निर्णयों, व्यवहारों और जीवन की दिशा के प्रति जागरूक जिम्मेदारी।

ए

भावनात्मक विमोचन (भावनात्मक विमोचन) ➔ दबी हुई भावनाओं का सुरक्षित और जागरूक अभिव्यक्त होना।

Emotional Regulation (भावनात्मक विनियमन) ➔ भावनाओं को दबाए बिना संतुलित ढंग से अनुभव और प्रबंधित करने की क्षमता।

क

कर्म (Karma) ➔ भारतीय दर्शन में कारण और परिणाम के सिद्धांत को व्यक्त करने वाला शब्द।

करुणा (Compassion) ➔ स्वयं और दूसरों के दुःख के प्रति संवेदनशील एवं सहायक दृष्टिकोण।

क्लाइंट (Client) ➔ वह व्यक्ति जो उपचारात्मक, परामर्शात्मक या प्रतिगमन संबंधी सहायता प्राप्त कर रहा हो।

ग

ग्राउंडिंग (Grounding) ➔ वर्तमान क्षण, शरीर और वास्तविकता से पुनः जुड़ने की प्रक्रिया।

गुरु-आसक्ति (Guru Attachment) ➔ जब आध्यात्मिक संबंध भावनात्मक निर्भरता का रूप लेने लगे।

च

चेतना (Consciousness) ➔ जागरूकता, अनुभव और अस्तित्व की अनुभूति का व्यापक क्षेत्र।

चेतन मन (Conscious Mind) ➔ मन का वह भाग जो वर्तमान विचारों, निर्णयों और अनुभवों से संबंधित होता है।

ज

जागरूकता (Awareness) ➔ जो कुछ वर्तमान क्षण में घट रहा है उसका सजग अवलोकन।

त

तंत्रिका तंत्र (Nervous System) ➔ शरीर की वह जैविक प्रणाली जो अनुभव, संवेदनाओं और प्रतिक्रियाओं का संचालन करती है।

तटस्थता (Neutrality) ➔ बिना पूर्वाग्रह, निर्णय या निष्कर्ष थोपे किसी अनुभव का अवलोकन करना।

द

ध्यान (Meditation) ➔ जागरूकता, एकाग्रता अथवा साक्षीभाव विकसित करने की प्रक्रिया।

Dissociation (वियोजन) ➔ एक ऐसी मनोवैज्ञानिक अवस्था जिसमें व्यक्ति स्वयं, शरीर या अनुभवों से कटाव अनुभव कर सकता है।

न

नैतिकता (Ethics) ➔ उत्तरदायी, सुरक्षित और सम्मानपूर्ण व्यवहार के सिद्धांत।

प

पूर्वजन्म प्रत्यागमन (Past-Life Regression) ➔ एक ऐसी प्रक्रिया जिसमें व्यक्ति विश्राम और केंद्रित जागरूकता की अवस्था में उभरने वाले अनुभवों, स्मृतियों या प्रतीकात्मक छवियों का अन्वेषण करता है।

Practitioner ➔ वह व्यक्ति जो प्रतिगमन अथवा संबंधित उपचारात्मक प्रक्रियाओं का संचालन करता है।

Projection (प्रक्षेपण) ➔ अपनी आंतरिक भावनाओं या धारणाओं को किसी अन्य व्यक्ति पर आरोपित करना।

ब

Boundaries (सीमाएँ) ➔ व्यक्तिगत, भावनात्मक और व्यावसायिक मर्यादाएँ जो सुरक्षा और सम्मान बनाए रखने में सहायता करती हैं।

भ

भक्ति (Devotion) ➔ आदर, श्रद्धा और समर्पण की भावना।

भावनात्मक परिपक्वता (Emotional Maturity) ➔ भावनाओं को समझने, स्वीकारने और संतुलित रूप से व्यक्त करने की क्षमता।

म

मनोवैज्ञानिक प्रसंस्करण (Psychological Processing) ➔ अनुभवों और भावनाओं को समझने तथा उनके अर्थ को व्यवस्थित करने की मानसिक प्रक्रिया।

मिथ्या स्मृति (False Memory) ➔ ऐसी स्मृति जो वास्तविक अनुभव न होकर सुझाव, कल्पना या अन्य कारणों से निर्मित हो गई हो।

र

Regression ➔ अतीत से संबंधित अनुभवों, स्मृतियों या प्रतीकात्मक सामग्री का अन्वेषण करने की प्रक्रिया।

संसाधन (Resource) ➔ व्यक्ति के भीतर उपलब्ध ऐसी शक्तियाँ, स्मृतियाँ या गुण जो उसे सुरक्षा और स्थिरता प्रदान करते हैं।

व

विनम्रता (Humility) ➔ सीमाओं की स्वीकृति तथा सीखते रहने की तत्परता।

Visualization (दृश्यांकन) ➔ कल्पना के माध्यम से मानसिक चित्रों का निर्माण करना।

श

शैडो वर्क (Shadow कार्य) ➔ व्यक्तित्व के दबे हुए, अस्वीकार किए गए अथवा अनदेखे पहलुओं का जागरूक अन्वेषण।

शक्तिपात (Shaktipat) ➔ कुछ आध्यात्मिक परंपराओं में गुरु से शिष्य तक चेतना या ऊर्जा के संप्रेषण की अवधारणा।

स

स्थिरीकरण (Stabilization) ➔ भावनात्मक और तंत्रिका तंत्र को संतुलित अवस्था में लाने की प्रक्रिया।

संस्कार (Samskara) ➔ भारतीय दर्शन के अनुसार मन पर अंकित प्रभाव, प्रवृत्तियाँ और छापें।

सूचित सहमति (Informed Consent) ➔ किसी प्रक्रिया में भाग लेने से पहले उसके स्वरूप, संभावित लाभ और सीमाओं की स्पष्ट जानकारी के आधार पर दी गई स्वैच्छिक सहमति।

सशक्तिकरण (Empowerment) ➔ व्यक्ति की आंतरिक क्षमता, आत्मविश्वास और आत्म-निर्णय शक्ति को विकसित करने की प्रक्रिया।

ह

Healing Space ➔ ऐसा सुरक्षित वातावरण जहाँ व्यक्ति स्वयं को व्यक्त, समझ और अनुभव कर सके।

Holding Space ➔ बिना निर्णय, दबाव या हस्तक्षेप के किसी व्यक्ति की भावनात्मक प्रक्रिया के साथ उपस्थित रहने की क्षमता।

परिशिष्ट का सार

यह शब्दावली पुस्तक में प्रयुक्त प्रमुख अवधारणाओं को समझने में सहायता प्रदान करती है। विभिन्न परंपराओं, मनोवैज्ञानिक दृष्टिकोणों और आध्यात्मिक प्रणालियों में इन शब्दों के अर्थ और व्याख्याएँ भिन्न हो सकती हैं। इसलिए इन्हें अंतिम सत्य के रूप में नहीं, बल्कि अध्ययन और समझ के सहायक संदर्भ के रूप में देखा जाना चाहिए।

परिशिष्ट H

शास्त्रीय संदर्भ एवं ग्रंथ सूची

भूमिका

इस पुस्तक में प्रस्तुत विचार विभिन्न स्रोतों से प्रेरित हैं। इनमें भारतीय दार्शनिक परंपराएँ, योग-दर्शन, उपनिषद्, भगवद्गीता, आधुनिक मनोविज्ञान, चेतना-अध्ययन तथा प्रत्यागमन संबंधी समकालीन साहित्य शामिल हैं।

यह पुस्तक किसी एक परंपरा या विचारधारा का अंतिम प्रतिनिधित्व नहीं करती, बल्कि विभिन्न दृष्टिकोणों के बीच संवाद स्थापित करने का प्रयास है।

पाठकों को प्रोत्साहित किया जाता है कि वे स्वयं भी मूल ग्रंथों का अध्ययन करें और स्वतंत्र विवेक का प्रयोग करें।

भारतीय शास्त्रीय संदर्भ

वेद
ऋग्वेद
यजुर्वेद
सामवेद
अथर्ववेद
महाभारत के भीष्मपर्व का भाग
आत्मा
कर्म
योग
वैराग्य
स्वधर्म

उपनिषद्
ईशोपनिषद्
केनोपनिषद्
कठोपनिषद्
प्रश्नोपनिषद्
मुण्डकोपनिषद्
माण्डूक्योपनिषद्
तैत्तिरीयोपनिषद्
छान्दोग्योपनिषद्
बृहदारण्यकोपनिषद्
श्वेताश्वतरोपनिषद्

जागरूकताऔर आत्म-विकास से संबंधित अनेक श्लोकों का प्रमुख स्रोत

योगसूत्र महर्षि पतंजलि

विशेष रूप से, चित्त, ध्यान, संस्कार, अभ्यास, वैराग्य, समाधिऔर मानसिक स्थिरता संबंधी सिद्धांत

सांख्य दर्शन महर्षि कपिल

पुरुष और प्रकृति की अवधारणा मानसिक और चेतन प्रक्रियाओं की दार्शनिक व्याख्या

अद्वैत वेदान्त आदि शंकराचार्य

आत्मा, ब्रह्म, अद्वैत, साक्षी भाव और आत्मबोध की शिक्षाएँ

बौद्ध परंपराधम्मपद

विपश्यना परंपरा, स्मृति और जागरूकता संबंधी शिक्षाएँ, चार आर्य सत्य, अष्टांगिक मार्ग, करुणा और प्रज्ञा की अवधारणाएँ

जैन दर्शन

आत्म-जागरूकता, अहिंसा, कर्म सिद्धांत, आत्म-अनुशासनऔर आंतरिक शुद्धि संबंधी शिक्षाएँ

आधुनिक मनोविज्ञान एवं चेतना-अध्ययन कार्ल गुस्ताव युंग

Archetypes, Collective Unconscious, Shadow, Individuation, Symbolic Psychology

---

सिग्मंड फ्रायड

Unconscious Processes, Defense Mechanisms, Psychodynamic Perspectives

---

अब्राहम मैस्लो

Self-Actualization, Human Potential, Peak Experiences

कार्ल रॉजर्स

Client-Centered Therapy, Empathy, Unconditional Positive Regard

---

विक्टर फ्रैंकल

Meaning-Centered Psychology, Logotherapy, Human Resilience

प्रत्यागमन एवं चेतना संबंधी साहित्य

Dr. Brian Weiss

Many Lives, Many Masters

Through Time Into Healing

Only Love Is Real

Dr. Michael Newton

Journey of Souls

Destiny of Souls

Life Between Lives

Dr. Ian Stevenson

Research on Reincarnation Cases

Children Who Report Past-Life Memories

Jim Tucker

Life Before Life

Return to Life

Roger Woolger

Other Lives, Other Selves

Edith Fiore

You Have Been Here Before

आघात और तंत्रिका तंत्र संबंधी अध्ययन

Bessel van der Kolk — The Body Keeps the Score

Peter Levine

Waking the Tiger

In an Unspoken Voice

Stephen Porges — Polyvagal Theory

Gabor Maté

Trauma

Addiction

Mind-Body Connection

नैतिकता एवं उपचार संबंधी संदर्भ

Professional Ethics

Trauma-Informed Care

Client Safety

Informed Consent

Therapeutic Boundaries

Confidentiality Principles

अध्ययन हेतु अनुशंसित विषय

योग

ध्यान

चेतना-अध्ययन

मनोविज्ञान

आघात-अध्ययन

तंत्रिका तंत्र विनियमन

प्रतीकात्मक मनोविज्ञान

आध्यात्मिक परंपराएँ

मानवीय चेतना

ग्रंथ सूची का उद्देश्य

यह सूची पाठकों को आगे के अध्ययन हेतु दिशा प्रदान करने के लिए दी गई है। पुस्तक में उल्लिखित अवधारणाओं को गहराई से समझने के लिए मूल स्रोतों का अध्ययन सदैव अधिक उपयोगी होता है।

ज्ञान का उद्देश्य केवल मान्यताओं को ग्रहण करना नहीं, बल्कि अनुभव, चिंतन और विवेक के माध्यम से समझ को विकसित करना है।

FAQs अक्सर पूछे जाने वाले प्रश्न

(Frequently Asked Questions)

प्रश्न 1 : क्या पूर्व-जन्म प्रत्यागमन वास्तव में पूर्वजन्म दिखाता है?

उत्तर : इस विषय पर विभिन्न मत हैं। कुछ लोग प्रत्यागमनमें उभरने वाले अनुभवों को पूर्वजन्म की स्मृतियाँ मानते हैं, जबकि अन्य उन्हें अवचेतन मन की प्रतीकात्मक अभिव्यक्तियाँ, भावनात्मक रूपक या मनोवैज्ञानिक प्रसंस्करण के रूप में देखते हैं। इस पुस्तक का दृष्टिकोण यह है कि अनुभवों की उपयोगिता उनके शाब्दिक सत्य से अधिक महत्वपूर्ण हो सकती है।

प्रश्न 2 : क्या हर व्यक्ति प्रत्यागमन अनुभव कर सकता है?

उत्तर : हर व्यक्ति का अनुभव अलग होता है। कुछ लोगों को स्पष्ट दृश्य दिखाई देते हैं, कुछ भावनाएँ अनुभव करते हैं, कुछ केवल प्रतीकात्मक छवियाँ देखते हैं और कुछ लोगों को बहुत कम अनुभव होता है। किसी विशेष प्रकार के अनुभव की अपेक्षा नहीं करनी चाहिए।

प्रश्न 3 : क्या प्रत्यागमन सम्मोहन (Hypnosis) है?

उत्तर : प्रत्यागमन में विश्राम और केंद्रित जागरूकता का उपयोग किया जा सकता है, किन्तु इसका उद्देश्य व्यक्ति को नियंत्रित करना नहीं होता।

व्यक्ति सामान्यतः पूरी प्रक्रिया के दौरान जागरूक रहता है और किसी भी समय सत्र रोक सकता है।

प्रश्न 4 : क्या प्रत्यागमन वैज्ञानिक रूप से सिद्ध है?

उत्तर : पूर्वजन्म की अवधारणा वैज्ञानिक समुदाय में सार्वभौमिक रूप से स्वीकृत नहीं है। इस क्षेत्र में शोध और मतभेद दोनों मौजूद हैं। इसलिए प्रत्यागमन को एक अनुभवात्मक और अन्वेषणात्मक प्रक्रिया के रूप में देखना अधिक संतुलित दृष्टिकोण माना जा सकता है।

प्रश्न 5 : क्या प्रत्यागमन सभी समस्याओं का समाधान कर सकता है?

उत्तर : नहीं। प्रत्यागमनकोई चमत्कारिक समाधान नहीं है। यह आत्म-जागरूकता, भावनात्मक समझ और कुछ परिस्थितियों में अंतर्दृष्टि प्रदान कर सकता है, किन्तु यह प्रत्येक समस्या का उत्तर नहीं है।

प्रश्न 6 : क्या प्रत्यागमन चिकित्स उपचार का विकल्प है?

उत्तर : नहीं। प्रत्यागमन किसी चिकित्सकीय, मनोवैज्ञानिक या मनोचिकित्सकीय उपचार का विकल्प नहीं है। आवश्यकता होने पर योग्य स्वास्थ्य विशेषज्ञों की सहायता लेना महत्वपूर्ण है।

प्रश्न 7 : क्या प्रत्यागमन खतरनाक हो सकता है?

उत्तर :यदि पर्याप्त प्रशिक्षण, सुरक्षा और नैतिकता के बिना किया जाए, तो कुछ लोगों के लिए यह भावनात्मक रूप से चुनौतीपूर्ण हो सकता है। इसी कारण प्रशिक्षित और उत्तरदायी Practitioner का चयन महत्वपूर्ण माना जाता है।

प्रश्न 8 : क्या प्रत्यागमन के दौरान मिथ्या स्मृतियाँ उत्पन्न हो सकती हैं?

उत्तर : हाँ, संकेतात्मक प्रश्नों, अपेक्षाओं या कल्पना के प्रभाव से मिथ्या स्मृतियाँ उत्पन्न होने की संभावना पर मनोविज्ञान में चर्चा की गई है। इसी कारण तटस्थ और गैर-सुझावात्मक दृष्टिकोण आवश्यक है।

प्रश्न 9 : क्या सभी अनुभवों को वास्तविक घटना मान लेना चाहिए?

उत्तर : नहीं। किसी भी अनुभव को तुरंत ऐतिहासिक सत्य घोषित करना उचित नहीं है। अनुभव प्रतीकात्मक, भावनात्मक या मनोवैज्ञानिक स्तर पर भी अर्थपूर्ण हो सकते हैं।

प्रश्न 10 : क्या मृत्यु-दृश्य देखना आवश्यक है?

उत्तर : नहीं। किसी भी सुरक्षित प्रत्यागमन प्रक्रिया में मृत्यु-दृश्यों को बलपूर्वक उत्पन्न नहीं किया जाता। यदि कोई दृश्य स्वतः उभरे, तो उसका शांत और सुरक्षित अवलोकन किया जाता है।

प्रश्न 11 : क्या स्वयं प्रत्यागमन करना सुरक्षित है?

उत्तर : सीमित स्तर तक विश्राम, आत्म-अवलोकन और प्रतीकात्मक चिंतन किया जा सकता है। किन्तु गहरे आघात, तीव्र भावनात्मक सामग्री या जटिल अनुभवों के लिए प्रशिक्षित मार्गदर्शन अधिक उपयुक्त हो सकता है।

प्रश्न 12 : अच्छा प्रत्यागमन अभ्यासकर्ता कैसे पहचाने?

उत्तर : एक उत्तरदायी अभ्यासकर्ता सुरक्षा, गोपनीयता, सूचित सहमति, तटस्थता और नैतिकता को प्राथमिकता देता है। वह भय नहीं पैदा करता, चमत्कारों का दावा नहीं करता और Client को स्वयं सोचने तथा समझने के लिए प्रोत्साहित करता है।

प्रश्न 13 : क्या अभ्यासकर्ता भविष्य बता सकता है?

उत्तर : नहीं। एक नैतिक Practitioner भविष्यवाणी या भाग्य-निर्धारण का दावा नहीं करता। उसका कार्य जागरूकता और आत्म-अन्वेषण को सुगम बनाना है।

प्रश्न 14 : क्या गुरु या अभ्यासकर्ता पर पूर्ण निर्भरता उचित है?

उत्तर : नहीं। स्वस्थ मार्गदर्शन व्यक्ति को अधिक स्वतंत्र, जागरूक और आत्मनिर्भर बनाता है। निर्भरता उपचार और विकास दोनों में बाधा बन सकती है।

प्रश्न 15 : Healing का वास्तविक अर्थ क्या है?

उत्तर : Healing का अर्थ केवल लक्षणों का समाप्त होना नहीं है। यह स्वयं को समझने, भावनात्मक संतुलन विकसित करने, जागरूकता बढ़ाने और जीवन के साथ अधिक समन्वित संबंध स्थापित करने की प्रक्रिया हो सकती है।

प्रश्न 16 : क्या जागरूकता की यात्रा कभी समाप्त होती है?

उत्तर : अधिकांश आध्यात्मिक और मनोवैज्ञानिक परंपराएँ मानती हैं कि आत्म-अन्वेषण और जागरूकता एक सतत प्रक्रिया है। प्रत्येक समझ के बाद नई समझ के द्वार खुलते हैं। इसी कारण सीखना, विकसित होना और स्वयं को जानना जीवन भर चलने वाली यात्रा हो सकती है।

FAQs का सार

पूर्वजन्म प्रत्यागमन, चेतना-अध्ययन और Healing से जुड़े अनेक प्रश्न स्वाभाविक हैं। संतुलित दृष्टिकोण यही है कि जिज्ञासा और खुलेपन के साथ अन्वेषण किया जाए, किन्तु साथ ही विवेक, नैतिकता और वैज्ञानिक विनम्रता भी बनाए रखी जाए। अनुभव महत्वपूर्ण हो सकते हैं, परन्तु उनसे भी अधिक महत्वपूर्ण है जागरूकता, आत्म-समझ और संतुलित जीवन।

उपसंहार

चेतना की अनंत यात्रा
(The Infinite Journey of Consciousness)

इस पुस्तक की यात्रा यहाँ पूर्ण होती है, किन्तु चेतना की यात्रा कभी समाप्त नहीं होती।

मनुष्य आदिकाल से स्वयं को समझने का प्रयास करता आया है। उसने प्रकृति के रहस्यों को जानने का प्रयास किया, विज्ञान और दर्शन के माध्यम से संसार को समझा, और आध्यात्मिक साधनाओं के माध्यम से अपने भीतर उतरने का प्रयास किया। किन्तु आज भी सबसे गहन प्रश्न वही है–

"मैं कौन हूँ?"

पूर्वजन्म प्रत्यागमन, ध्यान, योग, आत्म-अवलोकन और चेतना-अन्वेषण के सभी मार्ग अंततः इसी प्रश्न की ओर संकेत करते हैं।

इस पुस्तक में प्रस्तुत अध्ययन-प्रकरणों, अनुभवों और चर्चाओं का उद्देश्य किसी विशेष विश्वास को सिद्ध करना नहीं था। उद्देश्य था मानव चेतना की उन गहराइयों को समझना, जहाँ स्मृति, संस्कार, भावनाएँ, संबंध, आघात, भय, प्रेम और आत्मबोध एक-दूसरे से जुड़े हुए दिखाई देते हैं।

कुछ लोगों ने अपने अनुभवों में पूर्वजन्मों की झलक देखी। कुछ ने प्रतीकात्मक कथाओं के माध्यम से अपने मन की गहराइयों को समझा। कुछ ने अपने संबंधों के पुराने प्रतिरूपों को पहचाना, तो कुछ ने पहली बार स्वयं को स्वीकार करना सीखा।

संभव है कि इन अनुभवों की व्याख्या अलग-अलग लोग अलग प्रकार से करें। कोई इन्हें आत्मा की यात्रा कहे, कोई अवचेतन मन की अभिव्यक्ति,

कोई मनोवैज्ञानिक रूपक और कोई आध्यात्मिक सत्य का संकेत। परंतु इन सभी दृष्टिकोणों के बीच एक तथ्य समान रहता हैमानव चेतना स्वयं को जानना चाहती है।

इस यात्रा से यह भी स्पष्ट होता है कि उपचार केवल अतीत को देखने से नहीं होता। वास्तविक परिवर्तन तब प्रारम्भ होता है जब व्यक्ति अपने अनुभवों को जागरूकता के साथ स्वीकार करता है, अपने भय को पहचानता है, अपने जीवन की जिम्मेदारी ग्रहण करता है और स्वयं के प्रति अधिक करुणामय बनता है।

कई बार लोग असाधारण अनुभवों की खोज में निकलते हैं, किन्तु अंततः उन्हें सबसे महत्वपूर्ण खोज एक सरल सत्य के रूप में प्राप्त होती है–

शांति बाहर नहीं, भीतर विकसित होती है।

चेतना की परिपक्वता का माप किसी रहस्यमय अनुभव, किसी विशेष शक्ति अथवा किसी असाधारण दर्शन से नहीं होता। उसका वास्तविक माप हमारे व्यवहार, हमारे संबंधों, हमारी करुणा, हमारी ईमानदारी और जीवन के प्रति हमारी सजग उपस्थिति में दिखाई देता है।

यदि इस पुस्तक की यात्रा ने आपको अपने भीतर झाँकने के लिए प्रेरित किया है, यदि उसने किसी पुराने भावनात्मक घाव को समझने में सहायता की है, यदि उसने आत्म-जागरूकता का एक नया द्वार खोला है, तो इसका उद्देश्य पूर्ण हुआ।

अंततः प्रत्येक साधना, प्रत्येक उपचार-प्रक्रिया और प्रत्येक आध्यात्मिक खोज हमें उसी दिशा में ले जाती है–स्वयं की ओर।

शास्त्रीय समापन

तमेव विदित्वाऽतिमृत्युमेति
नान्यः पन्था विद्यतेऽयनाय॥

श्वेताश्वतर उपनिषद् 3.8

भावार्थ ➔ उसी परम सत्य को जानकर मनुष्य मृत्यु, अज्ञान और बंधनों से परे जाता है; उस परम लक्ष्य की प्राप्ति के लिए अन्य कोई मार्ग नहीं है।

व्याख्या

यह मंत्र स्मरण कराता है कि समस्त आध्यात्मिक खोजों का अंतिम उद्देश्य बाहरी ज्ञान एकत्र करना नहीं, बल्कि सत्य का प्रत्यक्ष अनुभव करना है। आत्म-अन्वेषण, जागरूकता और चेतना की यात्रा अंततः हमें उसी गहन सत्य की ओर ले जाती है जो सदैव हमारे भीतर उपस्थित है।

यही चेतना की यात्रा है।

यही आत्म-अन्वेषण का मार्ग है।

यही जागरूकता का आह्वान है।

और शायद यही वह यात्रा है जो कभी समाप्त नहीं होती।

क्योंकि चेतना अनंत है।

और उसकी खोज भी अनंत है।

॥ इति शुभम् ॥

लेखक से संपर्क

यदि आप पूर्वजन्म प्रत्यागमन (Past-Life Regression), चेतना-अध्ययन, सम्मोहन, ऊर्जा-चिकित्सा अथवा आत्म-विकास के क्षेत्र में रुचि रखते हैं, या स्वयं अपना पूर्वजन्म प्रत्यागमन सत्र करवाना चाहते हैं, तो लेखक से संपर्क कर सकते हैं।

पूर्वजन्म प्रत्यागमन के व्यक्तिगत सत्र (Individual Sessions), परामर्श, कार्यशालाएँ तथा प्रशिक्षण कार्यक्रम ऑनलाइन एवं ऑफलाइन दोनों माध्यमों से उपलब्ध हैं। प्रशिक्षण कार्यक्रम प्रारम्भिक (Beginner) स्तर से लेकर व्यावसायिक अभ्यासकर्ता (Professional Practitioner) स्तर तक संचालित किए जाते हैं।

जो साधक, चिकित्सक, परामर्शदाता, हीलर, योग एवं ध्यान प्रशिक्षक अथवा जिज्ञासु विद्यार्थी इस विद्या का व्यवस्थित अध्ययन करना चाहते हैं, वे प्रशिक्षण, प्रमाणन कार्यक्रमों (Certification Programs), कार्यशालाओं तथा मार्गदर्शन संबंधी जानकारी हेतु संपर्क कर सकते हैं।

संपर्क :
आचार्य राजेश पुरी
मोबाइल : 9406570047
व्हाट्सएप : 9406570047
ई-मेल : purir2@gmail.com

ऑनलाइन एवं ऑफलाइन प्रशिक्षण तथा सत्र उपलब्ध।

नोट : सभी सत्र, प्रशिक्षण कार्यक्रम एवं कार्यशालाएँ पूर्व पंजीकरण (Prior Registration) एवं निर्धारित समयानुसार आयोजित किए जाते हैं।

विशेष अनुरोध → लेखक से संपर्क हेतु पहले WhatsApp पर बात करने का समय सुनिश्चित कर लें।

www.ingramcontent.com/pod-product-compliance
Lightning Source LLC
LaVergne TN
LVHW100248210926
848480LV00003B/860
* 9 7 9 8 9 0 5 8 4 1 9 7 2 *